钱英才 著

许钦文年谱

浙江大学出版社
ZHEJIANG UNIVERSITY PRESS

图书在版编目(CIP)数据

许钦文年谱 / 钱英才著. —— 杭州：浙江大学出版社，2021.11
（浙江现代文学名家年谱 / 洪治纲主编）
ISBN 978-7-308-21462-9

Ⅰ.①许… Ⅱ.①钱… Ⅲ.①许钦文(1897－1984)
－年谱 Ⅳ.①K825.6

中国版本图书馆 CIP 数据核字(2021)第 109307 号

许钦文年谱

钱英才　著

策　　划	陈丽霞　宋旭华	
项目统筹	蔡　帆　王荣鑫	
责任编辑	徐凯凯	
责任校对	李瑞雪	
封面设计	周　灵	
出版发行	浙江大学出版社	
	（杭州市天目山路 148 号　邮政编码 310007）	
	（网址：http://www.zjupress.com）	
排　　版	浙江时代出版服务有限公司	
印　　刷	杭州高腾印务有限公司	
开　　本	880mm×1230mm　1/32	
印　　张	17.125	
字　　数	614 千	
版 印 次	2021 年 11 月第 1 版　2021 年 11 月第 1 次印刷	
书　　号	ISBN 978-7-308-21462-9	
定　　价	128.00 元	

浙江现代文学名家年谱
编纂委员会

浙江文化研究工程成果文库总序

有人将文化比作一条来自老祖宗而又流向未来的河,这是说文化的传统,通过纵向传承和横向传递,生生不息地影响和引领着人们的生存与发展;有人说文化是人类的思想、智慧、信仰、情感和生活的载体、方式和方法,这是将文化作为人们代代相传的生活方式的整体。我们说,文化为群体生活提供规范、方式与环境,文化通过传承为社会进步发挥基础作用,文化会促进或制约经济乃至整个社会的发展。文化的力量,已经深深熔铸在民族的生命力、创造力和凝聚力之中。

在人类文化演化的进程中,各种文化都在其内部生成众多的元素、层次与类型,由此决定了文化的多样性与复杂性。

中国文化的博大精深,来源于其内部生成的多姿多彩;中国文化的历久弥新,取决于其变迁过程中各种元素、层次、类型在内容和结构上通过碰撞、解构、融合而产生的革故鼎新的强大动力。

中国土地广袤、疆域辽阔,不同区域间因自然环境、经济环境、社会环境等诸多方面的差异,建构了不同的区域文化。区域文化如同百川归海,共同汇聚成中国文化的大传统,这种大传统如同春风化雨,渗透于各种区域文化之中。在这个过程中,区域文化如同清溪山泉潺潺不息,在中国文化的共同价值取向下,以自己的独特个性支撑着、引领着本地经济社会的发展。

从区域文化入手,对一地文化的历史与现状展开全面、系统、扎实、有序的研究,一方面可以藉此梳理和弘扬当地的历史传统和文化资源,繁荣和丰富当代的先进文化建设活动,规划和指导未来的文化发展蓝图,增强文化软实力,为全面建设小康社会、加快推进社会主义现代化提供思想保证、精神动力、智力支持和舆论力量;另一方面,这也是深入了解中国文化、研究中国文化、发展中国文化、创新中国文化的重要途径之一。如今,区域文化研究日益受到各地重视,成为我国文化研究走向深入的一个重要标志。我们今天实施浙江文化研究工程,其目的和意义也在于此。

　　千百年来,浙江人民积淀和传承了一个底蕴深厚的文化传统。这种文化传统的独特性,正在于它令人惊叹的富于创造力的智慧和力量。

　　浙江文化中富于创造力的基因,早早地出现在其历史的源头。在浙江新石器时代最为著名的跨湖桥、河姆渡、马家浜和良渚的考古文化中,浙江先民们都以不同凡响的作为,在中华民族的文明之源留下了创造和进步的印记。

　　浙江人民在与时俱进的历史轨迹上一路走来,秉承富于创造力的文化传统,这深深地融汇在一代代浙江人民的血液中,体现在浙江人民的行为上,也在浙江历史上众多杰出人物身上得到充分展示。从大禹的因势利导、敬业治水,到勾践的卧薪尝胆、励精图治;从钱氏的保境安民、纳土归宋,到胡则的为官一任、造福一方;从岳飞、于谦的精忠报国、清白一生,到方孝孺、张苍水的刚正不阿、以身殉国;从沈括的博学多识、精研深究,到竺可桢的科学救国、求是一生;无论是陈亮、叶适的经世致用,还是黄宗羲的工商皆本;无论是王充、王阳明的批判、自觉,还是龚自珍、蔡元培的开明、开放,等等,都展示了浙江深厚的文化底蕴,凝聚了浙江人民求真务实的创造精神。

代代相传的文化创造的作为和精神,从观念、态度、行为方式和价值取向上,孕育、形成和发展了渊源有自的浙江地域文化传统和与时俱进的浙江文化精神,她滋育着浙江的生命力、催生着浙江的凝聚力、激发着浙江的创造力、培植着浙江的竞争力,激励着浙江人民永不自满、永不停息,在各个不同的历史时期不断地超越自我、创业奋进。

悠久深厚、意韵丰富的浙江文化传统,是历史赐予我们的宝贵财富,也是我们开拓未来的丰富资源和不竭动力。党的十六大以来推进浙江新发展的实践,使我们越来越深刻地认识到,与国家实施改革开放大政方针相伴随的浙江经济社会持续快速健康发展的深层原因,就在于浙江深厚的文化底蕴和文化传统与当今时代精神的有机结合,就在于发展先进生产力与发展先进文化的有机结合。今后一个时期浙江能否在全面建设小康社会、加快社会主义现代化建设进程中继续走在前列,很大程度上取决于我们对文化力量的深刻认识、对发展先进文化的高度自觉和对加快建设文化大省的工作力度。我们应该看到,文化的力量最终可以转化为物质的力量,文化的软实力最终可以转化为经济的硬实力。文化要素是综合竞争力的核心要素,文化资源是经济社会发展的重要资源,文化素质是领导者和劳动者的首要素质。因此,研究浙江文化的历史与现状,增强文化软实力,为浙江的现代化建设服务,是浙江人民的共同事业,也是浙江各级党委、政府的重要使命和责任。

2005 年 7 月召开的中共浙江省委十一届八次全会,作出《关于加快建设文化大省的决定》,提出要从增强先进文化凝聚力、解放和发展生产力、增强社会公共服务能力入手,大力实施文明素质工程、文化精品工程、文化研究工程、文化保护工程、文化产业促进工程、文化阵地工程、文化传播工程、文化人才工程等"八项工程",实施科教兴国和人才强国战略,加快建设教育、科技、卫生、体育等"四个强省"。作为文化建设"八项工程"之一的文化研究工程,其任务就是系统研究浙江文化的历史成就和当代发展,深入挖掘浙江文化底蕴、研究浙江现象、总结浙江经验、指导浙江未来的发展。

浙江文化研究工程将重点研究"今、古、人、文"四个方面,即围绕浙江当代发展问题研究、浙江历史文化专题研究、浙江名人研究、浙江历史文献整理四大板块,开展系统研究,出版系列丛书。在研究内容上,深入挖掘浙江文化底蕴,系统梳理和分析浙江历史文化的内部结构、变化规律和地域特色,坚持和发展浙江精神;研究浙江文化与其他地域文化的异同,厘清浙江文化在中国文化中的地位和相互影响的关系;围绕浙江生动的当代实践,深入解读浙江现象,总结浙江经验,指导浙江发展。在研究力量上,通过课题组织、出版资助、重点研究基地建设、加强省内外大院名校合作、整合各地各部门力量等途径,形成上下联动、学界互动的整体合力。在成果运用上,注重研究成果的学术价值和应用价值,充分发挥其认识世界、传承文明、创新理论、咨政育人、服务社会的重要作用。

我们希望通过实施浙江文化研究工程,努力用浙江历史教育浙江人民、用浙江文化熏陶浙江人民、用浙江精神鼓舞浙江人民、用浙江经验引领浙江人民,进一步激发浙江人民的无穷智慧和伟大创造能力,推动浙江实现又快又好发展。

今天，我们踏着来自历史的河流，受着一方百姓的期许，理应负起使命，至诚奉献，让我们的文化绵延不绝，让我们的创造生生不息。

2006 年 5 月 30 日于杭州

浙江文化研究工程成果文库序言

袁家军

　　浙江是中华文明的发祥地之一，历史悠久、人文荟萃，素称"文物之邦""人文渊薮"，从河姆渡的陶灶炊烟到良渚的文明星火，从吴越争霸的千古传奇到宋韵文化的风雅气度，从革命红船的扬帆起航到新中国成立初期的筚路蓝缕，从改革开放的敢为人先到新时代的变革创新，都留下了弥足珍贵的历史文化财富。纵览浙江发展的历史，文化是软实力、也是硬实力，是支撑力、也是变革力，为浙江干在实处、走在前列、勇立潮头提供了独特的精神激励和智力支持。

　　2003 年，习近平同志在浙江工作时作出"八八战略"重大决策部署，明确提出要进一步发挥浙江的人文优势，积极推进科教兴省、人才强省，加快建设文化大省。2005 年 7 月，习近平同志主持召开省委十一届八次全会，亲自擘画加快建设文化大省的宏伟蓝图。在习近平同志的亲自谋划、亲自布局下，浙江形成了文化建设"3＋8＋4"的总体框架思路，即全面把握增强先进文化的凝聚力、解放和发展文化生产力、提高社会公共服务力等"三个着力点"，启动实施文明素质工程、文化精品工程、文化研究工程、文化保护工程、文化产业促进工程、文化阵地工程、文化传播工程、文化人才工程等"八项工程"，加快建设教育、科技、卫生、体育等"四个强省"，构建起浙江文化建设的"四梁八柱"。这些年来，我们按照习近平同志当年作出的战略部署，坚持一张蓝图绘到底、一任接着一任干,不断推进以文铸魂、以文育德、以文图强、以文传道、以文兴业、以文惠民、以文塑韵,走出了一条具有中国特色、时代特征、浙江特点的文化发展之路。

文化研究工程是浙江文化建设最具标志性的成果之一。随着第一期和第二期文化研究工程的成功实施,产生了一批重点研究项目和重大研究成果,培育了一批具有浙江特色和全国影响的优势学科,打造了一批高水平的学术团队和在全国有影响力的学术名师、学科骨干。2015 年结束的第一批浙江文化研究工程共立研究项目 811 项,出版学术著作千余部。2017 年 3 月启动的第二期浙江文化研究工程,已开展了 52 个系列研究,立重大课题 65 项、重点课题 284 项,出版学术著作 1000 多部。特别是形成了《宋画全集》等中国历代绘画大系、《共和国命运的抉择与思考——毛泽东在浙江的 785 个日日夜夜》等领袖与浙江研究系列、《红船逐浪:浙江"站起来"的革命历程与精神传承》等"浙 100 年"研究系列、《浙江通史》《南宋史研究丛书》等浙江历史专题史研究系列、《良渚文化研究丛书》等浙江史前文化研究系列、《儒学正脉——王守仁传》等浙江历史名人研究系列、《吕祖谦全集》等浙江文献集成系列。可以说,浙江文化研究工程,赓续了浙江悠久深厚的文化血脉,挖掘了浙江深层次的文化基因,提升了浙江的文化软实力,彰显了浙江在海内外的学术影响力,为浙江当代发展提供了坚实的理论支撑和智力支持,为坚定文化自信提供了浙江素材。

当前,浙江已经踏上了实现第二个百年奋斗目标的新征程,正在奋力打造"重要窗口",争创社会主义现代化先行省,高质量发展建设共同富裕示范区。文化工作在浙江高质量发展建设共同富裕示范区中具有决定性作用,是关键变量;展现共同富裕美好社会的图景，文化是最富魅力、最吸引人、最具辨识度的标识。我们要发挥文化铸魂塑形赋能功能，为高质量发展建设共同富裕示范区注入强大文化力量，特别是要坚持把深化文化研究工程作为打造新时代文化高地的重要抓手，努力使其成为研究阐释习近平新时代中国特色社会主义思想的重要阵地、传承创新浙江优秀传统文化革命文化社会主义先进文化的重要平台、构建中国特色哲学社会科学的重要载体、推广展示浙江文化独特魅力的重要窗口。

新时代浙江文化研究工程将延续"今、古、人、文"主题，重点突出当代发展研究、历史文化研究、"新时代浙学"建构，努力把浙江的历史与未来贯通起来，使浙学品牌更加彰显、浙江文化形象更加鲜明、中国特色哲学社会科学的浙江元素更加丰富。新时代浙江文化研究工程将坚守"红色根脉"，更加注重深入挖掘浙江红色资源，持续深化"习近平新时代中国特色社会主义思想在浙江的探索与实践"课题研究，努力让浙江成为践行创新理论的标杆之地、传播中华文明的思想之窗；擦亮以宋韵文化为代表的浙江历史文化金名片，从思想、制度、经济、社会、百姓生活、文学艺术、建筑、宗教等方面全方位立体化系统性研究阐述宋韵文化，努力让千年宋韵更好地在新时代"流动"起来、"传承"下去；科学解读浙江历史文化的丰富内涵和时代价值，更加注重学术成果的创造性转化，探索拓展浙学成果推广与普及的机制、形式、载体、平台，努力让浙学成果成为有世界影响的东方思想标识；充分动员省内外高水平专家学者参与工程研究，坚持以项目引育高端社科人才，努力打造一支走在全国前列的哲学社会科学领军人才队伍；系统推进文化研究数智创新，努力提升社科研究的科学化水平，提供更多高质量文化成果供给。

伟大的时代,需要伟大作品、伟大精神、伟大力量。期待新时代浙江文化研究工程有更多的优秀成果问世,以浙江文化之窗更好地展现中华文化的生命力、影响力、凝聚力、创造力,为忠实践行"八八战略"、奋力打造"重要窗口",争创社会主义现代化先行省,高质量发展建设共同富裕示范区,提供强大思想保证、舆论支持、精神动力和文化条件。

凡　例

　　一、本丛书之谱主均系公认的浙籍作家。其主要标识为出生于浙江，或童年、少年时期在浙江度过，或长期与浙江保持密切联系，其家世影响、成长经历、文学素养的形成，受到浙江地域文化的浸染，其文学观念、文学创作留有鲜明的浙江文化印记。浙江"身份"尚存争议的作家，暂不列入。

　　二、本丛书之谱主的主要文学成就，均在"中国现当代文学"时期（包括1949年以前的"现代"期和中华人民共和国成立后的"当代"期）产生过广泛影响的各种文学创作、文学活动及其他相关文化活动。其他历史时段与谱主相关的活动，从略记述。

　　三、每位谱主之年谱为一册，以呈现谱主之文学创作、文艺思想、文学组织、文学编辑等成就为重点，相关背景呈示多侧重其与文学的关联性；年谱亦涉及谱主在中国革命史、思想史、文化史上的成就与贡献，充分展示谱主在建构我国20世纪新文化中的特殊贡献。

　　四、每部年谱共由三部分组成。第一部分为家世简表、谱主照片等有关材料；第二部分为年谱正文和少量插图，图片配发在正文相应部位，以便形成文图互证；第三部分为谱主的后世影响,主要包括正文未及的谱主身份、价值的确切定位及相关悼念、纪念活动,以及谱主的全集出版、著作外译、谱主研究会的成立、重要研究成果等,均予以择要展示。文后附参考文献。

五、年谱使用规范的现代语体文。直接引用资料采用原文文体;人名、地名、书名、文章篇名及引录的原著繁体字或异体字文句,凡可能引起歧义、误解者,仍用原繁体字或异体字。

六、年谱以公历年份作为一级标题,括号内标注农历年份。谱主岁数以"周岁"表述,出生当年不标岁数,只标为是年"出生"。为便于阅读,按通行出版惯例,年、月、日及岁数均采用阿拉伯数字。

七、年谱在一级标题下,以条目形式列出本年度与谱主的文学(文化)活动密切相关、对谱主产生重要影响的若干条"年度大事记"。

八、年谱以公历月份作为二级标题。在二级标题之下,以日期标识谱主相关信息。所有日期均为公历;若农历涉及跨年度等特殊情况,则换算为公历将所述内容置于相应年份,以利于读者识别。

九、年谱中部分具体日期不明的重要信息,均置于当月最后位置,以"本月 ……"说明之;若有关信息只能确定在"春季""夏季"之类时间段内,则置于本年度末,以"春 ……""夏 ……"等加以说明;若有关信息只能确定在本年度的,则亦置于本年度末,以"本年 ……"进行表述。

十、中华人民共和国成立前国家、民族、地名、组织、机构、职官等名称,除明显带有歧视、污蔑含义者须加以适当处理外,原则上仍用文献记载的原名称。

十一、鉴于资料来源多元和考证繁杂,年谱中若观点出现有待考证或诸说并存的,借助"按……"的形式,简要表述编撰者的考辨,或者以注释形式加以说明。

十二、凡有补充、评述等特别需要说明的内容,皆以注释形式说明。对以往诸家有关谱主传记文字的误记之处,在录入史实后,均用注释的方式予以纠正。

十三、年谱正文原则上不特别标识信息来源;若确需说明的,则以分门别类的方式,在正文表述中进行适当处理。

十四、年谱注释从简。确需注释的,统一采用当页脚注。发表报刊一般不注,用适当方式通过正文直接表述;其中,民国时期报刊之"期""号"等,原则上依照原刊之表述。

十五、因时代关系,部分历史文献之标点符号不甚规范,录入时已根据现时标点符号规范标点。以往相关书籍史料中收录的谱主文献,不同版本在部分文献上有不同的断句,本年谱所录之文系在比对各种资料后基于文意定之。

十六、谱主已知的全部著述,均标注初刊处、写作日期、初收何集、著述体裁(如小说、散文、漫画、艺术论述、童话、诗词、评论、译文、书信、日记、序跋等)。若谱主著译版本繁多,一般仅录入初版本。若该作品有多处重刊、转载或收入作品集,则在正文中进行说明,以表明作品的重要性和社会影响。未曾发表的作品注明现有手稿及作品的现存之处。

十七、谱主的主要社会评价,既反映正面性评价,也反映批评性评价,以体现存真的目的,尽可能体现年谱对谱主的全面评价意义。有代表性的评价文字,节录原文以存真。社会评价文字根据原文发表时间,放在相应的正文中表述;若无法确定时间,则放在相应的月份末尾或年份末尾予以恰当叙述。

十八、年谱若遇历史文献中无法辨认之字,则用"□"表示。

十九、年谱中有关谱主的后世影响，根据不同谱主状况，依照类别和时间顺序，在谱后进行详略有别的叙述。

《浙江现代文学名家年谱》编纂委员会

2020 年 8 月

许钦文家世简表

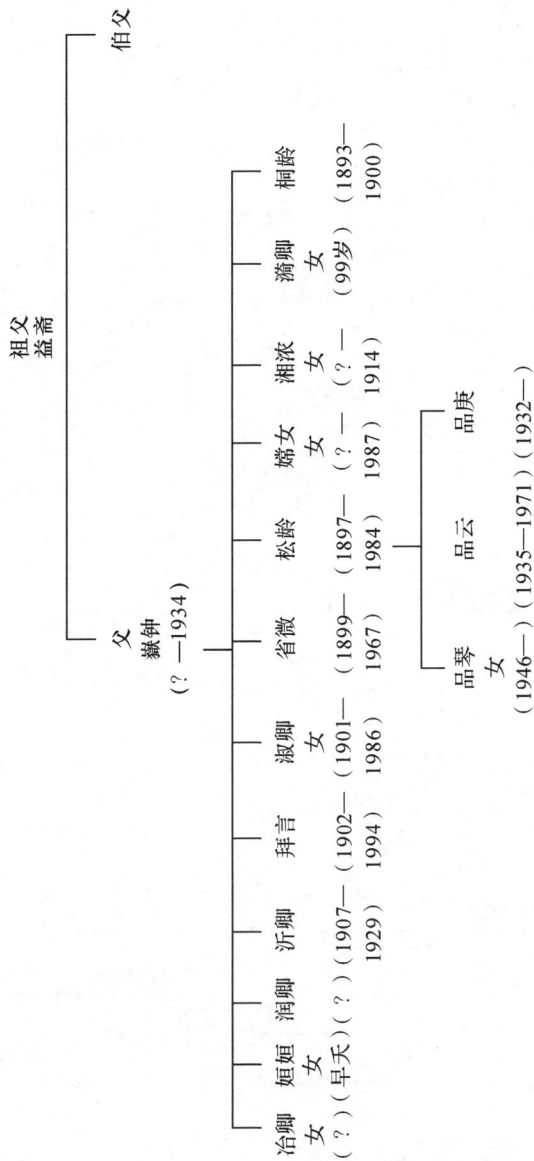

祖父
益斋

伯父

父
巍钟
（？—1934）

冶卿
女
（？）

姐姐
（早夭）

润卿
（？）

沂卿
（1907—
1929）

拜言
（1902—
1994）

淑卿
女
（1901—
1986）

省微
（1899—
1967）

松龄
（1897—
1984）

嫦女
（？—
1987）

湘浓
女
（？—
1914）

漪卿
女
（99岁）

桐龄
（1893—
1900）

品琴
女
（1946—）

品云
（1935—1971）

品庚
（1932—）

许钦文像

目　录

1897年(丁酉,清光绪二十三年) 出生

▲2月12日,张元济等创办通艺学堂。此后盛宣怀创办南洋公学,先设师范院,此为中国师范教育之始。

▲5月,浙江巡抚廖寿丰在杭州创办求是书院(浙江大学前身)。

▲11月,《国闻报》(日报)在天津创刊,是戊戌变法时期维新派用来宣传的重要报纸之一,由严复、夏曾佑、王修植等创办。后增出《国闻汇编》旬刊。

7月

14日(农历六月十五日) 许钦文生于浙江省山阴县(现绍兴市)东浦村(现为镇)西巷桥太平溇。据许钦文《鲁迅的故乡和〈故乡〉》所记:"绍兴,北宋以前叫做越州,南宋时才改作绍兴,是府,下面有八个县:会稽、山阴、诸暨、嵊县、新昌、上虞、余姚(现归宁波)和萧山(现归杭州)。辛亥革命以后,民国成立,取消了绍兴府的名义,合并会稽、山阴两县为绍兴县……我虽然比鲁迅先生小十六岁,也出生在民国以前;照出生时的名称说,鲁迅先生是会稽县的城里人,我是山阴县的乡下人。"

绍兴是个山清水秀的风水宝地。东汉著名易学家虞翻对绍兴的山水格局有过分析①,绍兴地处杭州湾的南面,曹娥江的西边,浦阳江的东侧,西南部为丘陵地带,会稽山脉绵亘其间;东北

①　详见《绍兴府志》卷一《疆域志》。

1

部是大平原,鉴湖水系流布其中,河网交织,地平土沃。许钦文在《回乡小记》中称:"这里河水清盈盈,白帆的大酒船,乌篷的画花船,三道四道明瓦船,爬螺丝的摇摇船,小小的踩桨船和拖鸡豹的浅水船,前前后后拥挤,不绝的来来往往,犹如繁盛的街道上的车水马龙……与其说是陆地里有水,不如说是水面上有陆地;从高处望去,只记得水面上浮着一块一块的陆地。"其家乡东浦在这"山乡泽园"之中,相传村上有七十二条巷,七十二个溇①。

许钦文祖父为许益斋,以酿酒为业,家境富裕。东浦因临近鉴湖,取水方便,又是用于酿造的糯米的生产地区,所以酿酒业十分发达,是历来绍兴酿造业的两个集中地区之一。他很重视公益事业,是东浦镇筹备水龙会的发起人之一。此外,像修渡船、路亭、桥梁等,他都欣然解囊相助,为社会办好事。许钦文对祖父很钦佩,祖父常讲些故事,有些给他留下了深刻的印象,如其中有关太平天国的故事。祖母死后,祖父准备续弦,遭大伯父反对,对他家世产生影响。许钦文在《补自传》中说:

我的第一个祖母死后,祖父要续弦。我的大伯父反对,因为想独得祖父做酒赚得的财产。这时,祖父年老已不再做酒,对大伯的行为很生气。但他接着把所有的钱财统统给了我的大伯,重新做起酒来,又赚了点钱。大伯这才同意了他续弦,因此生了我的二伯父和我的父亲,而且培养我的父亲,进了秀才又叫他继续读书,准备考举人。

许钦文的父亲是个秀才。《补自传》中记叙父亲"练就了洪武正楷的小字,正是为着准备考举人的,不料后来科举停止,他这一手洪武正楷字,只好夏天给人写摺扇","也学绘画,梅兰竹

---

① "溇"指河曲之处。

菊、山水画鸟都画得不错"，此外还会刻图章，爱看《红楼梦》，唱《西厢记》。幼年时期，父亲对传统文化的喜爱，影响了许钦文，亦可视为其走上文学道路前的文化启蒙。

许钦文十分钦佩父亲，曾写过怀念文章《父亲的花园》，编在其小说集《故乡》里。在《软石桥》《考凳》《菊花》及《我的父亲和兰花》里，也都写到过父亲。其父曾进自治研究所，带回不少关于法规的讲义，结业后从事调查户口等工作，年龄大了之后，转到一家洋广杂货店去坐馆，只教两个小孩。

外祖父以做酒为业，把酒运往天津、北京一带销售，家里比较富裕。他的长女是许钦文的母亲，姓田，名藕。据《补自传》所记："她的父亲也是做酒的。我外婆家的房屋很大，也讲究。我没有见到过外公，但听母亲说，他每年要到天津、北京去一趟，显然也是酒商。我母亲是他的长女。由于外婆家当初相当富裕，她还为外婆所宠爱，所以不免有点娇气。由于我的祖父和外祖父都以酿酒为业，也都有点声望，我的父亲又是读书人，所以，我父母的成婚，可以说是'门当户对'的。但是由于父母之命，媒妁之言，虽然年龄相同，都活到六十岁，是所谓白头偕老的，可是他们性情不同，志趣不合，白头偕老是勉勉强强过来的。"

父母的包办婚姻缺乏感情基础，这对许钦文的婚姻观，以及后来的思想，产生了一定影响。据《钦文自传》所述："我的母亲是他的长女，被他宠爱非常……父亲富于才子气，老是东走西跑，金石、书画、花卉和乐器等等都要玩弄，甚至于常常给妇女们扎珠花，两个人不大合得来，实在是同床异梦的……这无形中呈现一种惨淡的景况，给了我无数的悲感。他们的结合，原只由于'父母之命'和'媒妁之言'，我的不满于现有的环境，要这样那样对于社会发议论，是受了这种影响的结果。我和四妹同道主张晚婚,一半也是为着这个……我觉得家中固有的情况已经硬化得不堪,要有幸福的生活,非另行从头建设一番不可,所以想找一种新生活。可是对于父亲和母亲,我同样的敬爱。我得负担他们的生活费,也得顾到年幼的弟妹,不敢延长生活的战线,所以不曾随便组织自己的家庭。"

母亲生性慈和而又多疑,对儿女十分爱护,对丈夫却常常缺乏理解而显得情趣不一。而许钦文父亲生性随和、乐观,对妻子常常能迁就,《补自传》中回忆其父:"我在整理旧稿时发现了《御妻术拾零序》,可惜没见到本文。我想我父亲的这些话,很可以算是一种御妻术的。"

许钦文兄弟姐妹共十二人,他排行第五。大哥许桐龄(1892—1900),早夭;大姐许漪卿,终年99岁;二姐许湘浓(? —1914),号淑云,乳名芳云;三姐许嫦女(? —1897);三弟许省微(1899—1967),名绍舜,字心微,鲁迅还写作"星微",在杭州等地经商,《鲁迅日记》里曾记载其营救许钦文的活动;四妹许淑卿(1901—1986),字羡苏,深得鲁迅青睐。据不完全统计,现有600余部(篇)研究鲁迅生平的成果均涉及许羡苏,《鲁迅日记》中记录的致许羡苏信达108封,比致许广平信多30封。她在鲁迅南下后曾入住鲁迅家至1930年,代鲁迅保管资料。据许羡苏回忆,其离京时将鲁迅来信皆交朱安保管,但朱安逝世后,北京鲁迅故居中并无一封鲁迅致许羡苏的信。四弟许拜言(1902—1994),小学教师,创作小说、诗歌,代表作短篇小说集《监狱与病院》(1931),其与鲁迅有通信;五妹许沂卿(1907—1929),在湖州当教师;六妹许润卿,字羡蕴,小学教师;七妹未名,乳名姮姮,早夭;八妹许冶卿,字羡冶,生卒年不明。

本年 三姐许嫦女病逝。

1899 年(己亥,清光绪二十五年) 2 岁

▲7 月,康有为在加拿大组织"保救大清光绪皇帝会"(简称保皇会),后又在海外建立一百多个支会。

▲本年,福州索隐书屋刊行小仲马小说《巴黎茶花女遗事》,由王寿昌口译、林纾笔述。

本年 三弟省微出生。

1900 年(庚子,清光绪二十六年) 3 岁

▲6 月,英、美、法、德、俄、日、奥等八国联军入侵中国,镇压义和团起义。

▲8 月 14 日,八国联军攻陷北京,慈禧、光绪仓皇出逃。

本年 大哥桐龄去世,此对许钦文影响较大。据《钦文自传》:"照兄弟的排行,我本是第二。可是我的长兄,七岁时就死去了。当时我还小,一点也设想不起他的神情来,所以觉得好像我们原来只有三个弟兄的,因此,我就做了'大哥'的样子。"

1901年(辛丑,清光绪二十七年) 4岁

▲1月29日,慈禧太后下诏变法,开始实行"新政"。

▲9月7日,《辛丑条约》签订。

▲9月16日,清政府谕令各省选派学生出国留学,并鼓励自费留学。

本年 开始参加劳动,生活较为惬意。《钦文自传》称:"据母亲和大姊等人说,我从小好劳动,四五岁时就以搬运笨重的东西为游戏。时常挑着萝卜、白菜假作小贩,并叫作'卖外婆'! 这使得外祖母更加喜欢我。"

1902年(壬寅,清光绪二十八年) 5岁

▲1月10日,被慈禧太后停办的京师大学堂复校。次日,同文馆归入京师大学堂。

▲2月,梁启超在日本创办《新民丛报》和《新小说》。

▲2月14日,浙江巡抚任道镕奏报全省书院改设学堂情形,浙江将求是大学堂(前身为杭州求是书院)改为浙江大学堂(次年又改称浙江高等学堂),并委任劳乃宣为大学堂总理。

本年 由父亲教授识字,听父亲议论读书的出路问题。据《补自传》:"当我五岁时,父亲每天教我识方块字六十四个,读音

以外，要能解释，很严格……我六岁时上学，后由父亲亲自教，每天能够记住六十四个方块字，大家作为异谈，如今还有人常向我提起这个来……说实在的，当时的所谓读书人，总要考中了举人，才可以做官而发财；只进了秀才的，除非祖上有遗产，实在是免不了穷的。"

祖父因把财产给了大儿子，虽然是第二次酿酒，但因为赚的钱不多且家里子女多，所以家道开始衰落。

四弟拜言出生。

1903年(癸卯,清光绪二十九年)　6岁

▲2月17日，中国留日学生浙江同乡会在东京创办《浙江潮》，孙翼中、蒋方震、蒋智由、马君武、王嘉榘等担任主编。

▲5月，邹容在上海发表《革命军》一文，提出建立"中华共和国"主张。

▲6月24日，上海《苏报》因刊载反清文章而被清政府查封，章太炎被捕。

本年　因家里穷困，父亲开私塾。由父亲授课，读《幼学琼林》等书。据《补自传》回忆："坐吃山空，日子不好过，就一年不如一年地更穷了。于是，祖父就叫我的父亲开起私塾来……以后我和我的三弟也就都在自己家里读书了。当初，父亲对我非常严格，每年要我认许多方块字，用墨笔写在一寸见方的大红纸片上，多的时候一天要认六十四个，不但要读音准，还要讲出意思来。他不教《三字经》《百家姓》，教我读的是《幼学琼林》。"

另据《过年恨》一文载,许钦文童年时多有不悦:"于言论不自由外,幼年过年我还觉得可恨的,就是照例去拜干娘的岁……叫一声干娘更不愿意,我总这样想着,既然和我的父亲没有关系,何必叫她做娘呢。实在她并没有到我家来过,无非因我的大哥夭亡,怕得我也养不大,所以结下这份干娘,因为干娘是儿女成行的。迷信和虚伪的礼节,成了我幼时过年可恨的第二点。"

1904年(甲辰,清光绪三十年) 7岁

▲1月13日,清政府颁布了《奏定学堂章程》,因其颁布于旧历癸卯年,故又称"癸卯学制"。这是中国近代由中央政府颁布并首次得到实施的全国性法定系统,较"壬寅学制"更为系统、详备。

▲3月,商务印书馆在上海创办大型综合性杂志《东方杂志》。

▲11月,蔡元培、陶成章等人在上海组建反清革命团体"光复会",蔡元培任会长。

本年 仍由父亲亲自授课,文艺兴趣日渐广泛。据《钦文自传》回忆:"每当社庙里演戏时,父亲就带我去看戏……我的父亲会吹箫,我的祖父会弹三弦。"

开始有人做媒,《补自传》回忆:"我在八九岁(引按:虚岁)的时候,就常有人来给我做媒……原来,这是要先订婚,送一笔钱到女家去。我家日常生活也困难,哪有一大笔给我订婚呢!"

家庭破败,讨账的人络绎不绝,看着父亲难以对付的神情,

许钦文暗自着急得很,这对许钦文后来生活观念产生影响。据《过年》回忆:"如今我宁可多方将就,不愿做账,大半就是受了这影响的缘故。"

1905年(乙巳,清光绪三十一年) 8岁

▲8月20日,中国同盟会在日本东京正式成立,推举孙中山为总理,黄兴为庶务,蔡元培任中国同盟会上海分会会长。

▲9月2日,清政府下诏:"著即自丙午科为始,所有乡、会试,一律停止;各省岁、科考试,亦即停止。"延续1300多年的科举制度,至此寿终正寝。

▲11月26日,同盟会机关刊物《民报》在东京创刊,孙中山撰写《发刊词》,提出"三民主义"主张。

9月

因清政府宣布废除科举,推广学堂,谱主入马车潈的荣禄第读书。同窗皆与许钦文年龄悬殊,难以为友。据《钦文自传》回忆:"九岁时(引按:虚岁)我在马车潈的荣禄第里读书,同窗都是二十岁左右的人,同我相差很远,我感到孤寂。但我不曾赖学。"①

---

① 许钦文:《钦文自传》,北京:人民文学出版社,1986年,第73页。特别要说明的是,许钦文本人的自传、补自传和回忆文章,按本书属于信史,不再逐一注释。《钦文自传》是建国前所作,早年生活的岁数均为虚岁。

1906年(丙午,清光绪三十二年) 9岁

▲4月5日,《民政》与《新民丛报》展开大辩论,双方在政治革命、民权主义和民生主义方面存在原则分歧,争论一直持续到1907年,最后以革命派取胜。

▲9月1日,清廷发布仿行立宪的上谕,宣布预备立宪原则:"大权统于朝廷,庶政公诸舆论。"

▲本年,孙中山、黄兴、章太炎在东京研究制订同盟会《革命方略》。

本年 转入附近私塾读书,学会打算盘,对后来工作有帮助。读书时,常借机出来玩,有时还逃学。据《钦文自传》回忆:"十岁到十三岁(引按:虚岁),我在附近的私塾里读书,同窗中虽有两三个人比我大得多,但都被我克服了,我始终做着首领。我不愿意读死书,背诵的时候多方打混……算盘我很喜欢学,打得很熟。我曾在第五师范的母校里代理过珠算指导员,我能够打'飞归',根基还是在私塾里学得的……私塾生活实在使得我厌倦,我常常利用给家中买点小菜的机会,到街上去游玩一阵。"

1907年(丁未,清光绪三十三年) 10岁

▲2月,《小说林》在上海创刊。

▲6 月 1 日，话剧《黑奴吁天录》在日本东京公演。

▲7 月 6 日，光复会徐锡麟刺杀安徽巡抚恩铭，于安庆起义，事败后遭杀害。随后，秋瑾在绍兴响应，事败，就义。

7 月

同乡徐锡麟在安徽被清政府枪杀，秋瑾在绍兴城内古轩亭口被杀头。徐锡麟的家乡东浦，盛传全村将被杀害的谣传，弄得人心惶惶。清兵亦曾因此到许钦文曾就读的小学，"亦经贵守委员缉捕厅往搜军火无着，惟校舍未见捣毁耳"①。此外，《纪念徐锡麟、秋瑾诸烈士》中谈及："半夜祭社时原定主祭的高踏道的大师爷都没有到，临时找了个人来代替。父亲和一个姓年的朋友都是做礼生的，他们老是唧唧咕咕地耳语。事后才知道，大师爷徐梅卿先生就是徐锡麟烈士的父亲，他不来主祭，是因为徐锡麟烈士在安庆就义的消息已经传到，要离开东浦了。"

本年 仍在附近私塾读书。

1908 年(戊申，清光绪三十四年) 11 岁

▲2 月 25 日，杭州各界在凤林寺召开秋瑾的追悼大会，到会者达 400 余人。革命党人借此秘密集会，商议革命策略，决议注全力于军队，掌握革命实力。

▲8 月 27 日，清廷颁布了中国历史上第一部宪法性文件《钦

---

① 郭延礼：《秋瑾年谱》，济南：齐鲁书社，1983 年，第 146 页。

定宪法大纲》。

▲11 月 14 日,光绪皇帝死,次日慈禧太后死。

本年　继续在附近私塾读书。每当盛夏,下半天就留在家里。其父同私塾协商,伏天只读半天书,所以私塾并未干涉。

1909 年(己酉,清宣统元年)　12 岁

▲2 月,清政府改年号为宣统。

▲3 月 2 日,周氏兄弟合译的《域外小说集》第一集出版。

▲11 月 13 日,以提倡民族气节、鼓吹新学思潮为主旨的革命文学团体"南社"成立于苏州,其活动中心在上海,发起人为陈去病、高旭、柳亚子。

本年　仍在附近私塾读书。

1910 年(庚戌,清宣统二年)　13 岁

▲2 月 20 日,《国风报》(旬刊)在上海创刊,发行人为何国桢,实际由在日本的梁启超所控制。

▲8 月 29 日,商务印书馆《小说月报》创刊,该刊以"多译名作,缀述旧闻,灌输新理,增进常识"为宗旨,由南社社员王蕴章主编。

▲11 月 4 日,清政府宣布缩短预备立宪期限,决定于宣统五

年,即 1913 年开设议院,同时下令各省请愿代表即日散归,不得再行请愿。

本年 结束了七年的私塾学习,进入本村的热诚小学①,入读初等四年级,学会作文。据《钦文自传》:"当初我不知道作文是怎么一回事,很有点为难。但只过了三个星期,已经打破了这难关,而且觉得很是有趣了。"但据《补自传》所记:"我本喜欢捕鱼、钓虾,晚上是搓麻将,游大和(赌具),进了学校以后,就不再喜欢这套,就喜欢演算术,做手工,觉得和同学一道唱歌做体操很有趣。傍晚散学了,总还想在宽广的操场里再玩一下,荡秋千,翻铁干,走悬木,都感到兴趣盎然。一回到家就感到沉闷了。"

小学时代,喜欢做手工,觉得做手工比读书有趣。②

1911 年(辛亥,清宣统三年) 14 岁

▲4 月 26 日,清华学堂(清华大学前身)正式开学。

▲8 月,《申报》副刊《自由谈》创刊。

▲10 月 10 日,武昌起义爆发。次日,革命军占领武昌,中华民国湖北军政府宣告成立。黎元洪为都督。

本年秋 辛亥革命成功,绍兴光复。与热诚小学的同学同

---

① 据陶成章《浙案纪略》载,许钦文就读的这所学校是徐锡麟于 1904 年农历正月创办的,校名取义于"热心于革命,诚意于救国"。

② 许钦文:《新青年和新潮》,《青年界》,1935 年第 8 卷第 1 号。

赴城内,参加徐锡麟烈士入祠仪式。一路上唱纪念歌:"登高一击震全球,英雄万古不朽。"又唱校歌:

烈士锡麟,手创热诚,兴学三载,学子成群……吾侪热血,沸腾沸腾![①]

本年　初等小学毕业,升入热诚小学高等部,结识重要好友之一沈福同。据《钦文自传》回忆:"升入高等部,教师中有着一位沈先生,名子贞,大家叫他子贞先生。他教理科,兼任音乐、图画、体育和手工。手工上面应用着许多理科的原理,这引起了我浓厚的兴趣,老是一心的做手工。我的手工成绩并不精细,往往还很粗糙就缴上去。"

热诚小学扩大范围,许父受聘来当国文教员。据《中国现代作家传略》所载:"仍由父亲教国文,不过在四书以外,添加了子书,像《刻舟求剑》《守株待兔》等……父亲不再严格督促我读书,说是'读了书横竖没有用处',因为科举已废。"

1912年(壬子,民国元年)　15岁

▲1月1日,孙中山于南京宣誓就任临时大总统,中华民国宣告成立,改用公历。

▲2月12日,清帝溥仪退位,授权袁世凯组织临时共和政府。

▲8月,同盟会联合统一共和党等四个政团合并组成国民

---

① 钱英才:《许钦文评传》,杭州:浙江大学出版社,1990年,第11页。

14

党,孙中山任理事长。

本年　与同学一起到杭州,投考浙江甲种工业学校,未成,改考铁道学校①,此时打下了较好的知识基础。据《三个月的铁道学校生活》回忆:"失意于文字的我的父亲,早就主张我走工商业的路,我自己也一向喜欢做手工,就不管毕业不毕业,跟着一道赶考。不料赶到以后,工业学校的入学考试已经过期,却有一个铁道学校正在招生,就一齐考了这学校……后来我进第五师范学校,能够升一级,不读预科,就靠这时所学的代数、几何和英文。"

在铁道学校学习时间只有三个月,据回忆:"因为管理不善……三个月后发生了风潮。学校解散后,学生用校牌、桌椅和黑板之类东西,把校园内两口井都填满,算是发泄大家一肚子的气。许多人还唱着当时编起来的一首歌:清明时节雨潇潇,铁路学校闹风潮。借问学生何处去?斋夫遥指拱宸桥。"②

1913年(癸丑,民国二年)　16岁

▲7月,爆发"二次革命",孙中山随后流亡日本。
▲10月10日,袁世凯宣誓就任中华民国大总统。

---

①　"这所学校是私立的,称作私立浙江铁道学校。校长姓林,福建人,是在工业学校里任课。其余教员也多半在工业学校里兼课,教职工十三个,都是早稻田大学的毕业生。"(许钦文:《三个月的铁道学校生活》,《学校生活》1935年7月第110期。)
②　许钦文:《故乡》,北京:北新书局,1926年,第15页。诗中的拱宸桥是杭州船埠头,即大家打道回府的地方。

▲11 月 23 日,康有为任孔教会会长。

本年秋　与沈福同赴杭投考浙江省立第一师范学校(今杭州师范大学),因病被误诊而未能录取,转考省立第五师范学校①。详情据《龙山杂记》回忆:"我和一道在热诚小学毕业的沈福同同学,本来都是到杭州考第一师范的,说我有肺病,不录取。他是录取的,为着不愿分开,就一道回到绍兴考第五师范的第二次招生。我考了第一,他名次在我的后面。"《钦文自传》中也说:"第二年又到杭州考省立第一师范学校,适患伤风咳嗽,被认作肺病,落第回到绍兴考省立第五师范学校,伤风已好,第一名考取。"

在这所学校的学习生活对许钦文影响很大。一是为他日后写小说打下了文字基础;二是在校期间,他结识了几位情同手足的同学。据《龙山杂记》:"严先生(引按:指严伯亮)教书非常认真,尤其是教单记的作文。他摆着《古文辞类纂》的书,用指头一个字一个字地卡过去,每个字都经过咀嚼,说出其措置的所以然来,不滥用一个字,却把意思表达得很透彻。严先生是反对粘于事实而累赘词句的。这对于我后写小说很有用处……文字的工具,尤其是单记写得短小精悍的方法,是靠严伯亮先生给我打定基础的。"

在校期间,同学中友谊最深的是沈福同、陶元庆和董秋芳。据《龙山杂记》载:"我从小学里读书就很要好的沈福同同学,一道考进五师以后,他仍在原班读书,我和他要好得两个人起一个

① 绍兴的省立第五师范学校,前身是山会师范学校,成立于 1909 年,鲁迅曾当过校长。1912 年,因为山阴、会稽两县合称为绍兴县,校名也改成绍兴师范学堂。到1915 年,全省师范统一定名,改称浙江省立第五师范学校。

共同的名字，从英文课本顺手点出十个字母来合成，刻了omelizigod 的图章。"除了上面提到用英文字母拼成的图章外，还同时刻了一枚由"同尧"两字合写而成的图章。二人友谊一直保持到 1928 年沈福同去世。《钦文自传》中曾提及："我同福同有着个公共的名字，叫做'同尧'合写成为'圛'，刻有图章。我们还另有个共用的图章，是随便用十个字凑合起来的，'Omelizigod'。"

陶元庆①是其一生中最重要的朋友。据《龙山杂记》记载："陶元庆同学是和我同时考进五师的。董秋芳同学在我的原班里好像是新同学，我也把他当作娘家人看待；我和他们都谈得来……陶元庆毕业后，我俩是母校附属小学里的同事，直到他一九二九年逝世，我俩在十六年中没有离开半年以上的时间过。"陶元庆自在五师读书时起，一直到 1929 年逝世，其间虽与许钦文有过短暂的分离，但都不超过半年，而"董秋芳同学本是听严先生的讲的，他比我早一年上龙山，却比我晚一年离开蒙泉，其原因我疑心就是在于受严先生的影响太深……董秋芳同学于一九七七年逝世，成了我六十五年的老朋友。他在北京大学读书时，我在那里旁听。以后他到杭州来办学，我也到杭州来教书。抗日战争时期我们都在福建。最后他到教育部教育出版社编写国文课本，我到北京开会，还时常作长夜谈"。

---

① 陶元庆，字璇卿，笔名之青、菊心，绍兴陶堰镇人，他比许钦文大 4 岁。陶元庆后来成了著名的画家，在画坛上享有很高的声誉，为鲁迅、丰子恺等人所赏识，他的画受到美术界的高度评价。

1914年(甲寅,民国三年) 17岁

▲5月,徐枕亚在上海创办《小说丛报》。

▲6月,《礼拜六》创刊于上海,为鸳鸯蝴蝶派的主要阵地。

▲8月15日,清华学堂首批选派留美学生(男生100名、女生10名、自费男女生若干名)在上海登上"中国"号客轮赴美。

7 月

16日 二姐许湘浓(号淑云,乳名芳云)去世①。

本年 仍在浙江省立第五师范就读。学业兴趣广泛,并爱好音乐,据《龙山杂记》回忆:"母校的功课,理化有实验,生物有解剖,我都喜欢。伦理学、心理学、教授法,我都很得用,老师也都教得很认真……在张先生(引按:音乐教师张先耀)的指导下,我已学会过弹四部谱的复音。"

曾至北京投考银行,未取,仍回到第五师范学校读书。据《钦文自传》回忆:"我于十八岁时(引按:虚岁)曾离开稽山鉴水到北京去考银行,不取,就回到越王台畔继续读书。"

此时,生活极为艰苦,父亲给四角小洋作零用,要维持三个月以上。

---

① 许湘浓13岁许给沈家,与男方同岁。不幸14岁那年丈夫去世。19岁时许给陈家,第二年准备出嫁,对方突然死去。到她22岁时又做媒许给沈家,第二年丈夫又死去。

18

1915年(乙卯,民国四年) 18岁

▲3月,鸳鸯蝴蝶派杂志《小说新报》在上海创刊。

▲9月15日,陈独秀在上海主编的《青年杂志》创刊(从第2卷起改名为《新青年》),反对旧思想,提倡科学与民主。

▲12月12日,袁世凯通电全国,正式宣布接受帝位,改国号为"中华帝国",以1916年为洪宪元年。唐继尧、蔡锷等组织护国军讨袁。

本年 仍在第五师范学校读书。

从萧品珊学拳。据《龙山杂记》回忆:"我在龙山望海亭下,蒙泉旁边读书时,越王台是驻军的,朝朝晚晚都可以听到使人兴奋的军号声。操场紧靠越王台,因此枪操和拳术我都感兴趣,练习得很起劲。"另据《钦文自传》回忆:"我在第五师范读书时,正当国民教育的提倡。我和四妹都在小腿上缚了许多时候的沙包,我也打过两年的拳,老师就是国术家萧品珊先生。"许钦文曾与鲁迅谈起五师学拳的往事,还打拳给他看。起因是陶元庆眼痛,鲁迅认为是神经痛,说:"这也可以说是职业病吧,听说拳师死的时候,总是叫筋骨痛。"①

还喜欢做生物标本,四妹许羡苏对此也很感兴趣。四妹这时已在绍兴城内的明道女子师范学校读书,教他们生物课的老师是周建人。他们利用暑假回乡的时间,一道采摘植物,捕捉蝴

---

① 许钦文:《鲁迅与陶元庆》,《新文学史料》,1979年第2期。

蝶、蜻蜓等,制作各种标本。

据《钦文自传》,这一时期的晚上,读《三国演义》《列国志》和《聊斋志异》等书,并非爱读,借以消磨光阴而已。

1916年(丙辰,民国五年)　19岁

▲1月,北京汇文大学、华北协和大学、北京华北女子协和大学等学校合并为燕京大学,司徒雷登任校长。12月26日,黎元洪总统任命蔡元培为北京大学校长。

▲3月,《青年杂志》改名《新青年》。

▲本年,袁世凯死,黎元洪继任大总统,段祺瑞任国务总理。各系军阀争权夺利,中国陷入军阀混战。

11月

26日　蔡元培应邀到第五师范学校发表演说,对师范教育提出若干要求:一、"师范学校之研究,尤重为教育之实验";二、强调科学知识与美育的关系,不能"单重智识"而"不及情感";三、教育之道,在于"慎独"。"无论上课时、下课时,有人监督,无人监督,宜丝毫不事苟且。"[①]这给许钦文留下深刻的影响,尤其是"慎独",因而他常登上望江亭,后写过《望江亭》回忆在五师的情况。

---

① 蔡元培:《在浙江第五师范学校演说词》,《蔡元培全集》(第2卷),北京:中华书局,1984年,第484页。

本年　仍在第五师范学校读书,曾经远足到兰亭去游览过。后写《鲁迅的故乡和〈故乡〉》,对兰亭有过详细的描绘。

1917年(丁巳,民国六年)　20岁

▲1月,胡适在《新青年》第2卷第5号上发表《文学改良刍议》,在文学上提出八点主张。

▲2月,陈独秀在《新青年》第2卷第6号上发表《文学革命论》。

▲11月7日,俄国十月革命爆发。

本年　从浙江省立第五师范学校毕业。由于跳了一级,只读了四年,半年在初进班,三年半是后进班。据《学习鲁迅先生》一文回忆:"本班的同学,在教室共自修三年半,由于风俗习惯的不同,语言也有些隔膜,直到毕业,我和大多数同学都没有正式谈过一次话;龚珏(宝贤)、何植三(华封)这两位同学,都是到了北京以后才亲昵起来的。"且虽在师范读书,并不十分愿意从教,报名"只因为升入普通中学,要支学费、膳费,靠父亲在小学里八元、十元一月的收入,无法应付"。读师范是经济所迫,日后却成了终身职业,是从不喜欢到喜欢。

毕业后,在绍兴县立第一小学天王寺国民部任教员半月。此后,在第五师范学校代珠算指导员,并兼理化助教。据《龙山杂记》回忆:"我毕业后在母校理化实验室里做过助手的工作。陶元庆同学毕业后(迟一年),我俩是母校附属小学里的同事。"

1918 年(戊午,民国七年) 21 岁

▲5 月 15 日,鲁迅在《新青年》第 4 卷第 5 号发表《狂人日记》,此为中国现代文学史上第一篇白话日记体小说。

▲11 月 19 日,北京大学学生团体"新潮社"成立。

▲12 月 22 日,李大钊、陈独秀主编的《每周评论》在北京出版。

本年 开始爱读书,广泛接触新文化。据《〈新青年〉和〈新潮〉》回忆:"这样忽然改变的原因,是忽然得到了《新青年》和《新潮》。是那(引按:今作"哪")一卷那一期,已经忘却;凡是这两种杂志,读得到的都爱读,以后就爱读《学灯》;于是丢开手工,也不再钓鱼,很爱读书了,并不限于哪一种,凡是新出版的同《新青年》和《新潮》相类的都爱读。"

抵达奉天三江口,后至四平街四郑铁路工程局车务科任书记。在铁路的机关上,因为学非所用,数月后被父亲召回绍兴,任第五师范学校附属小学教员,与陶元庆共事。

1919 年(己未,民国八年) 22 岁

▲1 月,北京《新潮》杂志创刊。

▲5 月 4 日,北京学生 3000 余人举行爱国游行示威,抗议巴黎和会的不平等条约和北洋政府的卖国行径,揭开了中国新民

主主义革命之序幕。

▲7月,李大钊等在北京成立少年中国会,创办《少年中国》月刊。

▲10月,孙中山宣布改组中华革命党为中国国民党。

11 月

7 日　与四妹许羡苏受《非孝》影响,各自解除了家中代订的婚约。《非孝》发表在《浙江新潮》1919 年第 2 期,作者施存统。

本年　担任第五师范学校附属小学高小二年级的教学工作。

经由周作人的文章,受到日本以武者小路实笃为代表的"新村主义"影响。①　与陶元庆读周作人文章后,想组织新村。据《〈鲁迅日记〉中的我》回忆:"元庆在墙壁上钉起几幅图案画,把床铺移动一下,使窗美感,算作'新村'。"另据《学习鲁迅先生》回忆:"晚上去乌先生、白小姐处补习英文。凡是新出的书,新发表的文章,我们总要竭力设法弄来看,买不到,买不起的,借来看;远远地辗转借得来看,把《新青年》和《新潮》当作宝贝。"

经由《小说月报》等,阅读了许地山和王统照的作品。据《悼王统照先生》回忆:"我于五四运动以后读在《小说月报》上登载的文学研究会王统照先生的作品,又稍后于读鲁迅先生在《新青年》《新潮》上发表的小说。我对于王统照先生的《春雨之夜》和《山雨》等作品,和许地山先生的《缀网劳蛛》和《春桃》等同样感

---

①　周作人在《新青年》上发表《新村运动的解说》《日本的新村》《新村运动的理想和实践》,后又在《新潮》上发表《访日本新村记》。

到兴趣,有过深刻的印象。"

1920年(庚申,民国九年)　23岁

▲3月,胡适《尝试集》由上海亚东图书馆出版,为中国现代文学史上第一部白话诗集。

▲4月,马克思、恩格斯《共产党宣言》(全译本)由上海社会主义研究社出版。

▲8月,上海共产主义小组成立,并秘密创办了刊物《共产党》。

本年上半年　先在五师附小担任高小二年级教员,薪水为二十元一月。据《钦文自传》,此时生活拮据:"因为四弟还在五师读书,每月要扣除膳杂费五元,再扣除我的饭钱三元,我自己只有一元零用,其余十一元全都拿回家。"另据《做过年小说》,此时人际关系亦难处:"在学校里当教员,可是不善于和人周旋,也没有资本买礼物去送主任,也没有资本邀请主任和接近主任的喝几杯,又没有着大面子的肯为我荐的,因此,每到一个学期将要终了,就得忧虑接不到下学期的关约,而且终于真的接不到了关约。"后受《新青年》和《新潮》的影响而向往北京,在《〈鲁迅日记〉中的我》中说到"仿佛已经竖起了光亮的灯塔"。

本年下半年　辞职去北京。经孙伏园、孙福熙(五师的同学)介绍,和俞宗杰(戏剧家)、龚宝贤(画家)进了铁路职工教育讲习会,选修"学校"兼习"新闻"。据《在铁路职工教育讲习会》一文回忆,讲习会设有学校、图书馆、新闻和演讲等,最重视的

"国音和社会政策。其次是心理学。还是合班上课的时候多,课堂是很大的……两位同伴都学图书馆兼演讲和学校。"期间,经孙伏园介绍,结识了在北京交通大学读书的郑振铎。

本年冬 去北京大学旁听。据《砖塔胡同》回忆:"由一九二〇年冬开始在北京大学旁听鲁迅先生的课。"据《〈鲁迅日记〉中的我》所载,在写作上受到鲁迅的启发:"鲁迅先生在讲《中国小说史略》时,附带教我的写小说的方法,说是要抓住人物脸上的特点来表现个性。如果只写背面,无论头发一丝一丝地描绘得怎样细微,也是很难使读者认出是哪一类人。"[①]据《我与故乡》载,许亦旁听周作人的课:"许多文学的原理,都是从周作人先生那里听来的,因为他讲的时间比较长,西洋文学、日本文学,每篇开始与结束,总有一种解释。"

此外,北京大学的旁听经历还产生了其他影响:"一位教师开的唯物史观的科学方法和相对论这两门课,对他的影响非常之大。那门相对论是专题讲座,当时是为了欢迎爱因斯坦来华讲学而开设的。他说,他那时之所以有勇气活下去,主要是受鲁迅先生和爱因斯坦的影响……此外,一位姓陈的教师开的迷信与心理的课,也使他得到许多科学观念和变态心理学上的知识,这对他日后创作有着非常明显的影响。"[②]

1921年(辛酉,民国十年) 24岁

▲1月,文学研究会在北京中央公园来今雨轩成立,主要发

---

① 钦文:《〈鲁迅日记〉中的我》,杭州:浙江人民出版社,1979年,第5页。
② 钱英才:《许钦文评传》,杭州:浙江大学出版社,1990年,第31、32页。

起人有沈雁冰、叶绍钧、郑振铎、王统照、周作人、许地山等12人。

▲7月,中国共产党第一次全国代表大会在上海(后转移至嘉兴)举行,标志着中国共产党正式成立。创造社在日本东京成立。

▲10月,北京《晨报》第七版独立发行,名《晨报副刊》,由孙伏园主编。郁达夫小说集《沉沦》出版。

5月

16 日　在《时报》发表《不食不眠之处女》(署名许钦文,特别说明,后文凡署名"许钦文"者均不再标出,只标注其他署名)。全文九十字,讲述一个处女,"不食不眠已六年矣"！原因是"幼时生食一圆形小鸡卵所致"。

本月　读到鲁迅发表的《故乡》,并开始思考文学创作问题。据《鲁迅的故乡和〈故乡〉》回忆:"1921 年,我在《新青年》五月号上读到鲁迅的小说《故乡》。我很高兴,因为写的是家乡的情形,大概是熟悉的。我觉得入情入理……鲁迅先生在教育部里做着不小的官,应该坐越安轮船头等的位置,是不会趁夜航的。可是《故乡》上,明明这样写着:'第二天清早晨我到我家的门口了。'难道鲁迅先生半下昼到了绍兴,找旅馆过夜,是第二天早晨才回家的么？这是很难想象的。于是这在我的脑筋上成了一个疑团。"

7月

3 日　孙伏园离开北京到绍兴探视病母。8 月 16 日离开绍兴返北,在南京换车时,应许钦文之邀,到浦镇作短暂逗留,适逢长江发大水,津浦铁路被冲断。孙伏园在浦镇滞留至 9 月 2 日始得乘车北上。此事经过在孙伏园《伏园游记》第一集《南行杂记》中有详细记载。许钦文与孙伏园会面,谈及鲁迅,并颇受其启发。据《鲁迅的故乡和〈故乡〉》回忆:"楼梯的下端被水浸没三级,反正上不得课,我和宝贤就请师兄随便谈谈鲁迅先生和他的作品。孙伏园讲了不少关于《阿 Q 正传》的事情,后来也讲了好些关于《故乡》的话。"

本月 在浦镇生活,艺术气质逐渐形成。据《在铁路职工教育讲习会》回忆:"在那里,白骨塔旁,将军台下面,有着弯弯曲曲的河流,有着碧油油的绿野,又有着黄松松的山岩;有着高耸的大烟囱和红屋顶的钢筋水泥的新建筑,也有着刀茅草搭成的草舍;有着高贵的碧眼小姐,也有着烂脱了鼻子黄脸妓女。我们共同观察,共同批评,如今回忆起来,觉得实在是难得的生活。"

8 月

月初 送四妹去北京,投考北京女子高等师范学校,因住宿困难,寄宿于八道湾的鲁迅家里。四妹是周建人在绍兴明道女子师范学校教书时的学生。

本年 讲习会结束后,和龚宝贤被分配在江苏浦镇办铁路职工学校①,每晚上课两小时,白天学习和讨论。据《〈鲁迅日记》

---

① 浦镇当时有一个五百多职工的工厂,是津浦铁路线上三个重点城镇之一。当时全国这样的铁路职工学校有十二个。学校显然是为防止铁路工人罢工而办的。

中的我》回忆:"从事职工教育的多半是青年,受了五四运动的影响,对于职工们,总是要灌输一点新思想。当时有一个担任督学性质工作的人,来浦镇铁路职工学视察,在召开大会时,他对大家说:'工字上面的一划是天,下面一划是地,工人是顶天立地的。'"

1922年(壬戌,民国十一年) 25岁

▲1月,叶圣陶、朱自清等人编辑的《诗》月刊在上海创刊。该刊从第1卷第5号起改为文学研究会刊物。南京东南大学胡先骕、梅光迪、吴宓等人主办的《学衡》杂志在上海创刊。

▲4月,应修人、冯雪峰、潘漠华、汪静之在杭州成立"湖畔诗社",出版《湖畔》诗刊。创造社主办《创造》季刊在上海创刊。

▲7月,中国共产党在上海召开第二次全国代表大会。

3月

本月 参与组织艺文社,该社宗旨是"为研究文学、哲学艺术",社员有许钦文弟弟的同学,尚在绍兴第五师范学校读书的许杰。社址有浦镇(江苏)和绍兴东浦两种说法,该社发起人尚不明了,据许钦文告诉笔者,推测是龚宝贤,故社址在浦镇。但许多社员却在绍兴,笔者再向许杰先生当面请教这个问题,他告诉笔者,浦镇是东浦之误。

而蒋荷珍的《许杰生平年表》则说许杰:"参加以研究文学、哲学、艺术为宗旨的社团'文艺社',成员有许杰、许钦文、龚宝贤

等 16 人，社址设在江苏浦镇许钦文工作所在地，实际活动不多。"①这一说法似与许钦文的回忆接近，但有以下两点无法解释。第一，艺文社成员有 16 人之多，而浦镇仅许、龚两人，其他人均在绍兴，把社址设在浦镇有诸多不便，比如开会。而设在绍兴东浦就方便得多了，它离绍兴仅十里地，即许钦文弟弟的所在地。第二，这些社员发表的刊物也在绍兴，即《越铎日报》副刊《微光》，由许杰主编，许钦文的文章也发表在《微光》上。1921 年 12 月，许杰、何竟业、郑文炳等组织了文学团体微光社，拟出《微光》半月刊，附于《越铎日报》上，由何竟业、郑文炳与《越铎日报》联系，许杰负责组织，于 1922 年《微光》创刊。所以社址在东浦的可能性大些，而许、龚两人的加入可能是许钦文弟弟许拜言的关系，许拜言曾出过小说集和诗集。

5 月

25 日　作散文《回乡途中》，发表在 7 月 18 日《越铎日报》副刊《文艺世界》。此文写自己从江苏浦镇铁路职工学校失业回乡途中的情形和彼时的心情，情意真切。

在《小说时报》第 5 期发表散文《虚体先生之新语》。此文用文言文写虚体先生说："天下地上儿子生父，鸡三腿马二足，大风无风，三风三尺浪。"此说一出，"众譁然。"于是他作了解释，"众皆叹服"。

本月　因直奉战争的影响，铁路职工学校停办，失业回家。据《在铁路职工教育讲习会》回忆："过了一年的样子，受了直奉

①　蒋荷珍：《许杰生平年表》，《杭州师范学院学报》（社会科学版），1994 年第 1 期。

战争的影响,铁路职工学校停办,老陶留在上海,我失业以后,没有办法,不得已回到稽山鉴水之间。"

在《妇女杂志》第 8 卷第 5 号发表散文《我的解除婚约》。此文谈自己和四妹终于解除婚约一事。

作小说《晕》,后发表在 6 月 1 日《越铎日报》副刊《微光》第 11 期。这是许钦文的第一篇小说,反映教师工作难以保障,唯恐一有差错被校方解雇的不安心情。小说由两个场景组成,一是写教师白天上课,二是写他夜间做梦,一实一虚,虚实结合,互相映衬而结构严密,艺术格调朴素自然。

10 月

6 日　从浦镇失业回家,生计成了问题。靠铁路职工学校的关系,坐免费火车到北京。

9 日　住进宣武门外半截胡同绍兴会馆(原山阴会馆)藤花馆,即当年鲁迅住过的不需房租的房间。找鲁迅介绍工作,未果。据《砖塔胡同》回忆:"我首先去看他(引按:指做了众议员的同村人)。他原也是笑嘻嘻的,一知道我要他推荐,找个位置,也就马上变成苦脸,而且用严厉的口气责备我:"你怎么连报纸都不看? 现在连黎大总统,有同乡出来找他谋差使,也只给张免费的车票,一点零用钱,叫他们马上回去。'我对他原存着很大的希望,在失望中觉得他的哭脸太可怕。但他并没有免费的车票,也没有借我一点零用钱。我固然没有回家的旅费,回了家也实在没有办法的,只好离开他决意不再去看他。"

许钦文庆北京还找过同村的在县里当科长的同村人,找过北京铁路职工教育讲习会的主任,都遭到白眼,碰壁,最后,得到孙伏园的帮助,据《钦文自传》回忆:"我受到启发和鼓励,似乎已经僵了的心又跳动起来,就写了一篇杂谈之类的稿子送到晨报馆里去,三天后就登了出来,不久得到了点稿费,救了我'燃眉之急'。孙伏园劝我继续写稿。我实在也只好继续卖稿,渐渐地由杂说之类转到了短篇小说之类。"孙伏园约稿一事,《从〈故乡〉到〈一坛酒〉》中记道:"因为他正在编着《晨报》的《副刊》,是北京提倡新文化的宣传品。我本苦于无所适从,自然乐从他这规劝,反正一时无法找得研究机械的机会,破笔和墨盒倒是随身带着的,当晚开始,我就写了《这一次的离故乡》,这是我写作的第一篇,也就是我一切作品的发端了。"①

本年冬 开始创作。据《钦文自传》回忆:"开始写《故乡》,就是开始我的创作生活,在一九二二年冬,北京南北半截胡同的绍兴会馆里,就是鲁迅先生写过《呐喊》的地方。"

11 月

12 日 作《参加女高师第十四周纪念游艺会记》,后发表在本月 16 日的《晨报副刊》。此文登载于该刊论坛上,对这次游艺会既提出肯定,也提出批评,而且批评多于肯定。这是一篇点评式的介绍,也是应孙伏园的邀请,在《晨报副刊》上发表的第一篇文章。

24 日 作小说《传染病》,发表在本月 27 日至 29 日《晨报副刊》上,列入《杂谈》,收入小说集《故乡》《许钦文小说集》。小说

---

① 许钦文:《从〈故乡〉到〈一坛酒〉》,《文艺创作讲座》,1932 年第 2 期。这里许钦文记忆有误,在《这一次的离故乡》之前,已在《晨报副刊》发表三文。他在《〈鲁迅日记〉中的我》也存在记忆上之错。

以四弟去北京进医院为素材写成，写哥哥陪弟弟进医院，弟弟患的是白喉带星红热，属较凶险的传染病。据《钦文自传》回忆说："拜言四弟忽然也到了北京，马上生起传染病了，这真有点窘了。我弄得天寒不能生火炉，老是挨着冷；自己烧饭做菜，连酱油都不买一点，随便放着盐，只要咸了就吃。"鲁迅曾指出小说搞错了打针的位置。

12 月

9 日 在《晨报副刊》发表散文《小杂感：送弟赴肥》（署名钦文，因此类署名较多，后文均标为钦文）。此文是写送别胞弟，告诫他在路上若遇不测要大声呼叫。

21 日 作小说《孔大有的吊死》，后发表在 1923 年 1 月 21 日的《晨报副刊》（钦文），收入《小说第二集》《许钦文小说集》。孔大有是工人们的党首，在工人里做事，受到外国厂长的警告，如果再做工人的工，就作要开除他。他感到左右为难，精神压抑，以至发疯吊死。

1923 年（癸亥，民国十二年） 26 岁

▲2 月，胡适《五十年来中国之文学》由申报馆出版。

▲6 月，《晨报·文学旬刊》创刊，由王统照编辑。

▲7 月，创造社在《中华新报》上创办《创造日》。

1 月

6 日 作小说《请原谅我》（钦文），发表在 14 日《晨报副刊》

的《杂谈》中，收入小说集《故乡》。小说写男主人公急于向女生求爱，结果遭到对方的谢绝而陷入失恋的苦况中，而想到"偶然碰着一可爱的，时期还不成熟，何苦急地自讨苦吃"。

12日 作散文《看了阿博洛展览又读钱君稻孙对这会的感想以后》（钦文），发表在18日的《晨报副刊》。此文是对阿博洛展览（画展）提出批评，否定多于肯定。文中称："像《车跡》《林间山色》《灯下读》和夏君伯鸿的《几点》是现今通行的，能够引起美感的。"而对"像李君毅士的《献寿图》《春宵苦短日高起》《玉楼宴罢醉和春》《回头一笑百媚生》《可怜光彩生门户》和《深闺》等，吴君新吾的《采药图》和王君月芝的《潇湘馆》。——这种东西，我不但自己不愿意看，即使有人愿意我也觉着讨厌，希望不要再去当众陈列着！"文中不仅对这几幅作品提出否定，而且还对其他的几幅亦提出否定，认为这些图"无非是时间、颜料和精力在纸面上的堆垛"①。

作小说《这一次的离故乡》（署名绳尧），发表在1月26日至27日的《晨报副刊》，列入《杂谈》，收入小说集《故乡》《许钦文小说集》。这是一篇自传体小说，以下几点是实有的事：

1.小说中的人物，母亲、八妹、六妹和"我"都是作者自己和家里人的写照。

2."我"和"四妹"解除婚约。航船上的50岁老人说："现在呢，她三个儿子，到东的学堂去毕业，到西的学堂去毕业，你看做

---

① 此文发表后，引起了讨论。1月25日有两篇文章发表，否定了作者的意见。如《感谢许君钦文对于阿博洛展览会的批评并述所感》一文说："以为许君是阿博洛学会有仇的，故意做这么一篇文字来挑拨是非的。"又说："除'光线少极''空气薄极'两句仿佛是内行的话以外，并没有很多的艺术上的评论。"另一文也对作者的言论提出批评，并加以驳斥。

了一些官没有？大的儿子更其不懂道理，父母之命，媒妁之言，正正当当给他订的媳妇，无缘无故的要他的父亲为他去解约，会有昏君的父亲真为他去做，这也是民国时代才有的事情；好在现在三房媳妇一个也没有过门，连女儿也看她大哥的样，大不了不要嫁人，只知道老远的顾自去读书……"

3. 四妹去北京读书，八妹惦记她。

4. "我"母亲回忆她父亲每年去北京两趟。

5. 到北京后，起初主人对"我"很客气，带着高兴的神气表示欢迎"我"，说："我实在很喜欢常常看见你，你将到那个衙门去办什么事呢？""我"说："我还没有找到事情，盼望你推荐呢！"给我这么一说，主人的神气立刻变了，难以形容，我只觉得可怕极了。他说："你莫非连报纸也不看，黄坡对于乡亲只每人给一张车票，几块零用钱，叫他们立刻回乡去，免得流落京寓……"

6. "我"16岁初次往杭州铁道学校读书的情形。①

15 日　为谋事，经孙伏园介绍，持信去见鲁迅。鲁迅日记载："下午许钦文君持伏园信来。"据《学习鲁迅先生》回忆："这事我还记得很清楚：当时我还没有找到'法律评论'社的书记职位，许寿裳先生做女子高等师范的校长，孙伏园先生想通过鲁迅先生给我去找个位置，所以给我写信介绍。我到教育部里去见鲁迅先生，他很快就说没有位置，只轻轻地向我点了个头就回到办公室里去了。当时我有些觉得他是冷冰冰的。可是在砖塔胡同会见以后，我感到他的温暖了。现在看他的日记，也可以想见他

---

①　那时许钦文写的小说，基本上以自己亲身经历的事情进行模写，还缺少综合、提炼、生发。但作品们细腻地刻画了"我"离别故乡时的矛盾心情，对母亲和妹妹的依恋之情，途中的见闻，到北京后受人冷遇和白眼，处处碰壁，走投无路，最后表达了"我"对故乡的决绝和今后奋斗的决心。

对我的热情。我到后来才这样体会到：鲁迅先生在教育部探视我时显得冷冰冰的，可能因为他不能使得一个（要）求助青年不失望而在暗自难过的缘故。"在《砖塔胡同》一文中也有类似的回忆："我把一封信交给他，说是孙伏园叫我送去的。他拆开信来看了一下，只轻轻地说声'没有位置'，微微地点了个头，就转身回到办公室里去了；在教育部的院子里，是站着的。"

由于求职多次碰壁，陷入悲境中。据《〈鲁迅日记〉中的我》所载："除孙伏园几位穷朋友以外，已经不惯于去看人，怕去见人，一想到要去看人，就觉得脑海里立即浮现许多'金永生'的'哭脸'来，我害怕。经验告诉我，看了这种哭脸对我并没有用处。我曾在杭州二我轩照相馆的玻璃框里见到过《求己图》的照片，初看只见两个人，一个坐着，另一个跪着向他恳求。细看才知道这两人的面孔、服装都是一式一样的。跪着的形态不顺眼，但其用意，'求人不如求己'，说明着求人的无用。这也影响了我当时的思想。"

这一阶段，许钦文以在《晨报副刊》发表文章为生。当时《晨报副刊》的稿费是每千字 1 元 4 角，每月要写六七千字，才能勉强维持个人的生活。

2 月

7 日　在《晨报副刊》发表小说《工人朱有贵》（署名绳尧），收入 1924 年晨报出版社的小说集《小说第二集》①。内容为浦村办了一所工人夜校，起初人满为患，不久后，工人来的少起来了，陆陆续续不来了。唯独朱有贵，虽然年龄大又不识字，还坚持来上

---

① 《小说第二集》是多人合集，下同。

学。有一次,浦村大雨没路,只有他一人来上学,而他成了工人中最突出的一个。

10 日 作小说《孔长寿的死》(钦文),发表在 4 月 26 日至 27 日《晨报副刊》,收入 1924 年晨报出版社的《小说第二集》。小说写孔长寿起初当兵,多次打仗,妻子美霞劝他改换职业,因而当了铁路工人。某次一群兵强迫他当即开车,但没有站长给的路签不能开车。于是他去向站长报告,当兵的以为他要逃走,举枪把他打死。

24 日 作小说《中学教员》(署名绳尧),发表在 3 月 6 日至 7 日的《晨报副刊》,收入小说集《故乡》时改名《博物先生》,后收入《许钦文小说集》。小说写教博物的中学教员和小学教员林女士在"五四"思潮的影响下,自由恋爱而结婚,但实际上是貌合神离。婚后碰到实际问题时,双方争吵不休以至最后离婚,小说讽刺了"五四"之后的一些人,是为赶时髦而非真正理解而自由恋爱。

3 月

9 日 作散文《病》(钦文),发表在 24 日至 27 日的《晨报副刊》,列入《杂谈》,记述自己生病、看病的经过。

25 日 作小说《不是回信》(钦文),发表在 30 日至 31 日的《晨报副刊》,收入 1924 年晨报出版社的《小说第二集》。小说中,章光群是少年励志会的成员,以改造社会为己任,他在女子大学游艺会看到女记者肖兰扮演的姑娘后,一夜难眠,进而改变想法,认为自己幸福了,社会也幸福了。于是,写信求爱,第二天接到她的回信说:"兹拟明晨求道,赴车参观……"然而,"原来她写这封信的时候,他的那封信未曾收到"。

4月

1日 作小说《猴子的悲哀》(钦文)，发表在5日的《晨报副刊》，收入小说集《毛线袜》《小说第二集》。此文写猴子短尾巴(雄)和长脸孔(雌)的故事。

6日 作散文《植树节》(钦文)，发表在9日的《晨报副刊》。写植树节时，总统、总理、总长到天坛植树，立了一个碑："前面刻着某大总统，某某总理，某某总长手植的字样，后面刻着'中华民国十二年四月六日'，似乎有意藉此流芳百世或遗臭万年。"进而议论道："我想一做总统、总理或者总长，如果个个都是要在天坛留个纪念，那么天坛虽大，能容多少这样的'八'字？……以此类推，如果这'八'字形中有专事摧残民权，甘为国民公敌的，那么日后必有无疑，这就是他葬身的坟墓，拆断他的碑而拔去他的树以为快。"

9日 作小说《上学去》(钦文)，发表在13日的《晨报副刊》，收入小说集《故乡》《小说第二集》。小说写月霞要到北京去读书，细腻地描写了父母、妹妹之间所产生的依恋之情，使读者看到许钦文妹妹当年去北京读书时的境况。

11日 作杂谈《惋惜》(钦文)，发表在19日的《晨报副刊》。写植树节那天，刚巧有大雨，自己本想去西山，因雨改道至天坛。总统等人在天坛植树，有兵把守。文中穿插写自己六七年前不怕冒险，在大风大浪中游西湖，冬天下大雪去爬山的经历。而现在一下大雨，道路泥滑，就不敢走了。

15日 下午组织文学团体春光社集会，社员约20人，鲁迅出席，地点为北京大学三院。鲁迅是该社四位导师之一。另外三人为周作人、张凤举、徐祖正。据《忆春光社》回忆："当时缺少文艺理论的参考书,只靠课堂上听此感到不够,我们组织了这个社,请这四位来做导师。他们都在北京大学里任课的,我们也听他们的讲,东方文学的物语和俳句,西洋文学的小说和戏曲。除鲁迅先生讲的《中国小说史略》以外,都用英文本子。物语和俳句翻成英文,读起来仍然有许多是日本话的声音。我们一群'小朋友'多半是师范生出身的,英文基础差,对于日语也生疏,听讲不免打折扣,这也是我们要在课外再组织学习的一个原因……那天开会,最先讲话的是鲁迅先生,讲得最多的也是他。往常他在《中国小说史略》的课上,也常常附带讲些文学批评和新小说的作法,这次讲的范围更加广,也谈到果戈里和契诃夫等人的作品,对于我们的帮助是很大的。"同日的《鲁迅日记》载:"下午同雄晨、凤举及二弟赴学生所集之文学会。"

作小说《丈母的规矩》(钦文),发表在 4 月 24 日《晨报副刊》,收入《小说第二集》。小说写霞姑与丈夫小毛看戏,遭霞姑哥哥一顿毒打,丈母娘到了才终止。在吃饱饭后,丈母娘说:"上床夫妇,下床君子,我们虽然不是诗礼人家,也得有一个规矩,姑爷既然做了轻薄的不规矩的行为,现在非喝三大杯酒不可!"小毛虽已饱了,也只好拿起杯来喝了。

26 日 作小说《老泪》(钦文),发表在 4 月 28 日至 30 日的《晨报副刊》,收入《小说第二集》《许钦文小说集》。小说写年近七旬的老太太彩云既受到封建伦理道德的精神压力和折磨,又承袭传统的落后习俗和迷信,传宗接代成了她生命的动力。她11 岁、18 岁做媒定的婚姻,未婚夫都死了,她成了克夫命,只能做垫房,结果丈夫又死了。她遵照丈夫临死的遗言,她又去借种,生下女儿,讨进女婿,女儿又死了,而她还是设法要下一代,到老还为抱不上孙子而感喟。

这篇小说富有浓郁的地方特色,是他所有小说中情节最为曲折动人的一篇。许钦文的乡土小说,对地方景物的描写较少,只是"杂入"一点。但在习俗描写方面是非常出色的,诸如写媒婆到彩云家做媒不喝茶,只喝白开水;当11岁彩云走进卧房,媒婆"有发婶婶就从背心的衣襟内抽出一条大红纸的媒条:写着'朱老爷令郎十三岁大吉'这十个墨笔字,'大吉'二字并非必要,为的是凑足十个数目,算是'十喜如意'"。媒做好以后,姑娘就不能出头露面,所谓"男要凉,女要藏"。从此八九年内,彩云就不能走出大门半步。除了对习俗的描写,还有方言土语的运用,如"好笋生在篱笆外面""回淘豆腐干",等等。

本月 自本月起,在銮舆卫夹道法律评论社做抄写、校对和发行工作。据《〈鲁迅日记〉中的我》所载:"这时我已在一个杂志社里当小职员,是我四妹在女高师的一位老师介绍的,十八块钱一个月。在我,比六块、八块一月的稿费多了近一倍多。而且是固定的,不至于再有搜索枯肠写不出而恐慌的时候。"

5 月

1 日 作小说《一餐》(钦文),发表在 8 日的《晨报副刊》,收入小说集《故乡》《小说第二集》。小说通过描写一餐的聚会,以辛辣的笔调,写出掌有一定权势的人物令人憎恶的丑态,并予以尖锐的讽刺。

7 日 作小说《虚惊》(钦文),发表在 1924 年《小说月报》第 15 卷第 7 号。小说写打仗时某家人非常紧张,特别是祖父讲述长毛追杀人的故事,更是如惊弓之鸟。一听说有人来了,全家以为真的打进来,多次受惊后发现都是虚惊一场。小说是从 10 岁小孩的角度切入,很多细节均为许钦文小时候所经历的真事。

作小说《小白兔》(钦文),发表在 12 日《晨报副刊》,收入《小说第二集》。小说中的"她"23 岁,外号小白兔,要照顾分别为 7 岁和 9 岁的弟弟。她年纪已不小,正为自己婚姻发愁,但熟悉的人不是家里穷,就是"神气太不漂亮",而自己喜欢的却一字不识。

13 日 春光社集会,鲁迅再次出席。同日《鲁迅日记》载:"下午与二弟应春光社约谈话。"

19 日 作小说《大水》(钦文),发表在 27 日的《晨报副刊》,收入《小说第二集》《故乡》《许钦文小说集》。写一个名叫春霞的姑娘,不知道要嫁的男人的姓名、长相、人品、性格。小说通过年轻人嘻哈的对话,把旧式婚姻的弊病、妇女的悲惨命运暴露无遗,即女子的命运不能掌握在自己手里,而由别人摆布。

作小说《琲郎》(钦文),发表在 30 日的《晨报副刊》,收入《许钦文小说集》。琲郎是主人公进尼姑庵时师父给她起的法号。她丈夫在外地工作,到年底才回,而她一个人孤守空房,感叹道:"啊呦!我一天到晚守空房,真是活寡孀!"丈夫外出,叫佃户六三夫妇监视妻子的行动。他丈夫回来,六三报告她曾三次走出大门,但这实际是和她丈夫的信有关。从此,她对六三日甚一日地怨恨。不久,她的女儿出天花死去。小说有力地鞭挞封建婚姻的不人道之处。

作散文《谈话会:这不是好现象吗》(钦文),发表在 7 月《妇女杂志》第 9 卷第 7 期。好友唐之美加入女子参政协会,成了分会的会长,唐之美因为感到自己法律知识不足,辞去教职,专门到北京国立法政专门学校去求学,却遭人讥讽。为此,许钦文撰写文章,对这种现象进行反驳。

31 日 作小说《毛大人》(钦文),发表在 6 月 6 日的《晨报副刊》，收入《小说第二集》。这是一篇速写，写毛大人只不过几句对话，而开头则写"我"吃了糯米汤圆肚子不舒服，通篇结构松散。

6 月

本月　作小说《凡生》(钦文)，分四次发表在 18 日、23 日、24 日、25 日的《晨报副刊》，收入《小说第二集》《故乡》。小说写凡生两次向女人求婚的事：第一次向赵女士求婚，遭到拒绝；第二次求婚，虽经一些曲折，还是成功了。小说重在描写凡生向女人求婚时的心理活动。

7 月

2 至 3 日　在《晨报副刊》发表小说《引见以后》(钦文)，收入《小说第二集》《毛线袜》。小说写黄包车夫有生，常受警察打骂，自从当了钱议员听差后，连警长都尊敬他，前后两重天。

19 日　在《晨报副刊》发表杂感《为什么女子不能参政》(钦文)。此文是针对女人可以参艺，但不可参政的观点的，作者对此表示反对，认为女子既可参艺，也可参政。

29 日　在《晨报副刊》发表小说《"野小人"》(钦文)，收入《小说二集》。小说写一个名叫福生的学徒，因为好动且喜欢游泳之类的事，被人呼作"野小人"。虽着墨不多，小说却给人活泼可爱的感受，写出了少年的性格特点。

下旬　和四妹许羡苏为鲁迅租到砖塔胡同六十号。鲁迅于 26 日即前往看屋，并决定搬家。《鲁迅日记》本月 26 日载："上午往砖塔胡同看屋。下午收入书籍入箱。"兄弟失和后，鲁迅请许钦文、许羡苏租房，因许羡苏知道同在女师大读书的俞芬家有空房。

8 月

8 日　作日记体小说《遗言》(钦文),发表在《晨报副刊》,收入《小说二集》《毛线袜》。此篇是抄录已死的钱先生《日记》,虽只有数条,已足见此人是封建卫道者。如:"纵然民国变法,婚姻可以自由,乃父母之命,岂可置之不理!"借别人口说自己的话,体式特别。

作小说《于卓日记》(钦文),发表在 1925 年 6 日、7 日、8 日《京报副刊》第 28、29、30 期。许钦文有一部分写青年男女的小说,可以称为心理小说,在小说中常常表现潜意识、性心理、变态心理和日常生活中的微妙心理。本文表现了性欲与理智之间的变化。[①]

20 日　《鲁迅日记》载:"携妇迁居砖塔胡同六十一号。"

25 日　与孙伏园去新居拜访鲁迅,谈及已发表的作品。鲁迅日记载:"晚许钦文、孙伏园来。"据《〈鲁迅日记〉中的我》回忆:"我第一次到砖塔胡同去看鲁迅先生的时候,固然有点勉强,也是很拘束的……开始当面坐谈以后,我觉得鲁迅先生很关心我,故意和我多讲话,反正孙伏园各方面都是早熟悉的,走到这边去谈一下,笑几声,再到那边去谈一下,笑几声,鲁迅先生无须注意招待他。鲁迅问了我的情况以外,谈的多半是关于《晨报副刊》上发表了的作品的,其中有些意见已经简要地由孙伏园口头传达过,现在再加以解释,说得详细点就是了。"

26 日　去鲁迅家,同日《鲁迅日记》载:"下午钦文来。"

作小说《理想的伴侣》(钦文),发表在 1924 年 9 月 9 日的

[①]　钱英才:《许钦文评传》,杭州:浙江大学出版社,1990 年,第 69-71 页。

《晨报副刊》，收入小说集《故乡》《许钦文小说集》。主人公提出理想的伴侣必须具备三个条件：第一会跳舞，第二须会唱歌，第三须会弹钢琴。嫁过来之后，女方财产归他所有。至于学问则没有必要，女子无才便是德。主人公一味幻想理想的伴侣，而自己满脑子大男子主义，小说对此进行讽刺。关于创作动机和讽刺手法，许钦文在《〈彷徨〉分析》中说："且说我写《理想的伴侣》，在我开始写小说以后不久；写的动机，因为在《妇女杂志》上看到《理想的配偶》的征文启事，觉得有些可笑，就先来个讽刺，在《晨报副刊》上发表……这里的讽刺的手段，主要是用'反语'，用了好些反语。鲁迅先生《附记》上说的'且一味倘用了他的笔法写，倒是很合式的。'鲁迅先生在《幸福的家庭》上也用了不少反语；他说的'他的笔法'，可能就是指反语。"

9 月

16 日　去看鲁迅。同日《鲁迅日记》载："上午钦文来。"

21 日　作小说《口约三章》（钦文），发表在 9 月 25 日的《晨报副刊》，收入小说集《故乡》《小说二集》《许钦文小说集》。小说颇为幽默，写一对男女青年结婚快四年了，还经常闹意见、斗嘴，为此他们定下三章契约：第一稻福（男）碰着姑娘们，只准当面赏鉴，不得回想；第二，稻福赏鉴姑娘们，亚青（女）不得认为不应该，藉此多言；第三，稻福不得因为看了姑娘们，以为亚青不如也。

28 日　作小说《猫的悲剧》（钦文），发表在 10 月 2 日至 4 日的《晨报副刊》，后又连载于本年 12 月的《无锡新报》，收入小说集《故乡》。写几个人的闲聊，谈的是升官发财，不过开头、结尾又写了几只猫，倒也生动，结局是猫遭殃了。

10 月

3 日 作小说《妹子的疑虑》(钦文),发表在 10 月 7 日至 8 日的《晨报副刊》,收入小说集《故乡》《许钦文小说集》。这篇小说笔调幽默,带有自传性。写兄妹从小亲近,现在妹妹已 22 岁,妹妹疑虑哥哥讨了嫂子以后,不能像现在这样亲了。

作小说《职业病》(钦文),发表在 18 日至 20 日的《晨报副刊》,收入小说集《故乡》。小说中的"我"是个铁路站务员,患了肺病,暗恋一个经常乘车的姑娘,以至相爱但没有结局。三年下来因身体原因,再也不能坚持下去,只好请假回家。

24 日 作小说《尝试的失败》(钦文),发表在 11 月 6 日的《晨报副刊》,列入《杂谈》。写 T 进入大学后,看上了同班的女同学 V,尝试与 V 接近,坐在 V 身后,前面有一圈女同学。结果在其他男同学注视下,T 失去了勇气,宣告恋爱失败。

28 日 鲁迅请许钦文、孙伏园至孙德兴饭店吃夜饭,饭后同去新民大戏院看北京戏剧专门学校学生的演出。在演出过程中,鲁迅向许钦文谈了小说和戏剧的不同点,讲了悲剧、喜剧、惨剧,等等。《〈鲁迅日记〉中的我》亦记录了此事。这里鲁迅的观点颇为宝贵,特转录如下:

"编剧本",鲁迅先生又同我说,为着不妨害旁人听台词,仍然是轻声的,"总要比写小说多用些功夫。小说的读者,大概是学了文化的知识分子;戏剧的观众,同在一个剧场里,有着大学教授,也有许多目不识丁,是缺少学习文化机会的,有老人,也有小孩,各方面的人都要照顾到,台词就得格外通俗,格外精炼了的;所以编剧本要注意用另一种语言,就是叫做'戏剧语言'的。在结构、部署上,写小说也比编剧自由得多:小说里的'焦点',固然可以放在中间，也可以一开头就写成焦点，引起读者注意，使得感到非读下去不可。也可以放在末尾，突然结束，使人耐味，终于得到深刻的印象。而戏剧则不同，戏剧要顾到主角的精力，不能每幕每场都出台，总得有个休息的时间。因此编剧本，总要有点舞台经验才好。"

"但在原则上"，鲁迅先生静默了一下继续说，"无论是小说中的对话，或者剧本里的台词，只要说出来了一般读者、观众所想说而未能明白说出口来的，总会受到欢迎而博得同情。——除非少数阔人，哪个不厌恶伤人的市虎呢？使坐汽车而不知民间疾苦的少数阔人也吃些灰尘，自然是大快人心的。在被反动军阀剥削压迫下的劳苦大众，哪个不想'还我自由'呢！"

"可是戏剧"，鲁迅先生在离开剧场走在路上时又对我，加重了声音，"对于吸引观众的注意力，有着许多条件，因为戏剧是综合性的艺术：首先是有伴奏的音乐。即使有些人有时对剧情不感兴趣，听听悦耳的音乐，也是不至于不耐烦的。音乐，即使你不注意倾听，也会钻到你的耳朵里来的。何况舞台，高大的建筑，生动的雕刻，美丽的绘画的布景，配上五花八门的灯光，总是显得堂堂皇皇的。所以要用戏剧这个艺术武器宣传新思想，实在并不难，这终究是个革命的武器！"

"戏剧"，默默地走了一段路鲁迅先生又开口了，"把没有什么价值的东西，当众毁掉的算作喜剧，把有价值的东西当众毁掉是悲剧。无论喜剧、悲剧，都可以受到观众的欢迎，只要编得出色。拿莎士比亚的剧本来说，《威尼斯商人》是他喜剧的代表作，《哈姆雷特》是悲剧的代表作。——在悲剧的戏剧里，还可以划出一部分算作惨剧的。惨剧和悲剧的区别，在于闹成悲剧的结局，是否由于主角自己的玩弄？比如同某人谈恋爱，闹成悲剧的结果,是悲剧。因为并没有注定,必须去同这个人谈恋爱;结果弄不好,由于找错了对象,不是不可以避免的。惨剧并非由于主角自己玩弄的结果。'喜剧'、'悲剧'、'惨剧'这种名称,也可以用到有些小说上来。比如《祝福》中,杨林嫂到后来,弄得活既活不成,死也死不得,如果有鬼,她怕被锯开身子来,如果无鬼,将永远见不到唯一亲爱的阿毛了,悲惨到极点,但这种痛苦,并不是她自己找出来的。祥林并非她害死,再嫁本非她所愿,阿毛是狼拖去的,都出于无可奈何,所以是惨剧。《阿Q正传》可难说了,阿Q绑上囚车去枪毙,因他有抢劫的嫌疑,这嫌疑由于做了小偷,做小偷由于失业,失业因为他跪在吴妈面前求爱,好像悲惨的结果是他自己寻找出来的,似乎是悲剧性的。但阿Q,弄得姓也没有了,连名字,叫做阿桂,还是阿贵,也已弄不清楚,不能早就结婚成家,这才跪到吴妈的前面去。总的说,原也是可惨的!"

同日《鲁迅日记》载:"许钦文、孙伏园来,同至孙德兴饭店夜饭后往新民大戏院专门学校学生演剧二幕。"

11 月

10 日　作小说《疯妇》(钦文),发表在18日至20日的《晨报副刊》,收入小说集《故乡》《许钦文小说集》。小说写双喜的老婆因为经受不住婆婆不断的谩骂,失去精神的支柱,痛苦郁闷得发疯而死去。从表面看是写婆媳之间的矛盾,但实质上反映了当地贫苦农民穷苦的不幸生活,是当时社会矛盾在家庭中的反映。这篇小说不仅有着深刻的思想意义,而且具有极其浓厚的地方色彩,写出了绍兴水乡的特色和习俗。这是一部比较好的小说,显然许钦文在写小说上有了很大的进步。

11 日　作小说《父亲的花园》(钦文)，发表在 12 月 1 日的《晨报副刊·晨报五周年增刊》，收入小说集《故乡》《许钦文小说集》。这是以散文笔调写的小说，回忆当年父亲的花园盛况，而如今当年景象已不能恢复，再看不到父亲的花园了。故事完全以自己家的花园为原型，而且出现的人物也是真实的。所以这是一篇散文和小说难以分辨的自传体小说。

鲁迅在《中国新文学大系·小说二集·导言》中曾说："在还未开手写乡土文学之前，他却被故乡所放逐，生活驱逐他们到异地区了，他只好忆《父亲的花园》，而且是已不存在的花园，因回忆故乡的已不存在的事物，是比明明存在，而且有自己不能接触的事物较为舒适，也更能自慰的。"鲁迅是在分析许钦文写这类题材的原因，并非单指这一篇小说。

15 日　作小说《邻童口中的呆子》(署名 C·W)，发表在 11 月 24 日的《晨报副刊》，收入小说集《故乡》。据《〈鲁迅日记〉中的我》所载："时间不够用，我只好早起迟睡。有时睡得太迟，早晨也就起得晚。总之，生活不正常。除工作上关系以外，我又很少同人交谈，是陷在孤独的寂寞中的。编在我处女作《故乡》中的《邻童口中的呆子》，就是写这种情形的。'呆子'原是我自己。别人认为呆，我是由于不得已。"

18 日　作小说《毁弃》(钦文)，发表在 28 日的《晨报副刊》，收入小说集《故乡》《许钦文小说集》，1946 年百新书店出版的由赵景深和孙席珍等编辑的《现代中国小说选》(第二集)以及香港出版的小说集《毁弃》中。小说写企平和尤瑾刚刚订婚，亲密无间。企平打开箱子，纸包着许多信件，他取出给尤瑾的五封信，余下的三分之二交给尤瑾，叫她烧了。这都是其他姑娘写给他的情书。当尤瑾每烧一封信的时候，都会浮现出种种不同情形来。

27 日　《鲁迅日记》载:"下午钦文来。"

12 月

15 日　作小说《一首小诗的写就》(钦文),发表在 25 日的《晨报副刊》,收入小说集《故乡》《许钦文小说集》。慕清写诗,受到破纸窗被风吹的声音干扰,于是叫听差买纸来糊。听差说太晚,明天来糊,然而待听差买纸来糊的时候,他又说明天糊。小诗写了两句,又叫隔壁的人起来听他念诗。最后写成的诗句:"可爱的美味的鱼呀/花猫日日夜夜想你呢!"这就是所谓的写诗,小说作了辛辣的讽刺。

作小说《津威途中的伴侣》(钦文),发表在 27 日的《晨报副刊》,收入小说集《故乡》、《许钦文小说选集》(作家出版社 1956 年版)、《许钦文小说集》。这是一篇用第一人称写的小说。小说写"我"在轮船上见到顾客,重点写吴、齐两人,都是做所谓小买卖的。当船上查捐的人员上来时,他们听到讨价还价的声音,本需十五元的却以七元了事,是因为不开发票,可塞入他私人的腰包。小说揭露社会黑暗的一角,吴、齐两人谈的虽是一些小事,但人物写得鲜活。据《许钦文小说选集·后记》中说,鲁迅曾指出:"南方人'胡''吴'同音,所以习惯上有'古月胡''口天吴'的说法。北方人'胡'读'ㄏㄨ','吴'读'ㄨ',一听了然,用不着说明。"

19 日　作小说《模特儿》(钦文),发表在 1924 年 1 月 6 日的《晨报副刊》,收入小说集《故乡》《许钦文小说集》。小说写农村妇女出嫁半月后丈夫死了,公婆不许她改嫁,且要她出卖肉体来养活他俩。她死活不答应,只好起早贪黑地干活来养他们。进城做模特后,每月有三十元的收入,并识了字。她买书来看,半元钱的书价,她竟给同学十五元。

本年 在法律评论社工作,抽空去北大旁听。据《〈鲁迅日记〉中的我》回忆:"从杂志社走到沙滩'大楼'去听课,比从南半截胡同过去路程约少了一半,可以有些时间和精力,这于我有利。不过工作多了,只好减少旁听的课,像变态心理学,原也是要听的,只好中止了……《中国小说史略》出版了,鲁迅先生也就给了我一本。这对我很有用。我虽然在北京大学听了这一门课,但系旁听——其实是偷听,旁听要登记,我连手续也没有办过,是领不到讲义的。"

1924 年(甲子,民国十三年) 27 岁

▲1 月 20 日,国民党第一次全国代表大会在广州召开,确定"联俄、联共、扶助农工"的基本政策。

▲4 月 12 日,印度著名诗人泰戈尔受邀来华讲学,抵达上海。

▲11 月,孙中山离粤北上,发表《北上宣言》,主张打倒军阀,废除不平等条约,召开"国民会议"。《语丝》周刊在北京创刊。"女师大风潮"爆发。

▲12 月,《京报副刊》创刊,孙伏园任主编。《现代评论》创刊,王世杰任主编。

1 月

1 日 同孙伏园去看望鲁迅。同日《鲁迅日记》载:"许钦文、

孙伏园来,留午饭。"

11日 鲁迅编辑整理许钦文小说,为此鲁迅致信孙伏园,信中说:"钦文兄小说已看过两遍,以写学生社会者为最好,乡村生活者次之;写工人之两篇,则近于失败,如加淘汰。兄可先以交起孟,问其可收入《文艺丛书》否?而于阴历年底取回交我,我可于是后再加证正之。"接着又说:"总之此集决可出版,无论收入与否。但须小加整理而已。"又说:"《小白兔》一篇尚好,但所记状态及言论,过于了然(此等议论,我亦听到过),成集是易被注意,似须改得稍晦才是。又《传染病》一篇中记打针(注射)乃在屁股上,据我所知,当在大腿上,改为屁股,地位太有参差,岂现在针法已有改变乎?便中望一询为荷。"

12日 作小说《湿手捏了干面粉》(钦文),发表在15日、16日的《晨报副刊》。小说写永贞有一天接到一个自称时生的大学生来信,说:"我现在二十二岁,在文科二年级肄业,不吃烟酒,不喜嫖赌,性好静,爱文学。"并自称在报上发表过诗和论文。永贞同室另外二位商议,决定回信。第二天寄出后,第三天时生约永贞到旅社见面。永贞接了他的"药",当晚两人发生关系后,住在旅社。某天时生出去时,永贞发现地上纸条才知道,时生的信均由别人捉刀,自认上当并后悔不已。这篇小说讽刺一些人打着自由恋爱的幌子,借机玩弄女性。

17日 在晨报馆遇到鲁迅去看孙伏园。鲁迅请他们至宾宴楼吃晚饭。据《〈鲁迅日记〉中的我》所说:"他接连请我和孙伏园吃饭,显然以我为主,首先是表示关心着我……我也觉得,鲁迅先生请我吃,并非只是为着物质,主要在于趁便多给我点教育。他对我讲话,总是比对孙伏园多些,都是关于反封建思想和谈话写作方法的。我觉得,鲁迅对于我的思想情况看得很清楚,比我自己清楚得多,他对我说的话切合实际,几乎句句都打中了我的心窝……使我觉得,我已不再处于绝境,并非手无寸铁,我有笔,也是可以有所作为的。"同日《鲁迅日记》载:"访孙伏园于晨报社,许钦文亦在,遂同往宾宴楼晚饭。"

21 日　作小说《小狗的厄运》(钦文),发表在 1 月 29 日至 31 日的《晨报副刊》,收入小说集《故乡》《许钦文小说集》。小说写梅影煮鸭粥给爱人吃,不料爱人带来两个朋友,只好把两只鸭腿给两个朋友。两个朋友走后,她把气撒在小狗身上,狠狠地打小狗。小说惟妙惟肖地揭示了梅影的心理变化。

26 日　作小说《一张包花生米的字纸》(钦文),发表在 2 月 11 日的《晨报副刊》,收入小说集《故乡》。这篇小说构思巧妙,写主人公因为饿了,买一包花生米,包装纸上有一篇日记,写一男子暗恋一个叫瑛的女子。

作小说《在江南第一楼》(钦文),发表在 1924 年 12 月 7 日、8 日的《京报副刊》第 3、4 期。小说女主人公被一个叫杨柳卿的青年喜欢,但她爱打扮,梳头花一小时,洗脸花两小时,一切都要依靠男子;而他靠教书过日,有时薪水不能按时发,处在爱与不敢爱之间,如今还没有求婚。小说出色地表现出他矛盾犹豫不决的心情。

2 月

14 日　作小说《三柏院》(钦文),发表在 3 月 10 日《小说月报》第 15 卷第 3 期,收入 1925 年 4 月出版的小说月报丛刊《校长》(小说集)中。小说着力描写一个叫许先生的人物,生活艰难,赡养母亲和妻子,很关心她们。

17 日　去鲁迅处,见鲁迅《幸福的家庭》初稿。据《〈鲁迅日记〉中的我》回忆："一九二四年初春的一天,我独自一个人到砖塔胡同去看鲁迅先生,在那西边的一间里坐下。谈了一下,他就刚写好的《幸福的家庭》的原稿给我看。我认真阅读以后,又在那房间里仔细地观察了一下,再到那隔壁的吃饭间去看了些时候,进一步领会了写实的意义,对于怎样运用环境的现实写作小说里的背景深感兴趣……这小说中的假定的作者,始终以'他'代替,也不是不可以改作'我'字的;自然以'他'字为妙,因为还概括着许多别的情形。"可见鲁迅的文章写好之后,是给许钦文看过的,且是未定稿①。

鲁迅的小说《幸福的家庭》,特地拟了一个小标题"拟许钦文",而且在篇末,鲁迅还写了作者"附记"。《幸福的家庭》发表在 1924 年 3 月 1 日的《妇女杂志》,反响巨大。据《〈鲁迅日记〉中的我》回忆:"我溜进教室,刚在靠两边的一边坐下,突然听到:'许钦文大概已经长了胡子。'接着说:'许钦文的年纪总是不小的了。'原来鲁迅先生的《幸福的家庭》已在《妇女杂志》上发表……由于只有"拟许钦文"四个字小标题,和短短的《附记》,发生影响可不小。这对我是一种激励,也是一种鞭策。"同时,鲁迅又说到写《幸福的家庭》:"首先是拟你的轻松的讽刺笔调。"又说:"我也常常写讽刺文章,可是往往弄得很沉闷。我那《幸福的家庭》,写到后面,也渐渐地沉闷起来,不是在那"附记"上已经说明了么?"且鲁迅说:"为了那个小标题,《幸福的家庭》在《妇女杂志》上发表以后,就起了一种'广告'论,说是我那个小标题,是给

---

① 《鲁迅日记》2 月 17 日载:"许钦文来。"2 月 18 日载:"夜成小说一篇。"因此,许钦文 17 日看到《幸福的家庭》初稿,故而说:"他在深夜朗诵修改以后第二天给我看的《幸福的家庭》,还是未定稿,《拟许钦文》的小标题和《附记》也未写好。"详见《〈鲁迅日记〉中的我》,杭州:浙江人民出版社,1979 年,第 71 页。

你做广告的……可是不久又起了一种'同乡'论,这就是无聊的了……"

此事影响持久,据《鲁迅先生与青年》回忆:"在上海的一个报纸的副刊《青光》上发表作品,有别的报刊转载,并不注明转载自《青光》,而是把青光两个字排在署名的地位上,因为有人说我多了青光的笔名……那目录上,我的名字连成一大排,当时写小说的人还不多,我的小说好像是占了三分之二的篇幅的。"且鲁迅对许羡苏说:"你阿哥我扶持一下,他现在自己会走了。"后来苏雪林在《王鲁彦与许钦文》中评论说:"鲁迅以文坛老宿的资格,不惜如此奖掖一个后进作家,读者对许氏自然会另眼相看,而许氏也从此文名卓著了。"

17 日 《鲁迅日记》载:"下午,钦文来。"

3 月

1 日 作短评《这一次的看〈赖婚〉》(钦文),发表在 7 日的《晨报副刊》。此文是对电影《赖婚》的评价,指出了它的不足。

作小说《一只胶皮鸡》(钦文),发表在 10 日至 13 日的《晨报副刊》。

19 日 作小说《已往的姊妹们》(钦文),发表在 5 月 1 日《妇女杂志》第 10 卷第 5 期,收入小说集《故乡》。这篇小说和《这一次的离故乡》《父亲的花园》《怀大桂》一样,表达了作者对衰败中的家庭的怀念和对亲人的依恋,以及对自己不幸命运的感喟和悲愤之情。写的真人真事,用的散文笔法,感情浓烈真挚,可作记叙散文来读。另外,《上学去》《珠串泉》也是属于这类小说。

作小说《乌金》(钦文),发表在 29 日的《晨报副刊》。小说写在金银店里工作的龙生,从学徒做到半作已经七年。他与一位卖粥的姑娘相好,利用自己工作之便,打了一只乌金的戒指送给姑娘,不料此事被工头得知,将他开除。龙生原来梦想有朝一日自己得到乌金,不仅可以把姑娘娶回来,而且可以把妹妹嫁出去,也可以赡养父母,但梦想未成,他被人当作贼,投入牢狱中去了。

23 日 《鲁迅日记》载:"下午钦文来。"

27 日 《鲁迅日记》载:"下午钦文来。"

4 月

6 日 《鲁迅日记》载:"下午钦文来。"

12 日 鲁迅的《中国小说史略》校样,托许钦文转交孙伏园。同日《鲁迅日记》载:"晚许钦文来,交以《小说史》校稿,托其转交孙伏园也。"

15 日 作小说《后备夫人》(钦文),发表在 18 日《晨报副刊》,收入小说集《毛线袜》。小说写乙山和夫人结婚已三年,彼此好似隔着一张膜,他觉得"人生最可悲的就是生活太平淡",希望有一种"强求欢乐的方法",但夫人太平淡,没有使他产生激动的感觉,却在他夫人的妹妹杏英身上找到了。他做梦也想杏英做自己的后备夫人。第二天乙山和杏英手牵手跳舞,被他夫人看到。待跳舞后回家,乙山发现他夫人不见了,只留下头发和一把剪刀。小说讽刺一些男人喜新厌旧,见异思迁,结果造成悲剧。

同日,请鲁迅看两篇小说稿,鲁迅将这两篇小说和自己的一篇,寄给在上海商务印书馆工作的周建人,后来许钦文的小说登出一篇,退回一篇。同日《鲁迅日记》载:"寄三弟信并小说稿一篇,又许钦文者二篇。"

20 日　作小说《胜利》(钦文)，发表在 27 日《晨报副刊》，收入小说集《毛线袜》。小说写女性生性多疑，心胸狭窄，见到自己丈夫与异性交往，就吃起醋来。

5 月

24 日　作小说《创作》(钦文)，发表在 6 月 9 日至 14 日《晨报副刊》。这篇小说构思有些特别，小说里写小说。伯华因薪水不能按时发放，于是想写小说，得稿费以补贴家用。小说一面写伯华如何构思小说，一面写出他构思写的小说，即宗义和两个女子交往。一天宗义被一女子当他的面，向另一女子读宗义给她的信，揭穿他的本性，他也成了她们共同的仇敌。

25 日　帮鲁迅搬家。鲁迅因砖塔胡同破旧，于上年 12 月购西三条 21 号的院子，经翻修后于本月搬家。同日《鲁迅日记》载："晨移居西三条胡同新屋。下午钦文来，赠以《纺轮故事》一本。"据《学习鲁迅先生》回忆："在这星期以前，鲁迅先生还住在砖塔胡同六十一号，我去看他时，他就告诉我：'下星期日，打算搬到西三条胡同的新屋里去住了。'所以我吃了中饭就赶到西三条胡同，以为可以帮点整理东西的忙。"

29 日　和孙伏园贺鲁迅迁至新居，赠火腿一只。同日《鲁迅日记》载："晚孙伏园同来，并与钦文合赠火腿一只。"据《〈鲁迅日记〉中的我》回忆："西三条的房屋落成以后，孙伏园顺道来看我，一见面就高声说：'钦文！大先生就要搬到新房子去住，大家都在准备贺礼，我打算送一只火腿。'我想我也得送点礼物，他是在提醒我。不过火腿，大点的一只要十来元，用我半个月工资还不够，不免影响我老母幼妹的生活。我考虑一下，说：'我和你合送一只好不好，买得大一点？'他满口赞成，当即决定由他去办理。"

30 日 遇到从北京师范大学讲课归家途中的鲁迅，谈及之前被退稿事。同日《鲁迅日记》载："遇许钦文邀至中央公园饮茗。"据《〈鲁迅日记〉中的我》所记，鲁迅说："我和商务印书馆的编辑人员，虽然非亲非友，也没有什么仇恨，我们写文章，总得有点新思想，总得发表一点谋改革的意见。总要让读者吸收点新知识……后来我明白了，且不说编辑人员，其中一部分还是保守的，唯恐出了乱子敲破饭碗，总要是四方平稳的文章才敢编进去发表。即使是维新的，总也有所顾忌，因为编辑人员的上面有着总编辑和馆长、社长等老板，他们是还要顾到利害关系的，尤其是讽刺得尖锐的文章，有些人总要做不应该做的事情，却不愿意被人暗暗地揭露出来……在这种情况下，我们写文章投稿的，要多用一番功夫，要写得能够通过编者的眼睛，实际上也要不使他们太为难。否则发不出去不是白写了吗……钦文，你那两篇稿子，我看看是都还可以的；可是只用了一篇。还有一篇不是退回来了了？"

本月 作小说《松竹院中》（钦文），发表在 6 月 2 日、3 日、4 日《晨报副刊》，收入小说集《故乡》《许钦文小说集》。小说讽刺了病态社会的一角。

6 月

18 日 作小说《介绍》（钦文），发表在 1925 年 1 月 1 日《妇女杂志》第 11 卷第 1 期。小说写榆章想把自己喜欢的秀芳介绍给别人，但到了他们彼此见面的时候，他并没有向秀芳讲明这次是为了给她介绍才见面的。他虽然自己和元春订了婚，但也不愿离婚，他心里想着她俩人都成为自己的妻子，所以也不真正的介绍。小说细腻地描写榆章的心理活动，也作了嘲讽。

20 日　鲁迅通过孙伏园赠《中国小说史略》（新潮社 1924 年 6 月版）一本。同日《鲁迅日记》载："晚孙伏园来并持到《中国小说史略》下卷一百本，即以一本赠之，又赠矛尘、钦文各一本转交。"

22 日　去鲁迅家。

7 月

1 日　《鲁迅日记》载："晚许钦文来。"

10 日　在《小说月报》第 15 卷第 7 期发表小说《虚惊》。

16 日　作小说《尖头大腹蚁》（钦文），发表在 24 日、25 日、26 日《晨报副刊》，收入小说集《毛线袜》。写尖头大腹的蚂蚁统治着大大小小的蚂蚁为它卖力，养着一批妻妾，以讽刺人的世界。

8 月

2 日　作小说《病了》（钦文），发表在 9 月 2 日、3 日的《晨报副刊》。小说写 R 白天与 P 玩了一天，回来后生了病，大部分笔墨花在多次描写坐黄包车上。

3 日　作小说《房间内的虫豸》（钦文），发表在 12 日至 14 日《晨报副刊》。小说通篇写房间里有蝎子、老鼠、青虫、蚊子、苍蝇，弄得"他"睡不着觉，后想到不如消灭它们，虫子不是被拍死，就是被敲死。小说文笔细腻。

28 日　作小说《希望》（钦文），发表在 9 月 12 日《晨报副刊》，收入小说集《毛线袜》。小说写"我"从车上听到一位太太希望打仗，因为打仗的话，可以使她在部队的丈夫升职。

9 月

5 日　作小说《珠串泉》,发表在 27 日、28 日《晨报副刊》,收入小说集《故乡》。小说写南蛮子"我"和同寓的北达子同游珠串泉。北达子有一个小学时的女子愿意嫁给他,他也很爱她,可是遭到家里的反对,特别是他祖父。"我"要北达子起来反对,他认为没有用,于是同意家里所订的婚事。反对婚姻自由的是整个家族的势力,这使他只好妥协。这就是小说的意义所在。

11 日　去鲁迅家,交给鲁迅三篇小说。同日《鲁迅日记》载:"钦文来并持小说三篇。"

16 日　作小说《"我看海棠花"》(钦文),发表在 25 日《晨报副刊》,收入小说集《毛线袜》《许钦文小说集》。小说从一个叫竹心的孩子的视角看尼姑庵里的情形,特别是当他见到小尼姑慧兰,觉得慧兰比海棠花还好看,留下了不可磨灭的印象。

28 日　作小说《眼上的瘢痕》(钦文),发表在 10 月 19 日、20 日《晨报副刊》。写"他"小时候玩火药,火药是他祖父死后留下的。祖父以之做能装火药的霉头,用来打蜘蛛,后来打蚂蚁、蜂、蜻蜓。"他"将之改装后用来打鸟,却把自己的脸也伤了,留下眼上的瘢痕。小说融入幼年生活的痕迹,但许钦文眼上没有瘢痕。

10 月

10 日　作小说《重做一回》,发表在 30 日《晨报副刊》,收入小说集《毛线袜》《许钦文小说集》。这是一篇笔调诙谐的小说,写一对结婚三年的夫妇,已不如初婚时那样恩爱,为了弥补感情裂痕,想出种种可笑而荒唐的办法。最后决定采取一个彼此都认可的办法,即把他们初恋时的一套重做一回,结果味同嚼蜡。小说淋漓尽致地嘲弄了随着时光的流逝,爱情也随着消失的现象,揭示了一部分人在爱情上的空虚和无聊。

19日 《鲁迅日记》载:"午后许钦文来。"

11 月

2日 去鲁迅处。

3日 去鲁迅处。

4日 在4日和6日的《晨报副刊》发表《等候》(钦文)。这是记事散文,写在先农坛等候一个9岁的小孩时所见的情形。

5日 鲁迅将许钦文的三篇文稿寄给周建人。同日《鲁迅日记》载:"下午寄三弟信并文稿一篇,又许钦文者三篇。"

10日 作小说《遗憾》(钦文),发表在12月27日《京报副刊》第21期。教英文的苏老师非常爱三年级的学生大光,因为他学习好,人又聪明。临毕业时,苏老师问大光今后的打算,大光希望进中学继续念书,可是因为家里穷,父母要他进绸庄学生意。大光毕业后来过一信,以后就杳无音信,苏老师先后去了三次信,均无回信。苏老师去大光家,大光已死了。

12 月

28日 在《京报副刊》第22期发表小说《竹青的死》(钦文)。这篇小说通过一只小鸟来描写女性的妒忌之心。志存买了一只小鸟,夫妇俩都很喜欢。有一天,志存夫人的妹妹来玩,看到这只名叫竹青的小鸟,也十分喜欢。志存夫人看她丈夫和妹妹两人头碰得很近看小鸟,而且她丈夫要把小鸟送给她妹妹,顿时很不高兴。她没有给小鸟喂食、喂水,竹青就死了。

本月 2日、7日、10日、17日,去鲁迅家,均据当日《鲁迅日记》。

1925年(乙丑,民国十四年) 28岁

▲3月12日,孙中山在北京逝世,全国各地群众隆重悼念。

▲5月,刘和珍、许广平、蒲振声等6人被开除。学生会召开紧急会议,决定驱杨出校。上海发生著名的"五卅惨案"。

▲7月1日,中华民国国民政府在广州成立。

▲10月,冯至等人组织的沉钟社在北京成立,出版《沉钟》周刊。

1月

1日 受孙伏园之邀,同鲁迅吃午饭。同日《鲁迅日记》载:"午伏园邀午餐于华英饭店,有俞小姐姊妹、许小姐及钦文共七人。"

6日 去鲁迅家。

11日 作小说《幻恋》(钦文),发表在《京报副刊》第38、39、40、41期。小说写亨齐19岁那年父母亲请人做媒,并未成功,但他听他母亲说梁小姐的印象一直浮现在脑海里,并且在女子中学体操会上对号找人,还两次去所谓梁家偷看梁小姐。三年后,他拒绝父母给他提亲,其实他连梁小姐的名字和住处也不知道,却对梁小姐一直不能忘怀。

16日 周作人40岁生日,与江绍原、孙伏园、李小峰、章廷

谦（川岛）、钱玄同、俞平伯等同去祝贺。

18日 与孙伏园拜访鲁迅。同日《鲁迅日记》载："下午钦文、伏园来。"

20日 作小说《"原来就是你"》（钦文），发表在《京报副刊》第47期，收入小说集《毛线袜》。这篇小说运用庄谐结合、矛盾对比的讽刺手法，以跌宕起伏的情节吸引读者。益三一心一意地追求志忠姐未成功，后来他们意外地成了夫妻，却又经常吵架；志忠姐要婚姻自由，反对父母包办，但她并不知道自己找的，乃是当初父母做主、自己拒绝的人；婚后不悦，反悔自己不该不嫁给父母做主的那个人。小说充满戏剧性的矛盾描写，不仅揭示他们徒有时髦的外表，思想守旧的实质，而且大大地增强了作品的讽刺色彩。主体的庄严笔调，加上诙谐有趣的结尾，使这篇小说具有较强的感染力和独特的讽刺效果。

与鲁迅、陶元庆一起看陶元庆画展。同日《鲁迅日记》载："陶璇卿、许钦文来，少坐即同往帝王庙观陶君画展览会。"

22日 赠鲁迅酒。同日《鲁迅日记》载："下午许钦文来并赠酒二瓶。"

23日 去鲁迅家。

25日 与陶元庆受鲁迅邀，吃午饭，赠鲁迅《晨报增刊》一本。同日《鲁迅日记》载："午餐邀陶璇卿、许钦文、孙伏园，午前至，钦文赠《晨报增刊》一本。"

26日 作小说《印花布棉被》（钦文），发表在《京报副刊》第60期。小说写长富夫妇以种田为业，生活极其贫困，他妻子准备为丈夫送水。长富在耕田，极口渴，而妻子也不来，他怒气冲冲赶到家里，却不见妻子。到外面见妻子过木桥时，一不小心掉入河里。长富把妻子救起时，在她背上打了一拳。原来妻子准备给长富送水时,一只鸡逃了出去,她去追赶。回家病倒,妻子连睡九天,临死前,她叫丈夫再讨一个老婆,买一条印花布棉被。

30 日 作散文《杀鼠记》(钦文),发表在 1925 年《京报副刊》第 74 期,记灭杀老鼠的经过。

2 月

1 日 在《妇女杂志》第 11 卷第 2 号发表小说《怀大桂》(钦文),收入《许钦文小说集》。这是一篇散文化的小说,写园中三株桂花中最大的一株桂花树。每年到阴历八月的时候,全家人都会忙起来,用桂花做点心、糖、茶叶、桂花蜜,邻居也会来要桂花。

19 日 作小说《摇椅》(钦文),发表在《京报副刊》第 69 期、70 期。写大纬一人在外漂流,有一天回到妻子的身旁,夫妻恩爱有加,但很快二十天的团聚已过,不觉惊醒,这不过是自己躺在摇椅上的一场梦,梦的是十二年前的经历。

本月 在《妇女杂志》第 11 卷第 2 期发表散文《我的母亲》(钦文)。写母亲生了十二个子女。小的时候,母亲拿着黄松毛打过许钦文一次,是在冬天,那时母亲待寿弟生下后就更爱寿弟。如有发生什么事,母亲总会责备许钦文和蕊姐。而现在母亲更爱护许钦文,因为他最苦,负担家庭;除此,受到最多关照的则是多病的寿弟和最小的八妹。最后感慨道:"唉,母亲的伟大原在抑强而扶弱,我的母亲是个大为子女牺牲的人。"

3 月

3 日 作小说《猴子阿三》(钦文),发表在《京报副刊》第 110

期,收入《毛线袜》。此文写猴子阿三壮胆吓唬老虎,结果自己颈部套在青藤上被勒死。

12 日　作小说《青仙》(钦文),发表在《京报副刊》第 126、127 期。文中的青仙从 7 岁到她出嫁都在"我"家。她是朱妈的女儿,朱妈是"我"家的女佣。青仙从小给"我"的堂叔女佣金妈做儿媳妇。青仙婚后生有一个儿子,她的丈夫在外工作有了女人,钱也不寄了,她被遗弃了。

19 日　与鲁迅、陶元庆参观陶元庆画展。据《鲁迅与陶元庆》:"元庆个人展览会,得到鲁迅先生等的热心帮助……一九二五年三月十九日载东西四帝庙内举行。"同日《鲁迅日记》载:"午后,晴。陶璇卿、许钦文来,少坐同往帝王庙观陶君绘画展览。"

25 日　作小说《吃锅贴》,收入《短篇小说三篇》。写连胜到饭店吃锅贴,伙计不理不睬,顾客又耻笑,连胜终于发怒,砸烂店铺。

27 日　与鲁迅一起饮牛乳。同日《鲁迅日记》载:"同小峰、衣萍、钦文至一小肆饮牛乳。"

29 日　作小说《美妻》,收入《短篇小说三篇》《许钦文小说集》。小说写思瑛趁她丈夫外出之际,为了保存自己的年轻貌美,竟然服毒自杀,要她的丈夫把她做成标本。

本月　4 日、16 日、18 日、22 日去鲁迅家,据当日《鲁迅日记》。

作小说《杀的滋味的回忆》(钦文),发表在《京报副刊》第 77 期。小说主人公原没有杀人的能力,只是在银幕上见到过杀人。后来他得到一把汽枪,于是练习瞄准,学会了打鸟。其中一些情节,是许钦文小时候的亲身经历。

4 月

1 日　在《妇女杂志》第 11 卷第 4 期发表小说《一生》(钦文),收入小说集《故乡》。小说写月英悲惨的一生。她 14 岁时父亲和母亲先后离世,她一个人照料杏生、兰生。到 27 岁,杏生和兰生都已娶了妻,月英的生活陷入孤寂、不安,而这些已被弟媳妇们觉察。她被嫁到王卓山家,卓山前妻留有两个幼小的儿子,她像当年母亲死后照顾两个弟弟那样照顾他们。卓山死在外地,他的两个儿子被时疫夺去生命,她本想去尼姑庵,被两个兄弟所阻止,仍然回到老家过一个人的生活。

4 日　《鲁迅日记》载:"午后钦文来。"

10 日　作小说《与未识者——闹玩笑之七》(书信体),收入《短篇小说三篇》《许钦文小说集》。这是一封给未识者的求爱信,信内自曝了自己的短处。

作《〈短篇小说三篇〉序》(钦文),发表在《京报副刊》第 130 期。序中说:"在我的作品中许多事实似乎都不大自然,这大概是我历世未久,处境狭小而又不善观察的缘故,可是也有其他的原因,就是我对于很自然的事实,比较的不容易感到兴趣;而其中都有好些事情,在我的一方看来却觉得是很自然的,这也许是各人所处的环境不同的缘故罢。在我,素来是这样的,无论读书、看报、听人谈天,以及做梦和幻想,总是只把其中的情形的大概记住,却把来由忘掉了。"

自费印刷《短篇小说三篇》,收《吃锅贴》《美妻》《未识者》,由北京沈讷斋出版。

27 日　赠鲁迅《短篇小说三篇》十本。同日《鲁迅日记》载:"晚钦文来并赠小说集十本。"

30 日 作小说《老妇和少年》（钦文），发表在 5 月 15 日《莽原》。写少年在路上碰着老妇找一个铜子，少年先后给她两个铜子，希望她别找，天黑了。少年等老妇先走，但她还是徘徊着说："一个大的铜子呢！"

本月 11 日、15 日、22 日去鲁迅家，据当日《鲁迅日记》。

5 月

1 日 在《妇女杂志》第 11 卷第 5 期发表小说《后备姨太太》（钦文）。小说写一些人有了老婆，还要买来年纪小的女孩，最小只有 10 岁，作为后备夫人。

上旬 作小说《病儿床前的事》（钦文），发表在 9 月 1 日《妇女杂志》第 11 卷第 9 期，收入小说集《毛线袜》。写光宗的儿子生病，请来看护唐女士，结果光宗爱上了她，遭到她的拒绝。她说："因为我不愿意被一个已经有了孩子，而且还有这样孩子的母亲的人所爱着！"

中旬 作小说《叔父》（钦文），发表在《京报副刊》第 158 期，收入《毛线袜》。写伯棠前后不同的遭遇和叔父的不同态度，反映了人情冷暖。伯棠失意时，叔父不仅训斥他，而且还把他赶走，而当他在军队中谋得一官半职时，他的叔父竟厚着脸皮说："孟夫子说：天将降大任于斯人也……"小说包含自己的生活经历，如伯父之训斥，源于 1922 年中秋节进京遭遇到的冷遇和白眼。

16 日 夜访鲁迅。同日《鲁迅日记》载："夜钦文来。"

下旬 作小说《蝴蝶窠》（钦文），发表在《京报副刊》第 164 期，收入小说集《毛线袜》。小说写"我"去找友琴时，见到各种各样的"花蝴蝶"从眼前飞过。不过，友琴未找到，故小说着墨是在写"花蝴蝶"。

本月 3 日、12 日、24 日、31 日去鲁迅处,据当日《鲁迅日记》。

6 月

5 日 《鲁迅日记》载:"晚钦文来。"

7 日 《鲁迅日记》载:"午后钦文来。"

9 日 准备去江苏浦镇铁路职工学校办退职手续,于当晚向鲁迅告别。当日《鲁迅日记》载:"晚许钦文来告别。"[①]到浦镇去是因为曾被封闭铁路职工学校,自张作霖上台后又恢复了。而据《〈鲁迅日记〉中的我》回忆:"陶元庆在台州第六中学教了半年图画……那校长知道他和我熟悉,就托他邀我一道到台州去任教。我再到浦镇去,无非为着办理退职手续,所以一到暑假就离开那里又到了北京。"

12 日 作《杂感》(钦文),发表在《莽原》第 8 期。文中说:"许多时候以来,在中国是这样的。丈夫死了,妇人再嫁是很不名誉的,妻子死了,不即再娶也算是好的,然而新婚的夫妇们的枕头上和新娘子的鞋子上总绣着一对鸳鸯。"为此,文章针对这种情况发出议论,讽刺绣鸳鸯与宣扬贞节主义并行的怪现象。

18 日 鲁迅收到许钦文来信。同日《鲁迅日记》载:"夜得许钦文信。"信佚。

25 日 作小品文《干爷和干妈》,发表在《东方杂志》第 22 卷

---

① 这天晚上,鲁迅并不在家,而是去了北京女子师范大学。许钦文那晚去鲁迅家,见不到鲁迅后,即去女师大。女师大被军警把守不能进去,只能在铁门外向鲁迅告别。《铁门告别》一文,就是记载这次见面的。

第 8 号。此文认为最好的干爷是诗人,最好的干妈是音乐家,其他都不喜欢。

8 月

2 日　与陶元庆拜访鲁迅。同日《鲁迅日记》载:"璇卿、钦文来并见赠火腿一只、茗一合。"

4 日　《鲁迅日记》载:"钦文来。"

18 日或 19 日　向鲁迅告别,据《〈鲁迅日记〉中的我》回忆:"那天,我和陶元庆商量决定,第二天就离开北京一道到台州第六中学去任教。还有些关于书面画和出版的事情要和鲁迅先生接洽。到了台州以后,元庆先给鲁迅先生画肖像,还是先画他要的书面(画),也得探问一下。元庆留在绍兴会馆整理行李,我一吃了晚饭就赶到西三胡同二十一号去看鲁迅先生……'你初次到中学里去教书',临走时鲁迅先生嘱咐我,'如果有什么困难,随时写信来告诉我!'"而在这之前,鲁迅就知道他去台州六中教语文,"我一告诉他我就将到台州去教语文,他就自动拿出黎锦熙著的《国语文法》来交给我,说:'这你拿去,有用处。'厚厚的一册,是作者用注音符号签了名送给他的。我拿回翻阅,发现夹着试行图解的纸张,是鲁迅先生的笔迹。可见他在研究,是喜欢的;但以为于我更有用,就给了我(这书我已交给绍兴鲁迅纪念馆保存)。这更是替我想得周到的地方。"

这本语法书,对许钦文创作影响较大。他这时期写的小说,语言明显受到该书影响,后作了《国语文法讲话》。到了台州以后,许钦文这个笔名正式代替了许绳尧,六中的聘书上也用了这个笔名,从此之后,凡在行政场合,他也用许钦文这个笔名了。据章克标《陶元庆·许钦文》中所说:1925 年春,台州第六中学生闹风潮,赶走了校长。浙江省教育厅委任在北京大学教数学的台州人陈荩民任职,此人在北京邀了一班同仁。陶元庆和许钦文在列。

28日 致信鲁迅。《鲁迅日记》8月30日载:"八月二十八日,台州发。"信佚。

9月

3日 《鲁迅日记》载:"上午得陶璇卿、许钦文信。"信佚。

6日 作小说《猴子阿三和胡大爷》,收小说集《毛线袜》。胡大爷养的猴子叫阿三,还养了金鱼和八哥,阿三看王妈杀鲫鱼,它先弄死金鱼。此事因八哥告发,猴子记恨在心,其又弄死八哥。胡大爷知道后,一怒之下把鸟笼砸向阿三,阿三也一命呜呼!这篇小说写动物,不仅生动且妙趣横生,一波未了,一波又起。

13日 《鲁迅日记》载:"得钦文信。"信佚。在《莽原》第22期发表散文《孝不如顺》(钦文)。此文是谈儿女对父母的孝敬,作者经过论证得出如下结论:"但是我所厌恶的,并不是又顺又孝,却是时而尚顺,时而尚孝,完全以自己的方便而变迁。"

28日 鲁迅收到许钦文所寄陶元庆作书画一帧。同日《鲁迅日记》载:"得钦文信并面画一枚,陶璇卿作。"此书画即用于鲁迅编定的许钦文《故乡》的封面。

29日 鲁迅寄赠许钦文《苏俄的文艺论战》三本。同日《鲁迅日记》载:"寄钦文信并《苏俄的文艺论战》三本。"信中说:"商务馆制板,既然自以为未必比北京做得好,那么成绩就可疑了,三色板又不相宜。所以我以为不如仍支财政部印刷局制去,已嘱乔峰将原底寄来……十九日所寄封面画及信均收到,请转致璇卿兄,给我谢谢他,我的肖像是不急的,自然还是书面(画)要紧,现在我已与小峰分家,《乌合丛书》仍归他印(但旧加严重的监督),《未名丛刊》则分出自立门户;虽云自立,而仍交李霁野等经理。《乌合》中之《故乡》已交去;《未名》之中《出了象牙之塔》已付印,大约一月半可成。还有《往星中》亦将付印。这两种,璇卿兄如不嫌其烦,均请给我们作封面……"此信已谈及小说集《故乡》。

30 日 鲁迅致信许钦文,信中说:"《未名丛刊》已别立门户,有两种已付印,一是《出了象牙之塔》,一是《往星中》。这两种都要封面,想托璇卿兄画之。我想第一种即用璇卿兄原拟画给我们之普通用面已可,至于第二种,则拟以另有一张为宜,而译者尤所希望也……记得前回说商务印《越王台》,要多印一千张,未知是否要积起来,俟将来出一画集。倘如此,则《大红袍》及《苦闷的象征》封面亦可多印一千张,以备后日汇订之用。纸之大小想当和《东方杂志》乎?……《故乡》稿已交去,选而又选,存卅篇,大约有三百页。"

这里再次提到鲁迅为许钦文编定的小说集《故乡》已交稿。此信后附《往星中》之作者、内容介绍。

10 月

1 日 鲁迅致许钦文信,信佚。同日《鲁迅日记》载:"晨寄许钦文信。"

9 日 鲁迅寄赠许钦文《中国小说史略》和《陀螺》各一本。同日《鲁迅日记》载:"寄……钦文以《小说史》《陀螺》各一本,璇卿以《Art of Beardsley》一本。"

14 日 《鲁迅日记》载:"夜得钦文信。"信佚。

11 月

7 日　《鲁迅日记》载:"下午寄钦文信。"信佚。

8 日　鲁迅来信,谈及出版小说集《故乡》的有关情况,信云:"《故乡》稿,一月之前,小峰屡催我赶紧编出,付印,我即于两三日后与之,则至今校稿不来。问之,则云正与印刷局立约。我疑他虑我们在别处出版,所以便将稿收去,压积在他手头,云即印者,并非诚意。《未名丛刊》封面已到,未知是否即给《出了象牙之塔》者否? 请一问璇卿兄。又还有二件事,亦请一问——1. 书名之字,是否以用与画同一之颜色为宜,抑用黑字? 2.《乌合丛书》封面,未指定写字之地位,请指出。"

11 日　《鲁迅日记》载:"下午得钦文信。"

19 日　鲁迅收到许钦文寄给他的陶元庆所作的《往星中》的书面画。同日《鲁迅日记》载:"晚得钦文信并《往星中》之书面画,十一日发。"信已佚。

24 日　鲁迅寄许钦文信并《热风》二本。同日《鲁迅日记》载:"寄许钦文信并《热风》二本。"

12 月

1 日　《鲁迅日记》载:"上午得钦文信。"信佚。

9 日　寄鲁迅信。《鲁迅日记》本月 27 日记:"得钦文信,九日发。"信佚。

1926年(丙寅,民国十五年) 29岁

▲3月18日,北京发生"三一八"惨案,段祺瑞下令屠杀请愿、要求拒绝八国通牒的民众。

▲4月26日,新闻记者邵飘萍被奉军枪杀。邵飘萍主持的《京报》因大胆披露张作霖的罪行,而遭到张的忌恨。

▲7月9日,蒋介石就任国民革命军总司令职,革命军誓师北伐。

▲8月,奉系军阀在北京迫害文化界进步人士,枪杀《社会日报》主编林白水,逮捕《世界日报》主编成舍我。鲁迅应邀去厦门大学。

1月

5日 鲁迅寄赠许钦文《出了象牙之塔》一书。同日《鲁迅日记》载:"下午以《出了象牙之塔》三本寄陶璇卿、许钦文。"

6日 《鲁迅日记》载:"寄钦文信。"

10日 作《父亲》(钦文),发表在3月4日《国民新报副刊》第79号。此文写两个6岁的小女孩。

10日 作小说《秋姑》(钦文),发表在3月13日《国民新报副刊》第88期。秋姑实际叫秋桂,她母亲叫她阿秋,别人叫她秋姑,她是朱妈的女儿,人长得很漂亮,很会做事,在"我"的心中存有爱慕之心;现在秋姑死了,留下一男一女。小说通过倒叙方式,回忆秋姑和她妈在"我"家做事的往事,流露出"我"对这位佣人女儿的怀念之情。

22 日　作小说《大树江中》（钦文），发表在 3 月 1 日《新女性》第 1 卷第 3 号。这是以自己年轻时的一段爱情故事为素材的小说。主人公彼此相爱，由于女方已订婚，虽然女方极为主动，但男方极力克制自己，两人就这样彼此失之交臂。

23 日　同日《鲁迅日记》载："二十三日晴。上午得钦文信，十五日上海发。"

26 日　鲁迅寄书给许钦文。据同日《鲁迅日记》载："以书籍分寄厨川白村纪念会、山本修二、许钦文。"（鲁迅所寄书为《出了象牙之塔》《苦闷的象征》）

本月底　寒假回故乡省亲。据《鲁迅先生与青年》："我在台州教书时趁寒假回到别了多年的家乡。"

2 月

1 日　作小说《毛线袜》（钦文），发表在 5 月 10 日《小说月报》第 17 卷第 5 号，收入小说集《毛线袜》《许钦文小说集》。小说写章先生在外地教书，与妻子亚青已一学期未见。夫妻相见，恩爱有加，亚青见到章先生的一双毛线袜，突然疑窦丛生，立即追问为何人相赠。尽管章先生作种种解释，亚青眼眶泪珠落了下来。小说细腻地描述了女性的心理状态。这篇小说依本人经历为素材，经过加工而成。小说素材为回家时母亲见他的脚上穿着的毛线袜，以为其已有对象。

在《新女性》创刊号发表小说《船山底女郎》（钦文），收入小说集《毛线袜》。写主人公于轮船上见到一个女郎，确像"我"心中的金珍，这引起了"我"的关注。她的一举一动，"我"都收在眼底。

7 日　《鲁迅日记》载："上午得钦文信，十七日绍兴发。"

8 日　鲁迅致许钦文信,请他写稿寄《莽原》杂志。

15 日　《鲁迅日记》载:"得钦文信,七日发。"信佚。

16 日　作小说《表弟底花园》(钦文),发表在 3 月 25 日《莽原》第 6 期。收入小说集《毛线袜》《许钦文小说集》。小说虽写花园,实际上是在表现表弟的性格。他的花园里的花草,要么是假花,要么是花无根,他只追求美观,不在乎真假:"他本是个勇敢有为、性情热烈的青年,他曾说过:'奋斗才有希望,我们只须时时在有希望中。我们必须当作自己已经骑在老虎背上地做去。'"但他现在不出去做事了:"我的花园是由我自己创造,自己享受的;我离开花园的时候,花园已被我毁坏了!"

作小说《石宕》(钦文),发表在 7 月 10 日《莽原》第 13 期,收入《新文学大系·小说二集》《五四小说选讲》《许钦文小说集》。关于此篇小说的写作动机,《鲁迅先生和青年》中说:"一天傍晚我信步走到幼时常捉蟋蟀的汤家汇头乱葬地里去看看。站在一个石榔上眺望。回想往事,'生活难'的悲感顿时袭上心头。望着前面马鞍山的岩石,又联想起幼时所听到过的一批石匠在突然坍下来的岩石里活活饿死的悲惨故事,更增强了我生活难的悲感。在茫茫暮色中戚然回到家里,接到鲁迅先生从北京寄给我的信,说是《莽原》就要出版,要我赶快写一篇小说寄去。我就把刚才所感的写成《石宕》。《鲁迅日记》本月 26 日载:"下午得钦文信并稿。"指《石宕》①。《〈鲁迅日记〉中的我》中也有类似回忆。小说写绍兴一带石工们不幸的遭遇和悲惨的生活。

26 日　鲁迅得许钦文信和文稿《石宕》。同日《鲁迅日记》载:"下午得钦文信并稿,十七日发。"

------

①　拙作《许钦文评传》第 57、58 页有对此小说有评论。

28日 作小说《倦》，收入小说集《毛线袜》。小说写伯卿爱慕杏英，后来离开故乡去北京读书，因家里贫穷，无法回来探亲，也无法见到杏英。他经过自己苦苦地打拼，终于完成了学业且找到了工作。六年后他才回乡，途中见到杏英的妹妹梅英，小姑娘已长大成人，而他此时感觉自己老了，于是打算不回去见杏英。

3月

3日 《鲁迅日记》载："晚得钦文信，二月二十二日发。"信佚。

26日 《鲁迅日记》载："得钦文信，十五日台州发。"信佚。

4月

5日 作小说《清明日》（钦文），发表在5月10日《新女性》第1卷第6号，收入小说集《毛线袜》。小说写清明那天，"他"和惠贞一起去扫墓，祭奠她死去的弟弟。文章最后点明死去的并非是她弟弟，而是她以前的情人。惠贞说："我是正在哭我的过去的情人。他是很像你的……我不能忘情于他，我不能独自生活，所以，只得寻找像他的人。"

12日 《鲁迅日记》载："得钦文信，三月卅一日发。"信佚。

18日 《鲁迅日记》载："得钦文及元庆信，八月发。"信佚。

22日 《鲁迅日记》载："得钦文信并图案一枚，三月廿八日发。"信佚。

24日 《鲁迅日记》载："寄钦文信。"信佚。

29日 作小说《也》，收入《毛线袜》。这是一篇速写，仅写也

(人名)的脸部。

本月　作小说《一个油渍》，收入小说集《毛线袜》。小说写"我"吃面时，因全神贯注看庄师母，一不小心一滴油渍滴在自己衣裳上。原先他感到烦恼，现在回想自己因欣赏美而造成的遗憾，反而觉得幸福了。

5月

30日　致信并文稿寄给鲁迅。同日《鲁迅日记》载："上午得钦文信，二十日发……下午得钦文稿。"

31日　鲁迅寄赠《往星中》。同日《鲁迅日记》载："上午以《往星中》一本寄诗荃，一本寄钦文。"

6月

6日　在《语丝》第88期发表小说《嫁资》（钦文）。小说写陈汉庚与刘秀英的婚姻，刘秀英担任陈汉庚写的剧本《上帝的杰作》中的主角，她的演出非常成功，而陈汉庚对她也十分爱慕，他们经人介绍认识而结婚。结婚时她说她没有嫁资，仅仅拿出一只小木盒，盒里是许多人写给她的求爱信。那些人都很优秀，而且与她相识也很早，可为什么她偏偏和陈汉庚结婚呢？小说最后回答了这一问题。

本月　仍在台州第六中学教书。学期快结束时学校换新校长，他又面临失业。据《做过年小说》回忆："教育厅总要隔一两个月才发支单，而且还得再等个把月才能领到现款，而且当了一年教员只领得九个月的薪银，其余的三个月学校校长说应该代理校长付，代理校长应该由前校长付，虽然前校长承认了，于是说是病贫交迫，无法支付。"

《故乡》由北新书局作为《乌合丛书》之二出版，封面装帧为陶元庆所作，收文章27篇[1]，是鲁迅定名、编成的第二个短篇小说集。鲁迅编集子的事，早在1924年1月11日，在其写给孙伏园的信中已提出来了，且已初步编定。据《鲁迅和陶元庆》一文回忆，直到1925年3月24日，鲁迅才告知许钦文："钦文，我打算把你写的小说集起，编成一本书，定名《故乡》，就把《大红袍》用作《故乡》的封面。"1924年许钦文去鲁迅家共计43次，1925年1月有7次，2月有5次，鲁迅一次未提及为其出集子的事，为什么到这时才提起呢？其中一个很重要的原因，就是鲁迅看了陶元庆作的《大红袍》。据《鲁迅和陶元庆》一文，那次许钦文去见鲁迅时，一见面鲁迅即说："我正想和你谈谈，璇卿

---

[1]　分别是《这一篇故乡》《凡生》《传染病》《博物先生》《上学去》《一餐》《大水》《次离"请原谅我"》《理想的伴侣》《口约三章》《猫的悲剧》《妹子的疑虑》《疯妇》《职业病》《邻童口中的呆子》《父亲的花园》《一首小诗的写就》《津威途中的伴侣》《模特儿》《小狗的厄运》《一张包花生米的字纸》《怀大桂》《一生》《已往的姐妹们》《松竹院中》《珠串泉》等。

的那幅《大红袍》，我已亲眼见过了，有力量，对照强烈，仍然调和、鲜明，握剑的姿态很醒目!"鲁迅只讲出把它作封面的事，但对自己初步编好集子和给孙伏园信的情况，却只字不提。"'就这样吧。'鲁迅坚决地接着说，'别的以后再说，且把《大红袍》做成印刷品，而且要赶快做。'"①这说明，鲁迅如果不是为了保存《大红袍》而出《故乡》集，可能这时还不会提出集子的事。而许钦文得知鲁迅已编好《故乡》并送出版社，是这一年的 9 月 29 日。

鲁迅第一次编完的《故乡》（即 1924 年 1 月）和出版后（即 1926 年 6 月）的《故乡》，篇数约为二十七篇，但具体的篇目已有所不同。最为明显的是鲁迅批评过的写工人的两篇和《小白兔》一篇不见了。一般的研究文章以为其中只调动过三篇，而实际上的调动则为七篇。《故乡》中廿七篇的写作时间，分别是：1922 年两篇，1923 年为十七篇（内《模特儿》作于同年的 12 月 19 日，但载在《晨报副刊》上的时间是 1924 年 1 月 6 日），1924 年为七篇，其中最早写的一篇是 1 月 26 日，最迟一篇是 9 月 5 日，所以这七篇都是在鲁迅给孙伏园写信的 1924 年 1 月 11 日之后作的，而《模特儿》一篇则作于这之前。可见这年 9 月第二次编辑时加上了这七篇，即《小狗的厄运》《一张包花生米的字纸》《怀大桂》《一生》《已往的姊妹们》《松竹园中》《珠串泉》。这样加上去七篇，就需调出七篇。

7 月

月初　去北京。据《〈鲁迅日记〉中的我》解释进京原因："一

---

①　钦文：《鲁迅和陶元庆》，《新文学史料》，1979 年第 2 期。

九二六年的暑假到了,学校换了校长。我和新校长素昧平生,照例得不到继续任教的聘书。我又漂流到北京,重新过我卖稿的生活。"

　　7日　去看鲁迅。同日《鲁迅日记》:"午后钦文来。"据《〈鲁迅日记〉中的我》回忆:"见面以后,他就从书桌抽斗里拿出一本《故乡》和一本选编余的剪报的稿子,首先指着《大红袍》书面勉励我:'你这本小说集,是有点厚的了,希望你以后出书,要比这本更加厚实!'接着又说:'《引言》,我特地叫人写;我不写,避开同乡的关系。'鲁迅先生这样说了。本是喜悦的神情,突然转为表示厌恶的了。可见'广告'之说,如'同乡'关系的舆论,一直影响到了他编完《故乡》以后。"关于《引言》,《〈彷徨〉分析》中说:"鲁迅先生把他编作《乌合丛书》之一的我的《故乡》稿本交回给我时说,'序文,特地叫长虹写。我不写,避开同乡关系,免得人家多说话。'高长虹写序时,是和鲁迅商量过,《引言》中引了鲁迅对他说的话:'我常以为在描写乡村生活上,作者不及我,在青年心理上,我写不过作者。'"

　　《故乡》出版后销路很好。据《钦文自传》:"《故乡》出版以后,三年之间,就使我成有了两千左右块钱的收入。我把这笔数字的大部分,连同别的许多朋友的帮助,为老陶做坟。"

　　十年后,李长之对《故乡》作过评论:"不客气地说,这虽然是经过了选择的结果,在开头我们依然看出那失败的痕迹来。首先是文字方面,颇不干净利落,常常多了花样,而更显得笨拙……在内容方面,则觉得太单纯,例如《大水》《毁弃》之类。"不过他也肯定《故乡》好的方面:"表现了作者特有的才能和勤勉了,在统体上平淡之中,我们已经遇到了像一颗颗耀眼的珍珠样的东西。"他指出:"他写小说非常亲切。""他写青年心理非常活跃。""他写女性非常逼真。"指出"作者的用心观察"①。

12 日　同日《鲁迅日记》载:"钦文来。"

15 日　同日《鲁迅日记》载:"晚钦文赠茶叶。"

18 日　同日《鲁迅日记》载:"钦文来。"

20 日　同日《鲁迅日记》载:"钦文来。"

22 日　同日《鲁迅日记》载:"夜钦文来。"

27 日　同日《鲁迅日记》载:"钦文来。"

8 月

2 日　同日《鲁迅日记》载:"夜钦文来。"

本月初　由北新书局出版小说集《毛线袜》,封面装帧为陶元庆。收录文章 24 篇:《毛线袜》《于卓日记》《叔父》《遗言》《猴子的悲哀》《引见以后》《"野小人"》《尖头大腹蚁》《希望》《清明日》《"我看海棠花"》《重做一回》《"原来就是你"》《猴子阿三》《后备夫人》《蝴蝶窠》《胜利》《表弟的花园》《病儿床前的事》《船山的女郎》《猴子阿三和胡大爷》《倦》《也》《一个油渍》。据《钦文自传》回忆:"《故乡》《回家》《赵先生的烦恼》《鼻涕阿二》和《毛线袜》等大部分,都是在北京写,也都在那里出版的。《毛线袜》中的几篇,有的在台州写就,也有是在东浦的家里写就的。《毛线袜》这书名,详细的说是《毛线袜》,因为其中有着一篇《毛线袜》。这一篇的意境是这样捉住的:寒假,我从台州回到家里,因为旅资为难,已经一连四年多不曾回家了,母亲很是注意我。第二天的早上,我穿着拖鞋从楼上走到天井里;母亲很快的(地)向我的一只脚瞪了眼。当初我莫名其妙,为什么要出神的(地)看我的

---

①　李长之:《许钦文论》,《青年界》,1936 年第 3 期。

脚，仔细一查，原来袜上有着个很整齐的补丁，不是普通佣人所能做到的。大概她以为我已在外面有了女人，这是她希望的。可是这双袜子，本是校中的同事的，因为洗衣匠的错误，所以在我的脚上了。"

这本小说集仍然是继续描写青年男女的在婚姻恋爱中发生种种可笑的事，并加以讽刺，但评价不高。李长之的《许钦文论》甚

毛線襪

許欽文著

至认为："除了《我看海棠花》一篇以外，大都是失败之作。"又一位名叫华西里的认为："许钦文的小说，简直写得狗屁不通，还有人说他善于描写青年心理。还有人说，他是鲁迅老头儿把他鼓起来的。我们一概不管，我们只就他的得意的作品《毛线袜》，批评一下，究竟他的作品，是在哪一等。一部《毛线袜》，共有二十四篇小说。其中有《猴子的悲哀》《尖头大腹蚁》《猴子阿三》《蝴蝶窠》《猴子阿三和胡大爷》等六篇，均是描写动物的故事。在描写艺术里常以描写各种不能言语的动物为难，因为人根本很难明瞭动物之心理……这几篇的结构毫无，穿插也无，读之不像小说，不过是些动物观察杂记而已……许钦文中了鲁迅的毒，硬将

《孔乙己》《一件小事》之流，都做成小说了，可悲也夫。"文章也对《毛线袜》中的一些小说有所肯定："确有几篇惊人的作品，第一篇《毛线袜》，描写到极佳。写章先生新婚后的生活状况，写章师母因毛线袜而吃醋，酸得亮晶晶的泪珠已从章师母的眼眶成串地滚下来了。是何等有趣，笔下又经济、又流利，确是短篇小说的佳作。其次《于卓日记》……"①

8日 第一次创作中篇小说，完成中篇小说《回家》。《钦文自传》回忆："《回家》是暗记我奉天之行的情形的。写作在我从台州第六中教了一年的书，重行赶到北京，正当'南口之役'，隆隆的炮声日夜震动窗子上的玻璃不绝发响的时候。"《我的写作历程》中则说："《回家》的四五万字前半写在台州，后半到了北京续成……《回家》在隆隆的攻打南口的砲声中续成。"

同日作《回家·自序》（钦文），发表在9月25日《语丝》第98期。

10日 同日《鲁迅日记》载："午后钦文来。"

11日 同日《鲁迅日记》载："钦文来。"

21日 同日《鲁迅日记》载："得钦文信。"

作小说《元贞的死》（钦文），发表在10月21日《语丝》第103期。小说写元贞和一个寡妇要好，且还生了一个儿子。但为了避人耳目，孩子是在外地出生的，生下的小孩还送了育婴堂。那寡妇没有怎么休息就回家，结果她死了。元贞感到对不起她，就上吊自杀，第一次被人救下，第二次又上吊，救下时已死了。归根结底，因为元贞太穷，养不起他所爱的人。

从台州回来，许钦文一面从事写作，一面给鲁迅办事。据

---

① 华西里：《二、评许钦文》，《文艺战线》，1933年第24期。

《〈鲁迅日记〉中的我》回忆:"《鲁迅日记》,从一九二六年七月七日起,到八月二十六日,五十天内的记载有十六处提到我,平均差不多三天一次。其中有一次'赠茶叶',一次'得钦文信'。末了一次为'押行李至车站'。其余十三次都只记'钦文来',没有说明为着什么事。当时我从台州六中回到北京,鲁迅先生正在准备到厦门大学去,两人都相当忙碌,决不只是为着随便谈谈的。回想起来,的确有事要我做的,多半由于鲁迅先生的约定,主要是赶着印《彷徨》,要在他南下以前亲自校对好。他自己抽不出时间到排印地方去,所以送回校样和接洽排版等事情叫我去代做。在我记忆中,那段时间里,我往来老虎尾巴,实在不止十五次。有一天往返两三次的,《鲁迅日记》上只写'钦文来'。恐怕还有漏记的。"

26 日 去火车站送鲁迅。鲁迅应厦门大学邀请,下午启行。同日《鲁迅日记》载:"子佩、钦文来,同为押行李至车站。三时至车站,淑卿、季市、有麟、仲芸、高歌、沸声、培良、璇卿、云章、晶清、评梅来送,秋芳亦来,四时二十五分发北京,广平同行。"

9 月

月初 由北新书局出版中篇小说《回家》,封面装帧由陶元庆设计。

《回家》的写作时间起始于 1926 年 6 月中旬,大约写了一万字左右,许钦文拿到薪水赶到北京,已是 7 月初。据《回家·自序》所说:"因轮船火车地奔走以后,一时的心绪安静不下。原有的兴趣已失,觉得好像是件完全被动的苦工了,中止又觉得不甘,因之发生了一件懊恼的反感。然而勉强了一时,就复得到兴趣,终究在隆隆的炮声中写就。"

李长之在《许钦文论》中认为："表现了含蓄而又刻画的，就是他第一个长篇，作于1926年的《回家》。《回家》是一部无可訾议的作品。他不但观察，还有讽刺，人物也有个性。"

4日 作小说《腾落大伯》，发表在10月10日《小说月报》第17卷第1号。小说写被称为腾落大伯的子元，在家里是被他继母和继母的母亲——外婆欺压着。继母的儿子仅14岁就结婚，在那场婚礼上他被众人嘲笑，成了"腾落大伯"。他受不了，离开了这个家，也没有人去找他，待到胡妈去草房才发现他，外婆说他"呆"了，要把他送到庙里由元帅菩萨去审，于是强行将他绑住送到庙里过了一夜才回来。子元不堪折磨，后来人们在井里发现了他，这时人已死了。小说鞭挞了偏爱和愚昧害死人。

作小说《灯下——静室中的幻象之一》（钦文），发表在11月《新女性》第1卷第11号。写一对夫妻看起来很是恩爱，彼此十分体贴。梅卿还在读大学，两年后才毕业。她想停学找工作，以减轻丈夫的负担，伯英则满口拒绝，他告诉她："人生的意义原在挣扎中"，但"他觉得刚才和她所说的许多满意的话，实在都是由

妄想形成的胡说,想和她更正,又觉得非必要"。实际上在他的心里有着一丝悲哀。小说很好地揭示了伯英的心理状态。

10 日 《鲁迅日记》载:"下午得钦文信,九月卅日发。"信佚。

12 日 寄赠鲁迅小说集《故乡》四本。同日《鲁迅日记》载:"钦文所寄《故乡》四本。"

22 日 《鲁迅日记》载:"下午得钦文信,十六日发。"信佚。

24 日 完成中篇《赵先生的烦恼》。在写《赵先生的烦恼》时,曾二十五天不同任何人来往,偶然同人接触,也只是随便应付。

作《赵先生的烦恼·前记》,发表在 12 月《语丝》第 109 期。

25 日 《鲁迅日记》载:"收钦文所寄小说一册……晚寄钦文信。"

本月 由北新书局出版中篇小说《赵先生的烦恼》①,其副标题为"描写三角恋爱的日记",封面装帧由陶元庆设计。当年又再版。小说写赵伟唐、石英、振东三个人的三角恋爱的故事。赵伟唐是个充满矛盾的人,他有理智和感情,有思想和爱憎,但他又十分庸俗、无耻、卑劣。由于他思想上充满矛盾,因此形成了怯懦的性格,遇事优柔寡断、瞻前顾后、畏首畏尾,此也是非,彼也是非。石英则是爱情上的享乐主义者,她的观点是:"丈夫是

---

① 小说对这两个人物刻画是成功的,特别是石英这个人物个性鲜明,形象生动。相比较而言,振东这个人物表现差一些。他是一个老实人,自己陷入三角恋爱之中还不自知。小说在艺术上最大的成功是极其出色的心理描写。作家成功地运用日记体小说的特长,不仅使人感到真实可信,而且也便于表现主人公的思想感情和复杂多变的心理状态。特别成功地运用了内心独白,这方面很明显地受到《狂人日记》的影响。狂人的病态心理和赵先生的变态心理,原是有某些共同之处,而最为出色的心理描写还是来描写石英的。许钦文是长于描写女性心理的。石英的善于心计,矛盾复杂的心情,可以说表现得淋漓尽致,鞭辟入里。小说除了出色的心理描写外,在运用富有深刻的哲理性语言上也极具特色。

丈夫,恋人是恋人。"除了丈夫外,还要恋人。石英性格上另一特点,是疑忌心非常大。据《钦文自传》所述:"《赵先生的烦恼》是日记体,以变态的三角恋为题材。三角恋爱本是变态的,这于恋爱实在是变态的变态。当时老陶虽在上海,但同我冲突的很厉害,我借此发泄了不少烦恼。事实是虚构的。"

陶元庆是许钦文最重要的朋友,他们之间的矛盾既有性格方面的,也有艺术观念的分歧。陶元庆为许钦文许多小说集作过封面画,如早年在北京出版的《故乡》《毛线袜》《赵先生的烦恼》和《回家》等。后来又有《幻象的残象》《若有其事》《仿佛如此》《蝴蝶》和《一坛酒》,而唯独《西湖之月》由许钦文自己设计的,原因是"闹脾气"。据《无妻之累》所言:"我们往往早晚都会面,但也有一个多月故意不来往的时候,期间曾于西湖邂逅,但却当作没有碰见,不招呼,弄得同道的人莫名其妙……说起来简直发笑,大概因为吃食布置等小事,有时无非由于信口的闲谈。但正当闹的时候,像煞有介事。总之因为意见不同,只觉得应该了解而不谅解,实在是最可气急的了……陶元庆性格比较固执己见,反应也甚为激烈……生活重在精神方面,往往感情用事。"而另据《陶元庆及其绘画》中记载:"许多人都以为他很文静的,竟有人说他女性得很厉害,但他性格,实在是很猛烈的;往往不管三七二十一的乱干,两眼闪闪,紧张着脸孔,动作敏捷,好像是只凶猛的野兽。"许钦文凡事顶真,按部就班。从气质上看,他们是不同类型的人。陶元庆感情容易激动,感知灵敏,而许钦文思维敏达,有自制力。在《关于〈无妻之累〉》中许钦文回忆:"以艺术同好而接近,可是性格两样,因此爱冲突。不过,在社会都感到孤寂的,由这共同点而接近,比较是可谈的,所以性格虽异,也无害整个友谊。"此外笔者采访许钦文:"当时你写《赵先生的烦恼》与陶元庆发生什么矛盾？他脱口出，说是他那时正用象征表现手法。这和许钦文用的正统现实主义方法是不同的。后来他又说，这是鲁迅先生所肯定了的。"是指鲁迅对陶元庆绘画中象征手法的肯定。①

评论界对本书十分推崇。苏雪林称赞说："书中关于青年男女恋爱的心理有许多精辟绝伦戛戛独造的解释。"②李长之甚至把它的心理描写与《红楼梦》《西厢记》媲美，说："我认为单以心理描写论，我敢大胆地说，在《西厢》以上，而不逊于《红楼》。"又说："其最大的贡献是描写了恋爱与神秘性。"茅盾曾把《赵先生的烦恼》和《沉沦》《春雨之夜》《梦里的微笑》《苔莉》，都看作"用现代青年生活作为描写主题"的"卓越的例证"。不过，他指出这些作品，"反映的人生还是极狭小的，局部的；我们不能从这些作品看出'五四'以后青年心灵的震幅"，"都不能很有力地表现出这是'五四'时代的彷徨苦闷青年的恋爱心理！在这一点上《赵先生的烦恼》和《苔莉》两者纵使写得很好，都可惜的是并没有带上时代的烙印；我们分析赵先生恋爱的烦恼，便觉得赵先生的精神世界只有恋爱以及由恋爱而来的疑和妒。……纯从恋爱描写这一点而言，这样的作品也不能说是不成功，然而寻求达到'五四'时代性的条件下，便不能满意。"③此书很快再版。

11 月

本月　完成中篇小说《鼻涕阿二》。

---

①　钱英才：《许钦文、陶元庆与杭州》，《杭州师范学院学报》(社会科学版)，1987年第3期。

②　苏雪林：《王鲁彦与许钦文》，《现代》，1934年第5期。

③　茅盾：《读〈倪焕之〉》，《文学周报》，1939年第8卷第20号。

作《鼻涕阿二·前记》(钦文),发表在 1927 年 2 月《语丝》第 118 期。

12 月

作小说《杨秋音》,发表在《语丝》第 1 卷第 1 期,收入《幻象的残象》,1928 年 2 月北新书局版。

本年 与鲁迅书信往还频繁。致鲁迅的信有 1 月 23 日、2 月 15 日、2 月 26 日、4 月 12 日、4 月 18 日、4 月 23 日、4 月 24 日、5 月 30 日(上午信,下午文稿)、6 月 6 日,共九次;收到鲁迅信有 1 月 6 日、5 月 12 日,另加上 10 月 29 日给陶元庆信中提及 1 次。

1927 年(丁卯,民国十六年) 30 岁

▲4 月 12 日,蒋介石发动"四一二"反革命政变,大批共产党员和革命群众被捕杀。

▲4 月 28 日,李大钊等 20 名共产党人和革命者在北京被奉系军阀杀害。

▲6 月 2 日,著名学者王国维自沉于颐和园昆明湖。

▲10 月,奉系军阀张作霖查封北京北新书局,查禁《语丝》周刊,《语丝》编辑部自第 155 期始移至上海。

1 月

29 日 在《语丝》第 116 期发表小说《哥哥的寂寞》(钦文)。

这是一篇书信体的小说,描述单身男子懒散的情形:出门不锁房门,房间里的用具、衣服乱摆乱放,书成堆,尤其对婚姻也不关心,总之这就是哥哥所谓的寂寞。

2 月

12 日　作《鼻涕阿二·前记》,发表在《语丝》第 118 期。其一开始谈到《鼻涕阿二》的创作动机是因为吃食物时"看到一个瘦弱的脸在玻璃窗口出神地探望",在马路上走着,"忽然面前出现个同样的人,伸着颤动的手迫切地"乞讨。文中回忆起许多往事,谈及《鼻涕阿二》创作的动机。

25 日　在《莽原》第 2 卷第 4 期发表小说《夜车上》(钦文)。写在车上碰到一个军人带的两姊妹,她们很像自己的妹妹,也像同去朋友的妹子,但她们都长时间未回家,妹子们可能已变样了。

26 日　在《语丝》第 120 期发表小说《失恋者》(钦文)。通过对话表现一个失恋者的心理变化的过程,从最初死活不愿意出去走走,到最后终于同意去外面走走的心理状态。

本月　由北新书局出版中篇小说《鼻涕阿二》,封面装帧由陶元庆设计,收入《许钦文小说集》。

《鼻涕阿二》是许钦文小说中的佼佼者,也是许钦文自己最喜欢的一部小说。它描写一个外号叫鼻涕阿二的妇女悲惨的一生,集中揭露封建社会对妇女的压迫和毒害。鼻涕阿二是一个身强力壮、热爱劳动、绝顶聪明的姑娘。可是她在家中地位低下,家人不仅把她当作丫头使唤,而且她还经常挨骂挨打。她的不幸命运是她 15 岁那年在简字学塾时被同学龚阿龙爱上,她对龚阿龙也有好感,可是当被龚强吻时,她拒绝了,打了他,并把此事告诉她的父亲,从此她的命运更惨。后来她由父亲做主,嫁给寿头阿三,她不打,也不骂。明明是喜欢的,她却拒绝了;明明是不喜欢的,她却顺从了。为什么会这样?因为她脑子里有着"男女授受不亲""父母之命,媒妁之言"这类封建思想,因为她有着"非人"的意识。这就是逆来顺受、不思反抗、安于命运,甚至还把遭受的一切看作理所当然的事。鼻涕阿二的性格如果仅仅到此为止,那么这个人物所提供给我们的典型意义和审美意义还是比较浅显的,人物性格的揭示也还是比较单一的。这篇小说在人物塑造上的成功之处,在于作家进一步揭示这个人物性格的另一个逻辑层次,那就是:奴役人的"人格异化"。从原来被人奴役的人到奴役人,这就发生了人格异化。鼻涕阿二的性格也复杂、多样化了。鼻涕阿二后来做了姨太太,她厌恶劳动,喜欢奴役别人。这篇小说也像《阿Q正传》一样,提出一个国民性的问题。阿Q身上是精神胜利法,那么鼻涕阿二身上是被奴役的人又奴役人。苏雪林在《王鲁彦与许钦文》中,曾作如下批评:

作者所有作品的技巧不能算如何完美。一则重复语言太

多，像《鼻涕阿二》"自从拒绝龚阿龙的亲吻和被人传作被木匠阿龚自由恋爱以后"一共重复了八次。又……这种重复用之句，有时可以加重语气的力量，成为文调的节奏，但像许钦文这样用法却觉得可厌。二措词拖沓，如"难免张冠李戴模糊印象杂凑之一"说说女人评头论脚之一，题目尚如此不简净，文词之拖沓更可想而知。三则尚有主观口气。尤其不该对人物行动的原因自加解释……又布局空气不紧张，说话不甚合自然语气；拙于写景，文字缺乏鲜明美丽色彩，均是他不及王鲁彦之处。

据《我的写作历程》回忆："写《鼻涕阿二》，也足足两个星期老是独自一个人的，一心想着所写的题材，这才不至于错乱，或者重复，需要结构的作品，在没有写成就的时候不便另做别的事。否则中断，兴致消失，再也写不完成。"另据《钦文自传》回忆："《鼻涕阿二》里写着一个女性的模型，是个地位卑下的女性。我在这里攻击的是养成鼻涕阿二的环境，并非她的本身。对于她的本身，这样可怜，又可笑，我是只有慨叹的。当时本想再写的《脂粉阿大》，是地位优雅的女性代表。现在已被《一坛酒》关住了。"

3月

本月　由北新书局再版《毛线袜》。

4月

月初　离开北京，结束了半年多的"卖文"（许钦文自嘲时的用语）生活。

中旬　到杭州。据《钦文自传》："一九二七年国民革命军抵定浙江以后,我从故都来到西子湖畔。当时战事正烈,沪杭铁路停开客车,我是从上海搭小轮船,先到拱宸桥的……在我个人,由《回家》而《赵先生的烦恼》,而《鼻涕阿二》,著作的兴趣正浓。我中止了已经开始计划的《脂粉阿大》的中篇小说,冒险来到杭州……唱书改文的场所,开始在平安桥的甲种商业学校,其次在大方伯商科职业学校,再在浦场巷的高级商科中学,后在贡院的高级中学。[①] ……这原是因为十多年来所受心的创伤未愈的缘故。我似在苟安,这好像是托辞;然而身心健全的人,怕是不愿有所推托的罢。"

此阶段,许氏在教学内容和方法上作改革,受到进步同学的欢迎。据学生回忆:"那时我们一向读古文,突然听说是一律改读白话,而且教我们的又是一位小说家,使我们的心理起了很大的波动……校长说了一些介绍辞走了。于是许钦文说了一些谦虚话,接着打开一个纸包,发给我们几篇讲义。我还记得一篇是鲁迅先生的《孔乙己》,一篇是周作人先生译的《婢仆须知抄》,一篇是许先生自己的《一餐》。许先生讲书不一句一句地讲,他先给我们介绍作者,然后详细地对我们说明那些文章的背景、动机、结构及技巧;而最重要的是每一篇文章的中心思想。"[②]

---

① 1929 年 8 月,杭州高级商业学校与浙江省立第一中学(贡院)合并,成立浙江省高级中学。

② 味回:《许钦文先生》,发表在《人间世》1935 年第 36 期。学生还回忆许钦文在改用白话文写作的情况。当时大多数同学持欢迎的态度,认为"放弃陈词滥调,开始用白话写文章,自由表达他们的思想。但也有少数的人,因为一向带惯了拷镣,一旦突然把它丢掉,反而觉得不惯。而且他们用惯之乎者也那一套工具,突然放弃了也觉得有点恋恋不舍。而新的工具于他们又是那么生疏。再加上白话浅薄,文言高深,那种传统的顽固思想的作祟,于是对于这改革处处加以阻挠。这是许先生一面抵挡种种的攻击,一面设法使他们改变过来。这(种)努力并没有白费,不久之后那些顽固分子差不多都转向了"。

据《钦文自传》回忆："我是很吃苦，当时学校纪律未上轨道，听讲只好让学生自由，如果讲得不出色，讲堂里就只有教员自己一个人。我是细心研究了卖膏药的本领，再学习说大书的手段，这才能不被学生驱逐。"当时课堂上的情况在《铜窗风味》中有记载："在讲堂里，学生到班与否，无法限制；进出自由，往往听了半课或者几分钟，一不高兴，就站起身来溜出去……因此，教员只好迎合点学生的心理，教书第一要讲得有趣味，使得乐于听受……屡次在茶馆前面停步，研究说书的人吸引听众的方法。"

本月　作小说《恍惚中》(钦文)，发表在 5 月 10 日《莽原》第 2 卷第 9 期。

6 月

3 日　作《钦文来信》(钦文)，发表在 7 月 15 日《北新》第 1 卷第 39、40 期。此信是回答静闻的《许钦文的〈回家〉》和傅雷的《许钦文的〈故乡〉》文章中的一些问题，上述两文均发表在《北新》上。文后是提到(徐)调孚的在《文学周刊》上对《回家》的批评。

本月　作小说《看演讲去》(钦文)，发表在 9 月 16 日《北新》第 47、48 期，收入小说集《幻象的残象》。所谓"看演讲去"，就是去看演讲的女学生，所以叫看演讲。小说含有讽刺意味。

作小说《捷三营长》(钦文)，发表在 10 月 1 日《北新》第 49、50 期，收入小说集《幻象的残象》。小说写捷三当了营长，回来看他的情人青妹。青妹担心捷三在前线打仗冒险，希望他辞职去干别的事；而捷三认为，为了青妹，必须冒这个险，才能过上好日子。小说中表达两人深深的爱意，同时也揭露出旧社会的黑暗。

作小说《三朋友——幻象的残象之四》(钦文)，发表在 10 月

1 日《新女性》第 2 卷第 10 号,收入小说集《幻象的残象》。三个朋友在讨论大家都爱慕的姑娘师英,不过小说提到,开始以为教育是神圣事业,结果知道主办学校多是政客的走狗,而政客本是军阀的走狗;于是想到从军,到了军队,军队也被政府操纵,揭露当时社会黑暗的一面。

作小说《欢聚》,收入小说集《幻象的残象》。写几个人欢聚在一起,有人提及康元的姊姊和她的丈夫被捕入狱,讨论是否设法营救。但大家忙于吃喝,根本没有人理睬,不了了之,没有任何的结果。小说带有讽喻。

9 月

19 日至 20 日 作小说《犹豫·说说女人评头论足之一》(钦文),发表在 1928 年 3 月 1 日《新女性》第 3 卷第 3 号(总第 27 号),又收入小说集《若有其事》《许钦文创作选》。小说写杨先生对他的女学生评头论足,道出自己喜欢的人数多至十个,最后落在影霞和小莲两人身上,不知如何取舍是好,杨先生犹豫不决。他最后的结论是:"婚姻原是要盲目的冲突促成的,小莲也好,影霞也好,两者兼得也好,两者俱失不妨,其余的女子也都好,终于一无所得,永远做个臜落大伯也无妨?"小说细腻地描写男性对异性的心理状态。

本月 作小说《约会——幻象的残象之五》(钦文),发表在 11 月 16 日《北新半月刊》第 2 卷第 2 号,收入小说集《幻象的残象》。小说写少英约惠瑛见面,可是少英暗暗看到她由另一个男人陪着,他觉得这个女人可恶,主要写少英见情人时的心理活动。

10 月

4 日　从杭州去看望本月 3 日刚从广州到上海的鲁迅,当晚宿在鲁迅住的共和旅馆里。同日《鲁迅日记》载:"夜钦文来。"

5 日　受鲁迅邀吃午饭。同日《鲁迅日记》载:"午邀钦文、伏园、春台、三弟及广平往言茂饭店。"

5 日夜　受李小峰邀。同日《鲁迅日记》载:"夜小峰邀饭于全家福,同坐郁达夫、王映霞、潘梓年、钦文、伏园、小峰夫人、三弟及广平。"

6 日　受郁达夫邀。同日《鲁迅日记》载:"元庆、钦文来。午达夫邀饭于六合馆,同席六人。"自此结识郁达夫。据《回忆郁达夫》所记:"鲁迅先生十月三日到上海,我是第二天晚上就到共和旅馆去看他,并一道在那旅馆里过夜的。接连在上海停留了个把星期。由于互相请客作陪,多次和达夫、王映霞同席,到这时已有约十年的友情。不过并没有讲什么要急需商量的事情。"

15 日　《鲁迅日记》载:"寄钦文信。"信佚。

16 日　《鲁迅日记》载:"得钦文信。"信佚。

本月　作小说《在湖滨》(钦文),发表在 11 月 19 日《语丝》第 155 期,收入小说集《幻象的残象》。写两个男人,一个姓杨,一个姓任,同时爱上一个叫祥云的姑娘。两人唇枪舌战,不惜给对方扣大帽子。一个说你娶了妻生了子,还要和祥云结婚,这是犯重婚罪;一个则反击说:"这有什么要紧,随便什么时候,当即可以把她离掉,预先离掉也可。"小说反映了自己有妻子,还抢人家所爱的人,把别人说成有共产嫌疑,也反映了当时的白色恐怖背景。

作小说《杨秋音》(钦文),发表在 12 月 17 日《语丝》第 4 卷第 1 号,收入小说集《幻象的残象》。写杨秋音爱袁芝影,却遭到拒绝,于是她在回忆往事后,辞去教职,离开学校。直到快放寒假,《清江公报》登《政府通缉大批捣乱分子》,在名单列第三位的是杨秋音。

11 月

11 日　作小说《旧妻新婚》(钦文),发表在 1928 年 1 月 16 日《北新》第 2 卷第 6 期,收入小说集《幻象的残象》。写克刚一心一意追求女学生,却屡遭拒绝。于是他想到自己老家的妻子,他把她接出来,送到女子中学去读书,夫妻过着幸福的生活,像新婚一样。小说重点是写他追求女学生的心理变化,写得十分细腻。

13 日　《鲁迅日记》载:"上午钦文来。"

14 日　《鲁迅日记》载:"午后钦文来。"

本月　作小说《老裘的求婚辞》,收入小说集《幻象的残象》。小说写老裘向被他出卖的朋友的妻子求婚,而事实上他有妻子的。女的一句话不说,而老裘一个人从头到尾都在说,不仅老裘的卑鄙灵魂暴露无遗,而且被求婚者的思想感情,也通过老裘的话,十分清晰地表现出来。女的虽然不说,但从头到尾都起着对话的作用,所以不妨称之为对话体小说。

12 月

17 日　与鲁迅、周建人及许广平往俭德储蓄会,参观立达学园绘画展览会。同日《鲁迅日记》载:"午后钦文来,并同三弟及广平往俭德贮(储)蓄会观立达学园绘画展览会……晚邀璇卿、钦文、三弟及广平往东亚食堂夜餐。"

29 日　作散文《男女同学问题》(署名 T. Y. Pan)，发表在 1928 年 2 月 1 日《新女性》第 3 卷第 2 期。

本月　作小说《复七弟——姑妄言之之一》(钦文)，发表在 15 日《贡献旬刊》第 2 期，书信体。信中提及许多敏感的问题，揭露当时社会的白色恐怖。如："现在确有点像恐怖时代的情形，稍涉嫌疑，就被捉去，防不胜防了……因为向父母争婚姻自由权，就被认作捣乱分子的反动派，因向富有的亲友商借学费，就被认作赤化的共产嫌疑了。"又如："你说中山先生曾有容共联俄的计划，现在虽因种种关系，不能不改变方针，那末只要不再为共产党工作就是，何必定要杀尽与共产党发生关系的人，何必稍有嫌疑就通缉，有的嫌疑就关起来。总括地说，就是何必办得这样严厉。"对这样的问题，信中作了回答。比如关于后一问题，作了分析，指出"一见到类似仇敌的人，就要盲目地严厉地报复了"。"对待被捕的人非常凶狠，那是因为把被捕的认作有力的劲敌了的缘故，以为非此不足以克服了。原来凶狠多是弱者的行为，主张严办多是弱态的心理。"

本年　去鲁迅处六次，书信往来六次，许钦文给鲁迅信四件，鲁迅给许钦文信两件，以上信均佚。

1928 年（戊辰，民国十七年）　31 岁

▲2 月，《语丝》杂志在上海复刊。

▲3 月，新月社在上海创办《新月》月刊，由徐志摩、罗隆基、

梁实秋等编辑。

▲6月,鲁迅和郁达夫合编的《奔流》月刊在上海创刊。

▲本年,创造社、太阳社倡导无产阶级革命文学,并与鲁迅、茅盾等展开论争。

1月

5日 在《一般》第4卷第1号发表小说《魇》(钦文),收入小说集《若有其事》。小说写白色恐怖充斥校园,大白天教室莫名其妙地闯进一大批兵,不分青红皂白把三四个同学抓走。语文教师在课堂向大家说:"这是恐怖时代的情形,恐怖时期已经来到,这种情况当然难免,可是无法逃避,校内如此,校外也如此,其实已经各地如此,就是山乡小村,也有山乡小村的恐怖了,所以离校也无益,回家也(大)可不必,如果不上班当然是最危险了。"因为校内充满恐怖,夜间就发生魇语声,大家感到更为紧张了。

13日 《鲁迅日记》载:"晚钦文来并赠干果两包、茗两合。"

15日 在《贡献旬刊》第1卷第5期发表小说《姊妹的辩论——姑妄言之之二》(钦文)。小说写一派人批评女子涂脂抹粉、争妍斗丽,这样解放女子还不如不解放好,这样打扮,使人肉麻、喷饭,新女子这样下去还有什么希望。而另一派则一一加以反驳。

20日 《鲁迅日记》载:"上午得钦文信。"信佚。

本月 作小说《承发吏》,收入小说集《仿佛如此》《许钦文小说集》。写一个承发吏拉黄包车,起初"我"对他颇同情,后来知道他原来是司法厅里的承发吏,是专门送传票、执行没收等事情的,让"我"想起家乡的差役对农户凶煞恶神的样子,顿时对他产生厌恶感。虽然他拉得满头大汗,人也生得不怎么凶狠,却"毫不曾打动我的心"。小说基本上模仿鲁迅的《一件小事》,但因对象不同而态度不同。

作小说《银幕前》,收入《仿佛如此》(北新书局出版)。写克坚约他的情人笑莲一起去看电影,她说要回家参加她哥哥儿子的满月酒,等她回来之后一起去看。可是克坚走进电影院,感到对不住她的时候,却发现他的学生同一个少女生坐着那里一起亲密无间地看电影,后来终于看清楚那个少女正是自己的情人,而那学生也正是他介绍使他们认识的人。

作小说《一周间》(日记体),收入小说集《幻象的残象》《许钦文代表作》。此篇用日记体,写他一周中的恋爱、婚姻的变态心理。他开头三天都说自己爱方琴,初次接吻,感到满足。第二次就淡而无味,最大的变化是,"我虽然喜欢方琴,但是只有她,不能满足我对于女性的欲望,本来我是个个少女都有结婚的希望的,一和方琴订了婚,许多好的女子就都绝了望",为此他"感到说不出的苦闷"。他最后提出:"自由恋爱,自由结婚,还得实行自由离婚才好呢!"小说讽刺那些在恋爱、婚姻上见异思迁的人。

作小说《马长子》,收入小说集《幻象的残象》《许钦文代表作》。写一个自称马长子的人,所爱的人被科长夺走,自己被诬为"赤化分子"而遭到开除公职。不过他并不怨恨她。

作小说《姊姊的挨骂》,收入小说集《幻象的残象》。小说构思特别,通过两个小孩的游戏,揭露出父母因不同意女儿的婚事,竟诬告男方是共产党,让他坐了牢。

作小说《夕阳》,收入《仿佛如此》《许钦文小说集》。写一个孤独的老人,回忆年轻时爱上一个小姑娘,一直等到她18岁时,他向她表达自己的爱意,可是他只拿起她的手,并不表示什么。此篇心理描写较好,表现了人物的思想感情和性格特点。

2 月

13 日 作小说《饮茶如酒——若有其事之五》(钦文),发表在 3 月 10 日《未名》第 1 卷第 5 期,收入小说集《若有其事》。小说写维时和他的夫人一直在争吵,因为维时爱着亚莲,他的夫人爱着赠齐,实际上这两个人都是小孩。侧重写夫妻间彼此的调侃。

25 日 去鲁迅家。同日《鲁迅日记》载:"下午钦文来,并赠兰花三株,茗一合。"

27 日 在《语丝》第 4 卷第 9 期发表散文《幻象的残象·前记》(钦文)。文章开头就说:"这些虽然都可以算作并无其事的幻象的残象,我却当作若有其事的忠实地写下来的。如果有了和事实相差的地方,那应该说是无意中的过失,并非故意的改变……我对于这里所记的,无论在记载以前,正在记载的时候,记了以后直到现在,以及将来恐怕也是这样,并没有攻击的心思,也不存在赞扬的目的。"

本月　由北新书局出版短篇小说集《幻象的残象》，共收 12 篇：《欢聚》《看演讲去》《捷三营长》《三朋友》《约会》《杨秋音》《在湖滨》《旧妻新婚》《老裘的求婚辞》《一周间》《马长子》《姊姊的挨骂》。这是描写"四一二"之后白色恐怖笼罩整个社会的第一个小说集，也是被当局认为是"共产小说"而加以禁止、不准在书店出售的三本小说之一。封面装帧为陶元庆。

　　这本小说集，有的是直接反映白色恐怖，如《欢聚》《杨秋音》《看演讲去》；有的则是通过婚姻来反映白色恐怖，如《在湖滨》《姊姊的挨骂》《马长子》《老裘的求婚辞》；也有写男女爱情的，如《捷三营长》《三朋友》《约会》《一周间》。描写青年男女的恋爱是许钦文小说的特色，不过他这时期写的这类小说与上一时期所写的小说不同，更具有新内容、新特点。如果上一时期写青年男女恋爱小说采取讽刺的手法，那么这时期写的小说则是通过婚姻来反映白色恐怖。许钦文这些小说确是带有时代色彩。而那些描写恐怖的小说，特别要注意的是作品不仅揭露国民党实行白色恐怖的罪行，而且还表现出对革命者的关注和同情，如《欢聚》《杨秋音》。在艺术上，表现为许钦文固有的长于心理描写和讽刺手法，同时在小说体式和描写方法上作了新的尝试和探索，特别是吸收戏剧的特点，对话的运用，等等。通篇不作叙述与描写，从头到尾是对话，几人甚至一人。如《老裘的求婚辞》，虽然通篇一人讲，却是起了对话的作用。李长之的《许钦文论》认为《幻象的残象》："其描写成功的方面，却还是在心理……以完整论，在这十二篇短篇的结集中，却似乎要算《杨秋音》。"

　　作小说《木槿花》，收入小说集《仿佛如此》《许钦文小说集》。小说写高先生和孟小姐一起出去玩，路上见到木槿花，高先生就摘了一朵送给孟小姐。不久，高先生不见木槿花，于是思绪万千、思潮起伏，又悲伤又绝望，但当他注视她的脸上时，一下子兴奋不已，原来孟小姐把木槿花插在遮阳伞的筒子里。小说以木槿花为线索，写高先生的心理变化，是一篇以心理描写见长的小说。

作小说《看电影去》，收入小说集《仿佛如此》。这篇小说写六个女人准备去看电影，各人各忙着，不仅仅是穿着打扮，还有带这带那、进进出出、忘这忘那，等到车夫拉她们往电影院去时，"已经四点零五分，电影已经开演了一点半多，路上还得经过一刻多钟"。到她们赶到电影院，电影已散场。这篇小说每个人物活动很适合人物的性格，所以也很自然。看不出人为的造作，故意添加笔墨以拉长文章，又是合情合理，符合情节的发展和人物性格的特点。

作小说《等候》，收入小说集《仿佛如此》。小说看似在闲谈中彼此嘻嘻哈哈，谈论打狗、会情人之类的事，而其中透露出对现实社会中白色恐怖之不满，对革命青年被杀表露出无限的同情。

作小说《归宿》，收入小说集《仿佛如此》。小说写青年因遭到姑娘的拒绝以后的心理变化，最后投入水中。这也是一篇描写青年失恋心理的小说。

作小说《有斯姑娘》，收入小说集《仿佛如此》。小说中的有斯姑娘年仅 4 岁，客人带来的帽子不适合，太小了。她看上客人装牙签的一个玻璃管，她不好意思要这个管子，但她实在喜欢它，她就反复向客人提出这个管子放在哪里，最后客人明白她的意思，她就高兴了。

作小说《寒山子》，收入小说集《仿佛如此》。小说中的寒山子人物形象比较生动，言语不多，但通过他的行动，却强烈地显示出寒山子的不阿谀权贵。这篇历史小说的现实意义在于暗示人们,要像寒山子对待权贵者一样对待一时得势的人物。

作小说《梅和鹤》,发表在 1929 年《文学周报》第 326 至 350 期,收入小说集《仿佛如此》。这也是一篇历史小说,写林和靖与梅、鹤为伴,过了二十多年孤寡的生活。他从鹤和梅中,领悟人生,一边玩鹤,一边写诗。他也有着非常热烈的恋歌和慷慨激昂的恋曲,不过这一切都深深地埋在心中。

作小说《兔的肥胖和怕猫》,收入小说集《仿佛如此》。小说写兔是怕猫的,但兔设法让猫上当,结果猫固然上当,兔一想起此事,心里很开心,它也随之发胖了。

作小说《小花猫的故事》,收入小说集《仿佛如此》。写祖母给孙儿和外孙女讲小花猫的故事,说小花猫如何如何的温柔,最后老祖母说:"我家也养着一只小花猫,"于是他们连忙问:"小花猫在哪里?"祖母指着外孙女说:"她就是我家小花猫。"

3 月

5 日 《鲁迅日记》载:"得钦文信。"信佚。

12 日 在《语丝》第 4 卷第 11 期发表《回家三版后记》(钦文)。《回家》出版后,引来一些批评,作者作了回应:"不料因为广告者不知道凭什么,加了'长篇小说集'名义,就被人说了许多不合条理的话……不知道究竟是什么缘故,《回家》于是我真像是只'老乌鸦',处处倒霉,时刻使我感到无聊,也不知道已费了多少似批评者的口舌……再版时又因种种关系,既未更正,且引起了蔓生枝节的纠纷;并不为着个女子,几乎闹断了许多友情。"

19 日 鲁迅给许钦文、章矛尘写信,要求他们调查杭州的假鲁迅之事。经调查,此人是杭州松木场的一名小学教师。据

《〈鲁迅日记〉中的我》所述:"《鲁迅日记》一九二八年三月十九日:'晨寄钦文信。'这封信是鲁迅先生叫我就近调查杭州的'假鲁迅'的事情。信中说是有个姓马的女子写信给他,其中有这样一段:'自一月十日在杭州孤山别后,好久没有见面了。前蒙允时常通信及指导。'鲁迅先生回信告诉她已经十年不到杭州,决不能在孤山和人作别……鲁迅先生叫我和川岛(即章廷谦,字矛尘)一道调查一下。"

26 日 《鲁迅日记》载:"得钦文信。"许钦文和矛尘不约而同地写信,告诉鲁迅"假鲁迅"一事经过。鲁迅写了《在上海的鲁迅启事》登在《语丝》上,又收入《三闲集》。

在《语丝》第 4 卷第 13 期发表小说《鬼白——隐隐约约的呼声——若有其事之三》(钦文),收入小说集《若有其事》。这篇小说通过被冤屈的鬼魂独白这种独特的形式,揭露国民党实行白色恐怖的罪行。

31 日 《鲁迅日记》载:"上午得钦文明信片。"

作小说《犹豫——说女人评头论脚之一——若有其事之四》,发表在《新女性》第 3 卷第 3 号,收入《若有其事》。

本年春 据吴似鸿回忆:"一九二八年春季,我到杭州游玩,西湖艺专的女学生陪我去剧场看戏。散场时,我们让别人先走,坐在我们前面一位穿西装的二十八九岁的男子,他也坐着不走,别的观众争先恐后涌出剧场,等前后左右人都走光时,他才立起身来。西湖艺专的女学生指点着他离开剧场的背影,对我说:'那个就是许钦文。'我只见到他的背面,好大的个子,健壮的体态，他大踏步走出去了。"①

4 月

1 日　许钦文到鲁迅家。同日《鲁迅日记》载："午后钦文来。"

3 日　许钦文到鲁迅家。同日《鲁迅日记》载："午后钦文来。"

5 日　许钦文参加鲁迅晚宴。同日《鲁迅日记》载："晚在中有天设宴招客饮，计达夫及其夫人，玉堂及其夫人，小峰及其夫人，司徒乔、许钦文、陶元庆、三弟及广平。"

作小说《辞职》，收入小说集《若有其事》。这篇小说是对话体。姜女士要辞职，而主任秦姓者要挽留她。小说最后点明秦姓主任这样千方百计挽留姜女士是因为正是他自己表白那样："可是姜同志，人是感情的动物，总得有个归宿的呀！"姜女士答道："但那是两厢情愿的呀！"又说："可是如果生不出感情来，觉得实在还是任凭衰老，空存在个希望好呀！"

8 日　作小说《课余》，收入小说集《若有其事》。此篇写杨大南和孙芝清在课余讨论班上女同学的事，写出了青少年的性心理状况。

本月　作小说《"小说材料"》，收入小说集《若有其事》。小说写杨华他们三人在龙井一带玩，碰到一个非常漂亮的姑娘，经她同意，拍了照片，可是当时未问她住址，照片无法送给她，然而她的美丽打动了见过照片的人，都要洗出这张照片。有一天，他

---

①　吴似鸿：《回忆许钦文先生》，《绍兴文史资料选辑》第三辑，浙江省绍兴县委员会文史资料工作委员会，1985 年。

们这帮人无意中碰到这位姑娘,使他们大吃一惊,只见她脸上许多斑点,实在是非常难看,原来他们以前那次见到她时她搽了粉。这时他们纷纷掏出照片撕得粉碎。

作小说《狼叫的羊》,收入小说集《若有其事》。这是写动物的小说,一只普通的羊,不同的是它的两只前脚生得比较矮,因此走起路来也与众不同,结果遭到同类的嘲笑。它接近孤独衰弱的小羊,但遭到拒绝;接近失意的羊,它们也对它十分冷淡。它于是不约束自己,放开的叫,放开的笑,这样大家反而对它敬重了,因为它的叫像狼。后来由于新闻记者的公开宣传,它的事广为传播,那些羊对它就崇敬起来,不过当它向那曾经冷淡它如今对它恭敬的小羊示爱时,还是遭到拒绝,这使它感到真正的悲哀和绝望。

作小说《杨元给柳贞的信》,收入小说集《若有其事》。这是一篇书信体小说,是杨元写给柳贞的求爱信。信中谈及自己的财产、地位、嗜好和面貌,认为"无论性情或者社会的条件方面,你是应该允许我","倘使你竟拒绝了我,我并不想责备你。"

5 月

7 日 在《语丝》第 4 卷第 19 期发表《"新的"——山音之一——若有其事之不知其几》(钦文)。这是针对所谓新的革命文学家所发的议论。

12 日 《鲁迅日记》载:"下午钦文来并携茗三合。"

13 日 《鲁迅日记》载:"午后钦文来,留赠照相一枚。"

16 日 在《北新》第 2 卷第 13 号发表小说《小牛的失望——若有其事之七》(钦文),收入小说集《若有其事》。小说讲小牛为主子吴先生来拉大小姐霞姑。霞姑父亲反对他女儿和吴先生交往。那天霞姑与吴先生吃完饭回来很迟，遭她父亲大骂一顿，并动手要打她，被她母亲阻拦。她父亲仍大骂不绝，决定把她嫁给伯春。霞姑要婚姻自由，她爸说，你和伯春去自由，并说民国了，连"父母之命"都不要了。小说中插入拉车的小牛与王大姥关于共产党是什么的一段对话，极其幽默，也令人深思。

17日 《鲁迅日记》载："下午得钦文信件。"信佚。

18日 同日《鲁迅日记》载："上午收钦文所寄浙江图书馆印行书目一本。"

6月

2日 鲁迅寄赠书一本。同日《鲁迅日记》载："午后以《思想·山水·人物》分寄钦文……"

4日 在《语丝》第4卷第23期发表小说《昏夜里的独幕剧》（钦文），收入小说集《若有其事》。小说写一高一矮两个人打劫，其用的假手枪被对方识破。对方先是亮出手枪，又亮出武器符号，最后脱下外衣露出武装，使对方无言可对，只好讨些钱，而对方一分不付了之。

16日 在《北新》第2卷第15号发表小说《牛头山——难免张冠李戴模糊印象杂凑之一——若有其事不知其几之二》（钦文）。这是一篇历史小说，讲述魏兵压境，汉将姜维御敌，用孔明的连弩法击退敌兵。此时魏延指责姜维打着丞相遗嘱的名义，大权独揽，举起造反大旗，最终被姜维等用计杀死。这显然是暗指国民党的。

作小说《知其几之二》（钦文），发表在《北新半月刊》第1卷第4期。

20日 作小说《花园的一角》（钦文），发表在7月16日《语丝》第 4 卷第 29 期,收入小说集《蝴蝶》《许钦文散文集》。这实际上是一篇散文,写的是花园的一角,只有一株夹竹桃、一株水杨,花花草草则不少,有荷花、凤尾草、五爪金龙、蒲公英、铺地金、牵牛花,这些大多一笔带过。此外尚有蜻蜓、蝴蝶、蜘蛛和癞蛤蟆,而着墨最多的是蜻蜓和蝴蝶,把这小小花园写得虎虎有生机,满园春色。在娓娓叙述中,动和静搭配、叙述与描写相结合。

21 日 作小说《石榴花下》(钦文),发表在 7 月 30 日《语丝》第 4 卷第 31 期,收入《蝴蝶》。小说写蜻蜓跟随蝴蝶,蝴蝶问她们中是谁最漂亮。蜻蜓一一告诉她,谁怎么漂亮,谁怎么漂亮,唯独没有讲到她的漂亮,她很不高兴,甚至是生气。于是蜻蜓告诉她,别人是部分漂亮,你是整体漂亮,所以我整天跟着你,并吻了她。

22 日 作小说《希望》,收入《蝴蝶》。写蜻蜓为着蝴蝶,爱情的火在它身上遍体燃烧,但它的爱火却一点也不流露。它去找蝴蝶,却往往为外界所干扰,找不到合适的时机,行动缺乏果断,但它的爱火在燃烧,还是有希望的。

作小说《乌衣者》,收入《蝴蝶》。故事中蝴蝶终于向蜻蜓表白:"其实我也早就惟一地爱您了!"彼此表白对对方的爱,正当他们沉浸爱河的时候,突然飞来的乌衣者打破了他们爱情,而蜻蜓此时表现得非常勇敢,保护着蝴蝶姑娘。蜻蜓突然身上感到重量,忽觉醒过来,原来飞来一片树叶,而它孤零零地在花园一角。

作小说《飞》(钦文),发表在《一般》第 5 卷第 2 期,收入《蝴蝶》。小说写蜻蜓与蝴蝶比翼双飞,碰到暴风雨,彼此鼓励,靠爱的力量,终于闯过难关,看到灯光了。

28 日　作小说《渴求》,收入《蝴蝶》。小说写蜻蜓向蝴蝶表白自己对她的爱慕,尽管蜻蜓道尽千言万语,蝴蝶始终一言不发,最多向他一笑,甚至突然飞离蜻蜓,不知去向。沉思中的蜻蜓一不小心,碰撞到石面上,他自己也变成无数碎片,这时蝴蝶的突然出现,她在他散落躯体的碎片、血和脑浆流动的地方,飞了一圈,蜻蜓恢复了原态,他们又一起飞舞了。

29 日　作小说《狂喜》,收入《蝴蝶》。小说写蝴蝶向蜻蜓表白:"反正我已决意归您,迟早总得同居了。"蜻蜓沉浸在这爱意中,闭上眼睛在空中飘荡时,无意中撞上了蜘蛛网,被蜘蛛脚触到时,以为是蝴蝶在抚摸牠,全身都酥了。当蜘蛛吸它脑浆时,以为蝴蝶在狂吻它,全身也醉倒了。

30 日　作小说《一只蝴蝶化得许许多多》(钦文),发表在 8 月《新女性》第 3 卷第 5 期,收入《蝴蝶》。小说写蜻蜓落在墙脚旁边,被侦探蚁发现,来了许多工蚁包围它并搬动它到蚁巢,各种蚁都来吸他的脑髓,等看见蝴蝶姑娘,个个都酥倒了。别的蚁巢的蚂蚁,也接触到了蜻蜓的脑髓,也个个都酥倒了,个个都相思蝴蝶姑娘,个个都想着与蝴蝶处对象。

本月　作小说《蜻蜓的歌》,收入小说集《蝴蝶》《许钦文创作选》(上海新兴书店 1936 年 9 月)。小说写蜻蜓喜欢上蝴蝶,从它唱的歌就知道了。蝴蝶的活泼、勇敢、可爱,它都逐一加以赞美,希望蝴蝶接受它的爱。

7 月

1 日　作小说《胜利了》,收入《蝴蝶》。小说写蜻蜓和蝴蝶终于摆脱一切羁绊,他们在爱情道路上终于走到了一起,终于胜利了,唱起我爱你的情歌。

作散文《后赘》,文后点明自己写这个中篇小说的目的和心结,也可以说借写这篇小说来表白自己求爱的心情。

6日 和章矛尘去上海,请鲁迅、许广平夫妇来杭游玩。同日《鲁迅日记》载:"午后钦文来并赠茗三合。"

7日 受李小峰招待。同日《鲁迅日记》载:"午得小峰柬招饮于悦宾楼,同席矛尘、钦文、苏梅、达夫……"

9日 《鲁迅日记》载:"下午钦文来。"

10日 《鲁迅日记》载:"下午钦文来。矛尘来,晚上车赴杭。"

12日 到杭州。据《〈鲁迅日记〉中的我》回忆:"这和我在上海留几天,一道乘火车来杭州,有着密切的关系,全由于一个原因,就是为着预防碰到'麻烦'……鲁迅先生知道我在杭州教书已经一年多,对于应付这种麻烦,已经有点经验,所以要我伴行。"

13日 原在女师大当过文科主任、当时在浙江大学主持文科的郑奠看望鲁迅,并邀往楼外楼午餐,章矛尘、许钦文作陪。据《〈鲁迅日记〉中的我》回忆:"饭后转到西泠印社四照阁喝茶。席间所谈,关于高尔基和萧伯纳两人作品的居多数。在西泠印社,鲁迅先生买了《摹刻雷锋塔砖中经》《贯休画罗汉像石刻》影印本和画像的拓本等。"

晚上,章矛尘和斐君请鲁迅、许广平、郑奠、许钦文等,到龙翔桥附近的功德林素菜馆用餐。据《〈鲁迅日记〉中的我》回忆:"用鞭笋、香菇炖豆腐,浇上小麻油,鲜美可口。功德林还有一种拿手好素菜,叫做笋闷油——清炖笋干嫩头,也浇上小磨麻油,味更鲜美。鲁迅先生算是尝了儿童时期没有尝过的家乡风味。"

14日 中午邀鲁迅等到旅馆附近的三义馆吃饭。

15日 鲁迅为了答谢许钦文、章矛尘、许钦文三弟等,在楼外楼宴请,又点了西湖醋鱼和虾子鞭笋。饭后,到虎跑休息,据《〈鲁迅日记〉中的我》回忆:"虎跑这半天游玩,不但无须挥扇而得全身凉爽,大家兴趣都很高,是一九二八年鲁迅游杭州中最愉快的时候,也可以说是鲁迅先生同我们小字辈一道游玩得最畅快的时候了。"

16日 一早与鲁迅对话。据《〈鲁迅日记〉中的我》回忆,鲁迅说:"'钦文!你知道女人是什么?……是寒暑表!……一晒太阳,有时只是照了阳光,就热呀,热呀地嚷个不了,一到泥塑的老虎脚边(虎跑岩中的最阴凉处),就冷啊冷啊地喊起来。回到旅馆,就热呀热呀地嚷个不了。这不是寒暑表么!"

17日 鲁迅、许广平返沪。同日《鲁迅日记》载:"清晨同广平往城站发杭州,钦文送至驿。"《鲁迅在杭州》中提及:"许多人都说鲁迅先生这次到杭州是来度蜜月的。我总觉得这样的度蜜月很少有,要我睡在中间的一张床铺上。我也写过一篇关于'鲁迅先生度蜜月',可见总是'度蜜月'的了。"

20日 《鲁迅日记》载:"晚得钦文信。"

暑假开始后,到苏州去游虎丘和寒山寺。据《钦文自传》所记:"写了《蝴蝶》,我就赶到苏州去游虎丘和寒山寺,因为对这景物,忽然怀着了热烈的情感。"接着暑假开始写《西湖之月》。

23日 《鲁迅日记》载:"下午得钦文稿。"

30日 《鲁迅日记》载:"寄钦文信。"

本月 作小说《伏中日记》(日记体),收入小说集《若有其事》《现代日记》《许钦文创作选》。小说在一个月不到的日子里,记载每天杭州发生白色恐怖的事情,坐牢、枪毙、探监、捉人。最可笑的是因为同名同姓的一个 18 岁的学生，被捉了去，为此白白地关了一年。你出门得先要关好门窗，万一塞进传单，就会被抓去坐牢，人人都处在白色恐怖之中。

本年夏 据吴似鸿回忆："一九二八年夏季，我去上海。听说陶元庆在江湾立达教美术。我要开明书店的经理章溪琛先生陪我去见陶元庆。我跑上教室宿舍楼上时，不但见了陶元庆，而且也见到了许钦文。他从楼下跑到楼上时对陶元庆说：'我给你煮好药了。'这时我才见到许钦文正面，他穿一套咖啡色西装，浑大脸谱，肤色有点黑，好像菲律宾人。我注视他们两人形象，加以比较：陶元庆是扁圆的脸，缺乏血色，鸟窝似的头发，似乎有点怪相；而许钦文普通得了，西装发，体态健美，五官端正。"

8 月

1 日 《鲁迅日记》载："得钦文信。"信佚。

21 日 《鲁迅日记》载："午钦文自杭来，赠酱肘四包菱四包。"

26 日 《鲁迅日记》载："下午钦文来并赠橙花一合。"

29 日 《鲁迅日记》载："上午得钦文信。"

30 日 《鲁迅日记》载："收钦文小说稿。"

本月 由北新书局出版小说集《若有其事》，共收 14 篇：《魇》《鬼白》《犹豫》《饮茶如酒》《昏夜里的独幕剧》《小牛的失望》《辞职》《课余》《牛头山》《"小说材料"》《晨间》《狼叫的羊》《杨元给柳贞的信》《伏中日记》。这是许钦文在"四一二"之后，整个社会充满白色恐怖期间的第二本小说集，也被当局认为是"共产小说"加以禁止，不准在书店销售的第二本小说集。小说集中的《魇》《鬼白》《犹豫》《小牛的失望》《伏中日记》均写白色恐怖；而《辞职》《课余》《"小说材料"》《狼叫的羊》《杨元给柳贞的信》《饮茶如酒》均写男女之爱。此外，《牛头山》是历史小说，《昏夜里的独幕剧》写打劫。封面装帧由陶元庆设计。其中，写白色恐怖的小说中写得好的是《鬼白》《魇》《伏中日记》，特别是《鬼白》，充满对当局强烈的控诉。小说在艺术上也有独特之处，从头到尾写一个被冤屈而死的鬼的内心独白。另外，历史小说《牛头山》也是含义深刻的作品。小说通过描写

三国时代蜀汉大将姜维诛杀魏延的故事,指出他们虽都标榜要"遵守丞相的遗嘱行事",但却为一己的私利而不惜在大敌(魏兵)当前而互相残杀。这无疑暗示那些口称"遵守总理遗嘱",却同室操戈、诛杀异己的国民党。

李长之《许钦文论》的评价是:"《鬼白》《昏夜里的独幕剧》《辞职》《牛头山》《狼叫的羊》《伏中日记》,都是很精彩的。因为时代背景都是革命以后,所以写的就是武装同志、学校的恐怖、清党、捉人的故事了。文字也转而十分简劲,紧凑和历(利)落。不特为时代留一痕迹,还加上种种反抗的情绪,这就是《鬼白》,完全为革命时代的青年呼冤的。不特是写心理过程,还有很好的讽刺,这就是《狼叫的羊》,把文学家的故作声势的把戏拆穿。因此这两在我认为尤其是精华的精华。"

18 日　《鲁迅日记》载:"上午得钦文信。"

20 日　在《奔流》第 1 卷第 4 期发表小说《早晨》(钦文),收入小说集《若有其事》中,改为《晨间》。小说写一个人赶火车,路上产生种种自相矛盾的想法。他坐上黄包车,对车夫在这么冷的天气下出来拉车很是同情,但后来一想,我给他钱,他照样不是可吃喝。

10 月

1 日　《鲁迅日记》载:"得钦文信。"

本月　《幻象的残象》再版。

由北新书局出版中篇小说《蝴蝶》,封面装帧由陶元庆设计。《蝴蝶》是童话体,由十个互相连贯的短篇组成。小说写蜻蜓与蝴蝶恋爱的故事。作品通过蜻蜓对蝴蝶的爱慕、追求、梦幻,歌颂了爱情的坚贞与专一、真挚与纯洁。这一切都是运用梦幻来表现蜻蜓与蝴蝶之间真挚的爱。第一个梦是蜻蜓与蝴蝶互吐露爱情并请桂女士评评他们相称不相称。第二个写蜻蜓向蝴蝶求爱。第三个梦是写蜻蜓求爱成功的喜悦。最后写蜻蜓与蝴蝶终成情侣。这种运用梦幻来表现情人之间的爱,给人一种奇特的感觉,这是许钦文唯一一篇特别的小说。小说除了运用梦幻来表现

蝴蝶

人物的思想感情是它艺术上的最大特色以外,还有描写细腻、语言优美、写景明丽、感情浓丽等特点,如同抒情写景的散文。小说借蜻蜓与蝴蝶的恋爱,体现了作家对爱情的追求与理想,因此感情非常真挚,只不过许钦文把这种思想感情表现得曲折了些。

11 月

2 日 《鲁迅日记》载:"得钦文信。"

29 日 鲁迅赠许钦文《而已集》。同日《鲁迅日记》载:"以《而已集》寄矛尘、斐君、钦文。"

本年 在杭州高级商科中学继续任教。

1929年(己巳,民国十八年)　32岁

▲2月10日(旧历正月初一),国民政府决定将1929年起中国旧历新年正式改名为春节。

▲2月,创造社及其出版部被国民党查封。

▲4月,陈子展的《中国近代文学之变迁》由中华书局出版。

▲11月,我国第一个无产阶级戏剧团体上海艺术剧社成立,首次提出"普罗列塔利亚戏剧"口号。

1 月

1 日　在《北新月刊》第3卷第1号发表小说《吹小喇叭的》,收入《仿佛如此》。这是一篇写社会下层人民不幸的作品。姓张的原来在部队里当兵,他参军为了革命并借此改变自己的命运,但当他从部队退下来以后,仍然回到社会底层,靠吹小喇叭过日子。他吹喇叭又这么认真用劲,一天下来,第二天已躺在床上起不来了。

17 日　完成中篇小说《西湖之月》。

本月　中篇小说《蝴蝶》由北新书局再版。

2 月

27 日　去鲁迅家。同日《鲁迅日记》回忆:"午后钦文来并赠兰花三株,酱鸭一只。"

本月　由北新书局出版短篇小说集《仿佛如此》,由陶元庆

设计封面装帧。此书出版日期注明是 1928 年 2 月初,可是算作序的《做小说过年》下款署的日期是"17 年除夕于湖滨"。这 17 年除夕即公历 1928 年的除夕,"1928 年 2 月初"可能是 1929 年初之误。又《仿佛如此》中不少小说均作于 1928 年 2 月以后。其共收 14 篇,即《承发吏》《银幕前》《吹小喇叭的》《木槿花》《看电影去》《夕阳》《等候》《归宿》《有斯姑娘》《寒山寺》《梅和鹤》《兔的肥胖和怕猫》《小花猫的故事》《小花猫的访问》。

李长之在《许钦文论》中,对《仿佛如此》评价是:"我要特别提及的是四篇:写稚小的性心理是《小花猫的故事》。写在小孩子已经发挥了典型的女性,妒忌和暗要求而不明言,于平淡中而有丝丝的酸味的是《有斯姑娘》,十分有诗意而说明了人生态度之两种:妥协与高傲的是《寒山寺》,类似乎《蝴蝶》的企图,而是优美的童话成功、写出了男性追不到时的饥渴与犹豫以及女性逃掉了时的高傲的是《兔的肥胖和怕猫》。"

而据《钦文自传》回忆:"《幻象的残象》,是到了杭州开始铁饭碗以后的第一个副产品,这同《仿佛如此》《若有其事》和《一坛

116

酒》，都是对于社会状况，做着速写簿子的。"

许钦文在北京时期的小说，主要以写乡土小说和描写青年男女的恋爱小说为主，而到了此时，其乡土小说基本上不大有了，而描写男女的恋爱成了他整个小说创作的主要部分，而且有别于上一时期的这类小说。除了描写恐怖的小说以外，他还写了一些反映社会情况和下层人民不幸的作品。此外，他还写了一些历史小说。他的小说集《幻象的残象》《若有其事》《仿佛如此》被当作"共产小说"而加以禁止，不准在书店里出售。这标志着许钦文革命民主主义思想和现实主义创作方法的新高度。

许钦文这一时期的小说，在艺术上也值得我们注意，一方面作家发挥过去艺术描写的长处，特别是对人物心理的刻画。如《夕阳》《晨间》《犹豫》《木槿花》《一周间》《旧妻新婚》都十分细腻地表现了人物内心的变化。另外，讽刺手法这时运用得更纯熟。在小说体式和描写方法上，做了有益的尝试，表现出新特点。这就是通篇运用人物对话、吸取话剧对话的特点，我们不妨称之为对话体小说，如《在湖边》《欢聚》《看演讲去》《捷三营长》《三朋友》《老裘的求婚辞》等。除了这种对话体小说外，还有一种我们不妨称之独白体小说。这种独白体小说和心理描写类小说，虽有共同的地方，都是表现人物内心的思想活动。但心理描写类是片段的，表现人物在想；而独白体小说是通篇的，表现人物的自言自语。

总之，这三个小说集，在描写内容、主题探索上均有了可喜的进步，而且在艺术描写上也有长足的进步。但他这时期的小说，不管从思想性和艺术性来说，虽不能说是好坏参半，毕竟也有不少平平之作。这原因恐怕是由于他所写的小说题材，不是早期那样都是其亲身经历或者自己所熟悉的事情，而这时期小说题材毕竟有些是自己不熟悉的,这就限制了他的艺术发挥。

3 月

1 日　在《群众月刊》第 1 卷第 1 期发表小说《小花猫的访问》(钦文)。这是写猴子和小花猫谈恋爱的故事。猴子阿四去拜访小花猫,它向小花猫献上鲜红的玫瑰花,还送上一对龙眼的红金鱼。那是冒险去偷的,这都是因为爱着小花猫。

2 日　《鲁迅日记》载:"下午复钦文信。"

11 日　在《语丝》第 5 卷第 1 期发表小说《全白的绒毛线手套》(钦文)。小说是对话体,从头到尾没有一句叙述或描写的文字。小说写了老张请老李到上海后顺便买一副全白的毛线手套,当手套买来后,老张的女朋友离开了他。

14 日　《鲁迅日记》载:"上午得钦文信。"信佚。

24 日　《鲁迅日记》载:"寄钦文信。"信佚。

29 日　《鲁迅日记》载:"得钦文信。"信佚。

6 月

17 日　鲁迅收到许钦文给他的信。同日《鲁迅日记》载:"上午得钦文信。"信佚。

30 日　鲁迅给许钦文寄信。同日《鲁迅日记》载:"寄钦文信。"信佚。

7 月

10 日　《鲁迅日记》载:"下午以书籍及杂志分寄季市、钦文、淑卿。"

14日　《鲁迅日记》载:"上午得钦文信。"信佚。

16日　《鲁迅日记》载:"以《艺苑朝华》分寄仲衡、钦文、璇卿、淑卿。"

23日　《鲁迅日记》载:"上午得钦文信。"信佚。

本月　由北新书局出版中篇小说《西湖之月》,由许钦文自行设计封面及装帧。陶元庆给许钦文装帧封面,早在北京时,有《故乡》《毛线袜》《赵先生的烦恼》《鼻涕阿二》和《回家》;在杭州时,有《幻象的残象》《若有其事》《仿佛如此》《蝴蝶》和《一坛酒》,唯独《西湖之月》是由许钦文自己设计的。关于封面设计,据《钦文自传》回忆:"从《故乡》到《一坛酒》,除掉《西湖之月》,书面都是老陶画的图案。《西湖之月》的书画是我自己画的;这个,老陶本也早已答应我画,但他照例要延而由延,非同他闹一场,那怕已经把书完全排印好,再等他一年半载,他仍然会得得不动手⋯⋯《一坛酒》的书面虽然也是他画的,但这并非他生前特别地为我画的,因为

别处不用这个,借此也可以把这一幅做成印刷品;所以称作'遗作'。"①

《西湖之月》也是反映白色恐怖的小说。小说主要塑造了方子英的形象,通过他来杭工作的遭遇和种种见闻,反映人民在白色恐怖下的不幸和苦难,以及他们的不满和反抗。小说特别使人感到"山雨欲来风满楼"的白色恐怖的氛围和揭露了反动统治者无故杀戮人民的罪行。社会上出现了为报私仇写信诬陷别人的事情,"或者假冒姓名写信,伪造证据诬陷",甚至因名字音相近,也被士兵抓走、通缉、秘密逮捕,遍及社会,祸及百姓,几乎防不胜防,躲不胜躲,简直成了恐怖的世界。小说特别描写一些混迹革命队伍的人渣,更是卑鄙无耻,咬人也特别凶猛。虽成功地描写出主人公方子英的革命性和动摇性,但人物塑造不丰满。

李长之认为《西湖之月》:"文字比《蝴蝶》强多了,不那末松弛。事业和恋爱的交战,这也确乎是青年的生活。有几个地方,写人的神情太好了。"又说:"专门擅长写小资产阶级知识分子的犹豫起伏的心理过程,这就是我所谓的许钦文风。《西湖之月》和《若有其事》是我认为许钦文先生创作的第二期的代表作。"

8 月

6 日　著名画家陶元庆生伤寒病不幸逝世,终年 37 岁。陶元庆原来在上海立达学院绘画系任教。1928 年秋,立达学园停办绘画系,并入杭州西湖国立艺术院,陶元庆和学生都转到国立

---

①　此事被钟敬文看到,他告诉了陶元庆。陶特地赶来,笑着对作者说:"好!杭州新出了个书面画家了!"并要求看其书面。许钦文告诉他已经寄到书局了。他提出:"那末出版以后马上给我送一本罢!"可惜,待《西湖之月》出版后,陶已经死去多日了。

艺术院。许钦文把他的死因归纳为四条,详见《关于陶元庆的死·给君匋的信》(《一般》第 9 卷第 2 号)。笔者在《许钦文、陶元庆与西湖》中论及,陶元庆半年内几次搬家,以致劳累过度而于 7 月 26 日病倒。许钦文是在 28 日上午知道此事,经许钦文劝说,陶元庆搬至杭一中第一进走上楼梯西边第一间(当年鲁迅也住过,现为鲁迅纪念堂),那时许钦文在那里住宿。陶元庆病逝,许钦文十分痛苦。

10 日 《鲁迅日记》载:"夜得钦文信,报告陶元庆君于六日午后八时逝世。"

13 日 在《申报·艺术界》发表短讯《画家陶元庆氏在杭病故》。此文对陶元庆的去世时间和后事安排作了一个简单的说明。全文如下:"西湖国立艺术院教授陶元庆氏,曾在北平、上海、杭州先后展览作品,均得美满之批评,风格超凡,在画界放一异彩。已于本月六日午后八时在杭病故。国立艺术院拟于暑假后开会追悼,并拟设法葬在西湖,以遂期遗愿。"

14 日 《鲁迅日记》载:"午钦文托人送来璇卿逝世后照相三枚。"

19 日 在《杭州民国日报》发表《雨讯》(上)。

20 日 在《杭州民国日报》发表《雨讯》(中)。

21 日 在《杭州民国日报》发表《雨讯》(下)。这是写给《民国日报》副刊编辑大慈的一封信。大慈向许钦文约稿,许钦文未能及时供稿,谈及不少事。许钦文当时住在杭州三台山,适逢下雨天。信写于 8 月 14 日。

26 日 到上海为陶元庆墓地募捐。同日《鲁迅日记》:"钦文来……钦文往南京,托以《新精神论》一本交季市。"

到上海后,告知鲁迅陶元庆病死的经过。

作《关于陶元庆的死》。

25日　致钱君匋信。此信叙述元庆死因，最后还提到安葬之事。

22日　给萍荪先生信。此信提及萍荪要为元庆出专辑，要许钦文写一篇关于他身世的文字，"出于一般人所意料的，迫切地要我赶办，要我陪着去看棺材和给相片的固然多，还有要我剪下一方他的衬衫寄去的，有要我寄点曾于病中给他接触过的东西的，也有问我要点他最后吃剩的食物的。这样来要求的信，有几封是一时看不清楚的，字句错乱，信纸上满是眼泪水的痕迹，染得红红绿绿，糊里糊涂。"

鲁迅、郁达夫、蔡元培、许寿裳、丰子恺、夏丏尊、川岛、林语堂、戴望舒、赵景深、汪静之、傅抱石、李小峰、叶绍钧、潘天寿、章克标、徐调孚、许钦文、钱君匋等40人署名于8月22日发布的《追悼陶元庆氏启事》。

29日　给萍荪先生的信（之二）。此信提到许钦文当年和陶元庆到过的浦镇，眼下正为元庆丧事发愁。

辑录《陶元庆遗著》，与信件一起发表在1929年10月《一般》第9卷第2号。同期发表《陶元庆氏言行录》。

作散文《陶元庆氏轶事》，发表在1929年10月《一般》第9卷第2号。

本月　继续任教。杭州高级商科学校与杭州第一中学合并，成立杭州高级中学。

9月

7日　应鲁迅约，去上海商讨陶元庆墓葬地一事。据《〈鲁迅日记〉中的我》回忆，鲁迅说："我想：既然璇卿喜欢西湖，大家的意思也主张要给他西湖边上留个纪念品，索性就把他葬在湖边上吧。这里是三百块钱，你去给他买块冢地。"

8日 去鲁迅家拿给陶元庆造墓的钱。同日《鲁迅日记》载："下午钦文来，付以泉三百，为陶元庆君买冢地。"

11日 同日《鲁迅日记》载："得钦文信。"

22日 作《陶元庆氏遗作展览会目录》，共94件。内分36件是公开的，其余是陶氏不公开的，此件附于给鲁迅信后。

10月

3日 《鲁迅日记》载："寄钦文信。"信佚。

12日 陶元庆追悼会在艺术院召开。追悼会上众人唱着由钱君匋作曲的挽歌："你虽匆遽地逝了，然而你的精神，永远，如太阳般常临，你虽撇我们去了，然而，你的事业，永远示我们以光明。唉，我们的导师，唉，陶元庆先生，西湖是我们的泪缸！"元庆善后问题，均由许钦文一手操办。（可参见拙作《许钦文、陶元庆与西湖》）

笔者看望病中的许钦文，谈及陶元庆的画的下落，他不无惋惜地说：抗战初他从福建永安来接家眷，家里已空无一人，从信箱检得一信，知道她们去嵊县娘家了。他放心不下元庆的画，就把这些画放在包裹里挂到梁上，准备从嵊县回杭后带去。谁知钱塘大桥被炸，杭州回不了。待抗战胜利后回杭，这些画早已不翼而飞。据说是被日本侵略者抢去。现在有人已托人去日本查找，至今未见这些珍贵的画作。许钦文陷入深深的自责之中，也恨日本侵略者。

11 月

15 日 《鲁迅日记》载:"得钦文信。"信佚。

12 月

1 日 《鲁迅日记》载:"下午得钦文信。"信佚。
2 日 《鲁迅日记》载:"上午复钦文信。"信佚。

1930 年(庚午,民国十九年) 33 岁

▲2 月,中国共产党领导的中国自由运动大同盟于上海成立。

▲3 月至 10 月,中国左翼作家联盟、中国社会科学家联盟、中国左翼美术家联盟、中国左翼戏剧家联盟及左翼文化界总同盟先后在上海成立。

▲6 月,潘公展、朱应鹏等反动文人在上海组织前锋社,发起"民族主义文学"运动。

▲12 月,国民党政府颁布《出版法》。

1 月

作戏剧《议婚》(钦文),发表在 1930 年 6 月《现代文学》第 1 卷第 1 期。据《钦文自传》:"写一个重理智的青年,有点受菊池宽氏的《温泉场小景》的影响。"全剧共三人,赵立之,高中生;叔父,实业家;舅父,律师。舅父和叔父均受赵立之父亲委托,说服

赵立之接受他父亲为他订下的婚事,但赵认为婚姻自由且要自主,反对父母包办,尽管叔父、舅舅百般劝告,赵绝不接受,态度十分坚决,一时双方处于僵局。此时赵见到舅父带来放在桌上的照片(原先拒婚者)正是自己爱慕的同班同学汤姑娘,一时喜欢得不得了。

2月

11日 在《语丝》第5卷第1期发表小说《全白的毛绒手套》(对话体)(钦文),收入小说集《一坛酒》。小说写老张叫老李买一双手套,当老李手套买来约老张时,发现老张垂头丧气,原来是老张的爱人同他离异。小说通篇运用对话来讨论这件事。

13日 《鲁迅日记》载:"午后钦文来。"

14日 《鲁迅日记》载:"钦文来。"

15日 在《新文艺》第1卷第6期发表小说《同情泪——姑且一写之一》(钦文),收入小说集《一坛酒》。小说写厚生一直迷恋、热爱着慕远,而慕远把他当作讨厌鬼,而且常把厚生的信给她同伴了琴看。了琴有一次见到厚生,觉得他模样和人品都不错,从同情到爱慕厚生,厚生也了解慕远对他的真实想法。这样厚生和了琴结合在了一起。小说从新婚当天晚上的对话写起,厚生问了琴三个问题:谈话之间使读者明了他们是如何走到一起的。厚生的叙述打动了了琴,她流出同情的泪。

17日 致鲁迅信。

19日 致鲁迅信:"报告纸价的信想已收到。附上目录,记"△"的拟印珂罗版,"×"是书画,石印套版都可。加(?)的是国画或处女作,这种处女作在一般学生也是非常特别的(非常细)。"
《鲁迅日记》载:"上午得钦文信。"

26 日　《鲁迅日记》载："上午寄钦文信并纸样。"信佚。

本月　作小说《一坛酒》，收入小说集《一坛酒》。小说情节极为简单，有水为了做厅长的跟班，送去一坛酒，结果厅长发怒并打了他一个耳光。有水想不通，问了门房，他告诉有水送东西要悄悄的，你这样明摆地送去，不倒了他"清白"的面子吗？有水此时还听到厅长在大骂："哼！法律是什么？做法官的应该守持何等的尊严，他这混账忘八蛋竟来侵犯，实在连打十个耳光还不够，实在是该死该杀的了！"想想门房的话，听听厅长的怒骂，使人感到厅长大人是何等的虚伪。

作小说《回乡时记》（日记体），收入小说集《一坛酒》。这实际是一篇纪实的散文，讲的是从杭州到老家绍兴浦镇沿途的见闻，和到家后家里的事情、故乡的事，且以时记载，体裁有点特别。

作小说《兄的秘密》（日记体），收入小说集《一坛酒》。小说写仙英趁大哥生病时，偷看了大哥的日记。日记记载大哥思念一个叫小花羊的姑娘（真名隐去），爱之深，溢于言表。小妹二仙摘录了大哥日记的内容，然后寄给二姊。

作小说《团扇》，收入小说集《一坛酒》。小说仅写一个片段，师敏来看她的爱人，他拿出一把团扇送给她，说是特地请人画了扇面。可是那扇面写的是 1925 年秋，而现在是 1929 年的夏天，怎么能说是特地为她请人画的呢？

作小说《猫和蝶》，收入小说集《一坛酒》。小说写猫和蝶之间恋爱的故事。猫非常爱蝴蝶，可蝴蝶若即若离，猫实在想死了，就扑向了蝴蝶，结果跌入水里。

3 月

2 日 致鲁迅信："二月廿五（日）信及附件都收到了。于无意中在一条偏僻的街上发现了国纸的大本营，据说单宣确即单贡，六吉加上米糊和蜡做光成单宣……来信说夹单宣各一千张恐算错，六十页计，三百本共须三千张，每本十大张。《毛线袜》《回家》等书面及《车窗外》水彩幅面很小，是否印一全页请研究。记得《非水·图案》是有把两个以上的书面合印在一页的。上午川岛来，说二先生也听到了'鲁……疯……'的话，特写信来问，我就宣传了刘家博士（引按：指刘半农）的事。小某公想已恢复小白脸，但我脑中还是个小花脸。"

本月 作小说《门房》，收入小说集《一坛酒》。小说写马先生去看爱人林小姐，门房告诉他今下午有课，于是马先生到西湖边去玩，听到的都是反对西湖博览的事，连农民模样的人也反对"剥兰会"。快到下课时，马先生急忙骑车去看林小姐。林小姐责备他今天怎么迟到这么多时间，马先生说我早来，门房说你下午有课不能叫你。林小姐说："门房真是可恶的笨家伙，这种事情也会得弄错。"不过，小说重点是写老百姓反对开博览会，因为影响了他们的生活和利益。

作小说《七月十八日》，收入小说集《一坛酒》。这其实是一篇记叙散文。记载许钦文和他的五弟一起去看望在湖州菱湖教书的五妹。他们到了那儿不久，五妹就断气了。

作小说《在平湖秋月》，收入小说集《一坛酒》。小说写王元生和他姑丈、姑妈及表妹在平湖秋月玩，王元生谈及男女之间有一种隔膜，当老师的姑丈也谈及老师间男女也如此，这主要是由无形的不合理的旧社会礼教造成的。

5 月

31 日　两次去鲁迅家。《鲁迅日记》回忆："钦文来,赠以《新俄画选》一本……晚钦文来。"

本月　作小说《未婚师母》,收入小说集《一坛酒》。这是一篇速写,通过杨敏生和朱海英的对话,介绍了他们当老师的未婚妻,也就是未婚师母。

作小说《情饿》,收入小说集《一坛酒》。"我"家里有妻有女,这是全凭父母之命、媒妁之言而结合的婚姻,但自从结识了竹英姑娘,唤醒了他的恋爱意识。小说用日记体,每天记载他对竹英爱恋的心理活动。这又是一件不可再结一次婚的事,故而产生一种称为情饿的现象。

作小说《红和白》,收入小说集《一坛酒》。小说写梅山那边发生一声惊天动地的巨响,许多人都跑到那里去看究竟,发现杂乱的石块和泥块之间,"零零碎碎地躺着两条腿,一只手和几根枯骨。手和腿都是新鲜的血肉,且裹着布片,枯骨都是雪白的了"。大家感到十分疑惑,不明什么原因。后来还发现烧焦的人头,已看不清他的脸。在人们的翻弄之中,找到一本日记,这个迷终于被解开。小说的开头颇吸引人的眼球。从日记中知道,男的为女的殉情而死。"我"和师玄本来是相恋的,但"我"觉得她有点冷淡,以为她另有恋人,就远走他乡。谁知这次回乡,知道师玄并未嫁人,且得病多年,最后吐血而死。"我"知道后,知道误解了她,追悔莫及。最后决定睡在师玄坟上,用炸药炸死自己。

6 月

本月 由北新书局出版短篇小说集《一坛酒》,封面装帧由陶元庆设计。收小说13篇:《一坛酒》《全白的毛绒手套》《兄的秘密》《团扇》《猫和蝶》《门房》《回乡时记》《七月十八日》《在平湖秋月》《未婚师母》《情饿》《红和白》《同情泪》。据《钦文自传》回忆:"自从写了《从〈故乡〉到〈一坛酒〉》,表明如果不能改变点作风,宁可

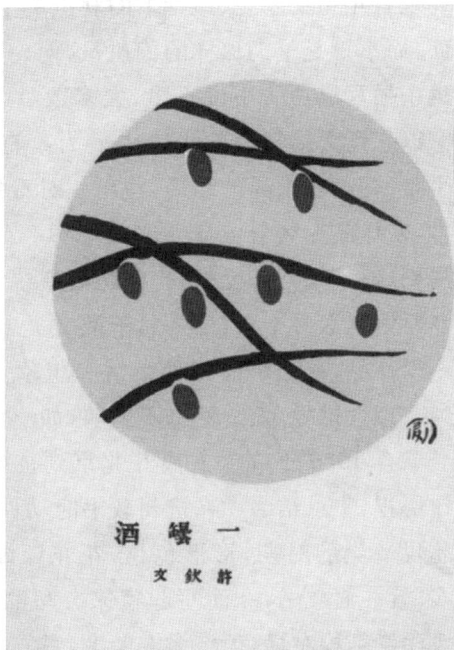

酒坛一

文钦许

停笔的决心……换了话说,就是侧重理知方面的了;如果任情的做法,难免又是《一坛酒》以前的作品。"

这个小说集不同于以前写的小说,既不同于这一时期描写爱情来反映白色恐怖的作品,如《幻象的残象》《仿佛如此》《若有其事》《西湖之月》,也不同于早期那些讽刺青年男女爱情的小说,相反其中九篇描写男女恋爱,倒有些正面歌颂爱情,如《兄的秘密》《红和白》《同情泪》等是歌颂爱情的坚贞不渝。其余四篇,如《团扇》《情饿》等带有一些嘲弄的口气,讽喻青年男女的爱情,这似乎是早期小说的余波。这种情况是过去小说中所没有的。

这说明,随着时代的变化,作家对青年恋爱的看法也在变化。如果和中篇小说《蝴蝶》联系起来考察,更可证明这一点。作品在表现青年男女恋爱、婚姻上的观点更全面,反映现实生活也更全面,而不再是早期那样的偏执,这使《一坛酒》有着自己特色。但集中描写成功的小说不多,大多数是平平之作。《红和白》是作家以恋爱为题材写的小说中最为离奇的一篇。倒叙的结构,不平常的开头,奇异的结局,写出一对青年男女曲曲折折的恋爱故事,使作品充满着浪漫主义气息。《一坛酒》中这一篇写得比较深刻,但不是写恋爱的,小说是揭露统治者的虚伪、贪婪的。《回乡时记》《七月十八日》是属于散文类,记作者自己家中的事。但不少作品,缺乏早期那种激情和想象力,有些作品从观念出发,纯属理性推导,人物性格不鲜明,如《全白的毛绒手套》)。

自 1926 年许钦文离开北京到杭州后的创作情况,《我的创作历程》中总结为:"在杭州教书时功课已有点顺熟,也因为正当北伐清党的时期,形形色色,花花绿绿的看着,听着,感想来得多,就一面教书,一面写起稿来。写的仍然大概是短篇小说;这要注意结构布局,须经多方考虑,只有(在)例假和学生往外去考察实习的时候进行。所以那时,一学年中往往可以出两本书;一本是随时写下的短篇小说,另一本是于假期写下的中篇,不过五六万字的,严格说也是短篇小说。《若有其事》《仿佛如此》《蝴蝶》《一坛酒》和《西湖之月》等,都是那时的产物。这样,一面教书,一面写稿,好像是能够双方兼顾的了。可是,创作需要情感,教书却是须重理知的;其实是两样不痛快,或者以为日间是理知的,晚上是情感的世界;日间教书,晚上可以创作,可是一篇作品,并非都是在一个晚上捉住意境,就可以在一个晚上写成功的。"

7 月

11 日　致鲁迅信,汇报纸张价格。

31 日　《鲁迅日记》载:"午后钦文来。"

本年夏　为陶元庆在杭州西湖边莲花凉亭建造元庆纪念堂。据《钦文自传》回忆:"为着建造保存'元庆遗作'的房屋,我经济早就弄得很窘。还是一九三〇年的事情,已经到了炎热的夏天,我没有买新鞋子的钱,我老是穿着一双很旧的胶皮底鞋跑来跑去,弄得脚指头个个霉烂得很厉害。"

8 月

6 日　《鲁迅日记》载:"夜钦文淑卿来,未见。"

11 月

17 日　作文论《关于青年文艺》,发表在 12 月《浙江教育行政周刊》第 2 卷第 12 期。此文提出"现代的文艺,已由人生的再现的描写,进而为表现的探讨,由政治的背景的反映,进而为运动的指导,换句话说:文艺是宣传主义的利器"。讲青年对社会的重要性、文艺教育青年要注意对象、重视青年所作的文艺,又谈及青年文艺的题材、青年的苦闷等,并提及文艺是"苦闷的象征"。

12 月

27 日　作小说《新同学》(钦文),发表在 1931 年 1 月《青年界》第 1 卷第 1 期,这是一篇对话体小说,从头到尾是两人对话,谈论新同学,重点是谈杜永林喜欢的女同学。从彼此谈话中,表现年轻人的性心理。

本年　作《伟大的印象》,据《钦文自传》:"写幼时从乡先烈士徐锡麟先生在安徽实行种族革命而被害时所得的印象。"

作小说《除夕》,据《钦文自传》:"曝露内战兵灾的惨状。"

作小说《抛弃》,据《钦文自传》:"写一对青年男女的谋出路;从抛弃他们以前所有爱人的相片,来表明摆脱惟心为泥于情感的念头。"

作小说《省亲》,据《钦文自传》:"借用剧本的形式,写过渡时代的冲突。"

与裘天芳女士结婚,裘女士是嵊县裘岩村人。据致张炳隅信(1984 年 10 月 4 日):"妻裘天芳,杭州女子职工中学学生。我们一九三〇年结婚。我第二次出狱时,儿子已会走路,所谓无妻是不愿向封建陋习低头。《无妻之累》和《万里寻妻记》两书上均有引号。裘天芳 1949 年解放后做居民重要工作三十多年,一直是先进工作者。"①

许钦文逝世后,笔者曾两次去裘女士家拜访。她说原先和同县的一个青年,准备一起去江西去投奔革命,路过杭州,被她在杭州市公安局工作的舅舅拦住,那个青年则去了江西。她就留在杭州,并继续在杭州读书。但笔者拜访她女儿许品琴女士,她认为此说不妥。

关于结婚的事,许钦文在给笔者信中也提及说:"我结婚的

---

① 许钦文致张炳隅信,1984 年 10 月 4 日。

确早在三〇年,而'无妻'之累,的确晚在三二年。这不是笑话,却实在是个笑话。你要问,大概因为没有看过拙作《无妻之累》,或者没有看清楚。那无妻是有引号的。当时结婚,没有在派出所登记的办法,如要举行仪式,就得请党棍做证人,我们不愿意。"

本年 仍在杭州高级中学教书。

1931年(辛未,民国二十年) 34岁

▲2月7日,胡也频、柔石、殷夫、冯铿、李伟森5位左翼作家和何孟雄、林育南等19位共产党员在上海龙华被国民党淞沪警备司令部秘密枪杀。

▲9月,丁玲主编《北斗》创刊。该刊是"左联"为扩大左翼文艺运动,克服关门主义和宗派主义而作的努力。

▲11月,中华苏维埃共和国临时政府在江西瑞金成立,毛泽东当选为主席。

▲12月,胡秋源等在《文化评论》创刊号提出"自由人""第三种人"等文化立场。

1月

10日 在《新学生》创刊号发表小说《贝介》(钦文)。这篇小说用的是书信体,写片乃追求贝介,遭到拒绝,告诉他现在工作要紧,没有时间谈情说爱,谈恋爱妨碍工作。片乃则坚持恋爱可以促进工作,经过彼此不断地沟通,贝介终于答应了片乃的要求,彼此相爱。

2 月

10 日　在《新学生》第 3 期《著作家生活之页》发表《答〈新学生〉期刊问》。文云：

1. 我本喜欢数理化，爱好天文，也爱生物学，现学无所侧重。

2. 今年我打算写关于元庆个性及其艺术的随笔。

3. 我小时爱阅《聊斋志异》，后喜ㄇㄨㄆㄚㄥㄢ的著作，现无偏好。

4. 杂志既在手边，我才翻阅一下，但因时间经济关系，很多未见。

5. 因为担任教科，除假期，我只在星期六的晚上可以写作。

6. 除假期，我把闹钟摆在床前，上课前一时起；无课即晚睡晚起。①

14 日　作散文《〈相爱前〉与〈相爱后〉》②，发表在 1934 年《新时代》第 6 卷第 1 期。此文是回忆陶元庆曾想创作两幅画，一幅是《相爱前》，一幅是《相爱后》。陶氏设想："都是有两个人在一道的，同样的人物，只是表情不同，《相爱前》是在相互欢笑的，《相爱后》是都把眉头皱起了。"但后来由于种种原因，这两幅没有画成。

24 日　作小说《前学生赵厚民》，发表在 4 月 10 日《新学生》第 1 卷第 4 期。写并非赵厚民的人被当作共产党的赵厚民抓进监狱，屈打成招成为共产党。

---

① 许钦文此时睡在学校——笔者注。

② 此文的文后注明是"璇卿故后年半又八日"，陶元庆是在 1929 年 8 月 6 日逝世的，那么"后年半又八日"则为 1931 年 2 月 14 日，也就是他在那时写的。

4 月

15 日　《鲁迅日记》载:"午后得钦文信。"信佚。

16 日　《鲁迅日记》载:"上午复钦文信。"信佚。

22 日　作小说《亚民》,发表在 8 月 10 日《现代文学评论》第 2 卷第 1、2 合期。写小狗亚民的故事。从小狗送来到小狗送走,牵动着全家人的心。从最初的喜欢,到最后的厌恶,不得不把小狗放走。以写小狗反映出各人的心态。

5 月

15 日　作小说《一把紧捏》,发表在 6 月 10 日《现代文学评论》第 1 卷第 3 期。写婚外情引起夫妻间的矛盾,重点不写婚外情,而是夫妻通过彼此探讨,把事情发生的原因和经过写出。这里没有吵闹,但作为婚外情主角的丈夫吞安眠药自杀,而妻子及时把他送去医院,一前一后发生的事情都是从他们之间的谈话中讲出,没有详细的叙述,也没有描写,通篇是对话。

6 月

11 日　《鲁迅日记》载:"寄钦文信。"信佚。

17 日　《鲁迅日记》载:"得钦文信。"信佚。

19 日　《鲁迅日记》载:"上午复钦文信。"信佚。

7 月

10 日　作文论《白描和暗示》,发表在 11 月 15 日《橄榄》第 19 期。文章一开头提出:"文艺,形式是记叙,内容实在也是议论……议论重推理，文艺是用一种无形的解释。"文艺不像议论那样直说，是因为"有着两个大关系，一是不得已的，二是故意的"，"为着这两大关系，所以文艺重暗示"。又谈到白描，说："为着避免武断的嫌疑，处（取）纯客观的态度，形式上作者好像不参加意见，只把人物的语言举动如数照样记录，一切让读者自己去解释去判断，这就是'白描'的方式。""白描在文艺上是最纯粹最精炼的写法，是重暗示，也是感动力最强了。""总之，文艺的重要工具是'暗示'，'白描'是这工具中的利器；可是利器不可轻意使用，使用不当是要捲锋的。"

本月　作散文《陶元庆去世两周年纪念文》（钦文），发表在 8 月 24 日《文艺新闻》。此文着重讲了两点：一，为什么造元庆纪念室，理由有三点；二，为什么要保存元庆这些画？特别指出元庆的画，"是凭着深沉的性情，用了锐敏的观察力，从小研究中国画，采用西方的表现法，参考了古代各种磁器图案、日本图案和印度图案，细味原始时代的艺术，连小孩的偶然写作也注意到；简单地说：他这些遗作是集中了多种表现方式的，所以每幅都有一种创造，都含有一种深长的情调"。

作散文《从〈故乡〉到〈一坛酒〉》，发表在 1932 年 5 月 10 日《文艺创作座谈》第 2 期，是从《故乡》到《一坛酒》的前期作品的经验总结。此文对许钦文的创作研究非常重要，谈到他受父亲的影响，孙伏园的帮助，鲁迅在创作上帮助，同时也指出自己作品的不足之处，其一，"我到了杭州以后所写的比以前的更觉得单薄，许多篇都是一种'速写'的样子了。这里有着三个重大的原因：第一，担任教科，忙于唱书改文；第二，接近家乡，杂物多得常常使我心绪混乱；第三，空气潮湿，身体宽懈。"其二，"我虽受了很多鲁迅先生的影响，但他的长处深刻和浓厚我都未曾做到。

他的作品是单纯化的,《呐喊》和《彷徨》有着明显的中心思想。我的是这样地杂乱,《鼻涕阿二》同《蝴蝶》自己也觉得不像原是一个人写出来的……我的这些作品,原是我挣扎的痕迹呀!"

8 月

10 日　在《读书月刊》第 4、5 合期发表文论《〈示众〉的描写方法》。此文认为鲁迅的小说《示众》在表现方式上有两大特点:"第一,所提及的时地短小;第二,穿插变化多而切合。""在《示众》,从'热的包子咧'的喊声起,到'荷阿! 刚出屉的'喊声止,时间不过数分钟,地方只是一段马路的两旁。"又说:"他把狗的伸舌喘气和胖汉子的喊声做了线索……这样的穿插,固然把如散沙的题材集成了一体,也使文势紧张有力了。""只要感受得深,观察体味得仔细,自然会得详尽,写得深刻浓厚的。这一点关系作品程度的深浅,是很重要的,最好所写都是亲身经历的,至少也得有过仔细的观察和体味。"

17 日　在《文艺新闻》发表《陶元庆与许钦文——生者与死者的悼访》,内云:"关于我与陶元庆的感情,我俩是十六年的旧友,所以很谈得来而已。我保留他的作品,仅是因为没有别的人来代他保留,若有适宜的团体愿意来接受保管,我是愿意移交的。关于他的作品,我很想根据事实来作一些了解,这样对于鉴赏者比较易于了解一些。他的传,因为有许多复杂的牵涉必须在十年或十五年之后方能写。前天(八月六日)是他的二周(年)纪念,最近我可写一点他的文字寄《文艺新闻》发表。"

本月　作《一个声明》,发表在 9 月 1 日《开明》第 35 期。内容为:

　　启者:贵刊第三十四号《杭州文艺消息》,在述《初阳》一段,有"许钦文""在内"字样,除非另有一个许钦文在杭州,大概是传闻(?)之误连我于《初阳》实无关系。请将本信排入后期贵刊,俾明真情。

9 月

17 日　鲁迅寄给许钦文改订后《中国小说史略》一本。同日《鲁迅日记》载:"以《中国小说史略》改订本分寄幼渔、钦文……各一本。"

19 日　《鲁迅日记》载:"钦文来。"

20 日　《鲁迅日记》载:"午后钦文来。"

10 月

20 日　《鲁迅日记》载:"午后钦文来。"

30 日　《鲁迅日记》载:"上午寄钦文信。"信佚。

11 月

13 日　《鲁迅日记》载:"下午寄孙用信并《勇敢的约翰》十一本,内一本托其转赠钦文。"

14 日　《鲁迅日记》载:"得钦文信。"信佚。

24 日　《鲁迅日记》载:"得钦文信。"信佚。

12 月

19 日　《鲁迅日记》载:"晨寄钦文信。"信佚。

22 日　《鲁迅日记》载:"得钦文信。"信佚。

本月　作书评《卖火柴的女儿》,发表在《中学生文艺》创刊号。此文是介绍安徒生的童话《卖火柴的女儿》一书。首先提出补叙的方法，分析了《卖火柴的女儿》是怎样补叙的，如"写这女儿往常衣着的残缺，和孩子对她也毫无同情，不肯帮她点忙的情形，都在写'脚'的'红'这点上补出。又写她的父亲往往对她凶狠和她家所住房屋的破陋，都从她'不敢回家'这点上补出。她曾在以前隔着玻璃窗望过富商家里的的圣诞节树，那样可怜的情形也只在写她坐在幻象中的圣诞节树下时轻轻地补出。"文章还谈到错觉、幻觉和幻象，分析具体、通俗易懂，对理解和写作均有帮助。

各地学生纷纷赴南京请愿，许钦文参加义勇军操练。

本年 仍在杭州高级中学任教。

1932 年(壬申，民国二十一年) 35 岁

▲5 月，国民党采取不抵抗政策，与日军签订《上海停战协定》。

▲7 月 1 日，邹韬奋在上海创办生活书店。

▲9 月，林语堂等人在上海创办《论语》半月刊，提倡幽默和闲适的小品文。

▲12 月 30 日，宋庆龄、蔡元培等发起的中国民权保障同盟在上海成立。

1 月

6 日 《鲁迅日记》载："得钦文信。"信佚。

8 日　《鲁迅日记》载："晚寄钦文信。"

10 日　《鲁迅日记》载："寄钦文信。"信佚。

11 日　《鲁迅日记》载："午后得钦文信并《监狱与病院》一本。"信佚。

12 日　《鲁迅日记》载："复钦文信。"信佚。

13 日　《鲁迅日记》载："得钦文信。"信佚。

15 日　《鲁迅日记》载："得钦文信。"信佚。

21 日　《鲁迅日记》载："得淑卿信并钦文所赠茶叶两合,杭白菊一合。"

22 日　《鲁迅日记》载："上午复钦文信。"信佚。

27 日　《鲁迅日记》载："午后钦文来。"

本月　作评论《元庆纪念室笔记》(钦文),发表在 5 月 1 日《南华文艺》第 1 卷第 4 期。此文分前附、车窗外、大红袍、父亲负米回来的时候卖轻气球者等几部分,18 日夜至 20 日夜写成。

2 月

3 日　刘梦莹逃难至许钦文家。鉴于此事对许钦文生平影响极大,笔者特将其前后过程录于此。据《鲁迅书信中的我》:"一九三二年二月三日的晚上,快到半夜了,忽然响起紧急的敲门声音。'一二八'的沪战爆发以后,杭州人心惶惶,紧接的敲门声使人惊慌。进来的是陶元庆(任教的)艺术院的学生,姓刘,和元庆的小妹子同班学西洋画的,说是一早逃出火线,靠一个不认识的男旅客的帮助,才从窗洞爬上火车,整整经过十五个钟头才到了杭州。她只带着一只小型的提箱,还没有放下这行李就东张西望地找我的四妹,以为她已从火线逃出来到我家,不知道她早就搬到法租界去住，不急于避难了。女佣早就寝，闻声起来，知道刘生当天还没有吃过一点东西，连忙烧得汤年糕请她吃。但她吃不下，因为受了风寒生病了；又做泡饭，这才吃了一点。"[1]

据《民国二十二年度上字第二四〇四号最高法院刑事判决书》(见《钦文自传》)："旋同上海闸北战争发生，刘梦莹于二十一年二月三日夜间，逃至杭州，径赴许钦文处投宿……六日，陶思瑾因接刘文如函告，欲回四川，亦自绍兴携带食品来杭，为之送行，在许钦文处于刘梦莹见面后，即赴艺专校内寄宿两夜……八日午后，拟仍回绍。过许钦文宅，因刘梦莹之留，遂不果行。两人同宿三夜毫无异态……至十一日，陶思瑾又欲回里，后因刘梦莹之留，未去。午后，许钦文送其女友郭德辉至江干化仙桥学校为其妹代课，家中仅有刘梦莹、陶思瑾及女佣陈竹姑三人。刘梦莹令陈竹姑烧水洗浴，因需雪花膏，同(因)遣陈竹姑出外购置，由陶思瑾付洋六角，交与陈竹姑。去后，陶思瑾将大门闩闭，在卧室内阅报。刘梦莹浴罢，又向陶思瑾诘问，是否为看刘文如而来。并谓再不回头，将来定要发生悲剧。陶思瑾说其不必如此固执，随即走至浴室外间，哓哓不休。陶思瑾一时愤急，触动杀机，奔至隔壁厨房内，取菜刀一柄，向刘梦莹猛砍。刘梦莹亦取木棍一根，抵御格斗于陈列室之四周，血淋遍地。刘梦莹负伤，弃棍奔至大门。正欲开门逃出，又为陶思瑾追及，砍倒地上，并割断其颈部气管，即时身死。陶亦昏卧于地。陈竹姑及另一女友裘本原回来，呼门不应。未几，许钦文偕其妹许羡冶亦至，仍不得入，即沿河边走至后门，用力撞开入内，见刘梦莹杀死地上，

　　① 钦文：《鲁迅书信中的我》，见《在老虎尾巴的鲁迅先生》，上海：上海文化出版社，2007年，第244页。

陶思瑾亦卧倒该处，当即开门，呼唤岗警，报告该警署，转报杭县地方法院。检察官验明尸伤，侦查起诉。"

据《钦文自传》回忆："一九三二年二月十一日下午，我送了郭德辉姑娘到化仙桥我弟妇办的学校里去代课，随即接得八妹回来，打算当天转送她到岳坟市立中学里去上课。到了寓所的门口，看见佣人竹姑同邻妇等站在那里谈天，说是门敲不应。我把随身带着的锁匙拿出来使用无效。我也拉了一阵门铃，也无效。我走到屋后面呼喊了几声，仍然无效。我在门外等得气闷了，也感到诧异，就攀着河沿的石子缝，利用幼时在河边为着捕鱼捉虾练好了的本领，走到后门口，把后门的铁钩撞断，打开。进了院子，觉得静寂无声；顺着步道走向台门，以为且让八妹和竹姑等走进来再说。可是一转弯，我就望见，在那门口走路的两旁的草皮上，歪斜的各自躺着个满身鲜血淋淋的人。跑近仔细一看，左边的是刘梦莹姑娘，右边的是陶思瑾姑娘。刘梦莹姑娘已经气绝，陶思瑾姑娘也昏去了。"

这是一件轰动杭州的事情，许钦文因为屋主之故受到连累，当晚被羁押在杭州岳坟警察分局，第二天押至杭县地方法院看守所（这一带当时属杭县管辖），舆论界谓之"桃色新闻"。

陶思瑾（在杭名陶煌煊），就是和许钦文患难16年的好友画家陶元庆的妹妹，当时20岁，绍兴人。在她六七岁时，许钦文已经认识她。1929年，她考入杭州艺术专科学校绘画系读书时，她哥哥陶元庆也在该校任教授。不久她哥哥病死后，由许钦文保存她哥哥的绘画，同时为了希望她继承兄业，决意加强对她教育，随时考查她的学业，她因之常与许走动。她是当时进步艺术团"一八"艺社的成员之一。

刘梦莹是江西萍乡人，家住湖南长沙，死时才20岁。她是一个多才多艺的姑娘。在校学雕塑,但绘画也不错,"一八"艺社1931年在上海举办习作展览会,就有她的素描《残年》和雕塑三种,艺术造诣颇高。她课外还研究木刻,又爱好音乐、戏剧和文学,屡屡登台演奏或演出,还发表了一些作品,她还是校篮球、排球队的队长。她因与陶思瑾笃好,也常常偕同来许钦文处。她也是"一八"艺社的成员。

"一八"艺社是该校部分学生组成的进步艺术团体。后来在上海设立分社,得到鲁迅更为直接的指导和帮助。其成员不少是共青团员和共产党员,刘梦莹当时是共青团员,一说是共产党员。1930年夏天,她还到上海参加左联举办的暑假文艺讲习会,并参加"美联"成立大会。

1931年冬,学校放寒假,陶思瑾回老家绍兴,刘梦莹去上海探视她的姐姐刘庆荇。她到沪不久以后,就发生了"一二八"事变。刘梦莹即逃离于战火中的江湾,于2月3日清晨从上海搭火车来杭,至许钦文处时已是深夜。

发生惨案的原因,《钦文自传》中有《最高法院刑事判决书》云:"陶思瑾与刘梦莹,同属浙江艺术专科学校之女生。始因同一宿舍,连床共话,情好甚笃。继遂发生恋爱关系;情感最热时,曾约定永不与男性结婚,以保持相互之爱情。越时既久,互相猜疑;刘梦莹见陶思瑾与该校绘画系女教师刘文如亲近异常,颇疑其亦有同性恋爱关系,屡嘱陶思瑾与刘文如绝交;并以杀害刘文如或陶思瑾,及宣布恋爱历史等词为恐吓,因之两人感情,已由此日疏。有许钦文者,系陶思瑾亡兄陶元庆之挚友。自元庆故后,许钦文因其生前图画,为中外人士所钦仰,曾集资在西湖莲花凉亭地方购地建筑一所,陈列其内。并于其房建屋数间,为自己居住。刘梦莹常至许宅,得识许钦文。每值寒暑假期,两人相偕寄宿该处,亦为其家属所知悉。"

这件惨案发生以后,时人都以为此是三角恋。据《钦文自传》回忆,当时许多人都说:"两个女人与一个男人,吃起醋来,相貌不好的把相貌好的杀了!"而主办的检察官对许钦文说:"你年长无妻,这样两个青年女子在你那里,'瓜田李下'……剥夺你的自由一下!"

刘梦莹姐姐刘庆荇闻其妹被害后,据《鲁迅书信中的我》回忆:"从上海赶到杭州来找我,称我先生,并无敌意。她在日本留学时曾嘱刘生托我介绍译作到书局出版;因为不能见,误以为我罪责很重大,不了解侦查时期隔离原是当然的事以外,还因为听了她的'律师'的话,使我涉及命案,可以罚我几千块钱的赔款……我家命案一发生,不但沪杭报纸天天大登消息,南京的报纸也有所载,李秉中也关心我,所以到鲁迅先生那里去探问。命案发生在我家,我是男子,一般记者,把我当作'一角',编者照样发刊,有人相信。"

鲁迅致李秉中的信中说:"钦文事我亦不详,似是三角恋爱,二女相忌,以至相杀,但其一角,或云即钦文,或云另一人,则所谓'议论纷纷,莫衷一是',不佞亦难言之矣。"但鲁迅认为说许钦文"谋财害命"是不相信的,认为"殊可笑"。

在关押的狱中,难友们也认为此事是三角恋爱。据《狱中记》:"年纪已经三十五岁了,还没有讨老婆;那两个,姓金姓朱的都还是姑娘,既然姓金的后到,姓朱的又不像是自杀,这不是明明白白的了么:姓金的同姓高的先有关系,后来姓高的又同姓朱的发生了关系,姓金的知道了,醋意大发,就闹出事情来,不是这样的么? 这个雌头也太凶,听说把那姓朱的连砍了三四十刀呢! 如果说是姓金说先到,那还可以勉强辩辩,或者还可以说姓朱的是自杀的。现在姓高的还不肯同我老实说出来,硬说这两个雌头里面一个也没有关系,不知道我早已打听得明明白白,那两个雌头都是在大学堂里读书的,相貌又姓朱的来得好,说是没有关系,还有哪个会相信呢?"

同时,也有采取比较公正的报道。如1932年2月《新时代月报》第2卷第2、3期的报道《许钦文涉讼》:

西湖艺专女生刘梦莹被同学女友陶思瑾惨杀一案,因事出许钦文家中且二女皆与许友善,许遂涉重大嫌疑。刘姊庆荇诉许于法院,法院检察官以许犯《刑法》二五七条的刑庭起诉,间许亦提出辩诉状……钦文年已三十六岁,早自认作前一辈人,于陶思瑾若父兄,于刘梦莹如师长……钦文与刘梦莹无发生爱情可能,即刘庆荇亦知之甚详,故其起诉状亦云:亡妹素来自视不菲,志向高傲,决不与陶思瑾竞争一貌不扬年事已长之许钦文……从陶思瑾、刘梦莹两人日记函件可知两人曾经发生同性恋爱,则两关系,固此与钦文复杂密切……

三十六天后,据《无妻之累》回忆:"'许钦文,开庭!'……'恭喜你,没有起诉!'……探问的结果,才知道所谓证据,原指《痴人之爱》。"①

18 日　鲁迅写信托在司法界任职的陶书臣设法营许钦文。

19 日　被交保释放,走出看守所。关押一月零七天。

24 日　鲁迅得许钦文信。

28 日　鲁迅下午复许钦文信云:"监所生活与火线生活太不同,殊难比较,但由我观之,无刘姊之'声请再议',以火线生活为爽利,而大炮炮来,难以逆料而决其'无妨',则不及监狱之稳当也。"

---

① 《痴人之爱》是日本作家谷崎润一郎的小说,并没有"三角恋爱""同性恋"的情节,无非印着"爱"和"痴"的字样,实际上说明当时没有证据。

4 月

9 日 《鲁迅日记》载:"下午寄钦文信。"信佚。

16 日 《鲁迅日记》载:"午后得钦文信。"信佚。

5 月

6 日 刘大小姐刘庆荇带着人说要为其妹刘梦莹放在元庆纪念堂内的棺材油漆。

9 日 刘大小姐要来元庆堂做法事,油漆棺材。前一条法院未同意。直到 7 月 26 日法院同意让刘大小姐把枢运回原籍。

28 日 《鲁迅日记》载:"上午得钦文信。"

6 月

4 日 鲁迅收到许钦文的信和剪报。剪报是从当时报上登载证明许钦文与刘陶命案无关的材料。同日《鲁迅日记》载:"得钦文信并剪报。"

8 日、10 日、11 日 散文《琼崖一瞥》(钦文),连载于《民报》。文章分:一,沿革及位置;二,形势;三,气候与物产;四,(缺);五,劳动概况;六,教育概况;七,黎族志略;八,结论。此文存疑,似非许钦文所作。

11 日至 7 月 6 日 小说《爱的突变》,连载于《时报》。小说以刘梦莹、陶思瑾同性恋为素材,只是换了两人名字,一为石羽,一为方月。

本月 作小说《瓜田梨下》,据《钦文自传》,发表刊物不详。

本月 据《鲁迅书信中的我》回忆:"虽然刘姊不照《刑事诉

讼法》不对'杀人'、'侵占'两案第二次的'声请再议',却向检察官另行控诉我'妨害家庭'罪。刘姐当初，无论对法庭、新闻记者，书面和当众口头发言，都明明白白说我貌既不扬，年事又长，其妹对我，决不会有爱情关系。突然改变说法，一百八十度地转变方向，自相矛盾，据说原因在其'律师'的提意见（教唆），目的要我赔偿数以千计的钱；因为照诉讼法。这样案子，刑事部分不成立，是不能附带民事诉讼的。这时我已从看守所里保释出来，伪浙江省主席是反共头子之一的鲁涤平，是湖南人，据说有五百来个湖南人在杭州'候差'，'人多力量大'，说我'逍遥法外'，以法院偏袒我的名义给刘姊助长声势，叫做'湘人公愤'。而且主席转函，就是通过鲁涤平压制法院，迫使法院严厉对付我……第二次开庭不再预先向外宣布，这才勉强开成。"刘庆荇其中一律师竟然说出令人啼笑皆非的话，作者认为："说刘生寄寓我家，虽然各睡一个房间，但像我的为人，即使是铜墙铁壁，也是要钻过去，钻过去，引起哄堂大笑。从看守所保释，照例是协助法院进行调查为事由的。推事问我可有什么结果，我把一张小报交了上去，那上面刊登着我会钻铜墙铁壁的我那老乡'律师'的一首轻薄得很的歪诗，我说他写这样的诗发表，应该有所依据，可以向他了解一下。这使得他窘极，丑态百出，油汗满脸。他拿出手帕来擦油汗，摘下帽子，头上热气腾腾，宛然是个蒸笼。这又引起哄堂大笑，连推事也不免'莞尔'。仍有记者到场采访新闻，第二天就见报端，说我那老乡的大小姐不让他再出庭……"

7 月

2 日　给陈福熙小说集《怀疑》作序。

本年夏　恢复在杭州高级中学任教。

8 月

28 日　带病离开杭州去四川。据《钦文自传》回忆:"早上,不过七点钟,我带着铺盖提箱等轻便行李,独自离开'愁债室',杭州与苏州同有'天堂'之称,我要远远的离去漂泊,为的是'铁饭碗'已被'无妻之累'打碎,不得不另谋出路。"

途径上海,先后两次去拜访鲁迅。同日《鲁迅日记》载:"钦文将入蜀,来别。"

31 日　去鲁迅处借钱。因病倒,为了尽快地医好病,需要多带些药品,于是向鲁迅借钱。去四川原因,据《钦文自传》说:"我要这样不辞劳苦的赶上有名难行的蜀道,无非为想救济莲花凉亭保存'元庆遗作'的房屋……'无妻之累'一发生,处处要花钱。接着'铁饭碗'敲破,失业了,更得前途茫茫。好心的朋友从成都迭次来电相邀,四妹以为趁她也在那里,借此一游署中风景,机会不敢错过,极力从旁相劝,我以为只要能够继续维持我所建造房屋的希望,总得尽力的做去,再也不顾什么蜀道难不难。"另据《两条裙子》载,上诉期间,杭州的一批小记者,经常来找麻烦,得随时"抵御由长枪保镖的'短笔的袭击'"。

9 月

2 日　病稍好后,趁直航宜昌的轮船去蜀。

11 月

7 日　《鲁迅日记》载:"下午得钦文信。"信佚。

19 日　完成中篇小说《两条裙子》。

30 日　《鲁迅日记》载："见钦文信。"

本月　作《钦文自传》,收入 1932 年光华书局出版的《现代中国作家自传》第一辑。

12 月

本月　大儿子品庚出生。

作《飞虹桥》,发表刊物不详,《钦文自传》所记日期为"末月元午",即 12 月。

1933 年(癸酉,民国二十二年)　36 岁

▲2 月 17 日,英国作家萧伯纳抵达上海,开始访问中国。

▲7 月,《文学》杂志创刊,茅盾、郁达夫、胡愈之、洪深、陈望道、郑振铎、叶绍钧、傅东华、徐调孚等九人为编委。

▲9 月,《大公报·文艺副刊》创刊,沈从文主编。

▲10 月,蒋介石调动百万军队发动第五次反革命军事"围剿"。

1 月

1 日　在《读书中学》第 1 卷第 1 期发表文论《文学细话》。此文实际上类似于名词解释,共四十四条。本期计十五条,即一,文学;二,文学的文学;三,人生的文学;四,革命文学;五,"普罗"文学;六,民族主义文学;七,暴露文学;八,新兴文学;九,革

命和文学;十,青年文学;十一,古典文学;十二,浪漫文学;十三,写实;十四,自然主义的文学;十五,再现和表现。

30日 《鲁迅日记》载:"午复钦文信,"信佚。

2月

1日 在《读书中学》第1卷第2期发表文论《文学细话》。本期十五条:十六,表现的文学;十七,浪漫和新浪漫;十八,新写实;十九,新古典;二〇,象征和文学;二一,暗示和曲达;二二,人格的表现;二三,心的探险;二四,"武器";二五,苦闷的象征;二六,苦闷的反表;二七,下意识的暗示;二八,化装(妆)出现;二九,"宣传";三十,暗示和保守者。

3月

1日 在《读书中学》第1卷第3期发表文论《文学细话》。本期十五条:三一,文学和神经病;三二,暗示和创见欲;三三,人道主义的文学;三四,文学中的地方色彩;三五,时代性;三六,民族性;三七,日本文学的特色;三八,法国文学的特色;三九,德国的文学;四〇,人生的解释;四一,英美的文学;四二,被损害民族的文学;四三,俄罗斯文学的特色;四四,苏联的文学;四五,共鸣和共通性。全文对各条目解释简明,通俗易懂。关于文学是苦闷的象征的相关几条则值得研究、探讨。可参阅《创作三步法》相关部分。

序文《〈怀疑〉序》,在《新时代》第5卷第3期。这是一篇为青年作家陈福熙的小说集《怀疑》所作的序。对其中的一些作品作了简要的点评,最后说他"是使人满意的艺术天才,这《怀疑》

的产生,固然完成了青年艺术者的一种使命,也已证明了关窗闭门政策的无用了"。《怀疑》于1933年出版。

4月

5日 游峨嵋山,后为此写了一篇《万盏明灯朝普贤》的文章。《万盏明灯朝普贤》是研究峨嵋山上夜晚的光,各种说法不一,一谓荧光或磷光,二谓闪光、干涉光,三谓是上坡上种黄莲药夫的灯光,四谓星的反射。而许钦文经实地考察,本是月光反射水田的结果,并不是什么佛光。

本月 作《川南战迹》《从西湖来》。

5月

19日 作《草鞋渡》,发表在1934年《新蜀报》(四川号纪念特刊)。文章叙述张献忠部队准备渡过岷江上流的对岸,底下官员报告河对岸有神仙,在黄葛树枝上挂着神仙穿的大草鞋,长四尺多,阔也有一尺多,他们不敢渡河。张献忠杀意很重,非要渡河,后来他闭上眼睛,见到一个巨人,他感到自己渺小,终于决定把部队调回嘉定。

本月 论著《创作三步法》①由上海开明书店出版。"一 题材的剪取"这一节开宗明义就说题材的重要性:"题材是作品的原料,这对作品有着两种重要的关系:一种关系是决定作品的新

---

① 全书除"引言"外,分"创作第一步":"一 题材的剪取""二 准备""三 写实";"创作第二步":"四 扩大和便化""五 体裁的选""六 方式的活用";"创作第三步":"七 表现""八 幻想和联想""九 气势和声色""余论"。从上面的标题,也可以了解大概,这是一本指导如何创作的书,或者说是许钦文自己创作经验的总结。

旧的;一篇作品是进取的还是保守的,大半要由题材来判断。另一种关系是决定读者的多少的;一篇作品能够得到许多人的欢迎,或者只有几个人要看,也是大半由于题材的关系的……选择题材,要注意大众的趋向,适合世界的潮流,才能够使得许多人都欢迎。""其次是有所得,看了以后发生一种喜欢。"第三,"在注意使得容易发生共鸣作用以外,还得顾到共同性,就是要情形来得很普遍。"所指的共通性为"在同一阶级内……同时注意到共通性。""革命文艺是有阶级性的。"文艺除了阶级性一面以外,许钦文忽略了还有人性的一面。

"二 准备"这一节讲得极为具体,诸如先拟题目,初学者可以先写小品文、小说,为了借鉴,可阅读别人的作品;还可以听音乐,写作宜在夜间,平时注意文艺理论,读读传记,听听批评家意见,但不一定全听;注意观察人和事,特别人的脸部……"三 写实","写实目的在逼真……逼真就是神似。"记叙文,分别用陈述和描写。然后讲如何陈述、如何描写,且都举例说明。还有诸如白描、暗示、方言、取名等等的指导。以上为"创作第一步"。

"创作第二步"分:

"四 扩大和便化",所谓"扩大可比是放大的照相机,并不失去真相,只是扩大了范围。""扩大是把事实的一部分描写得格外详细。"而"便化是把事实的真相改变样的,如果直接对于情调的表现不能够合用,就使得变更一下来应用……便化的结果,仍然要像是实在的情形。""五 体裁的选择",许钦文认为:"初次创作,因为所写的多半原是自己亲身经历的事情,用自传体来得便当。"又谈到书信体、日记体、对话体。"六 方式的活用",谈到历史小说、童话、剧本形式、正传体。

"创作第三步"分：

"七　表现"，许钦文这里说的是"狭义的表现，是同再现相对着的"。"八　幻想和联想"，幻想就是"把抽象的理论多方幻想，使得变为具体的事实；而且要把所有幻想成功的事实，就是幻象"；"能够把抽象的理论幻想成具体的事实，在事实方面是把各种本不相干的事情，搜集拢来，使得连合成为一体的。这便是联想的作用的；如果缺少联想力，就做不得表现的作品了。""九　声势和声色"，要做到气势和声色，需要照顾以下几条：一，要对照强烈；二，要调和；三，要均衡；四，要统一；五，要直率；六，要朴素；七，要单纯化；八，要生动挺秀；九，要庄重有力。

最后是"余论"，谈及什么是革命文艺，文艺与政治关系，文艺中的恋爱问题、浪漫主义、自然主义、新写实主义，等等。

这本书既是许钦文自己创作经验的总结，又对初学者进行具体指导。此书有两点值得注意：第一，关于文学作品的形式和内容关系的论述。作者强调文学作品的内容与形式的统一，在彼此缺一不可的基础上，具体论述革命文学与技巧的关系，并特别强调技巧的作用。他说："革命文艺利用文艺，文艺以技巧为最重要的原素，革命文艺实在只是利用文艺中的技巧。这样说来，革命文艺固然少不了技巧。而且革命文艺要求净化作用以外，还要积极指出革命的方案来；这并非明白直说可以了事，要多方设法暗藏进去，总得也有一种技巧才行。"作者这样强调技巧的重要性，是有感而发的。当时，革命文艺工作者对技巧运用有所忽视，针对这种情况，许钦文认为："革命文艺的目的虽然在革命，但终是文艺的一种；如果没有文艺的最重要的原素的技巧就是有着伟大的主义，正确的思想，也只是关于革命的普通文字，并不是革命文艺。在形成上讲，技巧在革命文艺，虽然算不得最重要原素,却是第一要素。"这样反复强调技巧,是否忽视革命内容的重要性呢? 并非如此。作者说:"不过革命文艺目的终究在革命,对于技巧的手段,也终究只是利用。"这样不仅说清了革命文艺的内容和技巧相互依存的关系,而且也说清了它们之间的主次关系。所以,作者关于文学作品的内容和技巧的论述,大致是正确的。不过,作者虽然指出内容与形式的联系与区别,并说明形成只是一种手段,但关于内容对形式的制约和决定作用,作者是没有说及的。这说明作者在这个问题上的理解还是不够的,但在当时有这样的认识和理解还是相当不错的。第二,作者很强调文学创作中对题材的选择。他认为题材是决定作品的新旧与读者多少。因此,作者认为选择题材,"要注意大众的趋向,适应世界的潮流"。

不过,此书有两点也是值得探讨的。第一,许钦文提出文艺是苦闷的象征。这是厨川白村的理论;第二,许钦文认为文艺是从理论到具体的事:"表现的作品,先有理论的意见,后有具体的事实。由抽象的理论变具体的事实,这全靠幻想的作用。"这种先有观念,后又创作,即通过幻想来表现作品的方式完全颠倒了创作的关系。事实上是先有题材,才提炼出主题,而不是先有观念去幻想事实。这样的创作必然导致观念化。

6 月

10 日 《鲁迅日记》载:"得钦文信,五月廿七日成都发。"信佚。

13 日 《鲁迅日记》载:"上午寄母亲信,附钦文笺。"

27 日 从成都出发回杭,临行前在华西协合大学讲《新文学创造》(可参见拙作《许钦文评传》,第 139 页)。有日记发表(钦文),见于《十日谈》第 2(8 月 20 日)、3(8 月 30 日)、4(9 月 10 日)、5(9 月 20 日)、6(9 月 30 日)期。

28 日　两腿酸痛,四五小时内连走六十里。

29 日　乘船,遇兵来攀住车篷,被瞪眼注视后才退走。日记载:"我的样子有点像军官;常常于无意中占到便宜。这次 Y 夫人却因此替我担心,说我由成都过去,怕被误作二十四军的军官。但我仍然占了不少便宜,可见兵怕军官,一见就慌,无暇再问是哪方面的军官了。"

7 月

1 日　轮船抛锚以后,觉得气闷。

2 日　乘船被检查五回。

3 日　轮船到半夜才开行。白天到宜昌公园乘凉喝茶。

4 日　早晨八点多钟,轮船已到沙市。兑换上海钞票。

5 日　下午四点到汉口。

6 日　晨九时到九江。

7 日　船到浦口码头。

在四川期间,社会上有两则谣传:一则说他和两女学生谈恋爱,"最近,在上海有人传说许钦文在四川又闹恋爱了,又有两个女学生为他颠倒,他没有法子,便独个儿上峨嵋山上剃度出家了"。又一则说他任四川二十四军互助社总编,"刘陶情杀中男角许钦文,因在杭颇遭社会攻击,乃赴川任二十四年互助社总编辑之职,互助社,为二十四军宣传总机关,以宣传军长刘文辉之威德为唯一职责,自许钦文接任后,乃极力注重文艺方面,发刊文艺丛书甚多,社务也因以发达,刘文辉对许大加信任。"①

8日 探望鲁迅。准备写一篇文章,得到鲁迅的同意,彼此就讨论,即后来在狱中写成的小说《神经病》。

13日 《鲁迅日记》载:"得钦文信。"

19日 去老家绍兴东浦看望双亲。据《无妻之累》回忆,父亲问及案情:"'弄得怎么了呢,你的案子?''是没有什么的了'。我回答:'一到庭完成手续就是了;虽然发回更审,可是没有罪证,最高法院的判决书上已经说的明明白白。'"

26日 在《申报·自由谈》发表散文《张献忠在四川》。此文说张献忠杀人与别人不同,别人杀人是为了排除异己,而张献忠杀人是游戏。他把女人的小脚剁下来堆成火堆,但他觉得少了一双出色的小脚做顶尖,就把他的爱妻的小脚剁下来放上去。他遇见一位多才多艺的状元,就剖开他的肚子看个究竟。

28日 在《申报·自由谈》发表散文《答友问鬼》。许多人写信问许钦文四川有没有鬼。传说成都"一到下午,每个店铺里都得备一个盛水的铜盆,如果顾客所付的钱丢在那铜盆里是浮在水面上的,那是纸灰,就是见鬼的标记了"。许钦文并未见到过,只听到四川人骂"鬼儿子",这并不是四川特有的。

8 月

5日 在《申报·自由谈》发表散文《人怕出名猪怕胖》。此文分析猪胖和人出名为什么可怕。猪胖就会被人所杀、所吃,而人出名,毁誉随之,新闻不断……不过人出名也不可怕。

---

① 见《新垒月刊》,1933 年第 1 期。

10 日　在《申报·自由谈》发表散文《文科和法科的停止招生》。此文认为"目前文学和法律的人材,委实只感到缺乏。不过,人材的有无是一件事,用不用人材又是一件事。如果不用,则有若无。如果不打算用,何必费力去培养出来? 要是认为反而有碍,那么,不更是杀之坑之惟恐不及了吗?"又说:"如果司法真正完全独立,实行法治精神,那自然,法律人材是多多益善的。但如法官、有时当作军官做,就是惟上司的命令是从,而亦把军政当局奉作上司;那么,即使特别多招法科学生,又有什么用处呢?"而文科停止招生,则是因为一般人认为文人多事,又阅读新文学的人,多半理科生,这大约影响了文科停止招生。

作小说《巷战中》,发表在 10 月《现代》第 3 卷第 6 期。这是一篇实录,记载四川军阀二十九军和二十四军巷战,此可以当作散文看,因为都是实事。四妹一家和许钦文在成都躲避战争,全家人睡地板,后来小菜都没有,就从石板缝里挖野草。这样过了七八天,紧张慌乱的生活才停下来了。

16 日　《鲁迅日记》载:"上午得钦文信。"同日,被关进浙江杭州军人监狱,开始记《不浪舟日记》,发表在 1934 年 11 月《人言周刊》第 1 卷第 38 期。九时开庭,宣判:"本案侦查已经完毕,未有逃亡,及勾串共犯或证人之虞,把你羁押起来。"

17 日　两餐黄饭。

18 日　夜间睡觉挤轧。

19 日　被停止探视,因为还算在侦查中。收到两罐牛肉和三个奶油面包。

20 日　从 A、B、C 开始读起世界语,书本从难友处借得。据《钦文自传》,此时开始学习世界语,后学日语:"于是我另行开始,从ヌイニオ起头学日文……日本的文字,学完了文字还有更繁杂的口语,比世界语要费时多。过了大半年,我还是在读什么寻常的小学课本《美的故事》一类的书籍。"

26日　被剃光头。

28日　得狱中编号三九四号。

30日　收到起诉书,罪行是"窝藏共党""组织共党",犯了危害民国紧急治罪法第四条和第六条的罪行。开始研究刑事法、诉讼法,在狱中作辩诉状;监外请辩护律师。两个义务辩护律师都是富阳人,和郁达夫做律师的哥哥郁曼陀相识。据日记载,律师认为"组织共党"毫无根据,"窝藏共党"也与事实不符。所谓窝藏者是CY,并非CP,是不能成案的。

从发表《一坛酒》至此,作如下文章:《鸡坟》《美人蕉》《碰钉子》《惟一的所有》《好记者》《新都故月》《一笑》《春夜短梦》《挽着妹子的臂膀》《嘉定》《双连人》《过了河的象》《妥当办法》《一片肉》《十论面子》《元庆和大白鲞》《缓冲地》《寸裙丈袜的女郎》《悦妻花》《小丙小珍》《缸中钓鱼》《独只鼠》《死灰色的西湖》《狗刑场旁》《好大的鱼》《严母严父的良妻障碍》《两子的复活》《地瓜子孩》《女性的佛号》《阿弥陀佛的井水》《西湖的柳》《谅解和东湖之月》(出处不详)。

9月

1日　到监视厅里续草辩诉状。

2日　与钱西樵律师的代表会面。钱西樵曾经做过特别刑庭的庭长,也做过特别反省院的院长。

3日　草就辩诉状,收到一包金橘脯,一包蛋糕,还有熏鱼和面包。收到妨害家庭案被浙江高等法院检察官上诉的理由书。

6日 给三弟、四弟各写一张明信片。

9日 收到牛肉和油焖笋等罐头,还有中山饼和杏仁酥。

11日 父亲病故。

14日 午后转到东五椈。

16日 午后四时许,两位律师来探视,律师说:"照我看来,你有九成是冤枉的。"

17日 补草辩诉状,约定由律师差人来取,赶紧写,到晚已很疲倦。

18日 开庭,审判时禁止旁听。

19日 因昨日开庭,未能值日,提议补值日。

21日 身体愈加觉得不适,到医务所去诊治。

22日 由医生的准许,得以开始吃稀饭。收到妨害家庭案检察官上诉的谕片,收到钱西樵律师的辩诉状和辩护意旨书的底稿。

25日 收到奶油面包、牛肉和广东月饼等食物。法院宣判第六条组织团体宣告无罪,第四条的窝藏部分被判五年。

26日 在《申报·自由谈》发表小品文《论〈女学生〉》,此文又发表在 1934 年 9 月 30 日《福建民间日报》。文中说,一般认为在校的女同胞被称作女学生,而现在的记者把不识字的老太太也称作女学生,这大约是为了迎合一般读者的心理。

10 月

27日 重新开始读世界语。

在《人言周刊》第 1 卷第 37 期发表《不浪舟日记·前附》(钦文)。内云:"在椈子里,很像是四等统舱的轮船中;但静而不移,可谓不浪之舟……在浙江的军人监狱中,东监和南监的两部分,都关政治犯,笔墨不公开,我被关在南监,当然也难公开写日记。可是铅条,就是铅笔的心子,每个桄子里总都有一点;把用旧了的筷子折断,在头上劈开一点,插上铅笔条,用线缚住,勉强也可以写字。在进监狱一星期以后,我就收到妨害家庭宣告无罪的判决书,利用这个上面的空白,我得开始记载在牢监里经过的事情。"

据《鲁迅书信中的我》所述:"我的'妨害家庭'案由最高法院宣告无罪是在北京决定的,但这决定的执行,照诉讼法要在浙江宣告,其时鲁涤平还在浙江,我在法院听了无罪的宣告以后,并不是自由回家,而是当庭扣留——被捕,戴上'红帽子',两手上拷,送进军人监狱,罪名两个:'窝藏共党'和'组织共党'。"

关于许钦文此案的新闻报道多,据《十日谈》发表《许钦文日记》的文后报道称:

钦文日记,于此暂结束。此次许君由川还浙,为赴出席陶思瑾杀刘梦莹案受讯,此即为其出川至沪之日记。该案已判决陶处无期徒刑,许无罪。同时检察官又提起陶许危害民国之诉,于本月十八日审讯,二十五日判决,兹略记其情况於此。

……辩论毕,法官复讯许钦文、陶思瑾一过,许一再供称其无窝藏共党之事实,陶则称我实不是共产党,入八一艺术,连文字也没有发表过。旋由吴书记宣读供词,(法)官谕辩证终结,定二十五日宣判,陶还押看守所,许加铐解军人监狱。

据汪律师语记者,自许钦文入狱后,其父在绍兴原籍闻讯,忧虑万分,因年逾六十,愁思成疾,遂于日前一病长逝。其弟拜言,已将丧事理毕,爰于日昨来杭,但深恐其兄也闻讯益加哀愁秘而不宣,故许迄今尚未知之。至廿五(日)上午十时,由刑二庭推事傅观华,饬法警将许陶分别由军人监狱及看守所内提出,许双手铐镣,着丈青嗶吱西装衣裤,黑皮鞋,陶白短衫黑裙,态度均颇自然,当由法官讯问年龄籍贯一过,即宣判曰许钦文危害民国组织团体无罪,惟明知刘梦莹等为共产党,仍连续容留藏匿不报,处有期徒刑五年,陶思瑾以文字为叛国宣传部分无罪,而危害民国组织团体一罪,处有期徒刑五年,裁判未确定前羁押日数,以二日抵徒刑一日,如不服可于十日内上诉,乃谕将许钦文陶思瑾还押。

28日 接到拜言四弟于 21 日和 24 日寄出的两封信,知父亲病故,即开始绝食,以资悲悼。

29日 绝食的时间原定三天,因准备上诉状的草稿,合计有四餐未吃。

30日 消化不良,《不浪舟日记》结束。

关于绝食,据《钦文自传》回忆:"我自己虽然这样决意着,可是并不明白向着狱中的人表示过。对于同柙子的难友,只说因为心境不好,怕得不消化,所以暂不吃。对于此举,我在悼文以外,还想带便尝一尝绝食的滋味,究竟是怎么样的。可是终于不曾达到目的,不过一天半的时间,我又进食了,因为出于意料的快,判决书已经送来了。我得准备上诉,愈快愈好。这不是好玩的,我须尽心绝力的应付。我固然不愿意做个像'割股疗亲'一般的孝子,以为父亲'九泉'有灵,如果我在固执意气而疏忽了实际的事务,是要大大的发怒的……而且,绝食为监狱当局所不允许,同柙子的人,负有报告的责任。要是我固执已见,也是使得别人为难的了……绝食三天的目的不曾实行达到,可是消息已经传开去,于是监视厅里的,和走得到我的柙门口别个柙子里的难友,就前前后后的来劝解,连几个要好的办事人……我就一缕缕的描写出我的情意来。这结果，就是《菊花》《考登》《软石桥》和以成都巷战时的情形的《神经病》等。""我眼球上的疔疮渐渐的缩小低下了，红丝也已一点点的淡去。我继续顺着摇纱机的转动，绵绵的吐露我的宿感，就又产生了《龟城忆游》《草鞋渡》和《P师母》等短篇。"

作《考登》《软石桥》《龟城忆游》《P师母》，出处不详。关于这几篇文章，《钦文自传》说："原来我的父亲，不但是父亲，同时也是我所非常敬仰的人，因为他的艺术天才使得我佩服。关于他的艺术，虽然我已有了《菊花》（刊《现代》第 5 卷第 3 期）和《我的父亲和兰花》等篇的描写，还是挂一漏万。他是这样的爱我，有如《考登》所写。他又能够这样的于困难之中扶助我，如《软石桥》中的情形。"

本月 作小说《神经病》（署名蜀宾），发表在 1934 年 1 月 1 日《文学》第 2 卷第 1 号，收入上海文艺出版社《中国现代短篇小说》上册、《许钦文小说集》。据《〈鲁迅书信中的我〉》回忆："鲁迅问我写了反映内战的作品没有，我说材料已经有了，一个中学教师，因受战争的恐怖，精神上过分紧张，神经过敏而错乱，硬说其妻患了神经病，其实是他自己患了神经病，借以反映四川内战的激烈，打算标题《神经病》。'好的！'鲁迅先生想了一下向我点头说：'你去写罢！'"而笔名蜀宾"是鲁迅代起的新笔名"。1979 年 4 月致张炳隅的信中也有类似回忆。

关于此次狱中生活，《钦文自传》回忆说："浙江的军人监狱，大的为大监、东监和南监的三部分，大监又分作智、仁、勇三监和新监。刚到时我被关在大监的勇监……牢笼小囚徒众，桄之门，虽没有常关，凉风吹不进，犹如盛夏，强忍勉耐，才能'心静自凉'……狱中一日两餐，上午八时半许，下午两时半许……一天两餐的黄饭,十五六人共喝两次两水盆的开水,和冬瓜、茄子的公家菜。"《无妻之累》中则称:"囚徒生活,百无聊赖,常以此为消遣之处'一拉一踢',撒尿洒洒洒,出恭恩恩恩,还可'做机关','打气';'如入鲍鱼之肆,久而不闻其臭'。"

由于悲伤过度,眼球上生疔疮。《钦文自传》回忆说:"疔疮越长愈高,也显得愈红。照医官说,恐怕还要高大起来,将来只好割,而且要到上海去才能够好好的割治。又说吃药无用,也没有普通的手术可使。只好静静的调养精神,才有好的希望。"由于狱医的建议,"这使得监狱当局注意,因此我得到了工场里"①。以此为题材的小说《第三种政治犯》中写道:"普通一般的犯人,总是相机行事,随随便便的;他可固执得很,不肯模糊,于急急忙忙中,仍呆呆板板,书册是天天要捧的。无论在监房或者职工场里,他都是书呆子的绰号。"

11 月

23 日　《鲁迅日记》载:"得钦文信。"

24 日　作小说《假囚徒》,收入小说集《风筝》《许钦文小说集》。这一篇是写国民党当局派探子到狱中充当囚徒,向所谓"要犯"刺探消息的故事。作家笔下农民模样的"要犯",实际上是到过莫斯科,也到过欧美各国的红军师长,不过敌人并没有从他身上得到什么,最后他还是被当局"就地正法"了。

本月　在《中华教育界》第 21 卷第 8 期发表散文《成都教育的印象》。此文记录了在四川成都时教育界的情况,谈及欠薪、管理混乱,学校经费不足,等等。提及"我也任过课的一个私立

---

①　另拙作《许钦文评传》中对此也有分析。

中学,算是不错的,三餐吃饭……我到成都以后还是第三天的早上,素昧平生的艺专校长就来要我担任功课,强迫答应,马上送来聘书"。此外,许钦文还曾任教于川大和华西协合大学,教文学概论。

散文《狱中记》,在《十日谈》第 8 期、第 10 期、第 12 期、第 14 期、第 16 期、第 18 期、第 19 期连载。该文记载受刘陶惨案牵累而被羁押的经过。文中写到:"开了第三次的侦查庭以来,知道我于朱金惨案的嫌疑并不重大,就把我更换到二十一号的桄子。第二十一号的拢子,固然宽大得多,床可以直铺,剩余的空地,有五步半可以跨蹑;而且窗开在朝南的一方,有太阳光射进来。"

1934 年(甲戌,民国二十三年)　37 岁

▲1 月,《文学季刊》在北平创刊,由郑振铎、章靳以编辑。

▲4 月,林语堂主编的《人间世》半月刊创刊。

▲5 月,国民政府在上海成立"图书杂志审查委员会",并于 6 月颁布《图书杂志审查办法》。

▲9 月,鲁迅编辑的《译文》创刊;陈望道主编的《太白》半月刊创刊。

1 月

1 日　继续坐牢,开始记《小桃源日记》^①。狱中过年,分发公家肉,得大半两的肥猪肉一片。

2 日　得一片公家肉。狱中一名姓俞的共产党员投敌。

4 日　两位难友吐血而死,其中龙姓难友是剧作者,作戏剧《五月花》而被捕。

8 日　把一册关于东北事件的世界语抄完,同时读些日本口语书。

15 日　天气寒冷,许多人要求"打递解",即解到本县去,狱中人数少了。

18 日　《鲁迅日记》载:"为钦文寄稿于文学社,得稿费卅六元,托三弟寄其弟拜言。"

20 日　狱中探视,收到食物,买到鞋子。

27 日　四弟送东西,感到精神营养缺乏。

29 日　想到陶元庆和元庆纪念室,想写一篇小说以抒悲感,题为《钥匙》。因勤务兵质问而被打断思路。

---

①　《小桃源日记》(钦文),发表在 1936 年 1 月《天地人》创刊号,2 月《天地人》第 2 期,收 1934 年 1 月 27 日至 2 月 5 日日记。按《小桃源日记》,发表在 1936 年 3 月《天地人》第 3 期,收 2 月 7 日、8 日、9 日、12 日、13 日、15 日、17 日、19 日日记。发表在 1936 年《天地人》第 4 期,收 2 月 22 日、23 日、24 日、26 日、27 日日记,署名钦文。《小桃源日记》,发表在 1936 年《天地人》第五期,收 2 月 28 日、3 月 2 日、3 日、5 日、8 日、13 日日记,署名钦文。按《小桃源日记》发表在 1936 年《天地人》第 6 期,收 3 月 16 日、20 日、21 日、23 日、24 日、26 日、27 日日记。按《小桃源日记》发表在 1936 年《天地人》第 7 期,收 4 月 2 日、3 日、7 日、9 日、13 日日记,署名钦文。《小桃源日记》发表在 1936 年《天地人》第 8 期,收 4 月 15 日、16 日、17 日、19 日、21 日、23 日日记,署名钦文。《小桃源日记》发表在 1936 年《天地人》第 9 期,收 4 月 25 日、26 日、27 日、30 日日记,署名钦文。

30日 轮到值日。日记中记他人无辜被捕。

2 月

1日 四弟媳妇来探视,带四尾煎鲫鱼,获知三弟媳妇将要生产,将寄钱来。嘱咐四弟媳妇代写信去,把钱移作母亲另用。

2日 有公家肉吃。在分肉片的时候,几个看守在一边闲谈,其中一个说:"昨天下午进来的十八个'朋友',看来都是苦脑子的,现在就有肉吃,以为在牢监这样好,也会不肯出去的罢!"

3日 从难友处得到约寸半长的钉子头。

5日 傍晚因病去医务所诊治。

7日 四弟已有三本日文书送来;得方姓难友两个小小的红萝卜。

8日 四弟媳妇来探视,带来饼干、麻酥糖、蛋、炖猪肉、生白鲞。依然接连写作聊以自慰。嘱咐四弟媳妇转告四弟三件事:第一,不要常常写信,因为信要检查,不但狱内检查,还要送到法院里去。检查的人往往带着颜色眼镜,容易发生误会;第二,两星期内不要再送食物来,也不要来探视;第三,要一册言海(书),可到家里去寻。

接到四弟的信,称元庆园的锁又被偷去,并获知杏襦交一个熟人,买点牛肉、面包送来。

9日 因为感冒,身子发烧。

12日 大姐来探视未成。收到母亲托人带的食物:一小钵鲞头冻肉和一碗酒浸鸡肉。

13日 朱老头送来一大碗三鲜和一个蹄髈。

15日 病已好了点,开始吃鲞冻肉。从绰号麻子的难友处借得日文书,当即开始阅读。给吴秋山的《秋山草》①作序,题为"许序"。

17 日 看守准备回故乡做客,来借土耳其式的黑子羔帽。

22 日 开始编《汉世字典》,打算写世界语时作参考用。从《汉语字典》一个个摘出通常应用的字来,分门别类地录在练习簿上。该书因自用,已经熟悉的字不再收入。

23 日 上午九点收到最高法院的判决书,关于"妨害家庭"已经"判决确定"无罪。据本日日记载:"这个案子,检察官曾三次上诉;去年由最高法院发回更审,宣告无罪,本来已可了结,浙江高等法院的检察官还是上诉……现在最高法院又把这检察官的上诉驳回了,照法已无再来多事的余地,总算了结了。但从这第三个罪名,已经产生了'危害民国',如今我身入囹圄,真是一案未了,一案又起;那末'妨害家庭',何尝真的了结! ……当初……因刘大小姐及其拥护者的活动,虽然杭县地方法院的检查官曾经向我表示过歉意,为着票传我,所问的话,都被我用明白的事实和强有力的理论辩驳掉,他也只好承认是多事,但终于像煞有介事做起起诉书来,于是开庭询问、判罪,做判决书,上诉,做答辩书,发回更审,再开庭询问,也再判罪,又做判决书,再上诉……无怪最高法院案积如山,而监狱有人满之患!"

24 日 四弟妇来探视;计划写一篇铁门风味的小说②,专记看守遭遇。

26 日 在狱内,从朝北的东五梱被调到朝南东一梱。

27 日 日记载两场话剧,一场内容是值班看守被打,一场是

---

① 《秋山草》是一本诗集,序中对诗集中的一些诗作了分析。该诗集于1934年2月由生活书店出版。吴秋山后来也是永安师范学校的语文教师,为许钦文的同事。

② 即为小说《铁门风味》,《文学》,1937年第8卷第5号。

小勤务兵因欺诈许钦文被"坐飞机"。

28日 与瞎子难友用世界语交流,据本日日记:

问我近来可有什么新得的书,我回答了"Nenion"。他就说我的发音不对,因为 n 同 i 不曾合读。我的世界语完全由于自修,发音当然不会准确;我这样研究世界语,无非以"读"和"作"为目的;没有口授的人,只好这样。可是他的发音也多错误,如接头语的 mal 和语尾 n,都读得太重。原来教他的人,也多半由于自修的。不过会得这样随时纠正别人的错误,他的世界语主义精神,倒是不错的了。

3月

2日 喝了盐汤,看一本文言对照的日本文法教科书。

3日 据本日日记:"今天有两种难友出牢门去;第一种只有一个,走死路,是到清波门去枪毙的,犯的大概抢劫绑票的案子。第二种解反省院,总算是走活路的。"

5日 据本日日记:"一位要好的看守给我四个番薯干……麻子难友今天有他家里的人来探视,也给我吃麦芽糖和红糖。"

7日 油漆工难友来问世界语,该人学世界语已在两年以上。

13日 据本日日记:"我的祖父去世的时候我还小,懂不得事。我的父亲年老以后,我得奔走于衣食,很少时在家里,在外面也没有什么年老的亲友接近;如今同老老(引按:狱友)朝朝相处,为着在现在社会中做人,觉得像他这样的情形,很有值得注意的地方。"

16日 据本日日记:"他(引按:狱友外号'铜鼓')字写得很快,一写可了。可是写就以后,总要这样那样的来同我攀谈。虽然因此减少我的作品,但我也有点喜欢他;这有着两种关系:第一因为他是做过小学教师的,人情世故识得多,书也看得不少,对于政治和各种社会问题都有相当的见解,谈论起来方面可以拉得多;第二,他也已经 30 多岁,虽然喜欢研究点新学识,却是从旧书堆里钻出来的。有一回,我作为一个办事人的母亲的肖像题了些句子,自然因为屡次的说,原是不得已的应付,用着好些古老的典子……虽然早就知道他是个有着相当资格的政治犯,但他究竟做过些什么工作,是怎样被捕的,我都不曾明白。"

20 日 据本日日记:"我因为多费心力而胃弱,吃过中餐,照例要睡一会儿,只须三五分就行。但在工场里,哪里有可能让我躺倒的地方。本来我在靠背椅上也会得瞌睡,可是工场里也没有相当的椅子。有时瞌睡,实在坐不住,于无可奈何之中,我时常到织马带的一边去,把一条长板凳搁起在墙脚上,勉强歪斜的靠几分钟……"

21 日 据本日日记:"天气渐渐第暖和起来了,看来冬衣上半年已用不着。趁太阳好,我把棉袍晒了一下,打算趁便带出去;恰巧傍晚四弟妇来探视,我就交给了她。"

22 日 梦到故乡,有青的山、绿的水,觉得很可观。

23 日 据本日日记:"'稽山鉴水'的故乡的风景,委实是有名的秀丽的。不过我,幼时固然莫名其妙,视若当然。少年时代忙于读书,也不会好好的领略;后来是弃之唯恐不及,为着急于往外谋生;又后来且生了反感;因为屡次所受强大的刺激,都是故乡给我的。可是入狱以来,心弦总是紧张着,零碎的往事,再也感觉不到;回想起来,过去的生活,只有简单的几点,关于地方的,好像无非北京、南京、杭州、四川和故乡罢了,而且总(有)着好的方面,不再常以坏的一面看,所以梦到故乡的景物。"

24日　据本日日记："昨夜连做三个梦:第一个梦情(境)我已出狱,回到家乡,先看见母亲,不久父亲也就摆着个双叉钥匙回来,知道他刚到花园里去看了花。我们一道谈天,不曾想到父亲已经死了的事情;总算重演了回我还在少年时代的一幕。第二个梦,我坐在写字台旁,是'愁债室'内的情形,孤零零的独自一个,好像已经捉住一种意境,还没有布置好局,正在用心思索……第三个梦是表现的,坐在AK的身边,肩并着肩,头碰着头,而且手握着手,事实上从未有过这种情形。"

25日　在监狱用煎黄鱼请客,是前天四弟媳妇来探视时所带。

27日　据本日日记："昨天晚上风雨大作,雷声响得很久。躺在被窝头里听雷声,这在幼年是一种乐处。现在再也不能以此为乐,不过藉以回忆儿童时代的生活,这是有着意义的。"

30日　据本日日记记载,狱友问:"我倒要问你个明白,你同陶思瑾,究竟有过事情没有?""关于这一点,我觉得他正代表着一般无聊汉见解;克服一下,倒是痛苦的!"

4 月

2日　据本日日记："政治犯多半强壮的青年,知识分子,也大概在学校里研究过点植物学,有关土壤施肥等常识。况且有的是空闲,无须像花匠的赶办,也不像一般书生的是消遣……这些政治犯差不多都算是'危害民国'的,于无意中的表露,他们在牢监里这样爱护团体,以前在社会上,怎么要'危害民国'呢?"

3日　据本日日记："昨夜又做梦;春夜多乱梦,本不足道;但我近来所梦到的,并不乱,原是时刻想着的事情。欲望总是要求满足,在牢监里,实际办不到,只好在梦里做一下,虽然出于不得已,在心理上是常有的现象,也不足怪。可是我,达不到目的的事情一向很多,往常总是在小说中有意无意的表现。"

7 日 据本日日记:"四弟又来看我,并带来一打美国桔子,一盒饼干和一包糖果,都妆饰得很好看,亮晶晶的玻璃纸里,映现着红红绿绿的花纹。这是一位青年送给我的;他本是老陶的朋友,为着老陶的后事,才也同我托熟起来。据说他本来打算来看我,可是照例非家属不能探视。远远的赶了来,他只在元庆园里的徘徊了一下而去……我固然感激这位青年,但究竟用不着这种东西,至少可以说是非必要。我把糖果退还四弟,叫他分给侄子侄女们。"

9 日 开始写作小说之法。据本日日记:"除掉初次练习写稿时所作的几篇杂说,从《故乡》到《一坛酒》,其间我连杂感都不写,只是把所闻见的描写起来,有了意见,总是借口发言,无非是暗示的。在四川写了《文学细话》和《创作三步法》,为的是困在成都的火线中,紧张得很,怕得抑制不住,不便在情感上面多想,也不能静坐呆守,姑且消磨光阴,同时打算卖几个钱,藉以补偿损失……我不是古典主义者,而且很不赞成像古典派的固执于几种方式。做小说要创造,方法根本在于活动中,在这小说作法里面,自然侧重说明,所谓作法,究竟是怎么一回事。不过关于创作,虽然不能够呆板的定出几个方式来,总也有总基本的原则可以说。"

14 日 据本日日记:"'寻开心'本是囚徒最要紧的事情,当我进牢监的第一天,就有个要好的难友,是早在外面知道我而未曾见面的,暗暗地告诉我:'不要紧,尽量寻开心好了!'"

15 日 据本日日记:"我这第五罪名,去年九月二十五日宣告后,于十月四日收到二十二年特字第六号的判决书,于十一月十三日提起上诉理由状以来,已经五个月多。最高法院的谕片,也早就于十二月十四日收到,说已编入二十二年度上字五十三号卷宗,应该就可以解决。但如石沉大海,还是毫无消息……据说大监里还关着个这样的人,为着上诉,已遭坐了十多年,还是毫无消息,真如石沉大海。"

16 日 据本日日记:"关于上诉的事情,既然无从探听消息,想来想去,总是没有办法,以为只好听其自然,如今最要紧的是镇定,免得颓伤。因此,我一等看守们吃了早餐,就在那一经碰着就会得摇摆的颇板桌上摊开我的笔墨,写起我小说作法的稿子来;打算在这两三个月内,只是写(一)天小说作法做,(一)天囚徒,晚上躺在枤板上,也只是思索关于这稿子的题材,不想到上诉的事情上面去,免得难过……我的上诉,已经发回来,照例先在收条上面签字。连忙展开判决书来看,载在'呈文'项下面的原判决撤销,发回浙江高等法院更为审判……我当即写信报告三弟四弟,汪绍功律师和钱西樵律师。可是信还没有寄出,钱律师的书记已经来拿判决书。"

17 日 汪绍功律师来探视,判决文抄一份后,仍由他拿走。下午写作小说之法。

19 日 据本日日记:"翻阅以前的日记,许多都是说梦的;今天不知不觉又这样写了一大堆……今天三弟来看我,临走我用英语同他谈话,为的是所说原是关于正在监视我的看守,不好意思给他听明白。狱中规则,在探视的时候不许说外国语,不便检查。"

21 日 据本日日记:"三弟又来探视。三天两头来,并非因为有了什么紧要的事情。因为知道我的案子已从最高法院发还更审,他特地从绍兴赶出来……最要紧的是安慰母亲,所以赞成他早日回去……因为有点头疼身热,又是消化不良,傍晚我到医务所里去诊治。"

23 日 据本日日记:"医务所里有着女职员,有些难友故意要去多走几趟,我本在避忌,非不得已不过去。可是天气依然潮湿,我的药已经吃完,病还是不见好,只好勉强再去诊治。"

25 日 据本日日记:"在工场中,可以靠着会得摇摆的破板桌写作的时候很少,无非午前午后的几点钟。更甚是在和暖以后,在这种几小时内,我总是昏昏欲睡;因为早上,黎明即起;到了这时,已经疲倦了。为着续写小说作法,只好藉咖啡的刺激来提神……以前写稿子,我也常常用咖啡来提神,那时因为要赶时间,记得为着《若有其事》,咖啡吃过了度,弄得脸肿牙痛。"

26 日 据本日日记:"三弟又来看我,他以为案卷发回许多日子,就可以开庭判决,所以重新从绍兴出来。可是毫无消息……"

27 日 病未痊愈,于狱中医务所诊治。

30 日 据本日日记:"接连的吃药,仍然没有好,好像是病重药轻的缘故。早就有人传说,因为经济困难,医务所里已经没有贵重的药品。但我知道,药品的功效,在于对症与否,并不同价格的高低成正比例……这里的医生想来不至于弄错,药也不至于配错,老是好不起来,原因原在患病的原因继续发生。身体不自由,心里不畅快,真所谓身心俱疲。因为精神上不快,影响到身体的软弱;也因为身体的不好,增加了精神上的郁闷;互相关联,愈弄愈坏……仍然想藉小说作法以镇定,为着思索题材,一想两想,昨天晚上老是睡不着,闭着眼睛做起释放以后的梦来了。"

5 月

1 日　开始记《工犯日记》①。

3 日　失眠。据本日日记："最高法院发回更审的判决书,我也已经接到了十七天……开庭还是毫无消息……要是从速办理早就可以结束。"听到"狂吼怒号的风雨声",许钦文"又挂念到母亲。记得幼年在家,每当风狂雨天的时候,因为房屋已旧,不坚固了,父亲总是叫全家的人都躲到书房里去,那一间刚修过,比较安全些……现在父亲,虽然连棺材也已不在家中;可是母亲,仍然住在这样的老屋里……她是'夫死子囚',碰到这样的大风雨,不知道怎样惊慌而慨叹。"

4 日　到医务所配药。

7 日　病情加重。日记提及牢里蚊子极多,而有两个青年,一个读日语书,一个读中国书。

9 日　律师来探视,得知大后天开庭。

10 日　四弟媳妇来探视,其小女儿死了。四弟的女儿也病了。到医务所配药。

11 日　日记提及"老太婆"(狱友)说他出去一定来看许钦文,并送狗腿。

12 日　开庭预审,禁止旁听。

13 日　预审之后,难友分作三派:一是悲观;二是乐观;三是既"不必悲观,"但也"不能乐观"。据本日日记:"第一项悲观论

---

　　①　此日记发表在 1936 年 10 月至 1937 年 2 月《谈风》杂志,1934 年写于狱中,而"前记"写于 1936 年 9 月 22 日,发表在 1936 年 10 月 25 日《谈风》创刊号,同期还发表 5 月 1 日、3 日日记。此文谈及三册日记因负债出卖给三家杂志,以及三册日记之间的关系。

调是事实……第二项的乐观论调有点靠不住。"

14 日 构思作小说之法。据本日日记："可是一经清静，预备庭上所得推事接连摇（头）摆脑的印象就不期然而然复现了……要是照样的摆摆，或者会得到像刘大小姐的委任代理人，在妨害家庭第一审的时候，说是'像许钦文这种人，就是有着钢墙铁壁，也要钻过去，爬过去的吓！'弄得哄堂大笑。"

16 日 病情好转。据本日日记："心境一宽，我就高兴乐观起来，现在正当这种时候，凡事从好的方面着想，也就善自作乐，故意同人嘻嘻哈哈，因此消化好，饭吃得多，身体也就强壮起来。"

19 日 死了一个难友。

21 日 本日日记介绍了两个剃头的工犯的情况。一个是事务兵，一个是老太婆。

23 日 看守的女儿分杨梅，据本日日记：："从此我多了个美好的印象；关于女性的，已有四幕值得回忆了。"另外三个女性指女药剂师、女管理员和女看护。

25 日 据《钦文自传》回忆在狱中生活，共写了三种日记：《不浪舟日记》《小桃源日记》和《工犯日记》。"调头一排横睏十二个，在一边又直睏三个……觉得这种情形，正如趁三四等统舱烟棚的样子……像在船上了"，因此称《不浪舟日记》。后来从中二椠调到东五椠，为工犯，所以叫《工犯日记》，而《小桃源日记》则在这两者之间。

据《工犯日记·前记》载："前年到厦门去教书，因为没有川资，就出卖《不浪舟日记》给《人言》。春间为着借债还债诸多问题，觉得求人不如求己，同自家商量的结果，又出卖《小桃源日记》给《天地人》。债未还清，现在我已失业，将出卖《工犯日记》

给《谈风》……这一册同《小桃源日记》的关系,比《不浪舟日记》的密切些;原是一贯写下来的,当时并不分出册来,根本不打算出卖,所以许多名称,如'老老'和'老太婆'等等,都是连续袭用的;故意不加修改,以保真实。"

狱中写下《老姑母的言论》《兰花》《勇弟》《模型》和《宣布来客》等小说和散文,据《卖文六十年志感》称:"连用不成熟的世界语写的日记,合计写了二十一万多字。"一部分作品,通过看守秘密地拿到外面发表,但不能用钦文的笔名,就另取一个名字,如鲁迅代为发表的小说《神经病》一文,"蜀宾"的笔名是鲁迅取的。特别要说明的是,现在无法查清此时全部的作品,因其他的作品都未像鲁迅代为发表的作品那样,可以从《鲁迅日记》中找到依据。

7 月

10 日 出狱。

11 日 《鲁迅日记》载:"得钦文信。"

据《〈鲁迅日记〉中的我》回忆,在监狱"过了一年缺十六天,由于鲁迅先生的营救,我得虎口余生了。这使得许多难友都不相信,说是这种案子,即使终于宣告无罪,也难免是白白关个三年的。但我终于背着包裹走到铁门外,不过拖了个尾巴,就是被判处一年的徒刑,是缓刑两年的。"

另据《鲁迅书信中的我》回忆:"我为让刘生从火线逃来避难而吃官司,案由'杀人'、'侵占'而'妨害家庭',而'危害民国'两案,罪名五个,计给私诉六次,又'声请再议'一次,被公诉罪名三个,被上诉四次,被庭讯二十回,被判罪名五回,自己上诉四次,得宣告无罪五回,经过手的检察官有七个,推事三十三个。"在

《无妻之累·序》中也有类似的介绍。《钦文自传》说："出狱时已经只剩得十八个铜元,这还是从朋友送我的钱中省下来的。"因此,鲁迅在 1936 年 9 月 3 日致茅盾信中说："最失败的是许钦文,他募款建陶元庆纪念堂,后来收款寥寥,自己负一批债,而杭州之律师及记者等,以他为富翁,必令涉入命案,几乎寿终牢寝,现在出来了,却专为付利子而工作着。"

关于律师,《鲁迅书信中的我》解释说："在杭州的律师也有多种,给我辩护的两位义务律师,我以前并不认识,由一位第五师范的同学,和元庆要好的,当我还被羁押在看守所,自己不能聘请律师的时候,已经替我联系好这两位义务律师,而且进行辩护工作了。这两位律师,本来在东北做法官,'九一八'的事变发生以后,他们丢了官,这才回省来在杭州挂牌做律师的;初次挂牌,还是少有人知道的,生意清淡。'杀人'、'侵占'、'同性恋爱'、'三角恋中的一角',深感其趣者众,杭州的小记者投其所好,大做其文章,小报的编辑者再投其所好,有闻必录,我这两位义务律师的大名,天天和读者多方见面,无须再花钱在报纸上登广告,生意日益兴隆,收入大超意料。因此有许多生意清淡的律师,都想给我做义务律师了。可是照例,一个请律师有一定名额的限制,另行新聘,就得辞退原有的律师……我家的一个亲戚,也在杭州挂牌做律师的,硬要我请他做我的义务律师。我不听他的话,他就去告诉我的父亲……我的方面也有这样一个'义务'律师,在我被关进军人监狱,算作《危害民国紧急治罪法》的囚徒以后,我原来的义务律师代我请了另一个'义务'律师,说他是办这类案子的老手。我虽初次见面,却早闻其名。我表示感激,而且暗自钦佩,他是生意并不清淡的名律师,也来给我尽'义务'了。"

出狱后,许钦文面临着两大问题。首先是失业,学校不允许他上讲台,因为他被判处一年徒刑,缓刑两年。其次是其面临重债,那是为造元庆纪念室留下的债务以及坐牢时欠下的债务。据《钦文自传》,他并不感到悲观:"债务是为一件事,我依然是'小洋房里的主人'。这次的经过,损失委实不少;但我自信,还有着挽救这种损失的能力。除开损失,我在狱中学会了世界语,又学了好些日文,也写得不少稿子,还形形色色的得到了许许多多的题材,可谓满载而归呢!"具体生活困境可参见《无妻之累》。

本月 在《现代》第 5 卷第 3 期发表散文《菊花》。文章由对西湖秋菊的赏鉴联想到少年时代与父亲一起在花园里品菊的情形。

8 月

6 日 《鲁迅日记》载:"晚钦文来,并赠《蜀龟鉴》一部四本,杭州陆军监狱因所作牛骨耳挖一枚。"

16 日 《鲁迅日记》载:"得钦文信。"

22 日 作小说《风筝》,发表在 1936 年 10 月 12 日《国闻周报》第 13 卷第 40 期,收入小说集《风筝》。小说以风筝为线索,组织故事情节。这篇小说因为编辑认为"刺激性太重,退回来;改作以后另投,又退回来;接连的好几次'抽骨头'的。这才与世见面。记得《风筝》原稿,曾有位太太看得流眼泪,因为她是有孩子的"[①]。即便如此,在点明"囚犯"坐牢的原因上,仍然充满了强烈的控诉性。狱中天空出现了一只风筝,引起"囚犯"们的兴趣和议论,从放风筝是小孩还是女人的猜想,联想到自己的孩子、

---

① 钦文:《风筝·序》,上海:怀正文化社,1948 年。

老婆,进而谈到自己为妻子、儿女的生活,怎么进了监狱。比如王矮子,因为连年荒灾、饥饿,走投无路活不下去,只好铤而走险,给强盗当了下手。

25日 在《中华》第2卷第16期发表散文《峨眉山上的景物》。此文写峨眉山上的"佛灯""佛光"、有趣的猴子、寺院以及其他的景点。文后提及金顶上所看到的景物:"在金顶,固然可以直望峨眉县城和青龙场一带的地方,还可以隐约望见嘉定的大佛。近处的下面,九老洞所在的峰尖,也变得好像原是海底的礁石,正如在九老洞所见的大坪了。他一向后望过去,虽然很远,也可以见得更大更高。雪山就是昆仑山,真是所谓'峨眉万丈高,昆仑一条腰'的了。"

26日 作小说《枞啸》,发表在1937年10月5日《逸经》第23期,收入小说集《风筝》。这篇小说是写囚犯在狱中因紧张的心理导致夜间做恶梦,因此发出呵呵的叫声而受到当局迫害的故事。描写了此时看守的惊恐万状、如临大敌和丑态百出。

本月底 经人介绍,拟去福建至由陈嘉庚创办的私立集美学校教书,决定写自传。据《钦文自传》:"厦门集美再三的打电报来邀我:'士为知己者用',况且我正苦于困守,应该马上去就职。但我有着许多债,只本月前,也非一千三百元不能够脱身。几个好朋友代为设法,主张暂集千元的会,以救'眉急'……又有好友(引按:即章克标)来劝我写自传,并且预先替我说好,订约后即支点现钱……有时写得疲倦已极,暂且搁笔,合拢两眼来休息。一经静下来,慌怅(张)的念头马上起来,以为到了厦门去,又得轮船火车的奔波,到海洋上面,难免遇到飓风,或者触着暗礁,不如且在愁债室中苟安一时再作计较。可是飞机嗡嗡的响来,盘旋在愁债室上的空中;这使得我从慌怅(张)中惊觉过来,镇定起来,我就这样想:'要是祸从天降,我在愁债室内,原也有着忽然飞机掉下一只,或者来滑下一颗炸弹,屋顶坍下,我被压死的危险!'我这样想了,我就心平气和起来,睁开两眼,捏起笔杆,重新写我的自传。"

集美中学学校是陈嘉庚所创办的,但陈当时在南洋破产了,靠募捐得来的钱维持局面。许钦文到这所学校算是得到优待,每月薪水八十元,比该校的校长还多,但与杭州拿的薪水比较起来,已少了一半。不过,这里人情比较温暖,和在杭州比较起来,那里像恶魔缠身,人情冷落。所以,许钦文一面教书,一面拼命写作,实在过度疲劳,身体渐渐垮下去,幸亏心情愉悦,于是写了一篇《第二天春天》。据《水仙花》自述:"不料来了叫做黄什么的同安的伪专员,说我是赤化分子,要学校当即解除聘约。校长、校董都以为校主是在南洋侨胞中的巨子,要守信用,只答应不再续聘就是。我怕被暗害,倒是打算当即离校的,却也要我守信用。假期一到,我连忙带着一妻一子北返,从太古轮船踏上黄浦滩码头,我总算又逃过了一关。杭州仍然不让我教书……我决意重温'旧业',再以卖稿为生。"

据当时一位编辑蒋化鲲回忆:"这个人矮矮胖胖,衣服很朴素,一双黑皮鞋从未见过他加过油,鞋头已有一块褪成苍白色了。瞧岁数,约在中年的边沿上;一脸的表情,冲虚得活像修道士似的。走起路来细细的步子,两手插在衣袋里,眼睛永远盯着地下……有一个下午,集美师范部所组织的文学研究会忽地请个人物来演讲,据说那是一位在中学部坐冷板凳的著名小说家。哈!原来就是那个常常默默地走着自己路的朋友。他笔直地站在讲台上,两手反剪着,人既木然地没有一丝表情,话又讲得枯燥无味……往后,我厦门一些朋友弄了副刊,还办了份薄薄的纯文艺月刊;于是我有两次找上了这位'小说家'的门。他很慷慨，一口答应'帮忙'稿件过两三天就'兑现';所写的大抵是'杭州甚么菜蔬好吃'，'厦门甚么豆儿很香'之类的文章……"①

9 月

15 日　在《黄钟》第 5 卷第 3 期发表小说《旅居首都二日记》。此文记到南京两天的日记。8 月 9 日记载鼓楼一带的情况。8 月 10 日记载 Y 来访，谈及其公使馆某职员失踪而引起两国几乎交战的误会以及访友的情况。

18 日　作散文《成都的塔》(钦文)，发表在 30 日《黄钟》第 5 卷第 4 期。文章谈及成都有三个公园，园内的一座纪念塔，"更有意义而值得注意的东西"。这是"辛亥保路死难纪念塔"，"是标记着辛亥种族革命的光荣历史的"。文章回顾保路历史和四川的内战不断，不禁感慨起来。"假如当初，川汉铁路建设了成功，交通既便，行军固然容易了，政权就可以统一，而且文化就容易普及起来，山间地上的富源，也都可以尽量的开发了。"作者认为："想到这里，我对于这纪念塔的来由的故事，不禁怀疑起来;所谓保路，依然还只有个空名义。"结尾说："如果只知利害，不顾到是非，是决不能够持久的。是非是大利害的所在;我们所争的是是非非，所保全的是路权。无论如何，辛亥革命我们的斗争，总是为我汉族增进光荣的。这个塔，原是民族精神的结晶体呀!"

本月　由北新书局出版中篇小说《两条裤子》。关于创作原因，"后记"解释为："我写这些的动机，无非想说明她俩这种举

---

① 蒋化鲲:《作家剪影——许钦文》，《万象》，1941 年第 6 期。

动,在她俩的境遇中实在并不足怪;她俩这些不平常的言行,原来环境给她俩的境遇为奇特,却来多方论定她俩的结果为奇特,那才真是奇怪的人了罢!"因此,这篇小说在揭示造成主人公悲剧的原因、人物性格与环境的关系以及人物性格的发展描绘上,都达到一定的深度。特别是在典型环境的描绘上,都比已往的中篇小说描写得更深刻些。首先,在艺术手法上,基本采用日记体和书信体,这不仅在表现形式上活泼自如,而且容易表现人物内心的活动,特别是这篇小说是写同性恋,主人公丰富的感情,变态的心理活动,这两种形式应该是最好的。而且日记体也是作者擅长和惯用的。其次,人物(两人)和情节的集中、单纯,是其又一大特色。十多万字的中篇小说,只写了两个人物,实属罕见。此外,小说在揭示人物变态心理上达到淋漓尽致的程度。小说不足之处是,在结构上是头重脚轻,收尾仓促,显得突兀。在内容上有点单薄。

因债台高筑,经济十分困难,许钦文把《不浪舟日记》卖给《人言周刊》杂志社,并在该杂志本年第 1 卷第 37 期开始连载,至 1935 年第 1 卷 50 期;由第 2 卷至第 4 卷,共 17 期,收入《许钦文散文集》。

10 月

1 日 完成《钦文自传》,该书 1936 年 11 月由上海时代图书公司印行,1986 年 5 月由人民文学出版社重印出版。重版时作者对该书有一个小注,专门介绍该书的内容。文云:"本书内容分十章。开头第一章就写《出狱》。第二章《不浪舟中》写牢监里的情形。第三章《蜀道上》写我在四川碰到'二刘大战'、'成都巷战'等内战情况。第四章《无妻之累》,写刘陶惨案,因'无妻'受累。(注文无第四章,特补上——编者)第五章《铁饭碗》写入狱以前我在杭州教书的情形。第六、七两章《从〈故乡〉到〈一坛酒〉》和《酒后文章》写我前期创作的情况。第八章《稽山鉴水间》才补叙我儿童时期和青少年时的生活状况。这和一般的传记在形式上有所不同,好像是用作小说的一种方法,把认为重要的放在前面,以后逐步补充说明,是倒叙的。我的确不惯于写传记,短篇小说是写了好些篇的。也因为时间迫促,只好先想到什么就先写什么,以后检查缺少什么,再补上什么。我只用了十一天的时间就赶写成这一百三十页的书的。"还谈到"出了狱仍然不让我在杭州教书,福建集美学校打电报来邀请我。这是一条生活,可是旅费没有。恰巧图书公司要我写自传,可以预支稿费,我才夜以继日地赶写"。

这部自传写到1934年上半年。关于此书出版,章克标在《陶元庆·许钦文》中说:"最后由鲁迅营救,于1934年7月10日,才得释放出来。此后,他在杭州失去了立足之地,不能再得教书或别的职业,只好远走四川去谋生,可时运不佳,正值二刘大战,只好再逃了回来(按:是二次更审之故)以后也是为衣食而辛苦奔忙,不久就发生了八年抗战及人民共和国的诞生。在1934年当时,我在上海时代书店及第一出版社,计划出一套'自传丛书',请他写了《钦文自传》,他正好有时间而且很迅速地把文稿写来了。"

10 日　在《东南日报·沙发》发表《第二十三次双十节的西子湖畔》。此文讲二十三年来双十节之变化,文后谈到八十八军阵亡将士纪念塔,壮士们的英勇,并为之鼓掌。

11 月

1 日　在《中学生》(四川专号)第 49 期发表《蜀游杂记》两节:"一,峨眉山的生物;二,嘉定。"其中"一,峨眉山的生物"(钦文)后连载在《新生活周刊》第 1 卷第 31 期(11 月 26 日)、32 期(12 月 3 日)。介绍于四月中旬去游峨眉山,见到山上许多不曾见过的植物,又写到峨眉山顶,只见寒杉和竹,还有猴子、画眉、佛灯、和尚。"二,嘉定"(钦文)又发表在《新生活周刊》第 33 期(12 月 10 日),写在嘉定的所见所闻。此文后收入中学生社编辑的散文集《我的旅行记》①中。

15 日　在《浙江青年》创刊号发表语法文论《"的""底""地""得"用法简说》。此文讲的、底、地和得的用法,说得非常具体,都用举例说明。

20 日　在《十日谈》第 44 期发表散文《椅子在牢中》(钦文)。写因为脚上生疮,"整日地坐在一把椅子中。好像这把椅子,就是我的牢监",以及在椅子上观赏闽南风景,在椅子上吃闽南的饮食、漳州的柚子,在椅子上写小品文。

30 日　在《十日谈》第 45 期发表散文《撒旦还了我的脚》(钦文)。写因脚生疮,"整整的两个星期",被"羁留在椅子牢中",现

---

①　《中学生杂志丛刊》之一,1935 年开明书社 6 月版,内收鲁彦、胡愈之、朱自清等 10 位名家散文 14 篇。

在可以和朋友一起出去吃饭了，"可是，从此我又得开始早早晚晚的唱书了，连在夜里，也得改文了呀！"

12 月

5 日　在《人间世》第 17 期发表散文《刘半农先生与陶元庆》。文章是从刘半农在《语丝》发表的一首名为《寒枝》的诗引出，陶元庆认为此诗是影射他的，一直收藏着。不过此文对陶氏绘画的分析非常确切，文曰："陶氏的作品，许多专门研究图画的青年，都会看得莫名其妙。可是，只要对于学问有了一种深刻的研究，有着涵养功夫的人，即便对于图画是外行，也会看得滋滋有味。这是因为陶氏表现的形式，虽然多半采用西洋的方法，表现的效果却是东方的情调。艺术是个性的表现；个性脱不了民族性，就是总含着地方色彩和时代性。要能够表达个性，才始真正的艺术……一味学习西洋画的，无非是摹仿；专心研究中国画的，难免感到表现方式的不足。这要沟通以后，才能成功大观。但在艺术上的沟通，是要'化合的'，不是'混和的'，这为一般初学者所不容易了解。"又说："用西洋画的方式表现出东方情调来的，就是陶氏。现在林风眠氏，也正在这沟通的路上努力跑着。"还谈到文学与科学的关系。

15 日　小说《来客》（钦文），先后发表在《循环》第 5 卷第 1 期、第 2 期（22 日）。此篇后刊载在 1939 年 5 月 5 日的《文艺新潮》第 1 卷第 5 期上，文字略有出入。这篇小说中"来客"即作者自况，所写的房子、园地即作者自己的住房和园子。

在《黄钟》第 5 卷第 9 期发表小说《疯教员》（署名田耳）。小说用第一人称，写"我"应聘到一所中学去教书，住的是一位疯教员曾经住过的房子。"我"一直在想弄清楚这位教员为什么发疯,除向人打听外,还在房内寻找到墙上的诗作,但终究还不完全明白,但从墙上诗中可知他是爱上了一个叫菊英的女人,还有一首诗是表白他的爱国心,但对于发疯,依然是个疑团。后来在抽屉里找到一本日记,从日记中明白他为痛失祖国失地而苦恼,也想借他所爱的菊英来鼓舞自己的爱国热情,报答祖国。这使"我已明白,这位疯了的前同事,原是因为对于国事太多受了感触,觉得空虚,想用爱情来充实生活,结果失恋,反而更加烦恼。因此神经由过敏而错乱,发生种种的幻象,所以要这样的害怕"。

20 日 在《太白》第 1 卷第 7 期发表散文《香港脚》。此文写主人公被医师、同事称作香港脚,而实际上他的所谓"香港脚"是从浙江带过去的,到厦门之后湿疮加重而已。并由此联想到自己的一系列遭遇。

28 日 《鲁迅日记》载:"下午得钦文信。"信佚。

关于集美教书的情况,《文学与教育》自述:"在闽南教书的时候,和那位教务主任要好,自动的早晨第一时不给我排功课,因为知道我惯于晚上写作,是不便起早上第一时的课的。而且学生的人数少,每班至多不过二三十人,作文容易改了,所以于一年之间,短篇以外,我也写下了六七万的《无妻之累》,和十多万字的《小桃源日记》。照一位住在隔壁房间里的同事说,早早晚晚,我是都在飕飕地发着钢笔头划着纸面的声音的。我的习惯,委实是随时思索,一坐下就拿起笔写的。只要没有阻碍,可以接连四五小时。所以常常弄得神经痛,或者消化不良而患胃病。"

本月 作小品文《鲁某的脚必臭说无疑》(署名洛扬),发表在《唐吉坷德》(厦门)。

作《第二个春天》,是否发表不详。

1935年(乙亥,民国二十四年) 38岁

▲8月,中共中央发表《为抗日救国告同胞书》(即《八一宣言》),主张停止内战,一致抗日。

▲9月,《宇宙风》半月刊在上海创刊,后改为旬刊,林语堂主编。

▲10月,赵家璧主编的《中国新文学大系》由上海良友图书公司开始陆续出版。全书分10集,次年2月出齐。

▲12月9日,北平学生在中国共产党领导下举行抗日爱国示威游行,并在全国掀起抗日救亡运动的新高潮。

1月

28日 在《申报·自由谈》发表小说《小牛和阿福》(钦文)。此文写小牛和阿福去池塘捕鱼,小牛去得早、回来也迟,捕的鱼自然多,而阿福去得迟、回来也早,捕的鱼自然少,但两人同样去卖鱼,捕得少的阿福却比捕得多的小牛卖得钱多。原来等小牛去卖鱼时,人们要买的已不多了,他们已从阿福那里买去了。

本月 在《人言周刊》第1卷第47至50期发表《不浪舟日记》(钦文)。

在《黄钟》第6卷第1期发表文论《民族主义文学与教育》。此文讲了四点:"一、教育家容易成为文学家;二、教育要利用文学增进效力;三、文学要靠教育培养读者;四、文学能够补助教育的不足。"然后讲民族主义文学与教育之间的关系,并说有两种民族主义文学。第一种是民族英雄所留下的作品。另一种是

"关于自己民族内部的整理和团结的。御外必先安内,早为识者所公认。抗日须先剿匪,已经见诸事实。一个民族,被别个民族侵略,一定因为这个民族的内部,没有团结好的缘故。如此说来,可见第二种的民族主义文学,实在比第一种的更重要。"后一点说理不清,也有误。

在《文艺月报》第1卷第1期发表文论《新文学的创造》。文章一开头解释什么叫新文学,以最先旧文学的"文学的文学"到后来的"人生的文学""战争文学",所谓随时代在变。接着讲什么是文学,提出"文学是苦闷的象征",这是许钦文一贯的观点,也是值得研究和有问题的观点,又讲文学是"人格的表现"是"心的探险"。最后提及文学创作方法上的扩大、便化以及暗示。

在《新文学》创刊号发表小说《宣布》。小说写主人举行茶话会,向大家宣布恋爱消息。先到会的是他的妹妹,大家都向她打听她哥哥的爱人是谁,尽管大家你一句我一句地问,她只是向大家笑笑,直到人到齐,主人也来了,才宣布结果,他的爱人就是大家误认为是妹妹的孙女士。于是他解释道,他们两个地方的人,一个叫孙止戈,一个叫孙悟美,因为人家听起来,她叫哥,他叫妹,实在是一场误会。小说构思巧妙。

在《青年界》第8卷第1期发表散文《新青年和新潮》。此文讲述许钦文在私塾、小学和中等学校时均不爱读书,直到看到《新青年》和《新潮》后才看起书来。

在《文艺大路》第2卷第1期发表文论《创作原如说话》。此文提出创作"原是说话"。"要是并非负担重而生计困难,有着好伴侣可以随时密谈,我的处女作《故乡》怕不会产生。因为深深的感到恐慌,知道切身的痛苦,由于各种制度的失当;于是发生牢骚,想以'暴露'作为对于不良境遇的攻击。"

在《通俗文化半月刊》第 2 卷第 1 号发表文论《小品文与闲谈》。此文说:"倘若把小说和剧本比喻作正式的演讲,那么小品文就是信口的闲谈。""信口闲谈,既无一定的目的,也用不着什么形式,随随便便,照着心意所欲的说去就是。于感情的融洽中交换意思,大家都不存在成见,说的人会吐露真心话,听的人也可以尽量的感受。所以闲谈,不但可以比演讲来的趣味浓厚,从闲谈所得的益处,也往往比从演讲的来得大,更其在劳动了一天以后正当休息的时候,闲谈比演讲好得多……"

2 月

20 日 作《关于小品文》,收入《小品文与漫画》一书,上海生活书店三月版。此文为应约而作,指出小品文与小说之不同。小说重结构,小品文一是要"自然流露的",二是"格外富于感情";此外,还作了其他的比较。小品文范围广,可以直接表达意见,等等。

3 月

20 日 作散文《陶元庆及其绘画》(钦文),发表在《人间世》第 24 期,收入《许钦文散文集》。文中指出陶元庆"绘画富于创造性,一幅有一幅的表现方式,技巧是很纯熟的……他能够运用西洋的方法,表现出东方情调,值得注意"。"艺术是人格的表现;作品上特殊的风格,由于作者特殊的个性。他的个性非常强烈,我同他接近得久,比较熟悉点……以为把他作画时的情形描写出来,就是说明他的个性,可以给研究他的作品的人做参考。"比如,"他的嘴唇也做了调色盘","每幅作品,究竟油画、水彩画还是色粉,也是难以仔细分别的"。他作画用手指、用刮刀,强调笔触,"可比是名家所刻的图章"。又如:"一经开手,他总要继续画下去;接连两餐不吃饭,三四天不洗脸是常事。""他对于理想很固执,一定画到认为对了才罢手,因此常常坐立不安。除非绝笔,正式开手画的了不曾有过为完成的一幅。可是过了几年以后,他会得忽然认为不对,马上撕得粉碎的。所以遗作并不多。"他穿着很特别,"清党"时,在马路上走,常被巡捕搜身,他喜欢躺在床上想事、吟诗。"许多人都以为他是很文静的,竟有些人说他女性得厉害。但他的性情,实在是很猛烈的;在他作画的时候,往往不管三七廿一的乱干,两眼闪闪,紧张着脸孔,动作敏捷,好像是只凶狠的野兽。"他注意画的"调和"和"统一",着色注重"对照"强烈,构图注意"变化"和"均衡"。还介绍了陶元庆一些成功的作品。同期还刊发了《陶元庆先生遗像》。

22日 《鲁迅日记》载:"得钦文信,即复。"信佚。

25日 在《新中华》第3卷第6期发表小说《教贩子》。小说写一个贩子一边为老百姓卖所需的东西,一边给少年儿童教识字,为老百姓写信,空下来还和老百姓讨论孔明杀魏延的故事。比如一个十四五岁的少年,听到教贩的铃声,就从山脚边砍柴的地方跑过来,问他:"我寄给你的一张明信片收到了么?"这少年是要他买东西,教贩子指出他明信片写错的字,然后要少年自己来算要付的钱,这样教贩子不仅为他买东西,还教他识字和算数。

28日 在《申报·自由谈》发表散文《回乡小记》(钦文)。写此次回乡,"无非看看母亲,带便同在家中养病的三弟讨论点事情"。不过此文写故乡的景物很好。故乡是水乡泽国,水上有各种忙碌的小船,摆渡时还有一种拉着绳索摆渡,叫抽渡船。到了接渡庵,这是儿时捉蟋蟀的地方,又到了皇城寺,据传南宋时小康王曾来到此寺,和尚们出来帮忙,结果被杀了一半。到了汽车站,回望东浦村,回想东浦原来还可安住,如今被强盗弄得不安耽,本村惟一的学校——热诚学校也停办了。文中说:"我家从我起,一直到八妹,都是由这学校里出来的。可是侄子们,到了学龄,没有可以读书的地方了。"

本月 作散文《厦门与鼓浪屿》,发表在《浙江青年》第 1 卷第 5 期。此文介绍厦门的地理位置、土地面积、人口、学校、公园、水果、饮食、厦门商业、市民,还有铁观音。又介绍了鼓浪屿的方方面面,重点介绍租界。

作散文《为着鼻涕阿二》,发表在《青年界》第 7 卷第 1 号。此文写许钦文的文章《鼻涕阿二》引起一些女子不高兴。作者认为:"在《鼻涕阿二》的上面,我只是攻击养成鼻涕阿二的环境,对于她的本身,原是只有同情的。可是,攻击的目标虽然在于环境,在读者,连带引起宿感,自然是不免的。"

本年春 作散文《在宝珠上》,发表在 4 月《新小说》第 1 卷第 5 期。这是一篇游记,主人公本来打算春假去游泉州,人约好,钱也凑齐,可是天公不作美,泉州去不成。结果被同事约去游一个荒岛,还带走二十多个学生,人人忙着在岛上夜餐。文后点名这个岛叫宝珠屿。此文文笔流畅,穿插典故并论及其他地方景点,文章丰满,也很自然。

作散文《郁达夫 丰子恺合论》,发表在 5 月 20 日《人间世》第 28 期。此文说:"照一般人所说,郁达夫先生是浪漫派或者竟叫他作颓废派;丰子恺先生算作佛化派,好像根本是两样的。""我认定他们原是一样的人了。"谈及郁达夫,在他作品中,好像"他是老在喝酒打牌跟女人的"。事实上，人们把他写的自传体小说当作了自传，这是两件事。"在自传体的小说上面所写的，虽然以'我'为中心，却不一定是作者自己实有的事情，往往由于凭空虚构，或者从别人的故事中'便化'过来。"文中提出如果郁达夫整天喝酒打牌跟女人，怎么有时间写那么多的作品。又举郁达夫搬到杭州住以后，原来对他不以为然的人，居然"马上唱和起来，好像原是老同志，就是一例"。而丰子恺"虽然已经吃了许多年的素，常常寄寓在寺院里；但他固然不曾受戒做和尚，而且服侍母亲非常周到的，又非常爱护子女。近来常常在杭州，就是为着三位女儿的读书，并不像是出家人的样子。只是由于他的老师李叔同的关系，有着许多熟人在寺院里的；为着朋友才到寺院里……"

此文谈到他们两人的相同之处是关心人。郁达夫曾在许钦文的愁债室向不认识的新婚夫妇讲子宫帽，他夫人制止他，但他还是讲，看似浪漫的行为，实际他关心对方的需求。丰子恺除了爱家人外也关心他人。文章中举了两例。

4 月

1 日　在《青年界》第 7 卷第 4 期发表文论《孔乙己》。此文说鲁迅的《孔乙己》是用自传体，它有三个优点：一，"容易领会"；二，"容易表同情"；三，"容易信任"。它也有流弊，"容易被人误会"。文章谈《孔乙己》中的讽刺性、人物描写、作品的结构。

2 日　在《申报·自由谈》发表小品文《小脚豆》（钦文）。这是一篇回忆小时吃小脚豆的文章。小脚豆是由毛豆做成的，"叫做小脚豆，是因为用富阳草纸包着出卖，尖尖的一包一包，仿佛一只只旧式女子的小脚"。我幼时常常买这种小脚豆，一个铜元可买十包,傍晚从学校回家时,肚子已饿,在路上买来吃。有时上课时肚子饿,暗暗地摸着吃,味道极好。文中说:"近来我愈是觉得生活困难,愈加容易想起小脚豆来。在我生命史上,吃小脚豆的几年,委实可算是'黄金时代'了。"现在已没有当年吃小脚豆的情趣。家乡"因为年成不好,捐税又重,家乡的学校,还在停办中。侄辈连读书的地方都没有,那样吃小脚豆的滋味,也是无从说起了"。

16 日 在《申报·自由谈》发表小说《两位太太》(钦文)。写乘轮船没有铺位,唯一的办法是请两位太太拼一个房间,才能多出铺位,但两位太太没有一个愿搬到对方房间的。

26 日 在《申报·自由谈》发表小品文《小品文与个性》(钦文)。此文认为在小说和戏剧里,作品的个性表现在两方面:一是人物个性,二是作家个性。而小品文则重在表现"作者自己的个性","在'人物的表现'这个文学的基本原则上,倒是占着重大的地位的。"

5 月

1 日 厦门成立南渡文艺社,被推为社长。

7 日 在《申报·自由谈》发表小品文《出于意料的事情》(钦文),后收入申报月刊社编的《小品文选》(本年 10 月出版)中。此文讲梦中出于意料的事情,在四川峨眉山上碰到一青年求着做和尚的事,当时也觉得出于意料。

13 日 在集美中学第十二次纪念周发表演讲,讲题为《谈以身作则》,详情记录于《中学第十二次纪念周许钦文先生演讲》(《集美周刊》第 17 卷第 10、11 期)。其大意略谓本校教职员证章中有"以身作则"四字,所谓"以身作则"者,即老子"行而不言之教"是也。"不言"为着重实行之义，为师长者能躬行实践，事事为学子作表率，期收效当胜于空口谈教育者百倍。本校教职员各有其特优之点，足供各同学取法，望诸同学择善而从，养成健全之人格。抑有进者：人不无缺点，为教师非事事皆足以作则，而受教者亦不必奢望各教师事事须足以作则，更不可以人废言，各宜虚心接受忠告，兼取众长，以励学行，庶几洞明义理，可以获进修之功云云。

16日 在《申报·自由谈》发表文论《小品文的文体》（钦文）。此文将小品文与小说、议论文作比较。作者认为小说"具象性"、"尚单记，注重描写"，"不直接发表议论"，"小品文不必这样，有了议论，尽可以直接痛快的表达。"小品文与议论文也不一样，"普通的议论文，关于事实的序（叙）述不得多，只能占篇幅的小部分；小品文可以随意；如果是速写的性质的，不妨从头到尾的整篇是记序（叙），还可以用纯粹描写的'白描'。"作者认为："这样'议论''记序（叙）'得以并列，处处都可随意运用，作者很自由，好像古文中的'杂说'。杂说是'夹序（叙）夹议'的，大约可以分为三种：第一种是序（叙）述一段、议论一段的，如苏轼的《日喻》；第二种是把事实整个的序（序）述以后再加上议论的，如韩愈的《圬者王承福传》和吴敏树的《说钓》；第三种是首先发一段议论的，如柳宗元的《三戒》。其中无论哪一种，比较起来，总是记序（叙）多于议论；小品文也这样，只是杂说中很少是纯粹记序（叙）的，小品文却别有'速写'的一种方式，是同中的异点了。"

24日 在《申报·自由谈》发表文论《新剧与启蒙运动》（钦文）。此文认为："社会教育，戏剧以外，还有着图书馆、阅报室、民众俱乐部和公众运动场等等。但在农村山乡，由于人们不识字，戏剧成了社会教育的唯一重大的工具。""我国虽然早就通行了社戏,但那种旧戏,还是封建时代的产物,当然会有封建的思想,蒙着愚民政策的色彩。"因此,作者认为,"新剧在启蒙运动中,实在占着最高的地位"。为此作者认为在普及新剧的时候,还要注意使观众能领会剧情,注意讲话的速度等。

27 日　在《国闻周报》第 12 卷第 20 期发表散文《青岛的可爱》(钦文)。此文记载其回乡探亲,到了姑妈家,表妹很多,其中三表妹一味赞美青岛好,原来青岛当时正由德国人管理,而她的爱人正在德国。

29 日　在《申报·自由谈》发表文论《历史作品中的事实》(钦文)。此文指出历史作品"是指'历史小说''历史剧'和'历史小品'而言。历史作品,虽然都可以归在文学的范围以内","但仍然是历史,编的人在文字上运用了文学的手段,使得生动罢了……历史所要求的是'真';历史作品是藉着这真求'动人'的。""对于事实无非是利用,目的在于表现。"但"对于历史上的事实,如果非必要,实在不应该随便改变。所谓必要,就是有利于'作意的表达',而且改变,只可以增删不重要的部分"。"乱改主要部分,就失却了'历史'的意义。"

6 月

1 日　在《申报·自由谈》发表散文《两个拳头》(钦文)。此文写轮船上身无分文的农民,他生着病,只能睡在别人吊床下,无钱买饭,连水也向别人讨,他只能抱拳感激。

6 日　在《申报·自由谈》发表散文《心的跳动》(钦文)。此文记叙参观厦门大学生物展览,看到一位讲解员,"很像八九年以前的幺姊姊,连说话的声音和态度都相像","联想着许多往事,不特心弦紧张起来了。"接着看青蛙的心的跳动,"自己的,正在胸膛里面剥剥的心跳动"。

14日　在《申报·自由谈》发表文论《小品文与随笔》(钦文)。此文重在讨论小品文与小说的区别,特别谈及自己作小说和写小品文的经验。作者说:

> 我自己的经验,每做五千以上字的小说,捉得意境以后,总要特别到室外去散步几回;有时故意到冷静的地方去独自走走,有时却故意到热闹的街上去跑跑,为的是细细地体味,对于事实,设身处地的探索。字数在三万以上的,往往经过了长途旅行才实行动笔。——虽然我不能够为着创作特地去旅行,一向衣食于淡泊的我,是不难利用自然的机会的。在海阔天空的月光下,在波涛汹涌的急流中;站在高山之上,或者闷在斗室之内,心境不同,感想各异。在非常的情境中,感觉会得非常敏锐,感觉也就特别丰富,所以有些平时想不到的错误,在这种时候会得突然悟着,平时探索不到的优点,也会在这种时候忽然感觉着的。

关于小品文,则说:

> 小品文有了感想就可以拿起笔写作,随时可写,随地可写;有了个把钟头的空闲可以写一篇,有了三四个钟头,就可以写两三篇了;随感随写,可谓随意之极! 这同小说比较起来,其实剧本也是这样的,实在是随意得很的了。

15日　在《浙江青年》第1卷第8期发表小说《三姊妹》。三姊妹分别是大裘、长裘和小裘,三姊妹在同一所大学读书,彼此性格各异,大裘学理科,将来做科学家,喜欢打网球;长裘读师范,将来做一名教师,喜欢弹琴;小裘学文科,喜欢看书,有空或与大裘打网球,或到长裘那里唱歌。大裘与小裘在一起,往往引起争执,而长裘则负责调和彼此之间关系。

18日　在《申报·自由谈》发表小品文《漫画资料》(钦文)。

文章把漫画与文学作比较,认为"文学的长处是不受时间和空间的拘束;绘画可不行了……在一幅之中,只可以表现于一刹那间一处地方所有的情形"。"文学与绘画都重在描写",绘画"是平面的,看去一目了然",文学则是复杂的了。此文列举两个例子:一是成都,"学生坐包车,校长坐散车,教员徒步"。另一个是"著作家蹲在统舱的一角,书店老板坐在房舱中,读者高卧在唐沧楼的官舱里"。此文认为这种适合漫画。

7 月

1 日　在《东方杂志》第 32 卷 13 号发表散文《峨眉忆游》(钦文)。文章分六部分:一,二峨山麓。他们先到两峨山,峨眉除了大峨山,还有二峨山,最有名的是猪肝洞。二,报国寺和伏虎寺。报国寺在大峨山脚,然后到伏虎寺。出报国寺到二坪,许钦文已跟不上,上大坪只好坐滑竿,到了大峨寺、清音阁。三,从清音阁到九老洞。他们到了九老洞,还只是到了峨眉山一半的高度。四,接引殿及其前后。他们经过不少寺院,如过仙寺、莲花寺、大乘寺、白云寺,然后到接引殿。经过接引殿以后,由太子坪、永庆寺、沉香塔、天门石、七天桥、普贤塔而锡瓦殿,一直到金顶。五,三顶间。从金顶到千佛坪再到石佛顶。在金顶上可以看到佛光和佛灯。引起大家不同的说法。六,从华岩下山。他们不走老九路,从华岩下来,由华岩到万年寺,经过初殿、长老殿、息心所、点心坡,观心顶。他们从万年寺的砖殿出发,经过景龙寺、白龙洞、普陀宫、明月桥、清风桥到了龙门,不久到了报国寺后返回。

在《东南日报·沙发》发表小品文《国货》。写隔壁邻居有一个孩子叫国货,问明原因才知道因为使用国货避孕套,结果生下这孩子,便叫他为国货。

在《学校生活》第 110 期发表散文《三个月的铁路学校生活》。此文回忆 1912 年进杭州铁路学校的学习和生活情况,属于自传体散文。

在《文学》第 5 卷第 1 号发表小说《盆子》。小说写校长家有喜事,作为校役的长根去帮忙,不巧打破了一只盆子,受到校长、庶务长的训斥。长根惊恐万分,唯恐失业,担心过度以至生了病。小说描写长根的心理活动很细腻。

9 日　在《申报·自由谈》发表文论《小品文与点心》(钦文)。文章认同日本文学家芥川龙之介的观点,"把小品文比喻作点心"。"在'文学是灌输知识的'立场说,知识饥饿的读者,看了一篇小品文,可比是吃了一餐点心;在'文学史精神营养物'的立场说也是这样。同'点心'相对待的是正餐的'饭';在把小品文算作点心的场合,正餐的饭,就是小说和剧本了。"点心"不吃无妨,可有可无";"可是点心,也很有着点心的长处:第一是容易引动食欲……其次是随时随地可吃,便当得很。"最后说"点心同饭,并无绝对的区别;点心有时也可当饭"。

11 日　在《东南日报·沙发》发表散文《带发尼姑》(署名田耳)。此文写外祖母的"五七",母亲带"我"去外婆家,和尚作谶,尼姑念经,其中一个带发尼姑,引起了"我"注意,彼此眉目传情。

15 日　在《申报月刊》第 4 卷第 7 号发表小品文《隔开一点》(钦文)。文章叙述在轮船上发生的一幕情景,是因为铺床问题引起的争论。

16 日　在《申报·自由谈》发表小品文《雨》(钦文)。此文说,下雨对农人来说也许是高兴的事,而对另一些人,如黄包车夫、舟子、小贩、小姐姐太太和少爷公子,则未必。其实农家也怕雨,屋漏睡不好。有一次,许钦文为农家烧饭,饭烧成,拿开锅盖,发现满锅是黑乎乎的苍蝇。原来下雨天苍蝇都飞到屋内,结果农人把苍蝇挑出,饭就接着吃了。这给他留下了极为深刻的印象。

19日　在《申报·自由谈》发表小品文《大油条》(钦文)。此文写弟妇奶奶一家从做豆腐到卖油条,养活了一家人;后来店被封,倒闭了。

20日　在《太白》第2卷第9期发表散文《殉情的鲎》(钦文),收入《许钦文散文选集》。此文介绍鲎的特性,而文后突然由鲎而转入写人,以人之无情衬托出鲎的有情。这是借物咏志,使此篇文意更深更浓,不愧为一篇散文佳作。

27日　在《礼拜六》第600期发表散文《便宜货》(署名木子)。此文写万厅长太太看报上登载一元买六斤桂圆的消息,立即打电话到厅里,叫车夫把汽车开过来,然后到这家南货店,但开店时间定在三点,他们早到了一小时,于是厅长夫人叫司机把车开回家,到了三点来买了一元六斤的桂圆,厅长夫人和厅长都高兴。衙门里那些勤务闲谈这件事,司机"忿然地说:'妈特巴的,来回汽车四次,汽油耗费了近两元钱,这一块钱六斤的桂圆还能便宜吗?'""另一个勤务淡淡地答道:'老哥哥:你真傻了,你要知道,耗去的汽油是公家的,关太太屁事? 太太花了一块钱买到六斤大桂圆,这总不能不算便宜啊!'"

8月

2日　在《申报·自由谈》发表《小品文与教育》。此文认为从教养角度看,"在文学的范围内,同教育的关系,小品文还比小说和剧本等来得密切;不说别的,只要一查教科书和活页文选,无论是哪个书局出版的,可知小品文的篇数,都比小说和剧本的

［得］多;在古文方面,总也选着许多篇'杂说'"。此外,还谈到课外阅读,也使小品文显得有优势。

5日 在《人间世》第33期发表小品文《盐和酱油》(钦文)。此文写从拱宸桥买来的盐、四川的盐、坐牢时吃的盐、小时候的盐,到现在吃的酱油,在四川、闽南时吃的酱油。

8日 在《申报·自由谈》发表小品文《会做生意》(钦文)。此文写一个会做生意的小白脸伙计,写得生动有趣。许钦文要买老牌子双钱牌,小白脸说:"现在哪里还有双钱牌的货呢!""那么大喜牌或者连珠牌!""这是更不用谈的了……现在这就是最好的老牌套鞋了!"他说的是刚拿出去的双剪牌。于是许钦文离开那家杂货店,走不了多少路,他拿过来一双刚才要买的双钱牌。刚才说没有,现在有了,无非因为双剪牌比双钱牌利润厚。

10日 在《东南日报·沙发》发表小品文《芥菜与引线眼》(钦文)。此文从家乡的"芥菜落在引线眼"谈到一小虫撞到脸上、丢进水洞里的巧合事件所作的议论。

28日 许钦文去鲁迅家。《鲁迅日记》回忆:"钦文来,赠以《中国新文学大系》内之《小说二集》一本。"

本月 在厦门任教相当受欢迎,当时的新闻有助于了解此时许钦文的活动:

刘陶案中之许钦文,自缓刑出狱,即远走厦门,许氏去那儿初意,本是想假(借)南国休养病体,藉以避去繁嚣,讵知一度作客于厦门,就惹起许多人注意于彼。未到前,那儿即有顾凤城、马仲殊两位知己的老朋友写信来欢迎他;既到后,就有当地许多文艺青年拉他上文坛、报馆要他投稿,学校要他教书,许钦文踌躇着、慌乱着,自念一个戴罪的囚徒,居然如此受欢迎,可社会到底也待他不薄,于是我们的"罪犯文学家",也就顿然心中一热,恢复了干事的勇气,在厦门集美学校停了脚,答应在该校教书,答应和顾凤城、马仲殊共组"南渡文艺社",答应替某报副刊写稿,并答应愿以自己一生浅薄的经验和狱中的精力,痛诉于一般文化青年之前,藉以求心之安慰,(此时他早把关门避繁嚣,躲入海滨寺庙静养的心念,抛于九霄云外了),他以"洛阳"的笔名,出现于南国文坛,若无其事的写了一篇《鲁某的脚必臭说无疑》的幽默小品开场。此文登在厦门唯一的幽默刊物《唐吉坷德》上,第一次即引起了人们的惊异,因为它似乎是开鲁迅一类文学家玩笑的东西,正迎合了文艺青年和革命青年的脾胃,这样一来,《唐吉坷德》便大叨许钦文之光,增加了无数的青年读者,同时,这"臭脚论"也开了厦门的幽默世界,打破了"正经古老"的文风,只因为如此,在众目赞扬,和千万人捧场之下,我们的"罪犯文学家",便被封为"厦门幽默的老祖师",顿时捧上了三十三天,顾凤城、马仲殊皆艳慕惭愧勿如也,于是前此五月一日在厦门成立的"南渡文艺社",也被这囚徒许钦文坐了第一把交椅,做了社长。不久前(七月中旬)许氏为了刘陶案更审事,[1]曾赶回杭州,现闻许囚主持"南渡首次社会大会",业已赶返厦门矣。抵埠之日,众社员群集码头欢迎,热闹中,大家戏喊口号,竟有高呼"厦门幽默老祖师许钦文万岁"者。[2]

但也有人作文说他挨骂,文云:

最近被浙江法院,以危害民国罪判缓刑二年之许钦文氏,曾与顾凤城、马仲殊等同任厦门集美教职,除了许氏发起之南波(渡)文艺社,出版《南波(渡)月刊》外,并在厦门用洛扬笔名出版《唐吉诃德》幽默刊物,发表其《鲁(某)的脚必臭说无疑》,是文因

---

① 此说有误,当时并无更审之事。
② 旦华:《许钦文被封厦门幽默老祖师》,发表在 1935 年 8 月 5 日《上海报》。

合小市民胃口，欢迎者颇众，许并久投为《唐吉诃德》写是类稿件，某报副刊为不满许氏此项行动，特发出许多讽刺口号来轰击许氏，如"欢迎许先生写幽默文章给我们消遣、替厦门开幽默的世界"、"厦门幽默老祖师许钦文万岁！万万岁"等，许氏见之，哭笑不得。

9 月

2 日 在《申报·自由谈》发表散文《小窃》（钦文）。此文写轮船上的小偷，一个被抓住吊在那里，另外三个工役照样在搬运货物，三人密切配合，偷东西。

16 日 在《宇宙风》第 1 期发表散文《狱中与弟妇论烧肉书》（钦文）。狱中烧红肉，要咸，因为吃黄饭非咸菜不能下咽，二来可以少吃菜，天热也可放久些。烧时可以用腐乳，还可同鲞一道烧，也可以烧干菜肉。鲜肉监狱拿不进来，要烧半生还连皮，以免被管理揩油。此文谈的是烧肉。

17 日 给《宇宙风》编辑致信。此信开头已抹去，但从信的内容推知，是写给《宇宙风》陶亢德的。信云："十八、廿手教同时奉读。十日之八元亦早已收到。附上收条两纸，请查收。《痴人之爱》已于日前挂号寄上，想已先此收到。其次《包饭桄子》拟于十日内草就。其次或题《脂粉香与汗酸臭》，尚未确定……"提及三文均发表在《宇宙风》上。

10 月

16 日 在《宇宙风》第 3 期发表《无妻之累·序》，文中对"刘陶惨案"的始末作了大体介绍。如"如今计算起来，这已是三年多前的事了。所谓形成的法律问题尚未完全结束,是指妨害家庭案还在上诉最高法院中。这个案子虽已经宣告无罪,可是由此产生'组织共党'和'窝藏叛徒'的两个案子,戴上了'红帽子',就吃黄饭,睏地板,在军人监狱里做了十多个月的囚徒,弄得爹死不知道,娘病管不到,不过两年工夫,爹娘死得精光。又因'铁饭碗'敲破,饭可仍然要吃,为着还想活下去,于是溯长江而走西蜀,复漂海到闽南";又说:"我吃的官司,委实已许多岁月,案由'杀人''侵占'而'妨害家庭',而'危害民国'——'组织团体'与'窝藏叛徒',名目已有五个,计被私诉六次,又声称再议一次,被公诉罪名三种;被上诉四次;被庭讯二十回,另有一回空跑了趟法院,因为旁听者众,挤破了法庭的门窗,开审不成;被判罪名五回;自己上诉四次;宣告无罪五回,经手过的检察官有七个,推事三十三,——因'危害民国'系特别法,特别办理,一部分的推事照例不回避,否则还要多几个。"

17日 在《集美周刊》第18卷第3期发表文论《怎样教儿童作文》(钦文)。此文提及教儿童作文和教儿童学画一样,对于作文,"以前总是教儿童从书本中找题材,只是为作文而作文,不注意对于实在事物的观察,无所谓表现,结果只是辞藻的堆垛。这种作品固然不会有生命,儿童也是不容易感到兴趣的。补救的方法,也要像作画的注意写生,就是使得从实际生活中找题材,有了什么经验,才作什么记叙文,有了什么意见,才发生么议论,不空中造楼阁,不作无病的呻吟"。又说作文先写记叙文,用词先从名词、代名词开始,后形容词、动词,以及要慢慢学会用文法,题目学生可以自拟,等等。

29日 在《申报·自由谈》发表散文《幽默和讽刺》(钦文)。文中说:"有些人以为小品文非幽默不可,有些人却竭力反对幽默;其间也有着误会,就是对于幽默的观念各不相同;竭力反对的大概只把幽默当作低级趣味看待,以为无聊;努力提倡的,大概把幽默当作讽刺,以为很得用。虽然对抗着,原是异道同归的。"又说:"幽默用在攻击或者暴露的场合,这才成为讽刺;因为有着密切的关系,所以容易混为一谈,但终究是两样的。"又说:"幽默并不限于反对和攻击,也可以用在无是非之地的场合,或者专门讲讲笑话的,只是藉以讲笑话,自然没有什么价值;但这样不能说幽默的不好,幽默的本身并无什么是可言的。"最后,幽默"容易引起读者的兴趣。幽默在作品中,可比菜蔬上的胡椒,是能促进食欲的。"

30 日 作小说《"闽变"在狱中》(钦文),发表在 12 月 5 日《人间世》第 41 期,收入小说集《风筝》《许钦文小说集》。小说主要反映狱中囚犯的反抗情绪,由于外界消息不断地传入而引起他们情绪的不断变化,而所谓"闽变"也不过是一场虚惊,原以为由此可以放大椓(即现在所谓大赦),结果不过空欢喜一场。

11 月

1 日 在《宇宙风》第 4 期发表散文《痴人之爱》(《无妻之累》之一)。文中说:"我从警察署转到法院的时候,许多路上的人都在这样说:'两个女人一个男人,吃醋起来,相貌不好的把相貌好的杀死了!'""事实上我在外面,的确有着七方面的人可作证,就是等在门口的女佣,女客和邻妇,由我送去代课的郭女士和接回来的八妹,以及江干的警察和两个拉来回的车夫。"由此证明许钦文不存在杀人的问题,这大约十天后已清楚。许钦文由二号椓子调至十号椓子,难友间可以谈话。而侵占案,刘梦莹的遗物一件不少,还把刘大小姐不曾提及的手提箱都交出去了,但一直关着不放，直到许钦文出狱，即三十六天后，才问清楚，是因为被搜去的日本作家谷崎润一郎写的《痴人之爱》之故。此书既没有"三角恋爱"，也没有"同性恋"等描写，却作为间接证据，真是天下奇事。

5 日 在《人间世》第 39 期发表散文《三篇小说的写就》（钦文）。此篇文中提及《父亲的花园》《邻童口中的呆子》《小狗的厄运》《毁弃》《口约三章》《小老头》和《石宕》等作品的背景。

15 日 在《申报月刊》第 4 卷第 11 期发表散文《瞎骂与妄讥》。此文是针对两件事所发的议论：一是乘车顾客不明事理，两次骂青年司机木头；另一件事是对某少年的议论。

16 日 在《宇宙风》第 5 期发表散文《包饭桩子》（《无妻之累》之二）。这里写狱中还有一种是包饭桩，有与其他普通桩子许多不同的地方，比如可以喝上开水，可以煮私饭菜，可从桩子出来运动一下。特殊之处是因为曾经关过那些做官的贪污犯，现在虽没有这类人，只要关进包饭桩仍然可以享受，不过需要交钱。

在《论语》第 76 期发表散文《几种吸烟的姿势》。此文写了各地方的人各种吸烟的姿势。故乡捕蛇乞丐、买卖田地的中介、闽南的劳动者、四川劳苦人以及监狱里的吸烟人，他们都有不同的吸烟姿势。

12 月

1 日 在《宇宙风》第 6 期发表散文《脂粉香与汗酸臭》（《无妻之累》之三）。这里的臭气是因为桩小、人多、天热，汗酸气加上桩内放着便桶，自然臭气冲天。脂粉香是因为一些女人特地到牢里看许钦文，发出阵阵香味，尤其是法庭开庭，盛况空前，

"人山人海,只见男男女女,大大小小,三五成群,有说有笑……不久室内空气,弄得也香也臭起来"。因为热闷难挡,许钦文以小便为由,看客们也紧随其后,又形成包围圈,以至无法开庭。第二天报上载:"观审民众,已纷至沓来,一拥而入合议庭,倏然满座,后来者遂拥挤于庭隙廊下。""来者犹络绎不绝,致将庭前大门玻璃挤破,一时秩序大乱。"第二天秘密开庭,仍"'拥挤不堪,玻璃被挤碎数块,'长条的靠背椅踏断好几张。""脂粉香和汗酸臭混腾一处,其空气之浊可想。"

12 日　在《礼拜六》第 670 期发表散文《搭便宜货纪——都市的显微镜》(署名木子)。此文写了三件事,一件是××花露水本卖五角一二分,到了另一家大廉价、大放盘的店却卖五角五分;一件是某旅店广告称开小间是四角,去了那里要一元二角。还有一件是广告称购货五元以上赠摩登布旗袍一件,事实上购买五千元物品也不会赠送。

16 日　在《文学季刊》(北平)第 2 卷第 4 期发表散文《甘江铺的一夜》。文中写荣威大战刚结束,自己要去考察,到了甘江铺,发生两场虚惊,一是以为抬滑竿的人要谋害自己,一是以为隔壁来借火的人要谋害自己。作者写来煞有介事,文笔生动,读来真像坏人谋害人。

在《宇宙风》第 7 期发表散文《上青天》(《无妻之累》之四)。此文所记乃许钦文本来应离杭赴蜀,而迟至 1932 年 8 月 28 日才动身的原因。文云:"无非因为刘梦莹姑娘的棺材停在元庆纪念室里。"等到把刘梦莹的棺材抬出,许钦文由于被多方面攻击,"已经弄得筋疲力倦,生起病来了"。此时才带病赴蜀。到了汉口,船停泊一天,乘机"到武昌去游黄鹤楼"。由于"逆水流急,轮船的速力本很低,整整的沉闷了九天,才到达宜昌"。然后到媚媚轮,到第三天下午才开行。到重庆住了一夜,搭汽车前行,中途下车坐滑竿。"到了马坊桥,汽车又停止,三四十里的山路",只能坐滑竿前行,"在永川过夜,第二天黎明挤上汽车。沿途困路边,开开停停","到了隆昌,汽车索性宣告完全停止。还有六七百里的路程,要全靠滑竿进行了。"可知"蜀道之难于上青天"!

20 日 在《人间世》第 42 期发表小说《小燕子》(钦文)。这篇小说故事情节设计巧妙,安排男女主人公在火车上,男的要去上海,女的要去南京。火车到上海后,女的突然决定也在上海下车,并向男的要了地址。傍晚女的按约定到旅馆去见男的,两人如情侣般去公园玩,回到旅馆后,女的主动用双手挽住男的,使男的激动不已,两人彼此紧紧地拥抱住在一起。此时男的希望女的留下来过夜,明天去南京。女的果断地回绝,当晚又去了南京。小说塑造了一个勇敢、激情又果断的姑娘。

21 日 在《年华》第 4 卷第 50 期发表书评《黑暗之势力——托尔斯太逝世二十五周年纪念》(钦文),1936 年 2 月 25 日《同行月刊》第 4 卷第 2 期转载。此文认为"托尔斯泰的《黑暗之势力》,是以农民生活为题材的五幕剧本;这虽然不能像《战争与和平》同《复活》的并为他的代表作,却也有着特殊的价值,是农民文学的一种杰作……从这里,可见他的观察的仔细,体味的深刻,以及描写的精密,实在是个强有力的表现"。这个剧本"结构谨严,布局周到,是很能使得读者观众感动的"。"作者把人物的心理过程分析得很清楚,也写得周到,所以很自然而容易动人。"所谓黑暗之势力原是"金钱的罪恶罢",是金钱使他们走上罪恶的道路。

27 日 在《大公报》(天津版)发表小说《假囚徒》(钦文),收入小说集《风筝》《许钦文小说集》。

本年 仍在福建集美中学教书。二儿子许品云出生。

本年 《中国文学大系·小说二集》出版,内收许钦文小说《父亲的花园》《小狗的厄运》和《石宕》三篇。鲁迅在序中说:"许钦文自名他的第一本短篇小说为《故乡》,也就是在不知不觉中,自招为乡土文学的作者。"

1936年(丙子,民国二十五年) 39岁

▲5月5日,国民政府发表《中华民国宪法草案》。

▲10月,上海文艺界发表《为团结御侮与言论自由宣言》,在宣言上签字的有鲁迅、郭沫若、茅盾、巴金等21人。《谈风》半月刊在上海创刊,周黎庵等人编辑。

▲10月19日,鲁迅先生病逝于上海北四川路底施高塔路大陆新村9号寓所。

▲12月12日,西安事变发动。

1月

1日 在《论语》第79期发表散文《成都过年》(钦文)。文中记叙许钦文在成都过年,先是看花会,到武侯祠、草堂祠玩,后讲到四川的吃、四川的赌。

在《浙江青年》第2卷第3期发表散文《成都》。文章全面介绍了成都的情况,从它的地理位置、名称、历史、名胜古迹、学校、公园、"烟馆"、税收、物价、中等人家的家具,等等。

在《宇宙风》第8期发表散文《自投罗网》(《无妻之累》之

五）。此文所写内容为许钦文从 1934 年 6 月 27 日离开成都，至到杭州的 7 月 19 日之间的事，以及同年的 8 月 16 日上法院，一路上充斥的辛苦和艰难。"妨害家庭"宣告无罪，却把许钦文当庭"羁押起来，固然不曾防到；要寄（羁）押到军人监狱里去，更是出于意料"。关进军人监狱的大监，难友知道许钦文自己跑进法院，而且特地从四川赶回来，所以难友说："那么你是自投罗网！"

在《宇宙风》第 8 期发表散文《二十四年爱读的书》（钦文）。

在《申报周刊》第 1 卷第 1 期发表书评《托尔斯太的〈复活〉》。这是对托尔斯泰《复活》的评论。对于《复活》中关于法律和犯罪的议论，许钦文予以肯定。比如："这些苦民正好比捕在网里的鱼；鱼无论什么东西，只要网子一到，全拉到岸上来。""政府把千百个无罪善良的庶民捕了去，年年锁在牢狱里，他们在牢里，生了肺痨病，或失了神经，或自杀了。"这类议论很多，此外许钦文还肯定了小说人物描写的个性鲜明、雄壮的行文气势等。

4 日　作小说《第二次出狱》，发表在 7 月 20 日《逸经》第 10 期，收入小说集《风筝》。这是一篇记事散文，真实而详细地记录许钦文将要出狱时的心理及难友们的复杂心情。难友们和许钦文道别、握手、点头，他们充满羡慕。在难友看来，"以为是分外可喜的"，可是作者认为："不知道我的入狱，根本莫名其妙，突然一声羁押，当即身入囹圄，原是分外倒了楣的。"

5 日　在《人间世》本年第 1 期发表文论《譬喻的形容》（钦文）。首先，此文认为比喻在文学作品中非常重要，但所用比喻应为大家所熟悉的。其次，所用比喻作形容词的，是要生动而且能够适合多方面的属性的。另外，用比喻浅显且为读者所喜欢。

10 日　在《学校生活》（文艺专号）第 128—129 期合刊发表

散文《我与故乡》(钦文),此文谈及许钦文如何认识鲁迅以及自己最初的爱好。

作小说《第三种政治犯》,发表在 3 月 5 日《逸经》第 1 期,收入小说集《风筝》。这篇小说是夫子自道,反映他自己在狱中的生活。内中写道:"他,这个第三种政治犯,也穿着粗蓝布的工犯衣服,也戴着鸭舌头的工犯帽子,可是架着副金光闪闪的近视眼镜,这就显得不自然,——当时在那里,另外再也没有像他这样打扮的人。"接着写他走路不走斜角路,走四角方方的砖路,显得迂相,还写他"部分"的洗澡法等。这类政治犯是假的,但小说中还提到另一种政治犯,是真政治犯。还有一种政治犯属于××派,也并非真正的政治犯。

12 日　在《申报·每周增刊》第 1 卷第 2 期发表小说《赵师母》,这是讲赵师母投井自杀的故事。赵师母的丈夫在学校里教国语,来的时候是每月拿一百六十元,和校长一样高的薪水。可是后来国语不吃香,课时还逐渐减少,每月拿二十元,后打了八折,只有十六元,家里人多,赵师母又生病,生计成了问题,她在丈夫外出时投井自杀。

16 日　作小说《该死的红丸犯》,发表在 5 月 20 日《逸经》第 6 期,收入小说集《风筝》。小说中写红丸犯是因为别人多方劝诱,才去做这档生意的,哪里知道卖红丸的与被抓的都是事先联络好的,所以如同"瓮中捉鳖",不费吹灰之力。卖出抓进,如此循环往复,该有多少人被驱使犯法,以至坐牢、杀头?作家嘲笑道:"这样一批货物,可以连做许多回的生意;卖了又卖,固然可得到许多钱;缉获了违禁品,照例可赏,也可以一批钱进账;同时,'破案迅速','屡获要犯',还得'指日高升',真是名利双全的呀!"而更为冤枉的是排队候检时给另一人代管一下,不料此人是借故逃走,查出有红丸,无故被抓,弄得家破人亡,自己也被枪毙。

在《宇宙风》第9期发表散文《小桃源中》(《无妻之累》之六)(钦文)。小桃源其实并非小桃花源。文中写道:

牢笼小而囚徒众,桄之门,虽没有常关,凉风吹不进,犹如盛夏,强忍勉耐,才能"心静自凉"。马子就在桄中的一角,方便得很;囚徒生活,百无聊赖,常以此为消遣之处;"一拉一踢",撒尿洒洒洒,出恭恩恩恩,还要"做机关""打气","如入鲍鱼之肆,久而不闻其臭。""老客人"不曾出去,"新客人"又进来了,桄板窄而卧者多,一经眽着,你一大腿来,我一大腿去,习以为惯,方敢熟睡,蚊子和臭虫联合战线,"内外夹攻",跳蚤"助桀为虐",虱子暗中围剿,无缝不入,惟肉是钻;鲜血吮去,疙瘩起来,日日榨取,夜夜搅扰,久而麻木不仁,也就视若当然。"谈话轻点!""不许作声!"看守士兵,语言粗而猛,藐视、污辱,无所不用其极;好在精神也会麻木,听惯以后,也就无所谓了。

在《青年界》第9卷第1期发表散文《我的职业生活特辑:唱书改文与卖稿》。这是一篇自传体散文,作者自叙唱书改文十多年,一边教书,一边写作。由于教书收入有限,不得不去卖文,收入微乎其微,不得不做过年小说,挥汗写小品文。文章虽是片段式回忆,对研究许钦文的生平与创作是十分珍贵的。

21日 《鲁迅日记》载:"上午得钦文信。"信佚。

22日 《鲁迅日记》载:"上午复钦文信。"信佚。

25日 在《礼拜六》第625期发表散文《弄堂镜头(一)》,署名木子,其"(二)"发表在第625期(2月8日)。弄堂里的张老头说儿子一月七八十元的收入,不如从前的十块钱;那个洪老太婆则专讲媳妇的坏话。

30 日 在《学校生活》第 130 期发表散文《在铁路职工讲习会》(钦文)。文章记述 1921 年许钦文与另外两人一起去交通部北京铁路职工教育讲习会学习时的情形。

2 月

1 日 在《宇宙风》第 10 期发表散文《意外中之意外》(《无妻之累》之七)(钦文)。此文记叙了自己匆匆地从成都赶回来,正如他回答他父亲所说:"一到庭,完成手续就是了;虽然发回更审,可是没有罪证,最高法院的判决书上已经说得明明白白。"又说:"按照法律,我实在用不着辩论,即使不去到庭,也是无妨的。我要远远地赶回来,怕得保人为难,以免误会罢了。"但他父亲十分不放心,果然开庭时,不是当庭释放,而是铐上手铐,戴上红帽子。这大出许钦文的意外。其实整个"无妻之累"事件意外特多。作者认为:"刘大小姐突然翻脸一也;湘人'公愤'二也;再'公愤'三也;三'公愤'四也;主席转函五也;又转函六也;刘梦莹姑娘的年龄不以文凭为凭七也;吃了官司还要我拿出一千块钱八也;为避潮湿造得高的图画陈列室的地基作藏垢纳污之所九也;坐牢监在军人监狱里十也。"

9 日 在《申报·每周增刊》第 1 卷第 5 期发表文论《技巧与理论》(钦文)。此文说有人跑到深山野岙去写生,其实"有了工夫的画家,大概就在日常所见闻的事物中剪取题材,于简的情节上,流露强烈的情感,寄托远大的问题"。"文学也这样,并不在于题材的特殊……为着普遍,容易使读者了解,反以为写普通的事物为妙,最好是把草就许多人都觉得成问题的,忽然道破,使得大家又'先获我心'之感。"又说:"题材怎样剪取?怎样先把题材认定呢?这是思想主义的问题了……理论清楚,见解正确,取材才能适当？"

15 日　在《绸缪月刊》第 2 卷第 6 期发表小说《丝光袜》。小说以丝光袜为线索，讲述了一个完整的故事。赵肖云的爱人穿丝光袜，而且是很特别的一种丝光袜，科长的太太也喜欢这种丝光袜，于是叫赵去买。因颜色不喜欢，第二天由赵陪科长太太去买，因为是科长太太，赵自然用心，结果被他自己爱人看到，由此发展到分手，并辞了职，从北京到上海，用完了钱，还进了牢，这一切都因为这丝光袜。

在《华年》第 5 卷第 6 期发表书评《托尔斯泰的自白》。此文谈及托尔斯泰自传《托尔斯泰自白》时，说托尔斯泰的成功主要由于以下四点："一，体质强健；二，凡事认真；三，崇尚道德；四，以大众为归依。"

16 日　在《宇宙风》第 11 期发表散文《东碰西撞》(《无妻之累》之八)(钦文)。作者认为："廿三年七月十日，正当午时三刻，我背着包裹走出'小桃源'的大铁门，总算没有'拖牢洞'，'重见了天日'，很有点欢喜。可是过得不多时候，这欢喜就变为恐慌，知道已经没有现成的黄饭可吃，又得负起生活的担子；衣食必需的钱，在我的袋子里，只有十八个铜元了。"回到家里，从抽屉角里翻出还有一元零分钱的存着，因为图章遗失，已登报声明，给银行看没有用，需找保证人，找了保证人，他说需找"在社会上有声望，报纸上面常常见得的"。明显有意刁难。没有办法，只好卖房子。到了专营地产的公司，接待的是古铜脸的人，此人被公司辞退，不过他介绍另外一人来。约定时间不来，只好去找他，接待却是另外两人。以后总算见到此人，他介绍的一个小东家，又介绍一位居士，又领来一位二小姐，实际上都没有结果，愁债室没卖成。

29 日 在《华年》第 5 卷第 8 期发表书评《父与子》,同年 3 月 25 日《同行月刊》第 4 卷第 3 期转载;6 月 1 日《集美中学月刊》第 3 期转载。文章对屠格涅夫的《父与子》一书作介绍后,说:"屠格涅甫在这描写时代冲突的小说上,不但暴露了旧派的丑态,同时也揭穿了新派的缺点。他同情于新派的青年,却非盲目地一味恭维,而是忠诚的指导。由此,可见俄罗斯的人民,新派的青年固然勇敢有为的积极进行,同时旧派的老年,也不苟且糊涂;大家认认真真的。"

30 日 除夕,作散文《无妻之累·后记》,文中说:"其实十篇的《无妻之累》,在我的'无妻之累'中,算不得什么;固然是挂一漏万的,而且重要的地方,恐怕,简直一点也不曾写到;因为,有些事情,在这年头,我,以为还是不写好。"在"后记"中,许钦文补记几件事,如 2 月 29 日问及刘梦莹藏钱一事,与法院人一起回家取之。1932 年 4 月 2 日,法院推事带陶思瑾来愁债室勘察现场,叫陶把斗杀的情形重演一回,叫许钦文也重演那天回家时的场景。

3 月

1 日 在《宇宙风》第 12 期发表散文《在恶魔前》(《无妻之累》之九)(钦文)。此文写自"无妻之累"以后,朋友不愿见,工作找不到,投稿不成,连上厕所都受阻,狗也欺人,就好像恶魔跟着似的,处处碰壁。

15 日 在《绸缪月刊》第 2 卷第 7 期发表小说《春梦》。小说写主人公与梦中的情人亲密无间,但结局是那女子跟了别人,于是主人公要和那夺去他爱人的人决斗,一觉醒来,原来是一个春梦。

16日 在《宇宙风》第 13 期发表散文《无罪之罚》(《无妻之累》之十)(钦文)。文中说:"而我,既然造了房子,又不忍拒绝逃难来的熟人,无论究竟犯了罪没有,总可以算作'咎由自取'。然而我的父母,我的兄弟姊妹,我的朋友,以及佣人,还有同事和学生,也是牵累重重,可谓'无罪之罚'了。"此文一一叙述他们所受的无罪之罚。

在《论语》第 84 期发表散文《自大》(钦文)。此文写生活中碰到的关于自大的种种表现,如三岁装大人,在四川时碰到二尺五,"无妻""成累"被人鄙视,邮差的骄傲态度等。

4 月

1日 在《集美中学月刊》创刊号发表诗《八人排》。这是一首学生排队歌。

在《文学导报》第 1 卷第 2 期发表散文《货船》。此文写货船工作人员被缉私兵抓牢受罚的一幕。

在《东方杂志》第 33 卷第 7 号发表散文《到厦门去》(钦文),收入《许钦文散文集》。此文是写游厦门,但在行文中,随手拈来杭州的西湖、吴山,四川的山水,绍兴的老酒,取材丰富,而且这样一来,读者对厦门的各个景点会留下更深的印象。

10日 在《新中华》第 4 卷第 7 期发表散文《花会》(钦文)。此文写清明节后成都的花会,会场设在青羊宫和二仙庵。许钦文碰到几个青年,一见如故,问他们贵处有什么特产,回答是:"鸦片""土匪""丘八"。后又碰到军人,其中有位少校参谋给许钦文留下了很深的印象。他为了娶媳妇,准备冒险带兵冲过江的对岸,赏洋五千元,当他准备出发时,政局发生变化,立刻停战。

15日 在《绸缪月刊》第2卷第8期发表小说《她是自杀吗?》(署名文)。小说写淑品学兼优,高中毕业后报考××大学,正在此时,其父母双亡,断了财路,遂接受×君的接济;淑在校受到不少同学的追求,×君迫她离校同居,同居后又受到×君的逼害,因而自杀。

本月 由北新书局出版《文学概论》,全书分总论、分论和余论。在"引言"中,许钦文先是驳斥了反对文学的三种意见,然后提出文学的两大作用,即宣扬主义和教养民众。总论分十六部分:文学的地位、文学的内容、文学的成分、文学的意义、文学的新旧、发生文学的原因、创造文学的情形、化妆的出现、便化、具象性、暗示、共鸣作用、普遍性、真实性、净化作用、文学的派别。分论分八部分:小说的意义和地位、断篇的描写、小说的体裁、小说的结构、诗歌和散文诗、剧本、童话、随笔。余论分六部分:幽默和讽刺、观察、描写形容和比喻、文学作品的鉴赏、文学同生活、作品一斑。

首先,由上所述,可知这部书的内容比较全面,方方面面都提到了。

其次,此书写得非常通俗,使人一看就明白。如文学的意义就是表现人生、批评人生、指导人生。关于文学作品的鉴赏可分四部分,文学作品不止限于阅读;第二步还有各项感觉上的感受；第三步要发生感情；"第四步是达到忘我的境地；会悟了作者的用意，深深的感动，不再顾虑一切，就发生了'净化作用'的了。"

再次，这本书处处可以看到作者的创作经验之谈。比如《化妆出现》完全是谈自己的创作经验；《便化》《具象性》《暗示》等都是创作经验之谈。即使谈文学与生活，作者指出："文学同生活，关系重在精神上。虽然有些作家，因为稿费版税的丰收，也有了很好的物质生活。可是物质，总不是作者的第一目的。如果为着物质去从事创作，此路是不通的；至少非常难走。为赚钱，大概去营商的"；"文学的物质报酬，在生活上，当初只可以做副业。等到出名了，稿费版税收入丰富了，才可以丢开固有的职业。"这也是经验之谈。

当时评论界认为这部书是"一册理想的文学常识"[①]的书。这个评价是恰当的。

但这部书和《创作三步法》一书同样存在一些错误的观点。许钦文文艺观点的形成，与他早期受到日本厨川白村的影响是分不开的。厨川白村的文艺思想是复杂的。既受现代派重主观的自我发掘的文艺思想的影响，又受日本"白桦派"反对自然主义那种抛弃理想的纯客观主义描写的影响，主张肯定人生和自我发展，具有比较显明的人道主义和理想主义倾向，而且他比"白桦派"更富有批判现实的战斗精神。不过，厨川白村的文艺理论体系是建立在唯心主义的哲学基础上的。在《苦闷的象征》中，他认为："生命力受了压抑而产生的苦闷懊恼乃是文艺的根柢，而且表现方法乃是广义的象征主义。""所谓象征主义者，决

---

① 愫人：《许钦文著〈文学概论〉》，《青年界》，1936 年第 11 卷第 5 期。

非是前世纪末法兰西诗坛的一派曾标榜的主义,凡是一切文艺,古今往来,是无不在这样的意义上,用着象征主义的表现方法的。"这是他以柏格森的"精神能力"(Mindcnergy)和弗洛伊德的精神分析学说来解释文学艺术的起源。这种把文艺看作是苦闷象征的做法,是与马克思所认为的文艺是客观世界在作家头脑中的反映的观点背道而驰的,是一种唯心主义观点。

其中最为明显的是关于文学产生的论述。作者认为"为什么要有文学?为什么会有文学?这两个问题可以用一句话来解答","那就是因为'苦闷'"。"为着发泄苦闷,其实因为苦闷得不能不发泄了,这就产生出文学来。""文学既然是苦闷的象征,则是文学作品,总是因为苦闷。不满意于现状,要自己创造出一个新境地来,虽然因为苦闷,却是谋快乐的行为。"又说:"不过,发生在文学上苦闷并不是直接的诉苦,是用'象征'的方式表现出来的,所以叫做'苦闷的象征'。"作者在《创作三步法》中也有类似的说法。简而言之,作者认为文学是苦闷的象征,苦闷创造了文学。文学既然是苦闷的象征,那么"利用牢骚,就可以多产些作品"。因为"牢骚的发生,是因为感觉了切身问题的不平等。牢骚禁不住起来了,却不好意思随便乱发,这是个强烈的苦闷。牢骚既然是苦闷的一种,在牢骚中产生的作品",也就是苦闷的象征了。

此外,关于真理的标准、善恶是非的看法也值得研究。

本年春　作散文《关于〈无妻之累〉》(钦文),后发表在 6 月 16 日、7 月 1 日《宇宙风》第 19 期、20 期。这实际上是写给韩川的一封信,是对此人来信的回答,共三点:一是"与此案最有关系的地位";二是"这些文字,我不愿意算作《无妻之累》的延续,只是关于'无妻之累'的探讨";三是"关于'性格'及'动机'的,我已发表过两篇文字……"关于刘梦莹,作者认为:"她是好胜心重而努力学习的;她所研究的主科是雕塑,可是绘画也不错,音乐会中曾经数次表现钢琴独奏;课外又研究木刻,文学也有不少作品发表,又屡次公开演剧,篮球排球她是担任队长的,"谈到陶思瑾,文中说:"因为其兄元庆同我是十六年的患难朋友,她六七岁时就熟识;可是她的性格,我是愈看愈不明白,她好像愈大愈天真,其实是愈变态的……他们兄妹特征,是生活重在精神方面,往往感情用事。"①

5月

1日 在《集美中学月刊》第2期发表书评《鲁滨孙漂流记》(钦文)。首先,此文认为鲁滨孙身上反映出的英国人的国民性,即敢于冒险。其次,谈到小说中的宗教问题,此不同于托尔斯泰小说中宣传教义的做法。再次,谈到小说的影响,甚至出现了鲁滨孙体。这部小说使许钦文很感动,因而感想也多。

2日 在《礼拜六》第638期发表散文《两副面孔》(署名木子)。此文写李×通过关系弄到一封推荐信,去×局找工作。会客室人很多,局长接见李×仅一分钟,告诉他无法安排工作。秘书长翻检推荐信,发现李×是×委员推荐的,得罪不得,于是又把姓李的请来,对他判若二人,把他安插在局里当视察委员。

10日 作小说《探监》,发表在7月31日天津《大公报》,收

---

① 文中谈及所谓三角中心除许钦文外,又谈及黄启衡、刘文如,实际上均属推测。文章对刘、陶之间的同性恋有着详细分析,认为她们的结合,"无非由于同病相怜"。为证明自己的观点,许氏作了多方引证。

入小说集《风筝》。这里说的探监，实际上是老难友去探望新进来的亲戚，照理是不可能的。不过由于他是剃头的工犯，利用自己各方的关系和方便，探清所关桄子，他买了一些日用品和大饼，趁看守不注意，把这些东西送给侄儿，并关照他在牢里要小心，不要随便讲话。

15日 在《黄钟》第8卷第7期发表文论《〈管晏列传〉中的文学条件》。此文说："《管晏列传》的管子部分，与其说为着管子而写，不如说是为着鲍子而作。名义山是管夷吾的传，实际却在表现鲍叔牙的宽大而能知人"；"为什么要藉管仲的名义来这样表现鲍叔牙的宽大而知人？"这是因司马迁为李陵说了几句话，却受腐刑，身受切肤之痛，"一有相当机会，就要藉以发泄"。文章还谈及"篇中多用直接语"，以及这样写的作用。

在《国闻周刊》第13卷第19期发表散文《"窝藏"更审的一天》。此文不重在写更审，而是写去法庭和回来的情形。

16日 在《华年》第5卷第19期发表书评《新与旧》（钦文）。这篇是对布克夫人的小说集《新与旧》的评论。文中认为作者是西洋人，却写中国现今社会的状况，这是第一点值得注意的。第二，"作者是女子，对于女性的内心体味得很仔细。"作者逐一分析小说集中的五篇小说，认为"五篇中最精彩的，自然是《花边》。Richard. J. Walsh 在原书序中说：'《花边》揭露了侨居中国的某种形式的白色人对于中国人的侮慢，是值得注意的。'这固然不错。但我觉得，这一篇的价值，更其在于侧重贫困生活的描写……""《花边》的技巧也很不错；对照非常强烈：一面裁缝的侄子，打铁烫伤，无力医治，烂到死去；裁缝是饿着肚子深夜赶做花边，只好让尸体摊在床上。另一方面，无非为着游园，看高尔夫球的溜转，就拼命的催迫裁缝，却不肯多给一点工钱，也不肯早些时候付款子。"

在《华年》第 5 卷第 19 期发表散文《暗礁上》(钦文)。此文通过写集美区厦门的触礁,联想到自己生活中处处有"暗礁"。

20 日　在《大公报》(天津版)发表小说《一只蟹脚》。小说写父亲带宏儿到海滩玩,正巧退潮,于是在海滩捉蟹,最后只搞到一只蟹脚。

6 月

10 日　在《逸经》第 8 期发表散文《峨眉顶上的一夜》。这篇游记写作者自己在峨眉山顶上吃素食,连吃两餐僵饭(因气压低,饭烧不熟),夜间在山顶看到难得一见的佛灯奇观,"一点一点的亮光是这样的,简直比夏天的繁星更来得密。"大家为此发生争论,决定去探个究竟。作者的结论是:"所谓佛灯,原是映在水田里的空中星星的倒影。别方面因都是闪,没有这种现象的反证。"

在《青年界》第 10 卷第 1 号发表散文《进学校以前的暑假生活》。此文记叙自己在私塾读书时、暑假的生活情况。他喜欢钓鱼、钓虾,用蚊子喂蚂蚁。

15 日　在《绸缪月刊》第 2 卷第 10 期发表小说《铜窗风味》。小说写一个在银行工作的练习生,练习生做了三年还没有升迁,工资又低,以至于日子非常艰难。

30 日　在《黄钟》第 8 卷第 10 期发表文论《王充的文学革命谈》。首先,此文认为王充在《论死》《论鬼》中"破除迷信,很有道理"。其次,"最可注意的,我以为是《自纪》中的文学革命谈。"文中指出"他把文字写得很浅显,是通俗的,这就有了'大众化'的趋势","王充著书作文,不摹仿古人,自认'不类前人'。"又说:

"反对摹仿古人,以为只要有用,不妨自出心裁的写来;这于无形之中,是站在浪漫主义的立场来批驳古典主义的了。"又谈到王充"文判于俗,不合于众"。还谈到王充的自然主义。为什么"我国还在汉朝的时候,已经有了从浪漫主义进层到自然主义的王充"? 此文说:"好像不可思议;虽然文学的条件不曾完备,王充作文的态度,介在浪漫和自然主义之间,却是实实在在的。"

7 月

1 日 在《黄钟》第 9 卷第 1 期发表散文《鹭岛的风味》(钦文)。这是一篇记叙散文,描写了闽南鹭岛的风土人情。

10 日 在《浙江青年》第 2 卷第 9 期发表散文《暑假生活的一页》(钦文)。此文记述许钦文在绍兴省立第五师范学校读书时的暑假生活。

14 日 据《〈鲁迅日记〉中的我》回忆:

"几乎不见了!"十四日晚上,鲁迅先生一见到我就这样说:"你已经很久没有来,我以为见不到了!"

"我有病。"我说。

"所以,"鲁迅先生又说,"几乎不见了!"

鲁迅先生自然地现出微笑来,显得很是亲昵的样子。天气很热,他穿着短裤子,露出两条小腿,瘦细得好像是丝瓜的样子。我看着,不觉暗自心酸起来。不知道该怎样说才好。大概是觉察到我在注视他那两条瘦细的小腿,他俯首向自己的腿上看了一下,然后用宽慰的语气对我说:"现在是已经好得多了!"

……

"但我这次的病,终究和以前的病,是很不同的!"

夜深了……我说:"再见!"他盯了我一眼,紧接着就重声问我:"你就这样回到杭州去么?"

我想他还有话要同我说,觉得情况严重。连忙改口,"不就回到杭州去,明天我还要再到这里来!"

许钦文此时因自己处于困境之中,不好意思去看望鲁迅,以免麻烦鲁迅。这次从福建回来,两年未见鲁迅,于是于 7 月 14日、15 日两个晚上去看鲁迅。《鲁迅日记》载:"十四日……晚去钦文来,并赠火腿一只,红茶一合","十五日……钦文来并赠Apenn 一瓶。"当时鲁迅正在重病之中。因许钦文的回忆保留了鲁迅临终前的重要资料,故而摘录。

15 日晚　到鲁迅家里。据《〈鲁迅日记〉中的我》回忆:"鲁迅先生叫我挨近他坐下,轻声说:'钦文,我写了整整三十年,约略算起来,创作的已有三百万字的样子,翻译的也有三百万字的样子了,一共六百万字的样子,出起全集来,有点像样了!'他又告诉了我编排的方式,以后就静默起来,可是两眼盯着我,似乎在等候我发表意见。'六百万字。'我接着说:'结集起来,的确是有点像样的了!'""我想鲁迅先生是在交代后事。"

16 日　在《论语》第 92 期发表散文《美丽的吊死鬼》(钦文)。此文谈鬼,述及各种鬼,其中三种鬼最使许钦文注意,即河水鬼、舍母鬼和吊死鬼。

本月　在集美中学教书已满二年,暑假后计划回杭。据《〈鲁迅日记〉中的我》回忆:"一到暑假我就回到杭州。浙江省内的学校仍然不让我去登讲台,我就决意只以卖稿为生。可是天天搜索枯肠,日日夜夜绞脑汁,当初以为只是贫也非病,终于弄得贫病交迫,仍然力竭写稿。困守愁债室,很少出门。现查《鲁迅日记》,从一九三五年八月二十八日以后,几乎近一年,我没有到上海去看过鲁迅先生,连信件都很少往来,是从一九二三年以来,通信最少的一段时间。鲁迅先生早就关照我:'浙江的杭州,和山西的太原,都是封锁得最紧的地方,你能离开杭州最好就早点离开,不能离开,就要不要多讲话,要少活动。'我无怨的仇人多,以为一动不如一静,就在愁债室内躲债了。"

从集美回杭后以卖文为生。据《文学与教学》自述:"以为卖文,可向各处投稿;不必再受找寻职位不得而看人冷面之苦。——这理想也曾实现过一回:当我在闽南教书已经有了一年多的时候,忽然来了个'无怨的仇人',硬要向我为难。虽然学校方面坚持'约满',但我总得另谋生计。于是试向各方面投投稿。有了二十多处可靠的报章杂志,我就决意写些稿子,回到杭州住在西子湖畔自己造的小洋房里,于写作之余种些蔬菜瓜果,颇自得。投稿的范围,西至成都,南至星洲,北至平津,收入也还不错。虽是失业,在我过去的生活中,倒是比较最安适的一段。要不是抗战军兴,参加集团奋斗,或者一直到现在,还要继续这种生活。虽然在这一年之间,我是拿文学做了职业。但我并没有抛却文学上的任务。固然我有我的苦闷,要随时藉着文学抒情发泄;我曾为《申报》的《自由谈》和《立报》的《言林》长期的写稿,于攻击旧社会的黑暗势力以外,多半是主张反侵略而鼓吹抗战的。我也常常评论时事;在午后读了当天的上海报纸,傍晚就草就稿子快邮寄发,第二天的午后就可以从上海报纸还是哪个面剪下自己的稿子来。这在深居高山的现在看起来,实在是很痛快的。"

8 月

6 日 作《元庆逝世七周(年)纪念文》(钦文),发表在 9 月 20 日《逸经》第 14 期。此文说到自己无论死双亲、"无妻之累"坐牢、上法庭，都没有元庆死时紧张。作者认为："元庆死时我竟连一个电话都打不好；站不住，坐；坐了仍然不能连续发音。直到第二天的傍午，还是有目无光。""会得这样，并非全然由于友谊的情感；我对于父母情感何尝不厚。因为元庆的病状是突然变重的，当初他不许我把他的病情随便告诉人，连家里都不许通知。病势一重，就来不及招人帮助。我是喜欢他的图画，重视他的艺术的，一想到挽救他生命的责任负在我的身上，就不觉手忙脚乱起来。"此文谈到元庆艺术的影响，他所教过的学生对他的怀念，引用了陶思瑾、刘梦莹的日记。最后还分析了元庆的画。

15 日　在《农村合作月刊》第 2 卷第 1 期发表小说《难兄难弟》，描绘了一个凄惨的故事。大哥临死之前交代后事，最后要小弟和嫂子姘桄成夫妻。弟弟难以开口答应，但病人一再嘱咐，弟弟只好答应，哥哥也闭目了。许钦文写农民小说不多，这又是一篇感人至深的佳作。

9 月

1 日　在《黄钟》第 9 卷第 4 期发表散文《老九洞的猴子》（钦文），收入《许钦文散文集》。此文写许钦文游峨眉山时，到过九老洞，那里有上千只猴子。

4 日　在《大公报》（天津版）发表小说《出屋》，同日又发表在《大公报》（上海版）。小说写孤儿寡母被房东赶出，因为她欠租十个月了。

8 日　作小说《两个朋友》（钦文），发表在 11 月 6 日《大公报》（上海版），收入小说集《风筝》。小说写两个人，一个刚从牢狱出来，一个不久从日本留学回来，碰在一起，都为找不到工作发愁。

10 日　在《新中华》第 4 卷第 17 期发表散文《陶元庆的幽默》(钦文)。此文列举了陶元庆几件轶事,一是在浦镇他同情一个小孩,在天津看到有人鞭打小扒手而痛哭,他上去夺下铁棒。有人说他《彷徨》封面上的太阳画不圆,他反问我连圆规也不会用。还举了他的散文《绍兴》,人家书印好,等他的封面画,他却在补衬衫。文中还谈了元庆的服饰、饮食、坐车、画《相爱前》和《相爱后》等,以此来说明元庆的幽默。

13 日　作小说《淫妻》(钦文),发表在 10 月 20 日《逸经》第 16 期,收入小说集《风筝》《许钦文小说集》。这是一篇非常出色的小说,通过年轻的政治犯出狱并怀疑自己的妻子有"外遇",而不愿回到妻儿那里;她的妻子以为他在外边讨了小老婆,而这一切都是由于"误会"。原来他在狱中,经常会他听到别人妻子离婚的消息,以为他的妻子也会有姘夫。他这是神经过敏,变态的心理完全是监狱中生活造成的,小说愈是描写他失去妻子的种种痛苦和他妻子带着 4 岁的孩子苦苦寻找时的凄凉情景,就愈加有力地鞭挞了统治者的罪恶。

14 日　作小说《双死刑》,收入小说集《风筝》。这篇小说写一个难友被国民党判了两个死刑,一个死刑不能上诉,一个死刑可以上诉。据狱中难友反映,还有的判三个死刑、七个死刑。这样的判决,岂不是对法律的自我嘲弄?弄死人不算,还别出心裁,花样翻新。难怪难友愤慨地说:"依照法律,在一个人身上,本来无须判出这样多的死刑来,他们总是随随便便,自然无所谓。"小说揭露了当局残酷、卑劣的做法。

15 日　在《绸缪月刊》第 3 卷第 1 期发表小说《打铁匠杨阿四的失业》。小说写杨阿四在工厂打铁,每月收入不错,于是有人看上他的位置,就叫人把他的脚打坏,等他从医院出来,他被开除了,他的位置也被人占领了,最后跛着脚到处找工作。

16 日 在《黄钟》第 9 卷第 5 期发表评论《读范成大〈峨眉山行记〉》(钦文)。此文是针对范成大的《峨眉山行记》提出五条批评,如"山顶有泉,煮米不成饭,俱碎如砂砾,万古冰霜之计,不能熟物,余前知之,自山下携水一缸至,才自足也"。许钦文道:"金顶上面煮不好饭是事实,但这怕是山高而空气密度低的缘故,无关于水。空气的密度低点,并非绝对不熟饭。"

17 日 作小说《悔过书》,收入小说集《风筝》。小说描述请"我"写悔过书的人有点特别:出工早,回来迟;读懂英文,却不认识中文;每晚都在思考怎样写悔过书。每次碰到总要问悔过书怎么写?写悔过书本来不难,但难在案子复杂、人数多,是不容易写好的。

20 日 在《申报·每日增刊》第 1 卷第 37 期发表散文《在避难所》(钦文)。此文写防空演习时,那些被关在避难所里的人的生活状况,有的车夫为生活发愁,有的正急于要办事儿等。

25 日 在《谈风》创刊号发表散文《工犯日记·前记》。从本期开始,在该杂志连载《工犯日记》,分别载于 11 月 10 日第 2 期,12 月 25 日第 5 期,1937 年 1 月 10 日第 6 期,1937 年 2 月 10 日第 8 期。

28 日 在《大公报》(上海版)发表小说《大悲咒》(钦文),同日又发表在《大公报》(天津版)。小说写轮船上的绍兴人善于与人攀识。

30 日 在《学校生活》第 154 期发表散文《集美学校的学生生活》。此文写许钦文在集美教书两年,住在论智楼的南端,可以观察校内的情况。如学生晨间的跑步,学生救火队的练习,水池里的游泳,傍晚学生散步,等等。

本月 由上海启智书局出版《许钦文创作选》,共收 15 篇文章:《离故乡》《一餐》《小狗的厄运》《父亲的花园》《一周间》《马长子》《夕阳》《伏中杂记》《猜疑》《遗言》《表弟的花园》《猴子阿三和胡大爷》《蜻蜓的歌》《一坛酒》《回乡时记》。

10 月

1 日 在《黄钟》第 9 卷第 6 期发表小说《玉虎的死》。小说写一条狗的故事,这条狗叫玉虎,是前面的主人留下的,后来的主人把它拉出去放生,每次它都跑回来。最后主人杨妈把它拉到江对面,结果还是发现它回来了并死在园子的坑里。写杨妈与狗之间的感情,很感人。王鲁彦也写过狗与主人的故事,也写得很感人。

在《女子月刊》第 4 卷第 10 期发表小说《桅顶上》(钦文)。小说写沉船之际,各人设法逃命,两人占据桅杆顶,后来又有一个女的游过来,青年喜欢这个女的,但是桅杆只有两人可保,最后不知什么原因,另一个男的沉入水中,把女的救起。

12 日 在《国闻周报》第 13 卷第 40 期发表小说《风筝》(钦文),收入小说集《风筝》《许钦文小说集》。小说是以风筝为线索,组织故事情节,编辑认为"刺激性太重",在点明"囚犯"坐牢的原因上,充满强烈的控诉性。如有人为什么去做强盗的下手,有人为什么铤而走险做红丸生意,概言之,是被逼上梁山,或者是当局驱使。

16 日 在《中国学生》第 3 卷第 8 期发表散文《禾山纪游(一)》(钦文),其(二)发表在 10 月 23 日第 9 期。此文记叙作者从集美到禾山的远足经历。

16 日 在《宇宙风》第 27 期发表散文《菜市口》(钦文),收入

《许钦文散文集》《许钦文散文选集》。这篇散文记录的是许钦文回忆其初到北京时的生活片段，比如："我的《故乡》《赵先生底烦恼》《鼻涕阿二》和《毛线袜》的一大部分，还有《回家》的后半，也都在这地方写成，如今一回忆着，总还觉得有些感情。《故乡》的原稿大都在《晨报副刊》上发表，当时的《晨报》馆也就设在菜市口一边的丞相胡同里。"又如："从菜市口去文化街的琉璃厂固然很近，离先农坛和天桥也不远，元庆的杰作《大红袍》就是傍晚游了天桥，当夜在绍兴会馆里一气呵成功的。"又说："故都的浴堂里面总是烧得很暖热的；菜市口附近的浴堂，价钱便宜，也还干净；在那里先剃个头，洗澡以后躺一下，于懵懂中很容易'捉住意境'，我的初期小说，大概是这样想好了格局的。"

19 日　伟大的文学家、思想家、革命家鲁迅逝世，终年 55 岁。噩耗传来后，病中的许钦文立即赶赴上海。据《〈鲁迅日记〉中的我》回忆："一九三六年十月十九日鲁迅先生病逝。噩耗传来，我立即决定动身赶到上海去，在街上买得一只花篮，写上我和四妹的名字，直接送到万国殡仪馆里去。当时我也仍然病得厉害，只担任在灵前拉幕的工作；有人来瞻仰遗容了，我就拉起幕来，让人瞻仰鲁迅先生的遗容。那人鞠躬敬礼以后走了，我就放下幕去。又有人来，我又拉起幕。我这任务，也算在守灵的。"在殡仪馆见到蔡元培之后，当即感谢蔡元培为保释自己出狱所做的一切："当我从'浙江

军人监狱'走出铁门以后,曾到上海去看鲁迅先生。临走他给了我一张他的名片,说:'蔡先生保了你,我托他的,你应该去谢谢他,拿着我的名片去。'我当时即拿着鲁迅先生的名片到蔡元培先生的寓所去。但他那天不在上海。得到鲁迅先生逝世噩耗以后,我估计蔡元培先生会去送鲁迅先生的葬,于是在百忙中找得鲁迅给我的这张名片带在身边。果然,蔡先生到万国殡仪馆来了,在那里院子里静静地踱着步。我拿鲁迅先生的名片加上我自己的名片一起交给他,说明缘由,向他道了谢。他看明我的姓名,又向我注视了一下,轻声说:'是很熟的!'"

20 日 在《中流》第 1 卷第 4 期发表小说《抄笼子》,收入小说集《风筝》。这篇小说写当局经常对囚犯抄身。

22 日 下午,鲁迅灵柩启动,送往万国公墓,自动前来参加执绋送殡的青年学生和男女工人人数达一万多人。在《安息歌》的乐曲中,由民众献出的一面白底黑字的"民族魂"三个大字的旗子,覆盖于棺木上。在一片哀悼声中,鲁迅的灵柩被轻轻地放入墓穴中。许钦文泣不成声,怀着崇敬的敬意和悲痛的心情,开始陆陆续续地写悼念和回忆鲁迅的文章,到1937 年,就汇集一册,名之曰《祝福书》,交北新书局出版。

据《〈鲁迅日记〉中的我》回忆:"鲁迅先生于一九三六年十月十九日在上海逝世,我参加了追悼会和葬礼后,接连写了不少篇悼念鲁迅先生的文字。当时我失业在杭州,卖稿为生,在近一年的这段时间,我以写纪念鲁迅先生的回忆为主。'八一三'抗战前夕,报章杂志先后停刊,我再也不能以卖稿为生。蒙达夫介绍到福建师范去教书,我结集了这些纪念文章,可以印成相当厚的一本书。在写这些纪念鲁迅先生的文字中,我时刻联想到'祝福书'这个名称,就很自然地把这纪念文集定名为《祝福书》。我去福州福建师范,路过上海,就把《祝福书》的稿子交给了北新书局。抗日战争胜利以后,我从福建回来,才知道《祝福书》的稿子,连同已经打好了的纸板,已于上海沦陷的前夕统统被烧毁了,说是因为承印的是中美印刷所,恐被敌人发现多麻烦。又说赔偿了点钱,而且代买得薄荷保存。我有五万元'法币'可以领用。通货膨胀,这笔钱照现在的人民币计算,还不到五元钱。《祝福书》的稿子被烧毁了,钱只是一个问题。影响所及,使我以后写纪念文、回忆录感到很困难。且不说失去了可以查考的依据,而且结集《祝福书》的各篇文字,曾经在各报刊发表过的,仍然存在图书馆等处。"

现在可找到的,在鲁迅逝世后的 1936 年许钦文撰写的有关纪念、回忆鲁迅的文章共六篇:《鲁迅先生与新书业》《在对鲁迅先生的哀悼中》《同鲁迅先生最后晤谈》《铁门相见的鲁迅先生》《祝福书》《鲁迅的〈肥皂〉》。而 1936 年以后写的文章,现可查到的是:《鲁迅与文学》(1937 年 4 月)、《铁门风味》(1937 年 5 月)、《鲁迅先生的精神》(1937 年)、《鲁迅先生的报复手段》(1939 年)、《鲁迅先生的疑虑》(1939 年)、《在老虎尾巴的鲁迅先生》(1940 年)、《写〈彷徨〉时的鲁迅先生》(1940 年)、《给鲁迅先生责骂的时候》(1941 年)、《陶元庆的关于西子湖的诗画》(1946 年)、《鲁迅先生与陶元庆》(1946 年)、《〈鲁迅书简〉读后感》(1947 年)、《鲁迅先生译〈苦闷的象征〉》(1947 年)、《鲁迅先生著〈故事新编〉》(1949 年)等,共计 17 篇,其中最多 8 篇收入《祝福书》,其余则都不属于许钦文所说的范围。因许钦文于 1937 年 8 月去福建教书,期间可能还有文章未被发现。

关于《祝福书》,赵景深的回忆中说:"战时钦文有一本《祝福书》交给北新,这是他唯一的一本散文集,我得到小峰的许可,将这本书移转给我和山源所合编的一套文艺丛书,不幸却在日本人的压迫下被毁了。经过情形是这样的:有两位爱好文学的青年在五金方面赚了一些钱,便拿出一部分钱来办联美图书公司,出版《文林月刊》,由胡山源和我供给稿件。又计划出版文艺丛书,当时我拉到阿英的小说《搜奇录》,黎锦明的短篇小说集,顾仲彝的剧本,钱今昔的小说,吴紫金的散文等等,钦文的《祝福书》也是其中之一。不料太平洋战争揭幕,联美本是 Ungtea Aytists,竟被误为"联络美国"。前门在查抄,后面便自动地将许多稿子焚毁,胡山源的两部稿子和许钦文的《祝福书》便都付之一炬。事后该公司经理略赔给许钦文储币一千元。我因交通阻隔,无法转交,便替他买了薄荷冰,以免币值减低。偏偏卖去薄荷冰,是低价的时候,连我自己所购的一共只买了五万元,最近才把这款子汇给他。我觉得文人的心血最可宝贵,决不是区区阿堵物所能赔偿的。日本人对于我们中国人的残害,不可胜数,这只是其中之一而已。"[①]

24 日　在《东南日报·沙发》发表小品文《医学与心理》(钦文)。此文写作者自己生病,以为自己要死了,然而到了医生那里,经诊断,医生说他无大病,请他放心。他自己也一下子好了许多,说明医病要医心。

30 日　在《中国学生》第 3 卷第 10 期发表散文《牢监里的学生生活》。这是一篇回忆狱中学习的文章。此文从私塾、中小学到北京创作《故乡》、杭州唱书改文写到入狱后成了"第三种政治

①　赵景深:《浙东乡土作家许钦文》,《自由谈》,1947 年第 1 卷第 1 期。文中还提及许钦文的小说颇注重结构,有些篇目是极巧妙的,而且带有浓厚的地方色彩,许钦文与王鲁彦、许杰等并称浙东风土作家。除十几本小说外,还凭着他自己的创作经验写过一本不依傍他人的《文学概论》。

犯"，于是开始学世界语、日语，"世界语已经能够勉强翻译；日语，日本小学里的教科书也十之八九看得懂。"此外，"我也读了好些别的书籍，而且有些本子，目前一般书店里是买不到的。"

11 月

1 日　《青年界·鲁迅先生逝世纪念特辑》第 10 卷第 4 号发表散文《鲁迅先生与新书业》。此文谈到鲁迅指导和扶助下的北新书局、未名社，文中认为现在新书业的发展是鲁迅培养起来的。

5 日　在《中流》第 1 卷第 5 期发表散文《在对鲁迅先生的哀悼中》，收入《学习鲁迅先生》一书。此文回忆鲁迅对作者的帮助，但重点是谈鲁迅的为人，特别是鲁迅的作品。对于出版《鲁迅全集》提了三条意见：一是"校对要仔细"；"二，装订要大方"；"三，凡是他亲手制作的，都得照样刊上去。"

15 日　在《农村合作月报》第 2 卷第 4 期发表小说《步上老》（钦文）。所谓"步上老"，即入赘女婿，他叫长发。长发家虽有两个妹妹，他是家中老四，两个妹子所得的聘金，早就给大哥、二哥用了，他只好做了入赘女婿，老婆是刚死了丈夫的寡妇。他们生了一个儿子，一个女儿，本想女儿嫁出的聘金给儿子讨媳妇用，谁知又接连死了丈母娘、母亲，儿子现在 27 岁还未讨老婆，租来田也被夺去了。尽管他勤苦，却感到非常艰难，但他却关心村里造路等事，令人感动。小说写出了那个年代农民的贫苦和不幸。

16 日　在《黄钟》第 9 卷第 9 期发表小说《疯妇》（钦文）。小说写四川内战，自己人打自己人，苦了老百姓。所谓疯妇，就是因为两个儿子被拉去当兵，两个媳妇不见，留下三个小孩子要老人抚养,起初发愁,后来成了疯妇。

在《论语》第100期发表散文《愁债室》(钦文)。文章写从所谓别墅、公馆到愁债室,"无妻之累"以后,原来冷冷清清的家变成各色各样的了。

作小说《无聊的哭》(钦文),发表在本月30日《中流》第1卷第8期,收入小说集《风筝》。此篇小说叙述了十二种被捕的情况:有的在公园里被捕的;有的从旅馆里出来典当衣服时被抓住;有的是抱着牺牲的决心在干的时被捕;有的是西湖边玩时被抓的;有的是在街上碰到老朋友打招呼时被捕;有的是同学讨论过去的事老是走不通,想另走路,谁知老同学是探子而被抓;有的因为老师来访,被认为窝藏叛徒被捕;有的碰到人问他尊姓大名,回答之后,莫名其妙地被带走;一位山乡的农民,在他家乡是不能随便捕人,一旦有人被捕,全村人都会来救,而这位难友因离开村里到了外省被捕;还有一位做政治工作,因无钱,天黑回家,老婆说他外边有人,哭了一整夜,他也被捕了。

20日 在《逸经》第18期发表散文《同鲁迅先生最后的晤谈》(发表时附照片),收入《许钦文散文集》。这是许钦文回忆鲁迅重病期间在他家里的一次重要谈话,其中交代关于出版《鲁迅全集》的事。

在《中流》第1卷第6期发表散文《铁门相见的鲁迅先生》(钦文)。这一篇是回忆女师大被军警包围,那天晚上许钦文去见鲁迅的事。

本月 由上海时代图书公司出版《钦文自传》。这本自传,基本上采用倒叙的方法,全书分十节,即:一,"出狱";二,"不浪舟中";三,"蜀道上";四,"无妻之累";五,"铁饭碗";六,"从《故乡》到《一坛酒》";七,"酒后文章";八,"稽山鉴水";九,"愁债室内";十,"最近的我"。关于这本自传的写作方式,"自序"中说:"我以'事情'做主体的'经',只以时日为'纬',为的是因果的联络。以为自传,最紧要的是表现出整个的我来,这要从我的个性,和我所经历的事实来表达。经历的事实,有着我自己寻求的结果,和不可避免的自然遭遇这两方面。但也不能严格的分辨……当初以为多写自己寻求的结果,这才容易表现出'我'来。可是事实弄不清楚;譬如莲花凉亭的房屋,我所寻求的是保存'元庆遗作'的纪念室,结果演了'无妻之累',变为'愁债室'了;其间经过'一二八'的沪战等等,在我实在是自然的遭遇,我何尝故意去挑拨过! 原来我也是社会的一份子;写了我,固然可以反映出现社会情况的一斑来,写现实社会的情况,也可以烘托出我来。后来以为个人的关系本属轻微,要从个人的传记,连带表现出现实社会的重要情形来,这才有意义;所以抛弃了当初的成见。……可是我总得注意写明我的个性;以为做别的文章,或者应该顾着几个典型,使得写成以后,可以让一般批评家,拿着固定的尺度量,免加什么责难。写自传,用着什么方式来表现,不妨任自己的便。因为这个也是个性表现的一种,在这里,原是以表达我的个性为前提的。"

关于这本自传,《补自传》中又提及:"《钦文自传》,实在不像真的自传,也不像是一般的传记。开头第一段就是:一九三四年七月十日十一时许,我背着我的被铺,提着我的衣包,走出军政部直辖浙江军人监狱的大铁门。小标题是"出狱"。"自传"共十章。其次是《不浪舟中》,写在监狱里约一念间的情形;并说明被国民党反动派关进军人监狱的原因等。这好像是微小说,颇有点像倒叙的样。有这样写的'自传'的么? 有这样写的'传记'的么? 那么当时为什么要这样写呢? 原因是'逼住了'。其实我从牢监出来不久,人还活着,饭碗没有了。当时国民党反动派不让我再在杭州教书,这倒无妨,因为厦门私立集美中学接连拍电报来邀我去。可是,旅费呢?正因为难,恰巧上海图书公司托人来说,要我写一本自传,而且还可以预支稿费。由于开学的日子快到,我于是赶紧写了一百三十页的《钦文自传》,是在十一天内赶写而成的。因为事前并没有什么准备,来不及仔细考虑,只好先想到什么,就先写什么了。"总之,该书从 1934 年出狱写起,追溯许钦文童年的生活、思想和创作的情况,是一本研究作家前半生的最完整的珍贵史料。这是当时该公司出版的一套作家自传丛书五本中的一本。1986 年,人民文学出版社又重版《钦文自传》,并附录《补自传》和《卖文六十年志感》。

12 月

1 日　在《民众教育》第 5 卷第 3 期发表小说《缺齿龙》(钦文)。小说写一个名叫阿龙(缺齿龙)的农民因苛捐无法活下去而上吊自杀,当他被人救下又介绍到城里"二少爷"那里工作,二少爷也无法想象。小说所描绘的"二少爷"与许钦文当时的情况相似。

在《文季月刊》第 2 卷第 1 期发表评论《鲁迅的〈肥皂〉》(钦文)。此文开头讲鲁迅从事文学创作的动机,然后分析《肥皂》所运用的幽默和讽刺手法。

2 日　在《大公报・文艺》发表散文《可怜的周先生》(钦文)。此文写许钦文见到报上有鲁迅逝世的消息,马上动身到上海鲁迅家,广平不在,两个妇人告诉他有关鲁迅临死的情况。"可怜的周先生"就是从她们口中说出的。

5 日　在《中流》第 1 卷第 7 期发表散文《祝福书》(钦文),收入《许钦文散文集》，以及《在老虎尾巴的鲁迅——许钦文忆鲁迅全编》（上海文化出版社 2007 年）中写许钦文把元庆画的《彷徨》封面送给鲁迅看，又送至印刷厂，当初此书未定名，鲁迅称其为"祝福书"，印刷厂也这么叫。此文认为《彷徨》在写作上有许多地方可学，如《示众》片段的描写；又如讽刺的运用，《祝福》的开头，《高老夫子》中对老杆和万瑶圃的描写，《肥皂》中对四铭的描写。至于写妇女的技法更多，还穿插论述到《幸福的家庭》中地点用 A、小标题、"附言"、"小引"等。

12 日　在《东南日报·沙发》发表散文《可念的印象》（署名高阳）。此文记叙了许钦文在四川的一个军官家里吃饭，碰到一位旅长，给他留下不可磨灭的印象。

15 日　在《东南日报·沙发》发表散文《江山和美人》（署名柳丝）。此文谈英国爱华德八世让位，有人说他只爱美人不爱江山，作家反驳了这种说法。

16 日　作小说《白衣观音》，收录于小说集《风筝》。小说写赵大元所在囚椸中的难友 15 人，人员复杂，他本是教师，问他的人也多，他也乐于为此。但难友往往苦中作乐，把马桶当作玩具，更可悲的是难友之间还互相作弄，而大小便无定时，整天臭气冲天，弄得赵大元用一块白布把头包住，使声浪不会冲击他，他一声不响坐在那里，像庙里的白衣观音。

24 日　在《立报·言林》发表杂文《糠拌米》。此文写女儿与娘为买米又买糠而争吵，且娘打了女儿，因女儿不愿去买，而买糠是用来拌米饭吃。

30 日　在《大公报》（天津版）发表小品文《呆讨饭》（钦文）。此文写一个发了呆的讨饭人，他会讲外国话，给外国人做厨师，他的发呆是因为他做错了事，外国人要枪毙他，把他吓呆了。

1937年（丁丑，民国二十六年） 40岁

▲7月7日，卢沟桥事变爆发。

▲8月13日，日军大举进攻上海，淞沪之战爆发。

▲10月，上海战时文艺协会、上海戏剧界救亡协会相继成立。

▲12月，日军占领南京。南京30余万居民惨遭杀害。

1月

1日 在《新时代》第7卷第1期发表散文《迷恋的情妇》。此文以"迷恋的情妇"为题，解释了为什么对日本军国主义掠夺东三省麻木得若无其事。《迷恋的情妇》是小说集《迷恋的情妇》中一篇。

2日 在《立报·言林》发表散文《好打算》。此文写关奶奶打算要是生个女孩就送育婴堂，生个男孩就送给她哥哥，这样自己给大户人家做奶奶，每月还有四块大洋的收入。

5日 在《东南日报·沙发》发表小品文《出家人过年》。此文记叙了作家二十年前到寺院去看朋友，看到大门上"念佛过年"四个大字，联想到自己写过《做小说过年》而引发的议论。

6日 散文《去年的新年生活》（钦文），连载于《中国学生》（上海）第3卷第19期至22期。此文谈及去年（1936年）在集美中学过年，旧历的元旦写了《无妻之累》中的《东碰西撞》，在热热闹闹的新年中完成了《无妻之累》。

7日 在《立报·言林》发表散文《过年》。此文谈到新旧过

年"缠夹不清"，希望将来大家都真正的过新年。此文又载于本月 9 日《世界日报·明珠》，仅改题目为《过新年》。

9 日　在《年华》第 6 卷第 1 期发表散文《世界语高等新读本》。《世界语高等新读本》是许钦文在狱中读过的，作者对此文自然是有感情。孙国璋在北京大学曾将此书用作讲义。文中说："我不是世界语主义者，却也赞成世界语……但这总是沟通全人类意识的工具，也是谋得新知识的利器。"

10 日　在《立报·言林》发表散文《假阔老》。此文写西湖边上坐着轿的洋太太，后面坐着黄脸孔华人，别人以为他是阔老。这事让轿夫看出，钱是洋太太皮革中拿出，共四张，到轿夫手里剩三张了。此文又载于本月 12 日《世界日报·明珠》，题目改为"说鬼话的阔老"。

在《海风》（天津）第 4 期发表散文《画家陶元庆的修养功夫》（钦文）。此文说："陶元庆也擅长文学，旧的诗词和新的小说都做得不错，实在是这个多方面的艺术家。"因而举了他的几首诗，但主要分析元庆的画。最后说："元庆多方面的采用了西洋画的表现方式，但不是呆板的摹仿，而是灵敏的运用。他的画是有着活跃的生命的，所以充分的保持着东方情调，这是（要）有深厚的修养功夫不可的。"

15 日　在《立报·言林》发表散文《鸟语》。此文回忆狱中的难友，他总是坐在枙子的角里，听白头翁叫"杀鸡沽酒"，然后谈他做女婿时，白头翁总是这样叫，后来自己女儿出嫁，女婿来，白头翁也是这么叫，大家杀鸡喝酒，热热闹闹。此文又载于 17 日的《世界日报·明珠》，题目改为"杀鸡沽酒"。

16 日　在《论语》104 期发表散文《读了自己的自传》（钦文）。此文说自《钦文自传》"脱稿到现在，已经两年多，其间死去母亲,我一再浮海,病得打算写遗嘱,不但有话要说,也有不少牢骚可发;苦苦乐乐,这段生活史,实在也是颇有点丰富的。但我并不想在这里'追记''补序';说来话长,当另觅机会写篇《四十自寿文》,或者等到半百时岁再说。……现在读了,却就得到整个的观念;觉得作者'许钦文'这个人,老是慌慌张张的东碰西撞,好像是只落在铁丝笼里的老鼠;'貌既不扬,年事又长',本该藏拙,却被硬的弄到众人面前来献丑。"文章说自己像只猴子,"又像是只投在网里的蜻蜓……"

19日 在《立报·言林》发表散文《琴声》。此文写弹琴的女人只管自己作乐,不管丫头死活。

21日 在《立报·言林》发表《共鸣》。此文写人们骂没有同情心的人为狗,其实狗也有同情心,而有些人连狗也不如,面对自己的同胞受异族摧残却视若无睹。该文又载于同年2月13日《世界日报·明珠》,题目改为"狗的同情"。

25日 在《东南日报·笔垒》发表小品文《娼盗之争》(钦文)。此文是针对娼盗之争所发的议论。

26日 在《立报·言林》发表散文《爱国贼》。此文写狱中难友犯盗窃罪,却很有爱国心,对日本侵略者充满仇恨。

29日 在《立报·言林》发表散文《法外之罚》。此文讲只判了他半年,却被羁押了一年多,这实在是法外之罚,还有更为严重的,判缓刑,却坐了三年半年。

在《东南日报·笔垒》发表小品文《也谈清华的国文参考书》(钦文)。此文是针对清华大学中文系的国文参考书中引入高尔基的《母亲》,其认为这是必要的并对此发出议论。

2 月

1 日　在《论语》第 105 期发表散文《塔灯》。此文写杭州保俶塔上的灯有"七七四十九盏",为游客指路,一年两期。香市到来时,那些背着黄布袋来朝山的香客,伴随铛铛的声音,从昭庆寺、弥陀寺传来,对佛教徒而言,他们认为这塔灯是引上西天的路标。

2 日　在《东南日报·沙发》发表小品文《取暖》。此文写一株杨柳树被劈作木料,当柴来烧取暖,当时感到暖和,后来主人悔恨起来。

4 日　在《东南日报·沙发》发表小品文《淘米》(钦文)。此文通过两件小事,反映穷人才能理解穷人的心思和苦处,富人是理解不了的。

5 日　在《东南日报·沙发》发表小品文《鸦和鹊》(钦文)。此文从作者幼时对乌鸦和喜鹊的不同观感写起,至故都观察喜鹊和乌鸦之战,才感到乌鸦的可耻。

6 日　在《立报·言林》发表小品文《血桥》。此文从造钱塘江大桥先后死了一百多人写起,到以前绍兴汤太爷造桥也死了人,桥是工人的血堆成的。

　　在《东南日报·沙发》发表小品文《邮票》。此文谈到自己在四川山间旅游时问路,总是找邮政的人,以后写信、投稿也喜欢和邮政的人聊天。

8 日　在《中流》第 1 卷第 12 期发表小说《瞎闹》(钦文),收入小说集《风筝》。这篇小说描写了一个敢于反抗的共产党员的形象。他既能和看守无理的谩骂进行针锋相对的斗争,又能不被看守的压力所屈服。当看守对共产党进行攻击时,他不畏惧,挺身而出,反唇相讥,把看守气得发抖,要把他的名字开到科里去。而他未待铁门打开,就连说:"去!去!"到了科里,吃亏的自然是他。他这种斗争精神,连敌人也不得不承认:"这家伙的口子直横。"这充分表现了一个共产党员的铮铮铁骨。

9日 在《东南日报·东南风》发表《民族文学家普希金》(钦文)。此文认为普希金是俄国新文学的开山鼻祖,是民族文学家,伟大的诗人,"俄罗斯的拜伦",他也写小说、文学批评。

12日 在《立报·言林》发表小品文《无功之赏》。此文写阿马生病,而马老太爷要吃鲤鱼,硬逼阿马下河去捕来,结果阿马淹死了,留下孤儿寡母,向老爷求个棺材钱,马老太爷却说不是他让阿马去死,不肯出钱,幸有旁人说情,马老太爷赔偿了两张一元的法币。

14日 在《东南日报·沙发》发表散文《幼稚的威逼》(钦文)。此文写作者小时候和姐姐打果树、桂花树的可笑情景。

16日 在《宇宙风》第35期发表散文《毛巾在狱中》(钦文)。此文谈毛巾在狱中的各种用处,除洗脸、洗脚外,还用于枕巾、缀在被头上、揩碗、揩茶杯、揩枕板、揩马桶盖,还可以当作法币使用。

17日 在《东南日报·沙发》发表小品文《深入民心的苏东坡》(钦文)。此文谈到不管在眉山、嘉定,还是杭州,人们都爱苏东坡。

20日 在《中流》第1卷第11期发表小说《并》。这篇是写小叔和大嫂结婚的故事。起初小叔反对,"长嫂大如母",但经三八太公的劝说,又经过亲戚们好言相劝,其才同意这门亲事。

21日 在《立报·言林》发表散文《呆话》。

25日 在《黄钟》第10卷第1期发表小说《拒绝》。这是运用对话体写的小说,从头到尾通过对话,写出了一个女子拒绝有妻室的男子求婚,结构紧凑,一气呵成。

26 日 在《东南日报·沙发》发表小品文《海吼》(钦文)。此文写夜间听到吼声,以为是海吼。

28 日 在《经理月刊》第 4 卷第 2 期发表小说《菜花姑娘》(钦文)。小说前半部分写吴阿牛如何勤劳致富,后半部分是写他女儿菜花如何出走。小说运用倒叙手法,笔法细腻,写女性心理变化有理有节,写阿牛的心理变化很符合人物之性格。

在《东南日报·沙发》发表小品文《莫奈何》(署名高阳)。小说从给孩子买铁环写起,想到儿童文化问题,从四川有一种玩具叫"莫奈何"而引发的议论。

3 月

1 日 在《华年》第 6 卷第 7 期发表书评《威尼斯商人》(钦文)。该文本年 5 月 25 日又发表在《同行月刊》第 5 卷第 4、5 期合刊。此文评介了莎士比亚喜剧《威尼斯商人》,除了简要的剧情介绍外,又说:"这样一个有点开玩笑的滑稽些的故事,怎么能写成功个能够代表喜剧的杰作呢? ……这首先由于剧中的主要人物,个个都是典型的,比如安图尼欧,的确是商人气十足的,巴珊尼欧,的确是个少爷派的青年,富犹太人的夏洛克不用说,千金小姐的波西亚,和跟人奔逃的杰西卡姑娘,都写得好像社会上的确有着这样一类的人物,所以能够写得个性明显,情调充分。其次是语句精炼;剧本重在言语,要藉此打动观众的心,引起共鸣作用……"

2 日 在《东南日报·沙发》发表小品文《三只袜》(钦文)。此文写作者去找朋友,给他带路的人的绰号是"三只袜",因为他很节约,袜子破了,再套上一只袜子,于是别人就这样叫他了。

4 日　在《立报·言林》发表散文《良心》。此文写小阿凤被卖入妓院,13 岁时开始接客,固然被骗,嫖客也会骗她。于是谁也没良心。该文又载于本月 6 日《世界日报·明珠》,题目改为"谁有良心"。

6 日　在《礼拜六》第 680 期发表小说《阿狗娘的悲愤》(署名木子)。小说写阿狗父亲重病后,阿狗娘叫他不要出门,街上现在正在抓人,凡脸色不好的都当作烟鬼被抓走。阿狗父亲认为没事,结果出门即被抓走,关进监狱,等到放出来回家,便一命呜呼! 小说有强烈的控诉性。

8 日　在《东南日报·沙发》发表小品文《万松岭》(钦文)。此文写作者坐车到万松岭时,想起当年送葬陶元庆时的情景,也想起当年还小的朋友现在已做了父母。

在《华年》第 6 卷第 8 期发表书评《一个逃兵》(钦文),被同月 27 日《商务印书馆出版周刊》第 226 号转载,又被本年 5 月 25 日《同行周刊》第 5 卷第 4、5 期合刊转载。此文评介萧伯纳三幕剧《一个逃兵》,文章除分析剧情外,还指出这个剧本与其说是幽默,不如说是讽刺,虽然萧氏是个幽默大师。

10 日　在《谈风》第 10 期发表散文《蜀情小忆》,收入《许钦文散文集》。此文谈及蜀道难,但在许钦文眼里却是世外桃源。还有沱江的秋色,成都高而厚的城墙,规模宏大的武侯祠,成都各种小吃,四川的战乱和四川的盐巴。文章洋洋洒洒,如行云流水,优美可观。

在《东南日报·沙发》发表小品文《非〈女人之过〉》。此文是针对美国心理学家柏雷近作《女人之过》一书提出的批评。

12 日　在《东南日报·沙发》发表小品文《螺丝》(钦文)。此文写到闽南走山路时，碰到走在前面的渔夫，挑着的螺丝多次掉到地上，他每次都停下来去捡，挡住去路，使人不耐烦，但后来被他的精神所感动。

在《大公报》（上海版）发表小说《乡愁》，同日又发表在《大公报》（天津版）（钦文）。此文是写流落异乡的小孩要吃故乡的鱼而引起的怀乡之情，缕缕情意，较为感人。

15 日　在《东南日报·沙发》发表散文《十二年前》（钦文）。此文写十二年前民众参观孙中山遗体，民众热爱中山先生，因为他接近民众，不像袁世凯、张大帅那样一上街就禁道，把民众摈在一边。

16 日　在《东南日报·沙发》发表散文《高明寺》（钦文）。此文写浙江天台的高明寺，比之四川的峨眉山更有意思。

在《立报·言林》发表散文《女子的能力》。此文批判轻视女子能力的现象，认为女子的能力是很强的。

18 日　小品文《关于吕仙》（钦文），在《东南日报·沙发》发表。此文谈及吕纯阳，也顺便谈到陶元庆不相信神仙一事。

在《世界日报·明珠》发表小品文《被隐藏的女性光辉》。此文写女子的能力是很强大的，过去被"无才便是德"所蒙蔽了。

20 日　作小品文《乐园》，发表在本月 22 日《立报·言林》。此文说穷人把判决书叫饭票，穷苦的老囚徒把监狱当乐园。该文又发表在本月 24 日《世界日报·明珠》，题目改为"判决书与饭票"。

24 日　在《东南日报·沙发》发表小品文《金篮子》（署名沙发）。此文写香客上山都买篮子，价格要比山下贵一倍，原是当地传说每年都要卖出一只金篮子。

25 日　在《读书之友》第 1 卷第 3 期发表散文《鲁迅先生与

文学》(钦文)。此文叙述鲁迅对文学的巨大贡献及其原因。最后谈到:"从事文学,平常可以分作四项,就是提倡、创作、批评和介绍。鲁迅先生,提倡在三十年以前,创作了《呐喊》等等的世界名著;批评在杂感中到处可以看到;介绍,他的翻译也够多的了,更可以注意的是关于被损害的弱小民族的文学。那么他是四项齐全的了,而且都是很出色。"

作小品文《稀有的春景》(署名柳丝),发表在本月 28 日《东南日报·沙发》。此文写下雪后的春景,白雪与花红柳绿相映衬。

在《民众教育》第 5 卷第 9、10 期发表《民间图画展览会纪事》,其中有《小说家许钦文先生的意见》。

散文《白状元祭塔》(钦文),收入由浙江省立民众教育学校出版的《民间图画展览栏特刊》。此文讲述其小时候喜欢看花纸,其中有《白状元祭塔》,文中还提出用花纸的故事传说及注意点等。

31 日   在《黄钟》第 10 卷第 4 期发表文论《民族主义文学与民间疾苦》,署名高阳。文章论述民族文学与民间疾苦的关系。

4 月

1 日   在《东南日报·沙发》发表小品文《二尺五》(钦文)。此文写在成都街巷碰到一男子骑在一个女人身上打她,作者喊着不要打,男子不理,于是用皮鞋脚踢他,男子起来道歉。此事很奇怪,一问房东,才知道因为穿着西装,在阴沉沉下看起来像军装,难以辨别,文后点明:"由此可见蜀中老百姓的害怕军人的一斑。"

在《立报·言林》发表小品文《观音米》。此文写四川内战,饥民遍野,"难民走渝吃食五六万人……路毙者达三千八百七十人"。因没有吃的,只好吃观音土。

5日 在《东南日报·沙发》发表小品文《饥鼠》(署名柳丝)。此文写家里遭饥鼠灾,联想到四川闹饥荒,吃观音土,杀自己家小孩吃,且连吃六个小孩。

7日 在《东南日报·沙发》发表小品文《筅帚》(钦文)。此文讲筅帚的种种用途,文后突然笔锋一转说:"筅帚的精神大有扩充的必要;有了社会的筅帚:洗涤人间的污浊,大家可以爽爽快快地做人!"

9日 在《东南日报·沙发》发表小品文《晒干鹅肉》(署名田耳)。此文谈到作者小时候喜欢去上坟,不仅可以玩,而且还有各种东西可吃,包括干鹅肉。在"辞别祖坟,我常常暗自期望,长大以后定要有所作为,使得祖坟光荣起来,祖坟对于幼稚的我,实在是神秘的象征"。现在回去上祖坟,只有悲伤,因故乡已衰败了。

9日 在《立报·言林》发表小品文《胆量》。此文说能像赵子龙、徐锡麟那样胆大、轰轰烈烈地干一场的人,值得赞扬,但有一种胆大什么包中头奖、色胆包天、却不是值得肯定的。

12日 在《立报·言林》发表小品文《灾情》。此文仅摘录报上所载灾情时,人们吃人肉、泥土、杂草、树根的情况。

在《东南日报·沙发》发表散文《四川的水》(署名高阳)。此文讲四川旱灾,人们吃杂草、树根、人肉,并进一步分析其近因是旱灾,远因是战争。四川有四大江,却发生旱灾,原因是水流湍急,水不易蓄起来。

13日 在《东南日报·沙发》发表散文《油菜薹》(署名田耳)。此文讲一户人家,因为喜欢吃油菜薹,把自己女儿嫁给种田人家,而他的女婿——被称作油菜蕻阿三,是一个老实人。

17 日 在《东南日报·沙发》发表散文《小发明》(署名田耳)。此文写到自己在四川时,因为负债多,一天只吃两顿饭,肚子饿,就用开水泡饼干以充饥,这就是所谓的小发明。

18 日 在《东南日报·沙发》发表散文《黄花果》(署名柳丝)。此文讲家乡清明时节可以吃到黄花果,它比荠菜、马兰好吃。

20 日 在《东南日报·沙发》发表小品文《呆秀才》(署名高阳)。此文写一个讨饭的秀才,他因"黄花果"而成了讨饭的人,但他还自得其乐。

21 日 在《立报·言林》发表小品文《偷粪贼》。此文说成都《新民报》载有人偷粪被捉,于是人们用粪涂其脸,指出四川花柳病多,粪中难免有白浊,满脸涂其粪,怕要永远不能目视了。最后言道,老子说:"窃国者侯,窃钩者诛",老子生于今日,还要添一句"窃粪者盲"。

在《东南日报·沙发》发表小品文《蓝布大衫》(钦文)。此文谈到一个朋友穿蓝布大衫会占到很多便宜,如坐车、买东西;但也有吃亏的时候,那就是到饭庄去吃饭,往往被安排在阴沉的角落里,文章写出了衣服的诸多用处。

24 日 在《东南日报·沙发》发表小品文《韧讨饭》(署名田耳)。此文写吸鸦片的强讨饭,作者小时候便曾见过他,他老是在作者家门口站着,一定要拿到烟灰才走,不管你怎样打他,他就是不走,大家对他的韧性很是惊奇。

作小说《赵大生》(钦文),发表在 5 月 20 日《中流》第 2 卷第 5 期,收入小说集《风筝》。小说写狱中的赵大生是一个敢于反抗的人。作家通过这个人物对难友、科长和看守的不同态度来表现人物的性格。他工作上手特别快,故得到的赏金也多,但他从不买私菜;对难友很讲情谊,用自己所得赏金,帮助无力医治的难友治病;而对看守、科长,则大模大样,敢笑则笑,敢说则说,该得罪则得罪,连看守、科长也奈何他不得。这篇小说写得很生动。

27日 作日记《种菜蔬》,发表在 6 月《青年界》第 12 卷第 1 期。内容写作者种蔬菜,文后感叹道:"'赚得木主钱,丢掉棺材钱',或者以为我不合算。不知道撰稿卖文,有些地方老是不给钱,反而空费邮票;种了瓜豆的秧苗,个把月后总可以搞得来吃些。"

28日 在《东南日报·沙发》发表小品文《废路》(钦文)。此文写杭州西湖的新马路造成以后,原来西湖的口子——石塔头儿很少有人去走,也就变成了废路,于是作者议论道:"有碍于大众的进行,终于为大众所抛弃。"

29日 在《东南日报·沙发》发表小品文《玉鸡》(署名田耳)。此文从儿时喜欢吃玉鸡(喜蛋)写起,到现在却觉得玉鸡也是一个小生命,因而对吃玉鸡起了反感。

30日 在《经理月刊》第 4 卷第 4 期发表小说《棉被》(钦文)。这个故事很感人。小说写杨阿虎由于误会,错打了他的老婆,结果老婆一病不起而最终死了。妻子临死之前与丈夫的一场对话尤为感人,她不仅原谅她的丈夫,而且还叫他讨妻,家里的棉被也要换新的。杨阿虎追悔莫及。小说开头写杨阿虎烧棉被,就是给亡妻的。这也正好首尾呼应,读者读完小说,才知道他为什么要把棉被烧了。

5 月

1 日　在《文学》第 8 卷第 5 期发表小说《铁门风味》(钦文)，收入小说集《风筝》。这篇小说是写监狱中看守的生活，实际上主要写名叫杨木龙的看守。他是一个预备看守，他时刻记住："给犯人作弄是很讨厌的。"犯人谈笑是不许的。他只好说："大家原谅点罢！你们在里面，我们在外面，都不自由，实在是一样的；要吃饭，没有法子啰！"犯人说："虎落平阳被犬欺！"他想到自己成了狗，又被班长欺辱，说他木头木脑。犯人叫他木看守。杨木龙没有进过学校，所以立正时左右也分不清，典狱长到监房来巡视，弄错了立正，结果被打了两耳光，并下令"当即开除"他。于是，他离开了监狱。

在《东南日报·沙发》发表小品文《植物的胆量》(钦文)。此文写作者去市场买种菜的种子，菜农告诉他苋菜的胆子最小，于是他对园子种的树木、花草、蔬菜产生议论。

4 日　在《艺文线》第 1 期发表小说《准备》(钦文)。这篇小说写采姑，留着长发的牛污髻，骑着自行车在大街上飞奔，引起大家注意，因为她不同那些小姐的衣着打扮，她是一个佣人。原来她要把她那牛污髻剪成短发，但她母亲反对，说回到乡下嫁不了人。采姑不想回到乡下嫁人，她发现有知识的女子嫁的是新男人，尊重女人；而乡下的旧男人不尊重女人。所以她下决心学会骑自行车，因为那些小姐早晚都不用，就在小姐帮助下学会了骑自行车，将来可以利用晚上骑车到夜校去学文化。

在《东南日报·沙发》发表文论《普希金小说》(钦文)。此文是评介普希金小说《驿站监察史》(现通译为《驿站长》)的。

5 日　在《逸经》第 29 期发表小说《咫尺天涯》(许钦文)。这篇小说写一对男女彼此相爱,但不能相见,虽近在咫尺,却如隔天涯,两人只好用书信传递。而书信也只能在夜深人静的时候写,由表妹带出去寄,现在表妹与晚娘闹僵而不来住,女主人公又要与晚娘一起住,不仅没有人带信,而且连写信的机会也没有了。

在《东南日报·沙发》发表散文《民间画展览的意义》(钦文)。此文讲了有关民间画展出的意义,反驳他人认为民间画是迷信的说法。

在《立报·言林》发表小品文《囚客》。此文说以前有"教生""工犯"这种具有双重身份的称呼。现在被拘留的难侨叫"囚客"。

6日 小品文《花纸》,在《正报·金星》特刊《民间图画专号》发表。

7日 在《世界日报·明珠》发表散文《双重意义的新名词》。此文提到双重意义的新名词,如教生,即既是教师又是学生;工犯,既是犯人,又是工匠;囚客,既是难民,又被囚禁。此外谈及"虚无""放一些光明""嘴巴硬"等词。

在《国民》创刊号发表散文《兽性》。此文说"兽性"用在人身上,虽然人是从兽类进化而来,但人已进化,终不是兽了,作者借以称之人欲。作者说:"强奸委实不应该;这不但在被动者是可怕的,就是发动者,挨骂挨打吃官司,也难免陷入悲境。"又说:"但如仔细研究一番,可知并不足怪;在目前的各种情境中,一般贫苦的劳动者,要好好的结婚,真是谈何容易;做到老死,也是未必能够达到目的的。"

9日 在《东南日报·沙发》发表散文《民间图画》(钦文)。此文是一篇对民间图画的简评。作者认为"民间画的作者是抱着实利主义的"，而"民间图画实在是'表现的'，在形式上……只是直率的幼稚"。

10日　作小品文《村防》，发表在12日《立报·言林》。此文着重讲闽南的械斗。此文于本月14日又载于《世界日报·明珠》，题目改为《"村防"与"国防"》。

在《东南日报·沙发》发表散文《春月》（钦文）。此文写春月之可爱。

12日　在《东南日报·沙发》发表小品文《我的尾巴》（署名柳丝）。此文写丁小姐到柳先生家，柳先生送她很多花草，送她回家途中，一株天竹成了柳先生的尾巴，闹了一个大笑话。

13日　在《东南日报·沙发》发表小品文《关于灶君》（钦文）。此文讲幼时听到有关灶君的传说，不过南方的灶君像与北方的不同。

14日　在《国民》第1卷第2期发表散文《吃口岸——补〈吃汇补〉》（钦文）。该文1947年10月1日又发表在《论语》第138期，收入《许钦文散文集》。此文是写四川抬桥子（滑竿）的轿夫，他们生活无定所，把客人抬到哪里，他们就吃在哪里、住在哪里，故称之谓吃口岸。

在《东南日报·沙发》发表散文《运动会的今昔》（钦文）。此文回忆作者在五师读书时的运动和现在的不同，重点介绍那时注重团体活动的情况。

15日　在《立报·言林》发表散文《观〈密电码〉》，同日亦发表在《世界日报·明珠》。此文主要记录观看电影《密电码》的感受。

16日　在《宇宙风》第40期发表小说《空紧张》（钦文）。小说写"我"已有妻室而又被别人爱的矛盾心理，既相爱，又不能爱的内心冲突。

在《东南日报·沙发》发表散文《化坛》（钦文）。此文回忆"我"幼时去上坟，原本很高兴，但路过柯桥附近时，有两件事使人不高兴：一是若"我"不听话，要留在柯亭；另一个是化坛，是用来火烧小孩的。

17日 在《华年》第6卷第19期发表书评《辛克来的〈文丐〉》（钦文），同年6月25日《同行月刊》第5卷第6期转载。此文是对美国作家辛克来的四幕名剧《文丐》所作的评价。文章首先指出剧作家作法上的特别，即整个舞台分正剧和插剧，中间用透明纱幕隔开。主角是青年，以卖文为生。许钦文认为此剧以青年为线索编写剧本，剧本重在表现劳苦大众的生活。

18日 在《东南日报·沙发》发表文论《〈日出〉的结构》。此文是针对某剧院演出《日出》时，把第三幕删了。文章认为这是对作者的不敬，也因为不明白第三幕对整个剧情的重要性。

在《东南日报·沙发》发表小品文《"市民万岁"》（署名高阳）。此文写市政府在十周年纪念时贴出"市民万岁"宣传语，作者认为这是进步，不应停留在旧轨道上。

21日 在《东南日报·沙发》发表小品文《小上海》（署名柳丝）。此文说自己在杭州住了十年，却不知道杭州也有个小上海。他跟人去了，才知道那里是羊坝头，有红绿灯，有红头阿三，因此称作小上海，于是想到汉口也有小上海，成都还有小巴黎。

在《立报·言林》发表散文《〈日出〉在湖畔》，又发表在本月23日《世界日报·明珠》。文章谈曹禺的《日出》在杭州演出的情况。

22日 在《东南日报·沙发》发表小品文《乌龟》（署名田耳）。写小时候他跟大人出去放生，一边放生，一边还可以大吃，最高兴的是还可以拿回一只小乌龟。

24 日 在《东南日报·沙发》发表小品文《廿五年前的旗下》（钦文）。此文写廿五年前他初到杭州时的情况，原先杭州以拱宸桥为中心，自从火车开通以后，中心已转到城站一带。这是了解杭州变化的一份史料，虽不能说是全部，但也十分珍贵。

在《立报·言林》发表小品文《武断》。文章谈德国人听莫斯科电台而被判刑。

在《华年》第 6 卷第 19 期发表书评《伍译〈印度短篇小说集〉》（钦文）。该文又于本年 6 月 25 日载于《同行月刊》第 5 卷第 6 期。《印度短篇小说集》1936 年 9 月由商务印书馆出版，收入《万有文库》。这部小说集为伍蠡甫从英译本转译而来，收集印度寓言十则及泰戈尔等所著小说四篇，共计十四篇。许钦文此文对小说集作了简要的评价，指出印度人一向看不起妇女，且肯定印度寓言是富于哲理的。小说中还反映了印度的婚俗。此外，还探讨了印度亡国的原因。

25 日 在《谈风》第 15 期发表散文《二十五年后的西湖》。此文写许钦文坐船游西湖，听到同船一个青年设想二十五年以后的西湖。提出四条："第一要热闹起来"，因为以后西湖不是少数人游西湖了，那些"做手工、做买卖的人，每天规定的工作时间，至多不会过八小时"。他们已有假期。"第二是公共场所要增加……""第三……整个的西湖完全作为公共场所……坐车子，只要付一点手续费……"划子由公家准备，自己动手划。"第四，要新造许多浮桥，把三潭印月、湖心亭和阮公墩等等都联络起来。""总之，将来的西湖，是个多数人的大规模的游嬉场：个个人可以去游玩，个个人可以去跳舞唱歌……"这四条许钦文完全有同感。解放以后，除了第四条没有照做，其他都做到了。

26日　在《东南日报·沙发》发表小品文《忆旧》（署名田耳）。此文写作者走进电影院，歌曲中曾配龙山读书时的校歌，于是回忆起那时同班的同学。

在《世界日报·明珠》发表小品文《所谓法治》。此文列举了几件所谓法治的事，实则并不是法治的事件，比如列举了德国法官判听莫斯科电台有罪，但法律并未有此规定。

29日　在《东南日报·沙发》发表散文《蜡烛钳》（署名田耳）。此文从外国用鹅毛管笔写生写起，谈到小时用铁片打击石片取火，到后来用火柴，最后谈到蜡烛钳。

6月

1日　在《东南日报·沙发》发表小品文《女小贩》（署名高阳）。此文写"我"游西湖时碰到一个卖豆腐干的小姑娘所发生的事。

在《东南日报·沙发》发表小品文《莫怕臭》（署名柳丝）。此文写作者在自己园子里种蔬菜，人家已上市，而自己家的菜还很小，请教邻居，才知道是因为自己怕臭不浇粪。

2日　在《立报·言林》发表小品文《苗风》，又发表在本月5日《世界日报·明珠》，题目改作《发苗风》。此文说发苗风即发苗人的威风，换句话说就是对压制者的抗议、示威，作者予以肯定。

7日　在《华年》第6卷第21期发表书评《西班牙短篇小说集》（钦文）。《西班牙短篇小说》收入十二位作家的十六篇小说，由戴望舒翻译。文章对各篇小说作了简评。

9日　在《东南日报·沙发》发表小品文《空中飞行》（署名柳丝）。此文写家里养的一对兔子，生了小兔子，小兔子又生兔子，但是被黄鼠狼、蛇拖去、咬死,最终留下一对老兔子。

11日 在《东南日报·沙发》发表小品文《软性的伟大》(署名高阳)。文中讲述《慈母曲》中老三替父坐牢和儿时看的《芦花记》中的闵子骞为后母受罪,这俩人都是为人忍受,但"老是要别人忍受,却是很可怕的"。

在《东南日报·沙发》发表小品文《割兔草》(署名柳丝)。文章叙述家里养的兔子的故事。

12日 在《东南日报·沙发》发表小品文《没得啥子》。此文从杭州人的"没得",谈到四川人的"没得啥子"。

在《立报·言林》发表小品文《君子富》。此文说:"君子富,好行其德。"煤油大王洛基斐勒号称"慈善大王",但他行善只不过"损不足奉有余",是远处烧香,却不是在近处做好事。

13日 在《东南日报·沙发》发表小品文《观音米糍》(署名田耳)。此文从报上登载四川灾民争抢观音米粑来吃说起,观音米粑即观音土,是没有营养的,而且能把人吃死。

15日 在《东南日报·沙发》发表小品文《带子虾》(署名田耳)。此文回忆童年捕鱼,特别是带子虾,不仅捕捉有趣,而且吃起来味道也好。

在《中国文艺》第1卷第2期发表散文《浮屿角的一夜》。许钦文从集美到厦门大学参观生物展览,回来错过汽车班次,轮渡船也不开,只好在浮屿角过夜,谁知夜间有两妓女先后闯进房间,赶也赶不走,只好付了钱了事。

17日 在《东南日报·沙发》发表小品文《刽子手》。此文对杭州剧社四个公演剧目中的《刽子手》一剧作了评介。

在《立报·言林》发表小品文《怪现象》。此文认为对最近发生的怪现象,如怪船、怪机,应该加以严办,因为关系民族的前途。

19日　在《东南日报·沙发》发表文论《评〈斩经堂〉》(署名高阳)。此文批评《斩经堂》电影,认为给人留下两点:"就是'为公忘私'和'有仇必报'。"

20日　在《逸经》第32期发表小说《七妹》。这是一篇完全纪实的小说,是写"我"母亲生七妹的情形,而这一切都是通过小孩子的眼光描写下来,非常出色地展现了一幅旧社会生孩子的风俗画。小说笔触细腻,又以孩子眼光着墨,使全篇弥漫在一种惊奇的氛围之中。例如:

老妇人擎起双手摸着筷子说:"快生快养!"

在母亲的眠床上,还高高挂起了盖着五个红印子的符。

父亲赶到书房里去,马上拿得催生符回来。

此外,生孩子生时喝生化汤,孩子生后,吃开口奶。"先给吃黄莲,又给吃酸辣的药汁,然后哺乳。"

在《东南日报·沙发》发表小品文《五升菩萨》(署名田耳)。所谓五升菩萨即家蛇,关于家蛇有种种传说,无非是先民的"拜蛇"遗风而已。

22日　在《东南日报·沙发》发表小品文《看火焰》(署名一东)。此文说农村有种看火焰的人,其技术是祖传的,不传外人。

23日　在《立报·言林》发表小品文《灾军》。此文认为灾有水灾、旱灾、兵灾、匪灾,还有灾区、灾民,四川还出现灾军。

25日　在《国民周刊》第8期发表小说《海阔天空》。小说写"我"去厦门的轮船上碰到一个姓叶的南洋归侨,他是回来探亲的,可是由于家乡不安定而回不去。他说在国外的同胞,都有怀乡病,他在南洋做生意,因得不到保护,而生意很难做,早想把母亲和妻子送回老家,现在家却回不得。

28 日　在《华年》第 6 卷第 24 期发表书评《双重交战的逃亡》（钦文）。此文是对英国文豪高尔斯·华绥的剧本《逃亡》的评介。此剧本于 1937 年 2 月由商务印书馆出版，向培良译。此文认为剧本以试探各类人对于法律的见解为线索，从逃犯所逃过的各个地方展开，牵及人物很多；另一方面又写囚徒的心理，还谈到该剧本的警句、结构、地方色彩等。

7 月

1 日　在《宇宙风》第 44 期发表小品文《姑妄言之·小把戏》（钦文），后于 8 日在《东南日报·沙发》发表。此文借演马戏发议论，其中有："为着'亲善'，'友邦'，已派小学生为使节。'国交'要道，居然借重'小把戏'，真是'儿戏'……飞机大炮，本来惯用舰队示威的强邻，也要玩起'山东人卖膏药'的手段来。"

3 日　在《礼拜六》第 697 期发表散文《动态——临去秋波那一转》（署名木子）。此文写局长调动而引起办公人员的浮动、变化。

5 日　在《立报·言林》发表小品文《好学》。此文从马二先生联想到学子不但在大学，而且连普通的小学的门槛也进不去。"有了地位才得深造，将见'智者'益智，"愚者"益愚，只有好学之心，无从'刻苦用功'，要有地位资力，才能造成好学的事实。"

作小品文《冤狱》，发表在本月 8 日《立报·言林》，又于本月 11 日发表在《世界日报·明珠》，题目改为《冤狱运动》。此文指出冤狱赔偿的重要性，否则原判决因为不合理而撤销了，导致推事仍然可做推事，检察官仍然可以做检察官，无关痛痒，因此要有"冤狱赔偿法"。

7 日　在《世界日报·明珠》发表小品文《钦讽之余羡慕之

至》。此文说冯玉祥的学习令人钦佩，可惜现在大多数人没有学习的机会，学习机会只限于那些有权有势的人。

10日 在《谈风》第18期发表小品文《掩关示众》（钦文）。此文是针对和尚所发的议论。

在《好文章》（上海）第10期发表小品文《争锋》（钦文）。此文写两个女人到牢狱里来探监，都要做坐牢的男人的大老婆，男人不管谁来都说你做大。为什么女人要争做大呢？因为男人有钱，有钱也会出去，不用坐牢。

11日 作散文《爱国心》，发表在14日《立报·言林》，又发表在本月16日《世界日报·明珠》，题目易作"伟大的爱国热忱"。此文列举了诸多怪现象，如华侨宁可多花钱，也不乘外轮而乘国轮、厦门大学造楼不用外国货、十九路军喊出"与桥共存亡"！提出"让积郁在心里的五年来的愤怒，齐向敌人抛了去吧"！

12日 在《东南日报·沙发》发表小品文《老天不仁》（署名细农）。此文写梅雨天影响农作物生长，老天不仁。

15日 在《中国文艺》第1卷第3期发表散文《陶元庆的创作方法》（钦文）。此文与《陶元庆及其绘画》一文的内容大致相同。

16日 在《宇宙风》第45期发表小说《姑妄言之·吃妹夫》（钦文）。此文写四川人把探亲的妹夫杀了吃，此事为成都《新民报》所载，也有人闯到法庭去，愿意做因犯。

18日 在《东南日报·沙发》发表小品文《白头翁》（署名细农）。此文写由于天旱影响蔬菜生长，只有小小的葡萄长出，可是白头翁一来就被偷吃了。

20日 在《东南日报·沙发》发表小品文《一条腿》（署名细

农)。此文写"我"梦中见到一条人腿,非常可怕,文后对此梦作了解释。

25日 在《东南日报·沙发》发表小品文《关于蛮子》(署名逸人)。此文说四川人叫自己的孩子为蛮子,像下江人叫小孩阿狗、阿猫一样,是希望孩子能长大,不过四川嘉定一带有真蛮子。

29日 在《东南日报·沙发》发表《"海伟"》(署名柳丝)。此文对杭州人所称的"海伟"的意义作了解释。

本月 郁达夫从福建赶来,请许钦文去福建教书。据许钦文在《回忆郁达夫》中叙述:"一九三七年暑假期,我失业在家已一年整,只靠稿费维持生活。'七七'事变以后,报章、杂志多半先后停刊,稿费来源已逐渐减少,势将断绝。一妻两子,四口之家的生活将无法维持。正在忧患间,忽然接到从福建打来的电报。我想这是郁达夫先生给我的。因为当时我并没有会打给我电报的熟人在福州,只有他正在福建省政府做公报室的主任。"

不过,这次打来的电报,是请董秋芳,因而许钦文说:"我和达夫在鲁迅先生那里会见(指鲁迅1927年从广州到上海那次——引者)以前,我早已读了他的《沉沦》等作品,他也已看过了我的几篇小说,所以一见如故。我们都在北新书局里出版书,在北新书局请客时往往同席。他在杭州场官弄六十三号的'风雨茅庐'落成以前,我就常到他的住所——王映霞的娘家去,还在那里吃过乌豇(豆)煮老南瓜的点心。达夫也和王映霞一道到我家来玩,看陶元庆的图画。有一次,我家院子里种的包谷刚成熟,长得又长又粗,王映霞看了很喜欢,就拗了两个带回去。他们的新居落成以后,我和我的爱人也一道去参观。虽然是平房,可是间数多。有一间专放书柜的。使我的爱人眼热的是门内有一口井,用水很方便。当时我家还没有装上自来水。回忆到了这种事情,我想达夫和我,如果只有泛泛的交情,那就不会随便要我代找秋芳了。他介绍秋芳而不会介绍我,其中总有原因。"

郁达夫是 1933 年春携王映霞从上海至杭州,起初是住在王映霞家(现在拱墅区,已毁),后在场官弄造了"风雨茅庐"才住过去,但只住三天。"新居在杭州图书馆侧面的一堆土山旁边,虽只东倒西斜的三间旧屋,但比起上海的一楼一底的弄堂洋房来,究竟宽敞得多了。"其实那时三间青砖黛瓦、坐北朝南的正屋,并非"东倒西斜"。中间一间为客厅,悬挂马君武题写的"风雨茅庐"四个大字的匾额,还有木柱四廊,而正厅东、西两边为卧室。而且还有后花园,庭院里有假山点缀,蕉肥竹瘦、绿荫匝地。一间朝南的平房便是书房了。房内悬挂晚清文人龚自珍的诗句"避席畏闻文字狱,著书都为稻粱谋"。房内三面贴墙排列落地的高大书架,藏有宋元明以及清末古籍九千卷以上,明末清初禁书三百余部,清代诗词集六百余种,英、德、法、日文书记两万余册,均为日寇所毁。

郁达夫要董秋芳去,是因为公报室里需要懂英文的人专管图书。不久,郁达夫来杭州,亲自叫许钦文去福州教书。因此《回忆郁达夫》中称:

送走秋芳以后过得不多日子,忽然听得"钦文"一声,就见达夫大步跨进我的房间来。

"我是来邀你到福州的福建师范去教书的。"还没有坐下他就一口气这样说,"福建省只有这个师范学校,规模很大。校长是教育界的老前辈姜琦。你一定去,我们可以一道去游武夷山。"

我请他坐下以后,还来不及考虑回答,他就紧接着说:"这次回来,是为迎接郭沫若从日本归国的。由于公使(陈仪)先生设法帮助的,他在日本有人掩护,所以他能够归来。我在杭州只能停留两、三天,你赶快去准备罢!我们一道走!"达夫的话说得很坚定。我也说不出不去的理由。只是家眷放在杭州不放心,陶元庆的图画却要有人看管。达夫了解我这情形,就劝慰我说:"路只好一步一步地走,时局动荡不定,且看四个月以后情况怎样? 再作打算。我的家眷也还打算暂时留在浙江。"

8 月

1 日 在《宇宙风》第 46 期发表小说《脂粉画家》。此文所说的脂粉画家与一般画家不同:一,无须打轮廓;二,画具简单;三,颜料别致;四,不作野外写生;五,要用一面镜子;六,目的在不像。这就所谓脂粉画家,每天画,每晚擦。此文很幽默。

在《中国学生》(上海)第 3 卷第 19、20 期发表散文《去年的新年生活》(钦文)。此文谈及许钦文去年在集美中学过年,即旧历的元旦。期间,他写了《无妻之累》中的《东碰西撞》,在热热闹闹中完成了《无妻之累》。

10 日 在《谈风》第 20 期发表散文《狱中消暑记》。此文写作者在狱中消暑的种种办法,如用扇子、下棋、听老难友讲狱中的故事,等等。作者认为:"一向无暇消暑的我,也已在狱中尝到了消遣于暑气中的滋味。"此文文笔生动,字里行间充满幽默,是一篇佳作。如写扇子,"所用扇子,虽然大概是粗芭蕉,可是用法不同,有的全脱了边,有的只剩半面,有的补上加补,有的碎成细条,如爪、如掌,如棕榈叶,也像一把筅帚;变化既多,细加识别,固然可以感到点趣味;喜欢谈谈的难友,随意说则把破扇子的来由和经历,娓娓道来,更足以助兴。用法不同,挥动起来,声音也各别的；由于如爪掌的哗哗哗，如斧钺的拍拍拍，重补了的扑扑扑，也是有呼呼呼的，也是有普普普的，由于挥动的缓急，又可以发生许多变化。在暑气酷烈众难友一齐摇挥的时候，形成一种交响曲，耐心静听，亦足以悦耳爽神。"

在《好文章》（上海）第 11 期发表散文《红苕》。此文写作者在四川考察战迹，在路上买了四个红苕付了二角钱，老太太赶上送两个，算是两角算齐了。一面是善良纯朴的百姓，另一面却用现代武器互相残害，双方死伤都在三万人以上的战争。

本月 《无妻之累》一书由《宇宙风》杂志社出版。该书最初由《宇宙风》杂志社分十次连载。全书系统而详尽地记叙了许钦文自 1932 年因"刘陶惨案"受累、坐牢、出狱的一段生活。该书文笔流畅、幽默风趣，内容充实，感情丰富，是代表许钦文散文之极致的佳作。此书不是有的学者所说的小说，若将其认为是小说，大概是没有读过此书的缘故。

与郁达夫同去上海乘轮船至福州。在上海过了两个晚上，等待开船。据《回忆郁达夫》中自述："八月十一日午后，我和达夫都已到了三倍公司的靖安轮上……时局确实紧张，以为既已来到上海，决意去福州，还是早点上轮船好。傍晚，码头上忽然开到一辆小汽车，轮船公司的经理虞洽卿亲自来告诉船长：说是恐怕晚上有事情，要提前开航。"

船行碰到台风，又遇敌机在上空盘旋，结果船开到宁波，然后乘火车回杭。前后十天，即 17 日到家。不过，许钦文 1938 年写的《从杭州到杭州》一文，与此文略有出入。首先，没有郁达夫同行之说，这可能与当时环境有关，不便提及。其次，时间和其他内容也有出入。其中说："我因早就接受福建师范的聘书，赴校的期限已到，以为日侨还在长江航行中，几天以内，吴淞口不至于被封锁，既然不得不行，不如趁早动身，就决定第二天就道。到了上海才知道，预订八日开行的轮船还没有进口，预订九日开行的更无消息，等候了两天，仍然没有可乘的轮船。一直到了十一日，才有三北公司的静安开往福州。虽然中日议和的空气很浓厚，可是逃开上海的人非常多，预定要到下午四点才开的静安轮船，一早就挤满了人。我于九点钟上轮船的。"这也是因为遇到日舰、飞机和台风，轮船停到定海，再到宁波，船开行无期，回杭州家里已是十七日午后。

不久以后，郁达夫到福州。据《回忆郁达夫》所叙：

可是不久，过了个把星期，王映霞突然匆匆赶来，急急忙忙地说："达夫已经到了福州，我刚接到他的来信，叫我赶紧去告诉许先生，要你马上动身到福州去。一定要去。一定要去，越快越好，非去不可。因为福建教育厅在反对你到福建师范去教书，说你是……现在达夫他们已经商量决定，他越反对，越要请你去。他学得一点科学，但不熟悉教育，办不好学校。现在已有熟悉教育的人准备着，等候着，打算同他闹一场，所以一定要你去，看他怎么样。"

"本来"她补充说，"达夫曾说去福州，陆路难走，海路又走不通，以为你不再打算去。而且迟些时候去也无妨。他有公事等着他去办，又以为走陆路可以取得点经验告诉你，所以先走了。来信上也提到，路上没有什么乱子，可见还平静。总之他已安然到达了福州。"

许钦文听了王映霞这番话，决定去福州，借二十元作旅费。为防路上发生意外，他只穿一条短裤子，扮作一个工人。教育厅派督学来听课，还当面赞扬了一下他，并且送来鉴定书。据郁达夫告知，教育厅态度的转变是"为了保住地位"。

到福州后,参加抗日救亡运动。在他之前,郁达夫、董秋芳、楼适夷、杨骚等已办起《抗敌导报》三日刊,并于 7 月 28 日在科学馆大礼堂正式成立福州文化界抗敌后援会。

9 月

18 日 在《小民报·文艺界抗敌后援会九一八特刊》发表散文《延平月》。此文写许钦文从杭州到榕城在船上碰到穿黄衣服人(军人)与穿灰衣服的人发生争执。

10 月

10 日 在《小民报·文艺界抗敌后援会双十节特刊》发表散文《这个双十节》(钦文)。此文说这个双十节,特别有意义,因为全民族都起来抗击敌人,为保全我们的民族。

17 日 出席在福州科学馆大礼堂召开的福州文化界救亡协会成立大会暨鲁迅先生逝世一周年纪念会。据《鲁迅先生的精神》自述:"到十月十七日改组此会为福州文化界救亡协会,并提前两天纪念鲁迅先生逝世一周年。公推达夫出面,大会由他主持,实际工作秋芳也搞得起劲。不过也有失策的地方,就是没有多方面的联络人,结果我们都上了黑名单,不能继续搞下去。解放以后秋芳在北京工作,说是我们在搞救亡活动时合影的照片,在历史博物馆里陈列过,总算是有了一点战绩的。"许钦文在大会上作纪念鲁迅事迹报告,讲"福州的文化界,已在救亡协会成立时举行纪念仪式,我于是约略报告先生事"。

据楼适夷《回忆郁达夫》所说,参加大会"人很不少,看来多的还是当地学校教师,报社或什么文教机关的职员,还有本省的名士,有的一看就是国民党中统的特殊文人"。

据当地报纸报导,大会"由郁达夫致开幕词,许钦文、杨骚、董秋芳诸氏相继报告鲁迅生平事迹,及今天开会之意义。大会选举福州文化界救亡协会理事二十三人"①。

18 日　在《小民报·抗战》第 4 号发表论文《鲁迅先生的精神》。此文说鲁迅自己"最后的一点血用在'统一抗敌战线'的问题上"。

21 日　福州文化界救亡协会召开理事会,推举郁达夫、许钦文、董秋芳、杨骚等十一人为常务理事。

22 日　福州文化界救亡协会举行第一次常务理事会议,推郁达夫为理事长,许钦文为宣传部长,卢茅居(1909—1941)为副部长。卢氏在大学时就接触过马克思主义学说,是福州市"反帝大同盟"领导成员之一,其当时在福州青年会中学任教。许钦文与卢茅居首先在福州青年会中学成立工人夜校,宣传抗日救国、抗战必胜的思想;又在西门外成立农民夜校。在苍霞洲成立民众学校、"救亡歌咏团",用群众喜闻乐见的形式进行抗日宣传。许钦文还和郁达夫、董秋芳举办"深入民间之干部训练班",积极发动会员深入民间,进行抗战宣传;还发起"十万封信慰劳抗敌将士运动",并组织安排系统的讲演和通俗讲演,每场听众多达3000 多人,反响热烈,极大调动民众抗战的热情。除此,"文救会"还创办《文救周刊》和《小民报》副刊《救亡文艺》,由郁达夫和杨骚任主编。

23 日　在《立报·言林》发表小品文《民族魂》。此文说鲁迅用毕生精力唤醒同胞,他的最后一滴血都用在抗日统一战线上。

---

①　1937 年 10 月 18 日《小民报》。

28 日　在《小民报·文救周刊》创刊号发表小说《汉奸》（钦文）。小说写将士抓到给敌人带路的汉奸,汉奸还为自己辩解,最后还是枪决了。

29 日　在 11 月 10 日《闽政与公余非常时期合刊》第 7 期发表《福州文化界救亡协会宣言》（联名）。

11 月

17 日　在《小民报·救亡文艺》发表散文《过建阳》（钦文）。此文写自己从陆路去闽,路过建阳,遇到敌机轰炸,想起在杭的家小,特别提到 5 岁的庚儿。

19 日、20 日　在《小民报·救亡文艺》发表散文《我们的胜利》（钦文）。此文是针对一些人怕日本鬼子的想法而一一说明,证明我们是可以战胜敌人的。

21 日　在《小民报·救亡文艺》发表文论《抗战文学的条件》（钦文）。此文认为"抗战文学是民族主义文学的一种";并提出抗战文学要具备以下条件:"一、是探讨问题的,二、是武器,三、是尖锐的,四、是民族主义的,五、是文学。"

22 日　在《小民报·救亡文艺》发表文论《抗战文学的要素》（钦文）。此文指出抗战文学要具备"实感"和"正义感"。

24 日　在《小民报·十万封慰劳抗敌壮士信运动特刊》发表散文《慰问信的写送》（钦文）。此文讲为什么写慰问信和怎样写慰问信。写慰问信运动是福建抗日救亡运动期间发起的。

12 月

2 日　在《小民报·救亡文艺》发表文论《抗战文学的功用》

（上）（钦文）。此文指出抗战文学的功用强大。

3日 在《小民报·救亡文艺》发表《抗战文学的功用》（下）（钦文）。此文提出要发挥文学的作用，必须做到：第一，事实的普遍性；第二，文字通俗；第三，要真实。

散文《乌山之月》（不详发表期刊）。据《回忆郁达夫》自述："日本侵略军得步进步，在浙江的海边登陆以后，一天晚上达夫到乌石山来同我说：'敌人虽然已经在浙江的海边登陆，但从军事的策略上看，其目的，并不在杭州，是绕道去侵犯南京的。'我的《乌山之月》是有感于达夫的热情而写的；不过并非专写这事情。"大约三个月后，因杭州的抗战形势十分吃紧，其挂念在杭的妻儿，决定去杭州。

16日 从福州动身回杭探视家属，为了路上安全起见，需要带一张路条。《万里寻妻记》中称："只好去找熟人，于是碰到富阳才子。一知道我的来意，他就戏笑着说：'孟姜女万里寻夫，许钦文万里寻妻！'这就是本文题目的由来。"[①]

到杭州，半夜才进了愁债室，不见妻子和两个儿子。1937年11月12日晚，日本侵略军攻陷上海以后，即兵分三路，包围南京，其中一路从杭州湾登陆。日本侵略者声东击西，不断派飞机轰炸杭州，特别是笕桥的航空学校。汉奸又放毒滋事，致使人心慌乱，风声鹤唳。警察奉当局的命令，挨户通知疏散。许钦文的妻儿也不例外。但到底到什么地方去呢？后来从信箱中捡到一封信，才知道他们一行已于12月11日渡过钱塘江回嵊县裘岩老家去了。许钦文这才放下一颗心，但至元庆纪念室时，为元庆的一批画犯起愁来了。带走，路上没有把握；留下，十分不放心。

---

① 钦文：《万里寻妻记》，《宇宙风》，1938年第68期。

思前死后,考虑再三,决定先用包裹把这些画包起来,暂把它们搁在屋梁上,待找到家属,路过杭州时,再把这些画带走。真是人非圣贤,后事难料。谁知许钦文离后,杭州人也倾城而去,为阻止日本侵略者南下,钱塘江大桥被炸断。不久,杭城沦陷。许钦文也无法如以前设想那样回杭拿走这批珍贵的画;更可惜的是,此后这批画被盗窃殆尽,至今不知下落。

22 日　下午四时离家,夜乘火车到曹娥。第二天搭汽车到蒿门,再走二十五里山路,许钦文到了嵊县裘岩,一家人相聚。

26 日　一家人从裘岩出发,到了永康,道路受阻。原想从龙泉入浦城,逃至福州。但自杭州失陷以后,汽车用来运兵,无车可乘,孩子太小,不能成行,妻儿只好返回裘岩,到娘家安顿,许钦文只身返回福州。《万里寻妻记》中称:"眼看寒假将尽,我又只身返闽。好容易到了龙泉,说是去浦城的路上土匪多,货、客车都停开了,我只好从丽水、永康转到金华,搭火车到江山去浦城。可是旅费本带得不多。往往返返,转来转去,空花了不少。买了去江山的火车票以后,摸摸袋子一算,只够买浦城了。到了浦城以后,还要经过建阳、建瓯,再从南平买轮船票到福州。我连浦城住旅馆的钱都没有了。"真是天无绝人之路,正在焦急万分,苦于找不到熟人的时候,却意外地碰到郁达夫托一个县长来接王映霞,王映霞没有接到,却把许钦文接到福州。

本月　在《教育通讯》第 1 号发表散文《光饼》(钦文)。

在《教育通讯》第 3 号发表文论《抗日救亡的宣传》(钦文)。

本年　下半年在福州师范学校任教。

1938年(戊寅,民国二十七年) 41岁

▲3月27日,中华全国文艺界抗敌协会在武汉成立,发表《中华全国文艺界抗敌协会宣言》。

▲4月,鲁迅艺术学校在延安成立,后改名鲁迅艺术学院。国立西南联合大学在昆明成立。

▲5月,中华全国文艺界抗敌协会会刊《抗战文艺》在汉口创办,蒋锡金任主编。

▲6月,鲁迅先生纪念委员会编纂的20册《鲁迅全集》由复社正式出版发行。

1月

1月—2月 福建文化界救亡协会遭到国民党特务破坏,军统特务叶青等以"文救协会有'异党分子活动'"为由威胁郁达夫,并要他"改组"救亡协会。郁达夫愤而辞去文救协会的职务。许钦文、董秋芳、杨骚等相继辞职。为此,郁达夫决意离开福州,要到南洋去宣传抗战。当时福州师范学校也要搬迁,许钦文临走前,郁达夫对他说:"侨居在南洋的福建同胞,对于家乡的情况有点隔膜,有些行政的方针不了解。我想到南洋去做些宣传工作,把有些事情解释一下。所以我永安不去。我是总想再到外面做点事情的!"①

---

① 许钦文:《回忆郁达夫》,长沙:湖南文艺出版社,1986年,第431页。

2 月

16 日　在《时事半月刊》第 1 卷第 9 期发表文论《抗战胜利第一步》(钦文)。此文讲敌人占领失地越多,他的困难越多,虽然如此,但我们必须打好抗战胜利的第一步,这样才能有打好胜仗的把握。

27 日　完成《万里寻妻记》。此书记叙许钦文从福州至杭州,又从杭州至嵊县裘岩寻找妻子的过程。

3 月

本年春　福州师范学校因战事关系一分为三,分迁各地,其中一部分迁至永安,改称永安师范学校。许钦文随校至永安。永安是座山城,四周群山起伏,重峦叠嶂,浓荫蔽日,高山流水,环境优美,颇有特色。学校设在文庙(孔庙),倒也古色古香,唯庙小,学生较多,安顿不下,只能住下一部分学生。为此,决定让二、三年级的学生分散到省内各个乡村去做民众工作,宣传抗日救国,他们由年轻教师带队。留在校本部的一年级学生也组织"晨呼队",黎明即起,列队唱着歌曲,街头巷尾兜着转,叫醒居民早点起来工作。因永安冬季多雾,居民有睡懒觉的习惯。学生吃过早饭以后,就列队去树林里上课。学校设有普师科、幼师科、社会科、体育科和艺术科。许钦文在普师科里教国文,同事中有严复的大儿子、林则徐的孙子等。永安成立临时省会以后,成了敌人轰炸的目标。5 月 9 日上午,日军第二次轰炸永安,文庙连中七弹,许钦文的寓舍的屋顶也被掀掉。学校第二天就搬迁到离城二十六里的山乡——大湖,借用祠堂、庙宇、民房作为临时校舍。

9日　上午敌机轰炸永安师范学校。据《我的日记》："五九纪念日，天晴。敌机七架来滥炸，校中落四弹，寓所震漏。警报响后，避在东门山上。伏在庙后草中，天芳以身护两子，我护她。空中接连谷谷响，我背上痒。预备请秋芳吃一蹄胖，他肉未上口，黑夜乱跑，为着帮助我们次晨迁乡。"该日上午，敌机先后九架来轰炸，下午师生回校后，王秀南校长向大家报告："明天上午学校迁往大湖。"另据王焕刍《忆母校被炸迁大湖》称："第二天学校迁大湖。天刚亮就纷纷收拾行李。饭后，如蚂蚁搬家。多数人各挑一担，少数人合挑一担，许钦文先生坚持自己挑。"

永安师范学校的校长是黄震，留日的生物学家，参加过"南昌起义"，后随军到海陆丰，转道香港到福建从事教育。许钦文曾一度任教务主任。

15日　在《大风》（香港）第2期发表散文《杭州失守的前夜》（钦文）。本年4月22日该文又发表在《新语周刊》第1卷第1期，题目作《杭州失守的前夕》，又于5月3日刊《文集旬刊》第1卷第1期，题目易作《大时代前夜的杭州》，文末多一句"这是大时代杭州的速写"。此文是从"中华民国二十六年十二月二十一日，我由金华坐火车往杭州，到江边站时夜已很深"写起，到离开杭州为止，主要写探查家属下落时的沿途所见。内容与《万里寻妻记》差不多。

当时，楼适夷也受到威胁。据楼适夷回忆说："一天，达夫从外面来同我说：'你不能再到报社去了。今天保安处有四个人找到报馆，向主编要你这个人，你不能再去了。你住在我这儿没有关系。我带你去见见省主席，还是在省府挂个名，有陈仪后台，他们不会动你的。'我考虑了一下，就要他别再操心，决定离开福

272

建。"楼适夷离开时,许钦文等人为之送别。楼适夷回忆说:"秋芳、杨骚、钦文,还有郁达夫几个人当晚陪我玩了月下鼓山,第二天他们送我又下了闽江的客轮,照原路过了南平,越仙霞岭,到了江山。"①

21日 在《宇宙风》第64期发表散文《从〈故乡〉到〈无妻之累〉》(钦文)。此文重点是从《一坛酒》介绍起,即《两条裤子》、《创作三步法》(困守成都时写)、《小说作法》(狱中所写,未出版)、《小桃源日记》、《文学概论》、《石宕》(小说集,未出版)、《风筝》,"篇篇都是描写牢监的情形的"。《两个拳头》(未出版)、《无妻之累》,"无论《小桃源日记》《两个拳头》《小说作法》《石宕》和游记,都还不曾编集整理好。""我还有一册《短篇小说三篇》,可印的有《文学细话》《川南战踪》和《宣抚队》等篇。"

本月 郁达夫辞去公报室主任之职。

许钦文、杨骚、秋芳等人,都上了国民党的黑名单。据《水仙花》中说:"我们救亡工作的会议,总是在晚上进行的,因为日间还都要办公。一位在福州的好友寄来今年十月十七日的'剪报',发表在《郁达夫的爱国诗选》标题下,末了一段:'一九三七年抗战爆发后,郁达夫以很大的热情投身于抗日救亡运动,他和楼适夷、许钦文、杨骚等在福州组织文化界救亡会,宣传反帝抗日。'这会务的具体工作,经由达夫等共同商定以后,许多事情是由董秋芳带头执行的。因为偏于文化界的人参加,结果是,听说我们十多个人都上了黑名单。后来秋芳编辑《燕江日报》的副刊,他还被国民党反动派关了半年。但到解放以后,记得是五八年,我到北京来开会,秋芳一见面,就高兴地对我说:'钦文,以前

---

① 楼适夷:《回忆郁达夫》,见陈子善等编:《回忆郁达夫》,长沙:湖南文艺出版社,1986年,第148页。

我们在福州搞抗日救亡运动的一张照片,陈列在革命历史博物馆里,我看到了!'说了他笑得很得意。"

期间,曾一度参加公报室定期刊物和不定期刊物的编辑。"当时公报室除发行定期刊物—《闽政月刊》外,还发行数种不定期刊物,编辑人员除杨骚、董秋芳、许钦文外(许钦文后受姜琦教授之聘调往省师范学校任教),还有项衡方——陈仪女婿的胞兄,原上海《字林日报》编辑。"①

4 月

11 日　在《宇宙风》第 66 期发表散文《福州的妇女》(钦文),收入《许钦文散文集》。此文说闽南的妇女有两点非常显明:"第一点,大红大绿的色彩强烈;第二点是高跟拖鞋。"不过这是指城市里的妇女,而不是劳动妇女。闽南的劳动妇女,她们勤劳。此文说:"福州城内,每天一早,无论大街小巷,以及乌山、于山等处,就都有她们的足迹,是把大担的菜蔬挑出卖,把大担的人粪挑去做肥料的。她们也在田间工作,车水种蔬菜都做得。也到山上去砍柴,每当傍晚,三五成群。一大担一大担的挑回来。如果只见到柴担和赤着的脚,总以为是一对樵夫,哪里知道,原是姑嫂结伴,或者同道。""总之,她们健而美,而且富有。"

5 月

16 日　散文《万里寻妻记》(钦文),开始在《宇宙风》连载发表,第一篇发表在第 68 期。此文谈及自己为什么要寻妻儿,《万

---

①　蔡圣焜:《忆达夫在福州》,《回忆郁达夫》,长沙:湖南文艺出版社,1986 年,第 511 页。

里寻妻记》书名由来以及就道寻妻。主要有两节:一,背起包裹赶闽道。记录许钦文从 1937 年 12 月 16 日晨出发半夜到浦城的沿路情况。二,寒夜候车深山遇奇女。记录他从浦城坐车到江山,在等候火车时,深夜在站台上遇到奇女,实际上那位奇女也是难民。

6 月

1 日　在《宇宙风》第 69 期《万里寻妻记》(钦文)。此期登载在火车上发生的事,特别是旅客发牢骚。

5 日　在《大风》(香港)第 10 期发表散文《从杭州到杭州》,收入《许钦文散文集》。此文写许钦文赴福州,应聘于福州师范学校任教职。与《回忆郁达夫》一文内容有出入。最大区别是此文中记录许钦文一个人去福州,而《回忆郁达夫》一文则是和郁达夫一起去福州。时间上也有些出入。一是到上海的时间,此文从内容上推论应是七日到沪,而彼文是九日到沪。上船时间,此文为上午九点,而彼文是午后。此次去闽未成,从杭州回杭州计十天。

16 日　在《宇宙风》第 70 期发表散文《万里寻妻记》(钦文)。此期登载"四、一个晚上包了四个床铺"。是写到了金华等候火车的情形,等不到火车,当晚一个人包了一个房间,共四个床铺。

7 月

1 日　在《宇宙风》第 72 期发表散文《万里寻妻记》(钦文)。此期登载"五、夜半入危城"。从金华乘火车是在第二天上午八点,开到杭州江边站,已是夜里十一点钟。家里大门大开,院子一片黑暗。

8 月

1 日　在《宇宙风》第 73 期发表散文《万里寻妻记》(钦文)。此期登载"六、东探西问"。写到处打听妻儿下落,而家里遭劫,当晚睡在沙发上,第二天去打探消息,才知道妻儿去了乡下,是由伯祥护送渡过钱塘江的。

2 日　在《星岛日报·星座》(香港)发表小品文《西子的病客》。

5 日　在《大风》(香港)第 16 期发表小说《度蜜风》。此文写作者寻妻返回途中经过金华时碰到熟人,其中有一对新婚夫妇是出来旅行的。

15 日　在《教战导报》创刊号第 1 卷第 1 期发表散文《欢聚》。此文讲述永安师范学校迁校后,一部分到校外搞民训,一部分留校,他们虽然都苦,但大家都很乐观。

16 日　在《宇宙风》第 74 期发表散文《万里寻妻记》(钦文)。此期登载"七、妻在山上——先看见儿子"。二十二日的下午四点半"离开家,坐火车至曹娥,过了一夜,坐汽车到蒿壩,走了二十五里山路到裘岩,见到妻儿"。

25 日　在《大风》(香港)第 18 期发表散文《民族精神的结晶柱》。此文从成都的辛亥革命保路纪念塔谈到四川的保路运动,谈到当今抗战中的四川军队、四川人民,而这个纪念塔就是民族精神的结晶柱,有着三点意义:"一、民众力量是强大的;二、锄头铁耙都是很好的武器;三、正义可以推翻暴力。"

29 日　在《星岛日报·星座》发表《泥鳅》。

30日　在《星岛日报·星座》发表《戚将军的剿倭精神》（钦文）。同日又发表在《教战导报》第1卷第2期。此文讲戚将军部队纪律严明，甚至亲手杀了不守纪律的儿子。部队士兵作战勇敢，戚将军用兵如神。

本月初　从福建永安到浙江嵊县裘岩。4日到达，住了7天，12日接家眷去永安。永安其时成为福建临时省会，成了日本飞机轰炸的目标。永安师范学校遭轰炸后，即搬至山村大湖。《逃难过年追记》中自述："抗战军兴，势难再以写稿为职。遂跟学校内迁，溯闽江而至永安；美其名曰深入农村。山高水急，非不可玩，隐约感到探险的意味。以文庙为校舍，古色古香。虽属将就，也还可以将就。建设临时省会，永安成了敌机轰炸的目标。校舍连中七弹；跟着学校迁到离城二十里的山乡去。抱着孩子跑山路，爬上一坡又一坡，这才真像是逃难。临时校舍是祠堂屋；连搁铺板的凳子都没有，晚上着地而睡，这才真像难民。"

到了大湖，起初全家住在附近农民放农具的小屋里。开始开荒种地，渡过艰难的战时生活。这所民房，取名听涛室。董秋芳曾作如下的记叙：

听涛室是老友H君的居室，是大湖村中许多民房中一间极普通甚至可以说是破旧了的民房。三堵白中带黄的墙壁中间，放着一张木制方桌，那桌子的四只脚，已经站立了许多年月，好像受过伤的士兵的腿，桌上压重了点，就会摇摇欲倒。桌旁放着两条木凳和两张椅子。凳子的样子，像唐吉哥德所乘的马那么瘦削的可怕。椅子呢？如果你坐下去的时候，把背脊向后一靠，就会软瘫下去（我自己领受过这个教训）。房子的正面，即是我们从大门走进屋去的一面，没有墙也没有门，正像一张通年张开的口，让人们走进走出，简单地说，那间房子，并不像它的名字那么雅致……不过，那里确实可以听到松涛声音……这种对于大自然的奇伟的姿态的想象，和它所发出的奇伟的声籁一样，偏居在城市里的人是永远领略不到的。那便是山乡的特色。也就是我们所以时常跑往大湖，跑往那遥远的听涛室去的一种理由。[①]

　　许钦文一家四口，最初每日 60 元的国难薪度日，生活还好。在当地山区，农民以红薯丝饭和蕹菜之类度日，对比许钦文他们则好比是天天过年。《逃难过年追记》中认为："但照一般本地人看来，我们所吃的，可以说是天天在过年。他们饭中拌上红薯丝，配饭的，餐餐以蕹菜为主体。我们餐餐白米饭；一块钱老称的猪肉，六十元一月的国难薪，不妨天天买得吃；两块钱请客可以全鸡全鸭的大嚼。"但到后来，日子越来越难，仅靠每月三百元伪法币的薪水，只够买米做饭，其他买菜、做衣和零用钱，就得另想办法。他的办法除教书，还有开荒种地、卖文，三位一体；白天上课，课余种地，夜里写文章，过着一半文人、一半农民的生活。

　　当地农民被"逼上梁山"，自产自销，买不到农产品和日用品，必须到永安去。当时有人写文说："许钦文先生在福建师范教育着好几百学生，时常可以看到他从大湖到永安市上来，又从市上买了一些什么东西，自己驮回去或放在肋下挟着跑回去，一来一往要徒步四十华里，在市上走来走去还不算在里面。他是一位多么健实而品性高雅的作家。"[②]

　　后来许钦文受到邻居农民的启发而自己种菜。农民经常送菜给他，后来分一畦地给他种。他种上十六株菜苗，再嵌上十六株菜头秧。蔬菜长势很好，高过半人，剥一片菜叶，一家四口可

---

　　①　董秋芳:《往访听涛室》,《新福建》,1943 年第 3 卷第 3 期。
　　②　罗敷:《二作家》,1941 年 11 月 23 日《东南日报》。

吃上两餐。当地农民古朴淳厚，《逃难过年追记》中自述："似乎人情也还比较的朴厚，虽然把我们当作天天过年的看待，也当作难民的同情我们，而且认作教师的尊重我们。'先生'一声，叫得这样恳切，好像还是怀着'天地君亲师'的观念的。农村的街上不容易买到鲜菜，因为农村各自种着菜，无须上街去买，就随时送菜给我们吃，邻居又分地让我们自己种，帮助我们种。到了年边，拔得大蒜和菜头送给我们，自家磨豆腐的就送豆腐给我们。不但物薄而情厚；在他们，大蒜豆腐并不是薄物。"后来学校也开办农场，规定每个学生都要参加"劳动生产"，每人必须开地三畦，一学期向学校上交50斤菜。许钦文是级任导师，和学生一起开荒种地，这批学生毕业以后，留下两亩多土地全由他一人耕种，像番茄、法国四季豆、黄秋葵都种上了，还把大部分地种上番薯。除了人吃有余外，就用来养鸡、养鸭、鹅和兔子。

当时物价飞涨，伪法币越来越不值钱，光靠教书、种地不行，还得靠另一副业——卖文补贴日用和还债。有时还变相卖文，所谓变相卖文，据《卖文六十年志感》自述："当时云儿还很小，用他的幼稚的语言对我说：'爸爸，糖没，买；雄鸭蛋不好吃！'，在《听涛室随笔》中的《吃雄鸭蛋》，就是由此写成的。有位在做编辑的朋友知道了这事情，就送来了四两一包的白糖，作为预支的稿费。就此开了为着白糖卖文的例子。当时白糖，一般人是不能从普通的街上买到的。"

永安自从成了临时省会以来，文人荟萃，知名文化人、作家有许钦文、楼适夷、董秋芳、黎烈文、王西彦、羊枣（杨潮）、聂绀弩、章靳以、邵荃麟、郭风、公刘等。出版事业空前繁荣，陆陆续续办起的报刊杂志甚多。据不完全统计，到1939年春为止，在抗战期间永安有出版机构30余家，印刷所10多家，先后出版各类报纸 10 多种,期刊 120 余种、书籍 700 余种之多。^① 如由黎烈文任社长的改进出版社,编辑发行了大量的期刊、丛书,比较重要的是《改进》《现代文学》《现代青年》《现代儿童》《改进文章》《现代文艺丛刊》《现代青年丛刊》和《现在儿童丛刊》等;由羊枣主编的《民主报》及其副刊《新语》(《新语丝》,董秋芳主编)。这些书刊畅销省内外,产生了重要的影响,为推动抗战、繁荣文化做出了积极的贡献。

一部分迁至香港出版,投稿就少得多了。许钦文一方面在大陆投稿,一方面向香港、南洋的一些报刊投稿,这些投稿是通过那边来永安来学习的学生带过去。比如香港的《大风》杂志、南洋新加坡的《星岛日报》。

上课、种地和写作,生活极其紧张。许钦文在《三干主义》中描绘一天生活为:"每天晚餐后,我首先要备第二天的课,要改作文,要切猪菜,收获了大批地瓜之后要切地瓜藤,以便第二天晒干准备长时间地喂猪,把不好喂猪的老地瓜藤拣出来喂兔子。还要每隔三五天舂十多斤大米……我总过半夜才就寝……但三、四小时以后,五更以前,我就得起床到大厨房旁去汲水。如果错过机会,一家四口,第二天不但吃不成饭,也将无法止渴。在二、三小时睡眠的恶梦中,也往往是提着吊桶汲水的。"^②

在这期间,董秋芳去看许钦文,他对董秋芳说:"我每天工作很忙:教书、种菜、煮饭,你看我这样下去,行不行呢?"为此

① 中共永安党史办公室:《抗战时期福建省委永安的进步文化活动》,《抗日战争时期永安进步文化活动学术讨论会专辑》,永安:永安市委党史工作委员会,1988 年。

② 许钦文:《三干主义》,陈祖昆主编:《闽师之源》,北京:中国文史出版社,1993 年。

董秋芳劝告道:"你自己太苦,牺牲太大了。你应该稍微改变改变……可是为了孩子,没有办法。"①

晚年,许钦文"回忆这段生活,十分感慨地告诉笔者。他说:'当时如果不是这样开荒自救,就无法渡过艰难困苦的生活,就会被贫病迫死,要知道国民党是不会管你的死活的。'他说:'王鲁彦和我的情况差不多,他就是贫病交迫,没有钱治病的情况下,被夺去了生命的。唯一不同的是:王鲁彦教书后又靠编辑刊物卖文为生,我多了开荒自救,总算活了下来。'他把这时期的教书、开荒种地、卖文合称'三干主义'。"②

9 月

1 日 在《宇宙风》第 75 期发表散文《天方夜谭——万里寻妻记之八》(钦文)。此文写三个月后,一家人重逢的喜悦,但更多谈的是杭州汉奸到处投毒的事情。他们往井水里投毒、小吃摊投毒。谈及一家人离开杭州时情形,他们是 11 月 18 日离家渡过钱塘江,敌机狂轰滥炸,家里养的鸡、兔都给兵吃了。坐上的火车没有盖蓬,全家六个人被雨弄湿衣服,都生了病,病得最厉害的是外公。

5 日 在《抗敌戏剧》第 5 期发表散文《〈反正〉》(钦文)。此文记《反正》这一剧本在福州师范学校演出获得成功,受到观众热烈的欢迎。这是写东北军队反正,提出中国人不打中国人。

15 日 在《大风》第 20 期发表散文《三二桥》。所谓三二桥,是路标牌上标着三个二字,"二二二"标记前程尚有两百二十二

---

① 董秋芳:《往访听涛室》,《新福建》,1943 年第 3 卷第 3 期。
② 钱英才:《许钦文评传》,杭州:浙江大学出版社,1990 年,第 191、192 页。

公里路。此文写许钦文看到一个上前线去做慰问和看护工作的女人，为此描绘了三二桥畔的景象。

在《教战导报》第 1 卷第 3 期发表散文《大和魂的幻灭》（钦文）。此文说日本人不可一世，以"大和魂"自负，但抗战以来，一一遭败，事实证明"大和魂"的幻灭。

16 日 在《宇宙风》第 76 期发表散文《万里寻妻记之九——拖鸡豹》（钦文）。

17 日 作小品文《倒行逆施》（钦文），发表在 10 月 1 日《福建军训》创刊号。此文讲日本侵略者倒行逆施，没有好下场。

30 日 在《教战导报》第 1 卷第 4 期发表散文《上学》（钦文）。此文写许钦文大儿子庚儿上小学碰到语言问题，引起他和同学、老师之间的隔膜，后来庚儿适应了这个环境，这个障碍就没有了。

10 月

15 日 在《大风》第 23 期发表散文《六爪猪》。此文写自述从妻子娘家回福州的路上看到一只六爪猪。

16 日 在《文艺新潮》第 1 卷第 1 期发表小说《一个桃子》。小说写王德发实在口渴，路过桃林摘下了一个桃子。他是农村来的，明白只要不带走，不管什么瓜果都是可以吃的。但是，他摘桃子被一位老太太看到，她要向长官告发他，王德福急了，说给她钱，她也听不进去，还是要去告发，王德发拿起枪本来想吓她一下，不料枪走火，老婆婆应声倒下。王德发知道闯了大祸，一口跑到岩石上，跳下水池。"可是这使桃花岗的居民确切的明白，现在的国军，纪律严密，不会像以前杂色军队的乱干。"

在《宇宙风》第 77 期发表散文《万里寻妻记》（钦文）。此次登载"十、抛妻别妻"。

本月 作《秦桧之罪》,仅有家属提供的剪报,发表时间与刊物不详。

11 月

11 日 在《星岛日报·星座》发表散文《山上的吼声》。此文写浙江山区老百姓对日寇的憎恨。

17 日 在《星岛日报·星座》发表散文《三州人物的合流》。此文介绍浙江丽水的地理环境,日寇难以入侵,于是逃难的杭州人、温州人都到了丽水。

24 日 在《星岛日报·星座》发表散文《新建设区》。此文写作者到达的山城成了抗日的后方,出入检查严密,但出现许多新气象,成了模范县。

12 月

1 日 梁实秋提出文艺与抗战无关论,1939 年以后,沈从文又接连发表文论,称抗战作品是"抗战八股""宣传文学"和"一团糟",反对作家与政治联系。许钦文也参与这场论战,发表一系列的文章,强调文学要为抗战服务,成为抗战宣传有力的武器。这些文章大都集中在 1940 年。

21 日 在《星岛日报·星座》发表《闲空壮丁先入伍》。此文谈及农村闲置壮丁先入伍的办法好,既不影响农村生产,入伍的人又高兴,因为可以得到一定的补助。

本年 在《宁波作者通讯》第 3 期发表《漫语宁波》。

作小品文《收获》，发表时间与刊物不详。此文说园子种的农作物，特别谈及那棵柚子树。据许钦文后代保留的剪报。

作《可歌可泣的七七》，此文缺结尾，和另一文缺题、缺开头，只有关于抗战的文字，有手稿。

仍在永安师范学校任教。关于当时永安师范学校的演出，赖承俊回忆说："福建师范迁往永安大湖后，在鲁迅的学生许钦文先生及其他进步师生的配合下，每星期六晚上都在大湖池塘边公演话剧、歌咏、舞蹈。这些节目除了自编、自演外，也经常以省教育厅戏剧委员会编的《剧教》《福建剧坛》《剧讯》中选择些进步戏剧、抗日歌曲和名家话剧演出。他们演出了大型话剧《家》、抗日歌曲《大刀向鬼子头上砍去》《义勇军进行曲》《流亡三部曲》《浏阳河》《大路歌》。他们除了在本乡演出，还组织宣传队用方言到邻近乡村演出，同时还在各村写了许多'团结一致'、'抗战到底'、'抗战必胜，建国必胜'等抗日标语，有时也组织演出队到永安城的南门戏院公演抗日戏剧。"①

1939 年(己卯，民国二十八年)　42 岁

▲7 月，中共中央发表《为抗战两周年纪念对时局宣言》，提出"坚持抗战，反对投降；坚持团结，反对分裂；坚持进步，反对倒退"。

▲8 月，国民党政府修订《战时图书杂志原稿审查办法》，进一步钳制言论自由。

---

① 赖承俊：《奋起抗日的戏剧、歌咏活跃在永安山城》，中共永安市委党史研究室编著：《永安革命斗争回忆录》，2003 年，第 155 页。

▲9月1日,德国入侵波兰。3日,英、法对德宣战。第二次世界大战正式爆发。

▲12月,汪精卫与日本签订卖国条约《日支新关系调整纲要》。

1 月

1日 在《福建军训》第1卷第3、4期合刊发表文论《军训与民教》(钦文)。此文说"抗战建国,在这句话里,我们有着两个目的,就是抗战必胜,建国必成……为抗战,我们要着重军训;为着建国,我们要着重民教"。

4日 在《星岛日报·星座》发表小说《织女》。小说写游击队员扮成妇女,引鬼子上当,然后把他们杀死。

在《星岛日报·星座》发表散文《虎头山》。此文写厦门的热血青年在虎头山杀日本鬼子的事。

19日 在《申报·自由谈》发表小品文《傅山的民族精神》(钦文)。此文讲傅山当面对外族入侵时,避入深山,采取不合作态度,不做汉奸。

20日 在《时事半月刊》第2卷第5期发表小品文《一排枪》。又据许钦文后代保留的剪报,题为《一排枪七个》,不明载于何刊物。此文写日本兵大摇大摆向前走,突然遭到保卫家乡的壮丁打枪,七个日本兵悉数倒下。

25日 在《大风》第27期发表散文《岩中七日记》,收入《许钦文散文集》。此文记载许钦文在妻子娘家逗留七天的情形,从8月4日到8月10日逐日记载。如8月4日记:一位私塾的老师来看许钦文;8月5日,记载许钦文到镇上碰到小学生抗日游行……8月6日写亲戚招待,村民也了解抗战大事;8月7日,和妻子一起去镇上访友。老外公来看庚儿、云儿,去妻家已卖出的老屋;8月8日,二舅父送东西来;8月9日,妻宣传日本人残暴;8月10日,听说要离开岩村,村上人送物、送东西。

30日 在《东南日报·笔垒》发表散文《龙泉的宝剑》。此文由龙泉宝剑谈到许钦文两次路过龙泉,有一次还被怀疑为汉奸,可见当地人的认真态度。龙泉给他留下了深刻的印象。

31日 在《现代青年》(福州)创刊号发表文论《战时青年的写作》。此文分三方面:一,为什么要写作;二,写些什么;三,怎样写。最后是文章的重点。作者认为战时写作应在三个基本原则(即容易领会、喜欢阅读、能够得到好处)指导下,并提出许多具体意见。比如怎样使读者容易领会:一要用语体文,通俗浅显;二要普遍性;三要单纯化。又如怎样做到使读者喜欢,对这些都提出了具体意见。还有怎样抒情,怎样剪裁,怎样结构,怎样准备,等等。

2 月

5日 在《文艺新潮》第1卷第4、5期合刊发表小说《勇弟》。小说写一个神经错乱的青年,他的病因是由于他无故被学校开除学籍。起因是一个女同学喊救命,而他正在淋浴,听到救命声就跑过去,刚巧训育主任在那里,他受到了责罚,还因此失去了读书的机会。虽然教职员同情他,但由于校务会议通过开除他的决定,他们也感到无奈。小说讽刺有些人嘴上说维新,实质上思想上还是旧的一套。

11日 在《星焰旬刊》第5期发表散文《永安的处女相》。此文说永安"本是属沙县的浮流司,直到明朝的嘉靖年间才建县","永安处女相是安逸朴素"。

15 日 在《大风》第 29 期发表散文《福建新省会的素描》(特写)。此文介绍新省会永安的历史、地理环境、习俗。自从永安成了省会城市以后,就发生了变化。永安多雾,"有雾的世界,他们总要睡到半上昼才起床"。"现在永安的居民,也起得早了。晨炮一响,师范学校的晨呼队,是各校的男女学生轮流的,就唱着抗日救亡歌曲出发,天色未名,街上已经很热闹了。"文章重点写城市发生的新变化。

19 日 作散文《有难》,是否发表不详。

3 月

1 日 在《新青年》第 1 卷第 7 期发表文论《战时的青年文学》。此文说:"战时青年文学,也可以叫做青年抗战文学。"作者认为要重视"由青年们自己创造的文学,原因有三:一、由于青年们自己创造的战时青年文学的可贵,并不在于质的精,而在于量的多……二、无论是在前方工作,在游击区暗中活动,或者是深入农村训练民众,青年都是先锋队……三、青年本是情感热烈而富于朝气的;正当激烈抗战中的青年们,更其来得兴奋……"最后,作者认为创造战时青年文学并不难。首先题材多,再说文学"基本条件,无非是思想、情感和技巧",通过练习是完全可以做到。

在《教战导报》第 1 卷第 6 期发表《抗战文学三原则》。此文提出抗战文学的三条原则:一是有助于抗战;二是要使读者喜欢;三是通俗化。

5 日 在《大风》第 30 期发表散文《四川的流差》。此文写四川流差有三种,作者一一加以介绍。第一种背子分背人和背货两种;第二种是滑竿,就是简单的轿子;第三种是挑夫。文章重点谈滑竿。

在《文艺新潮》第 1 卷第 6 期发表小说《模型》。小说写画家P 要作家做他的模特儿,画成功后,P 非常高兴,"你终于做我的模特儿了"。作家也很高兴,"你也做了我的模特儿。下星期我写成的小说叫《模型》"。

6 日　在《东南日报·笔垒》发表散文《永安的火药味》(钦文)。此文写福州、永安过年放鞭炮,抗战捷报传来也放鞭炮。永安成了省会以后,大兴土木,深感国家人力、物力雄厚。

16 日　在《文艺阵地》第 2 卷第 11 期发表文论《实感的运用》(钦文)。此文认为文艺要真实性,"所谓真实性,并不限于真是有过的事迹,只要各部分的事情有着实感的,整个的故事尽可以由于虚构而成。因此对于实感的运用,是有两种办法的:一、从亲身经历过的富有实感的整个事实中,抽出相当的各点来凑合成为一种新事实。二、由于感想上的需要,先抽象的假设一个故事,再把故事的各点逐步的用有实感的事情具体描写起来"。实感取舍标准是以是否对抗战有益。此文又谈到抗战文艺分两类:一类是示范,一类是攻击。两者都具有鼓动性。

22 日　在《东南日报·笔垒》发表散文《鉴湖八百里》(钦文),收入《许钦文散文集》。此文谈到四川的水、福建的水,都和鉴湖水不同,并对"鉴湖八百里"之说作出解释。

4 月

1 日　在《宇宙风》(乙刊)第 3 期发表散文《鲁迅先生的报复手段》(钦文)。此文认为当此抗战时期,要学习鲁迅的报复手段,要学他在作品中运用讽刺的手法,不饶恕一个仇人,也要学他的战斗精神。

3日 在《大公报》(香港版)发表散文《越王台》。此文回忆作者在浙江五师读书时,每次往返学校都经过越王台,还常常登上去,俯视绍兴城。那时还唱过这样的歌:"越王台何壮哉,溱望崔嵬,千岩佳气齐来……"文章进而由越王台想到镇东关和福建光饼。

5日 在《大风》第33期发表散文《永安的女人》。此文写永安女人,她们不是建省会以来外地的洋气女人,而是指永安本地的女人。年轻的永安女人都有刘海仙,年纪大的则向右边甩起发结,做成弧形而遮住额上的皱纹。60岁以上的女人是三寸金莲。女人爱哭,除了夏天都提着火笼。男女出来做工,有点钱就不做了,而孩子夭折,多是吃赃物所致。最后写到永安女人也爱劳动,有民族气节。

7日 在《大公报》(香港版)发表小品文《飞机梦》(钦文)。此文写庚儿的飞机梦,长大以后要去打日本鬼子。

15日 在《学生杂志》第19卷第4期发表文论《战时的学生文学》(钦文)。此文说:"新文学的确是宣扬主义策动革命的利器,所以当此民族革命的抗战中,一方面整顿武备,另一方面加紧文学运动,这才容易获得最后胜利而复兴民族。青年是国家的中坚,学生是青年中优秀分子,学生文艺自然很重要。"为此,作者提出以下几点:一,战时学生文学的意义;二,战时学生文学和战时青年文学的区别;三,战时学生文艺的题材;四,战时学生文学的习练;五,战时学生文学的重要;六,战时学生文学的检讨。

16日 在《文艺阵地》第3卷第1期发表报告文学《梅溪之击》(钦文)。此文写日本侵略者开着三条汽艇下乡扫荡,但在梅溪遭到我方抗日军队的伏击,司令被击毙,汽艇沉没,敌人被歼灭,我军取得梅溪之战的胜利。

25日 在《大风》第35期发表散文《怀苦蚊室》。此文回忆许钦文当年在集美中学教书时的情形,文后指出集美中学的精神是爱国,这就是陈嘉庚所要传达的。

5月

1日 在《文学月刊》第1卷第2期发表散文《金华的复兴》。此文写作者三次路过金华,"八一三"开始时,路过的金华是繁荣的;过了三个月后路过金华,金华已被日机炸毁;而当第三次路过金华时,金华成了杭州的缩影,杭州的一些商店已搬至金华。

在《教战导报》第1卷第8期发表文论《文学的解说和功用》(钦文)。此文讲文学在抗战中的巨大作用。

8日 在《大公报》(香港版)发表散文《垦田的飞机》(钦文)。此文写抗战以来,山区人多了起来,米店也成了问题。有一次来了不少飞机,大家以为日本的飞机来了,忙着躲避,实际上这是垦田的飞机。

14日 在《东南日报·笔垒》发表散文《云儿两周岁小记》。此文记载作者的二儿子云儿出生以后的困难日子。

31日 在《东南日报·笔垒》发表散文《海上的游记》。此文记叙金门难胞组织复土保乡团夜袭金门,杀死不少鬼子,还缴来许多武器,极大鼓舞大家抗日的信心。

6月

1日 在《宇宙风》(乙刊)第7期发表散文《锦江的藏银》(钦文)。此文写张献忠在四川留传下了许多传闻,其中就有锦江中埋下银子的事。

5日　在《大风》第39期发表小说《胡其胜》。小说写胡其胜与同学又是同事之妻产生感情，于是决定上前线杀敌。

15日　在《闽侨月刊》第1卷第2、3期合刊发表散文《金门夜袭》（钦文）。此文记载金门五十多位复土保乡团壮士，夜间袭击日本侵略者而取得大胜利的事件。

在《闽侨月刊》第1卷第2、3期合刊发表小说《血恋》（钦文）。这篇小说努力塑造抗战时期一对为人榜样的男女青年。男的叫郑今木，女的叫林其英。郑今木在学校里是"三竿"（即笔竿、枪竿、锄头竿）的品学兼优的时代青年。林其英也是一个品学兼优、多才多艺的学生，特别善于唱歌演戏。本期刊登之《誓别》部分，是写他们临毕业时登出恋爱关系，郑今木在林其英爱情的鼓励之下，投笔从戎，奔赴前线参加抗日斗争。

18日　在《东南日报·笔垒》发表散文《怀泥鳅》。此文谈及从杭州逃出来的老头以做方糕为生，还有一个小姑娘也是从杭州逃出来的，她以卖香烟为生，可以为泥鳅。作者曾在金华碰到他们，现在很怀念他们。

23日　在《东南日报·笔垒》发表散文《竹头木屑》（钦文），收入《许钦文散文选集》。此文记叙许钦文抗战时在永安的生活。全文分小引、一井水的汲取、二灶上的炉子、三倒挂着的书架子、四瓜棚、五铁檠和木钩六部分。比如"井水的汲取"一节，谈到解决汲水以后，"于是不再怕缺水，毛巾洗得雪白，小孩子一天洗脚两三回。头发一发腻，我就拿起脸盆提着吊桶走到井边去。……用着这个吊桶，我每天晨间运动，食量增进了，早餐吞得下三四个鸡蛋，这在以前是很为难的。中饭大吃肥肉不至于胃痛"。"倒挂着的书架子"一节是写书架本是放在地上，因为两岁的云儿爬上去睡觉，还撕破稿子，在墙上乱划，于是把书架倒挂在墙上。又如"灶上的炉子"一节写到自己的住所：

> 风景本是够好的。大青砖、粗杉木，原料也是够好的。一经修理，就成了风景区的优等住宅。一家四口，我也得到了接连三间的寓所，并且是有院子的。前门通着一大片的草地，后面通山麓的树林。院子还大，客厅里很明亮。寝室钉上了天花板，又铺了地板，不再怕老鼠的闯入。闽西闽北曾经发生过鼠疫，可怕得很。用天花板和地板以拒鼠，在永安城内是屡思不得。现在居然偿了这个宿愿，可以安枕了。

在《教战导报》第 1 卷第 10 期发表文论《历史剧和功夫小说》(钦文)。此文讲什么是历史剧和功夫小说。

7 月

15 日　在《学生杂志》第 19 卷第 7 期发表小说《酵母》。小说写林伯明利用清明假回到老家探亲，向村民诉说日本鬼子的残暴，并鼓动青年人参军打鬼子。青年人在他的鼓动下，拿出土枪，进行操练，随时准备上战场。他们还垦荒，村四周都贴上了标语。"只有一个星期的经过，村中的情形大大的改变了：由静而动，由保守而进取；每到傍午傍晚，抗战歌曲到处唱着。……如果把这种情形当作酿酒的发酵看待，那么林伯明就是通常叫做酒酿的酵母。"

在《大风》第 43 期发表小说《小工犯》(7 月 5 日作)(钦文)。后收入小说集《风筝》。这篇小说是写一个 16 岁的少年，因为参与所谓"抗租"而被算作"准备暴动"，根据《危害民国紧急治罪法》的条例，他被判了二十多年的刑。原先专门给监狱里犯人挑水、打热水、送水的工犯，因偷吃香烟屁股被监狱长看到，被关进栊里,于是这个工作由小工犯来代替。

16日 在《教战导报》第1卷第12期发表散文《牧羊坡下》（钦文）。此文是写许钦文与庚儿、云儿在享受大自然时的欢乐之情。

20日 在《鲁迅风》第17期发表散文《鲁迅先生的疑虑》。此文回忆许钦文当年到老虎尾巴去看望鲁迅的场景。文中写到鲁迅对一些人的担心,特别是青年,鲁迅认为他们对黑暗社会认识不清。

22日至31日 在《东南日报·笔垒》发表散文《听涛室随笔》（钦文）。此文记载许钦文在抗战时期永安乡下的部分生活情景,全文分10部分:22日"前记",写搬到农村的住宿,是在山村,一有风就可以听到松涛,故取名听涛室。23日"一、月会",此文写学校邀请机关人员和民众参加晚会。先由公务员演说《国民公约》,并由当地的学生翻译,然后由学生演出,晚会很成功。24日"二、南瓜棚上的粽子",此文写端午节,当地的农户送来粽子吃也吃不完,甚至坏了。当地习俗还在园子的南瓜棚上也吊上粽子。这同故乡在果树上贴红纸意义相同。25日"三、大风雨",此文写庚儿冒着大雨回家,母亲责备他,他回答说:"我不怕。"文章最后说,抗战时我们要有这种不怕的精神。26日"四、篾竹",此文写邻居跷脚篾匠的故事。27日"五、蕻菜老人",此文写百岁卖蕻菜老人常来卖菜。28日"六、烟云",此文讲自己最近由于活动,饭量大了;还讲到山上云雾不同于天台山,也不同于四川的金顶上。29日"七、铁邵武",记载欢送汪教官到邵武已半年,此次又遇到他,后谈起邵武这个地方。30日"八、献金",此文讲全校师生献金抗战。31日"九、番鸭",此文讲家里先后买了五只洋鸭,全家忙得不得了,尤其两个小孩。接着8月又载:"一〇、度蜜疏疏""一一、大校舍""一四、孩子""十五、朱校长""十七、香菰""十八、成都的土质"。①

8月

1日　在《文艺新型》第1卷第1期发表文论《牛角尖与曲线》。作者认为："一向觉得可以钻,而且是有意思的。"文后说:"文艺教养民众宣传主义的利器。当此抗战期中,刊行'文艺曲线',顾名思义,够有意思。而且从'牛角尖'里'钻'出来的,这一定锻炼得坚固结实,犹如'火药'的在'铳'上,可以放得很响;在抗战建国中,将要发生了强大的良好影响!"为什么提倡"文艺曲线"? 不明作者意图。

在《战时中学生》第1卷第3期发表议论文《中学生和精神总动员》。此文首先讲抗战时期中学生的重要性。其次讲了关于精神总动员提出了意义和工作,意义提了两点,工作提了五点。

在《战时中学生》第1卷第7、8期合刊发表文论《怎样写文艺笔记》。此文认为文艺笔记必须含有一种情调,"有情调才是文艺"。"文艺笔记,也可以叫做随笔。"文艺作品要有情调,而且"在抒情之中,必须宣扬一种主义,简直可以说是为着宣扬主义而抒情的",即一篇之中要有主题,"当然要合于三民主义的原则;只是利用文艺,原是为着宣扬三民主义而写作的"。而现在的主题,就是抗战建国。

作者认为:"文艺笔记是一种武器;要斗争,才要用武器。文艺笔记的作者,首先该有作战的精神:随时随地的激励同志,增

---

① 全文缺十二、十三、十六。

进自己方面的优势,同时尽量破坏敌人的势力。因此现在所需要的文艺笔记,大致可以分作两类,就是表现的和暴露的。"积极表现我们自己的优点,消极地暴露敌人劣点。作者又提出写作上的注意点:一,剪取题材;二,运用事实;三,便化事;四,虚构故事。

本月　到嵊县接妻子。许钦文自述:"独行五日可到的路程,整整的行了九天。"12 日,他们动身去福州,上午六时从裘岩出发,到甘霖车站三十里路,乘车到嵊县长乐准备搭车去东阳,车子已开,只好再等车;然后到东阳过夜,第二天到丽水,停留了三天。16 日由丽水往龙泉,17 日由龙泉返浦城,18 日冒险直达南平。

16 日　在《宇宙风》(乙刊)第 11 期发表小说《一条腿》(钦文)。小说写敌机轰炸山城以后,棉花店里发现了一条腿,大家议论纷纷,许多人表示同情,有的还为之留下眼泪,最后警察上来,一看说是昨天抓来的汉奸的腿,大家由同情变为愤恨。

25 日　在《大风》第 46 期发表小品文《一妻两子》。此文详细记叙了暑假作者到嵊县裘岩接妻子去福州的情形。

30 日　在《闽侨月刊》第 1 卷第 4 期发表小说《血恋》(续)(钦文)。本期登载《在前后方》,是写郑今木在乾县刻苦训练,而林其英则下乡深入山村,到民间做宣传工作,办战时学校,成立儿童队、妇女识字班,与民众打成一片,深得她们的喜爱。

10 月

1 日　在《挺进》(兰溪)第 3 期发表散文《师母们》(钦文)。此文写教员们各种不同的走路姿势,但他们都有共同特点:"你一声啊呀,我一声哦唷,她们所谈的,总不外乎日常的家务。可是现在,在日常家务的谈论中,她们有了新的共同点,就是讲求节约和生产。"

10 日 在《文艺新型》第 1 卷第 2 期发表小说《芳邻》。小说写"我"的隔壁邻居是一对新婚青年,忽然有一天,男的决定去投考军校。"我"以为他们一定会发生分离之痛,实际却没有发生;女的朋友责备她为什么放走男的,女的回答说,一旦她丈夫受训完毕,她也准备上前线做看护工作。小说宣扬了爱国精神。

13 日 在《宇宙风》(乙刊)第 15 期发表小说《骗子》(钦文)。这篇小说写一个曾经教过书、做过记者的骗子被抓起来接受审讯,结果大出人意料。他之所以假扮受伤军官,是为了测试一下民心。他把所骗的钱和东西如数捐给国家,还有收条,而他自己有存折,原来他并不是真骗子。

15 日 在《新军》第 1 卷第 5 期发表散文《猪叫的口令》。此文写鹭岛被日本人所侵占,他们却吃不到猪肉。一些汉奸帮敌人买猪、送猪,敌人听到猪叫声,哨兵即放人。许多爱国志士利用这样的机会,夜间装作送猪,趁机杀了敌人。

20 日 在《战时中学生》第 1 卷第 10 期发表文论《抗战文学杂话》。在文中,作者提出抗战文学是新文学的一种,"所谓新文学的意义,第一要积极的表现,是示范的;其二要能激励鼓动,使得读者能够照着所提示的实行做法"。"新文学,是重理想的;以启示光明为原则,写出能够积极行动的理想人物来,给读者做模范,使其有所追求。"新文学是宣传的利器;抗战文学所要宣传的,当然是"三民主义"。文章又提出:"抗战文学这名称,虽然是新近才产生的。可是实质,并非突然而来;以前的民族主义文学,和国防文学,可以说,都是抗战文学的先声。不过以前所倡说的民族主义文学,性质比较缓和;国防文学,或者以为偏激。

抗战文学,名正言顺,适合时代要求,这才坚强结实,也是尖锐化的了。"又谈抗战文学的形式:戏剧、诗歌、小说、童话、小品文,等等。

25 日　在《大风》第 52 期发表散文《轰炸中吃蹄胖》。这篇散文写敌机来永安轰炸时全家人逃难的经过,最动人之处是:当敌机来轰炸时,庚儿扑在云儿背上,大哥保护弟弟,妻子天芳扑在两子身上,而许钦文扑在妻子和两子身上。待敌机飞走后,老友董秋芳来慰问,蹄胖刚好熟了,但秋芳不吃,他还要到别的地方看人。

26 日　作小品文《长沙与华沙》(钦文),发表在 11 月 5 日《时事半月刊》第 2 卷第 24 期。此文探讨波兰华沙失败而我们长沙却胜利的原因。华沙失败的原因之一是不能保全主力,但更主要的原因是政治上未能统一和立国的根基未曾稳固。而我国长沙大战,杀敌众多,波兰失败的原因正是长沙胜利的原因。文章分析了国际形势。

11 月

15 日　在《大风》第 54 期发表散文《云儿两周岁生活志感》。此文回忆云儿从出生在杭州,逃难到嵊县,然后到永安的情况。又据许钦文后代保留的剪报,尚有《云儿两周岁小记》,不明年月和所载报刊。文章记载云儿出生和大病时的情况。

20 日　在《时事半月刊》第 3 卷第 1 期发表文论《三民主义的战争文学》。此文提出:"战争文学,可以分作消极的积极的两大类:消极的用暴露的手段,攻击敌人的弱点,宣传敌人的丑恶,把敌人的阴谋揭穿,把敌人的理论驳倒。积极的战争文学,重在示范和激励,不但要使读者知道应该怎么样做,而且会得自然而然照所提出来的实行做去。"许钦文认为这两类,"当以积极的为主体"。因为"战争文学是新理想主义的一种,是要表现的。重在示范,就是要写出理想的人物来"。"不但使读者知道应该怎么做,而且会得自然而然照着所提示的实行做去。"文艺要为抗战服务而文艺如何为抗战服务的问题,1939年至1941年关于民族形式的争论,就是为解决这个问题而产生的。大众化、民族化是文艺界关心和要解决的问题,通俗化、旧形式的利用就成为抗战初期的中心问题。许钦文在许多文章中主张抗战文艺要大众化、通俗化,对于语言、结构、内容都提出了具体意见。他还主张利用旧形式,主张文学形式的多样化,"剧本、小说、诗歌、童话和小品文等以外,还得注意说书、报告、通讯、墙头小说和墙头诗等"。他特别强调"作品要写得短巧","甚而至于只有几百字的墙头小说,和几十字的墙头诗。——贴在街头上,经过的行人,可以很快地阅读完毕。"

在《战时中学生》第1卷第11期发表文论《抗战文学的主题和情调——抗战文学杂话之二》。此文认为"情调是文学的基本要素,没有情调,就不成为文学。可是有了情调,只是成了文学,未必就是新的文学,更不一定是抗战文学。"此文认为:"抗战文学的主题,必须密切的有关抗战。这就很简单,有益于抗战的才要得,否则一概不用。"

12 月

5 日 在《时事半月刊》第3卷第2期发表小说《一串钥匙》(钦文)。这篇小说所写的大都是许钦文家里发生过的事,它巧妙地把这些事用一串钥匙串联起来,通过这些事,揭露日本侵略者的残酷行径,表达出作者的爱国情怀。

在《大风》第 56 期发表散文《松涛中》。此文写中央检阅团到镇上来检阅壮丁，参加人数有三四千，甚为壮观。

14 日 在《东南日报·笔垒》发表散文《农村》(钦文)。此文写永安农村由于人多，蔬菜供不应求，奇货可居。后来农民种菜多了，卖菜不是论斤而是论把。

20 日 在《战时中学生》第 1 卷第 12 期发表文论《抗战文学的技巧问题——抗战文学杂话之三》。此文认为有了题材，没有技巧不行，技巧重在剪取题材、结构、布局和抒情。关于剪取题材，文中认为"原是'采用'和'选择'的意思"。对抗战文艺来说，必须选择有益于抗战的题材。题材的选取不限于自己的经历、见闻，别人的事实、报纸、历史等都可以拿来用。结构提出"第一，关于虚事实的，最可注意一点是'线索'"。"其次……叫做创造"；"布局是要布置成功紧凑的局面，关系重在'交点'上。交点是一篇之中最紧张的地方。""抒情本以自然流露为原则"；"最要紧的是使得形成单纯的情调"，当然不是悲观的。最后还谈到标题和典型的创造。

在《战时中学生》第 1 卷第 12 期发表小说《林中》(钦文)。小说写学校由于受到日本敌机的轰炸，不得已搬到乡下山林中上课。

在《时事半月刊》第 3 卷第 3 期发表文论《新文学与精神总动员》。此文讲新文学要专为精神总动员而作。首先可以直接使读者的注意力集中于抗战建国。再间接使他们就近去宣传领导、亲戚、朋友和邻居，就是使每一个读者都成为促进精神总动员的工作人员。新文学也即抗战文学要做到这一点，此文提到许多方面，比如情感、主题，等等。而新文学用来推进精神总动员可以从三方面去做："一、积极的表现出理想的人物来，作为示范的指导。二、暴露敌人的罪恶,藉以激励愤恨,使得勇于作战。三、讽刺同道,使得不再随随便便发生不良的行为。"

本年　仍在福建永安师范学校教书。

1940年(庚辰,民国二十九年)　43岁

▲1月,毛泽东的《新民主主义论》在延安《中国文化》创刊号上发表。

▲3月,蔡元培在香港病逝,终年72岁。

▲8月,夏衍等在桂林创办《野草》月刊。

▲11月,田汉主编的《戏剧春秋》在桂林创刊。

1月

1日　在《文艺阵地》第4卷第5期发表散文《山居一年》(钦文)。此文写作者来山城永安一年多的经历和山城的变化,是实实在在的历史记录。

5日　在《大风》第59期发表散文《关于大慈》。此文是回忆《东南日报》副刊《沙发》编辑大慈的文章。

在《时事半月刊》第3卷第4期发表小说《南门头》(钦文)。小说写土匪汉奸头子的头被挂在城门上所引起的一番议论,小说从头至尾都运用对话体。

16日　在《宇宙风》第92期发表散文《杭州顺民生活的一斑》(钦文)。此文记叙一家纸店被严密管制,不得自由。

20日　在《时事半月刊》第3卷第5期发表文论《文学的宣

传》。此文认为在抗日战争的特殊环境下强调文学作为宣传工具的功能,这在当时情况下是可以理解的,只要不失去文学的特点。他极力反对"当此抗战时期,民族兴亡的紧要关头",把文学当作"吟风弄月"的事。他说:"限于个人关系的作品,根本没有地位可言。必须是宣传有益于国家民族的事情的,才有刊载的价值。"这种鲜明的主张,自然由于许钦文强烈的爱国主义情怀,当然,文学不仅仅具有宣传的功能。

在《战时中学生》第 2 卷第 1 期发表文论《日记体的抗战文学》。此文介绍小说中的文体,如自传体、正传体,而"书信体和日记体的小说,可以写成自传体,也可以写成正传体"。文章重点介绍抗战文学的日记体,最后说:"日记体兼有着自传体和正传体的长处;日记体的小说在抗战文学中占着重要的地位;虽然并不容易写,却是值得注意创造的。"

在《战时中学生》第 2 卷第 1 期发表散文《我的日记》(钦文)。许钦文有记日记的习惯,年青时用英文记,在牢狱中用世界语记,二十四年(1935 年)以前的日记均在逃难时遗失了。许钦文到永安和集美的日记,用了许多记号,文后还附日记三则为例。

2 月

5 日　在《时事半月刊》第 3 卷第 6 期发表小说《老虎脚爪》(钦文)。小说写邻居唐太太向许先生借五元钱,而用价值四百元的镶金老虎脚爪放在许先生处作抵押。许先生一再推辞,唐师母坚持放在许家。唐师母借钱是因为她把她丈夫寄来的四十元钱和家里存下的钱一起捐给国家抗日,而自己连买米的钱也没有了,只好向许先生来借。许先生从她临走时的眼神和举动

301

判定她患有歇斯底里病。这篇小说真真假假,很难判定是真实故事还是一篇虚构的小说。

在《大风》第61期发表散文《台湾籍民在崇安》。此文写福建的崇安是政府安排中国台湾地区百姓居住的地方。台湾的革命领袖李友邦到那里慰问,带回了三十多个崇安的台籍壮丁,到浙江金华受训,准备参加抗日战争。

11 日　在《战时中学生》第1卷第4、5期合刊发表文论《青年文学应有的特色——主题重于情调》。此文认为文学要有情调,还要有主题。青年文学情调是热烈的,但此文认为青年文学,主题应重于情调。这是因为"青年文学,更须注重人生问题的探讨。正因为青年是热情的,所以要重理智,要由理智来管理情感,监视情感。因为情感是盲目的……只要有益于国家民族和青年自身的前途,总是需要的,否则用不着。因此青年作者,每写一篇作品,必先定下主题,是于国家民族有益的"。

20 日　在《大风》第62期发表散文《偷》。此文写许钦文儿子云儿断奶之事。因为考虑到山区营养不足,云儿断奶一拖再拖,拖到很迟。实行断奶后又反反复复。白天奶头用辣椒涂摸,云儿不吃;夜间他又偷着吃,奶断不了。

在《时事半月刊》第3卷第7期发表文论《怎样写文学的宣传品》(钦文)。此文强调文学要为抗战服务,要成为抗战的宣传工具,"无宣传即无文学","所要宣传的是三民主义不成问题"。文学宣传要有情调,要有主题,要具象化,注意文字简明,总之,注意"三个基本原则:一、要使读者容易领会;二、要使读者喜欢;三、要给读者好处"。

在《战时中学生》第2卷第2期发表文论《抗战文学与个性》。此文分析作品的人物个性和作者的创作个性。抗战文学的出现,一时成为大家共同的呼声,情调和主题单纯且几乎一致,给人说是"差不多"而反对,大半就是因为作者缺少个性的表现。对此,作者认为:

"差不多"的作品是"新八股",这于个性的发展的确是有妨碍的。为着发展作者的个性,固然要打到"八股文章",也得打倒新八股。可是新八股的抗战文学,正需要竭力提倡而多多的产生。因为"反差不多"是有着充分理由的。

这个理由就是为抗战建国,它比发展自己个性重要。不过,作者认为:"在可能的范围内,仍然应该尽量变化的。作者的个性表达,虽然并非重要的条件;在可能范围内,也是值得注意的。"所以创作个性还是要的。

3 月

1 日 在《文学月刊》(金华)第 2 卷第 1 期发表散文《生活》。此文回忆游峨眉山上的清音阁,同时联系作者目前的生活。

5 日 在《时事半月刊》第 3 卷第 8 期发表小说《一日间》(钦文)。小说写一个叫林之蔚的小学教员一天工作的状况。他是训练壮丁队的,同时也教学生上课,反映了战时的学校生活。

16 日 作散文《汉奸的收场》,刊于《宇宙风》第 96 期。此文写作者在永安南门外看到城墙上挂着的人头,于是记起他的学生的哥哥的头也被挂过,还有土匪、汉奸张雄南的头也被挂过(已有另文写过)。

20 日 在《大风》第 64 期发表散文《怀斌》。这篇文章是怀念一个叫斌的小姑娘,本来他们彼此有书信往来,但自南京失守后,她家在南京,他们之间就失去了联系,写此文目的是使她看到自己现在在福建永安原校教书。

在《时事半月刊》第 3 卷第 9 期发表文论《古文学中的宣传手段》(钦文)。此文指出新旧文学之间有继承关系,为此作者研究了《岳飞传》《文天祥传》和《史可法传》,三位民族英雄的事迹很符合当时抗日的政治环境。作者对上文的作法做了详尽的分析,特别是《岳飞传》。此文从谋篇布局、人物描写、语言运用等方面进行分析。

25 日　在《东南日报·笔垒》发表散文《菰客》(钦文)。此文写菰客生活艰辛,赚钱不易。

4 月

5 日　在《大风》第 65 期发表散文《大蒜煎豆腐》。此文写许钦文一家在福建山村过年,邻居送来自家做的豆腐,又有人送来大蒜,这就做成了大蒜煎豆腐;加上别人送来的鱼和之前买来烧好的冻肉,比去年过年好多了。

20 日　在《时事半月刊》第 3 卷第 11 期发表散文《纪念新文学的导师蔡孑民先生》(钦文)。此文认为:"我国的新文学上,成功最大而贡献最多的是鲁迅先生;蔡孑民先生,固然自己认为并无专门的成就,新文学的创作,的确不多。但如没有蔡孑民先生,鲁迅先生在新文学上的成就,绝不会有这样的大。即使能够写下三四百万字的作品,也是只好'藏之名山'的。"又说:"五四运动的新文化运动表面上由胡适之和陈独秀等教授主持,实际上由蔡孑民先生领导的。没有蔡孑民先生提倡的新文化,胡适之教授和陈独秀教授等新文化运动健将,根本不会聚集在北京大学里。"此文提出向蔡孑民学习的地方:"第一,他有迎合世界潮流的精神……其次应该学习的好学精神……第三,我们应该学习是他的革命精神……"最后说:"蔡孑民先生对于国家民族的贡献委实是很多,关系最大、影响最广的是文字革命和新文学的提倡。"

在《大风》第 66 期发表散文《抗战在山村》。此文写许钦文带学生去被称作世外桃源的山村,到那里去慰问出征壮丁的家属。山村共有四个出征的壮丁,其中有个已病故。作者不禁感叹原来这个与世隔离的山村,也与抗战紧紧连在一起。

5 月

1 日 在《宇宙风》第 24 期发表小说《防空洞》。此文是写在防空洞里互相认识、通过观察和了解之后从而心心相印并产生感情而结婚的一对青年男女的故事。

5 日 在《时事半月刊》第 3 卷第 13 期发表散文《檀树大炮》(钦文)。此文从诸暨人打长毛、四川人民的保路运动,谈到现在诸暨人打日本鬼子用的是檀树大炮,赞扬他们英勇杀敌的精神。

20 日 在《大风》第 67 期发表小说《战歌的结晶》。这是一篇反映战时恋爱生活的小说,写一对夫妇因为一起宣传抗战歌曲而认识,从恋爱到结婚,还给他们的孩子起名叫歌晶。现在他们还忙着到处去宣传抗战歌曲。不过,为了躲开敌机,他们暂时住到了乡下。

在《时事半月刊》第 3 卷第 13 期发表文论《文学与生活》(钦文)。此文认为文学是生活的记录,它可以"分作三层来解释,就是'生活的表现'、'生活的批评'和'生活的快乐'"。作者从三个方面对文学做了详细分析。文章又认为文学生活不仅作家可以过,读者也可以过文学生活。

在《战时中学生》第 2 卷第 4、5 期合刊发表文论《抗战文学与文学的本质》。此文提出:"要利用文学的本质,藉以收到宣传的功效而教养民众"，这就要使读者产生共鸣，而要做到这一点，必须做到文学大众化。接下来，文章有很大一部分是讲文学是怎样产生的？究竟文学是什么？作者认为文学是苦闷的象征，"苦闷的象征"、"心的探险和人格的表现，这是文学固有的三原则，有着连带关系，是互为因果的"。这种说法是许钦文一贯的观点。

6 月

1 日　在《宇宙风》第 100 期发表散文《宇宙之风》。此文是应陶亢德之约、为纪念《宇宙风》百期而作。作者回忆与《宇宙风》编辑陶亢德往来的事情，顺便提到陶亢德主编《人间世》一事，还提到了《论语》杂志。

在《宇宙风》（乙刊）第 25 期发表散文《蔡先生占着我的心》。此文是写许钦文参加在永安举行的蔡元培先生的追悼会的情形。文章回顾了蔡元培的一生和其对中国人民的贡献。

5 日　在《大风》第 68 期发表散文《花潮花月闹花灯》。此文描述打着观音诞辰的名义，人们大规模地闹花灯的情形。于是作者产生疑问：在抗战极端困难之下，花费这么多钱闹花灯值得吗？

在《战时半月刊》第 3 卷第 14 期发表小说《途中》（钦文）。这篇小说是通过对话的形式来讨论抗战为什么会胜利，物价为什么会上涨。

20 日　在《时事半月刊》第 3 卷第 15 期发表文论《文学作品的估计》（钦文）。此文提出："能够阐明三民主义的思想，宣扬三民主义的精神，并且富有情感的作品，价值是一定有了的。但其价值，未必很高。已经说过，当以功效为前提，是要问影响的。"

这就是提倡文字要大众化,还要通俗化,还得注意普遍性、时代性和地方色彩。作者认为"深刻浓厚的作品,由于精练的结果,总是结构严谨,呼应灵通,宾主分明,层次清楚,写着典型人物的"。文章还谈到了趣味问题。不过,作者提醒,各种条件分配必须注意适当,比如一味追求大众化、通俗化,"那作品未免浅薄"。最后还谈到了写作技巧的重要性。

29 日　在《天行杂志》第 2 期的《浙江民意特辑》发表小说《热水瓶》。小说从一只热水瓶引申出日寇来了之后,普通老百姓连一只热水瓶也买不起的社会现实。

7 月

1 日　在《宇宙风》(乙刊)第 26 期发表散文《社会英雄和非社会英雄》。此文引用鲁迅的话:"英雄有两种:社会的,和非社会。岳飞是社会的英雄,所以为大家崇拜。"作者认为吴子玉、蔡子民也是社会英雄,而鲁迅则是非社会英雄,"原来非社会英雄是超时代的"。

7 日　在《时事半月刊》第 3 卷第 16 期发表小说《嗡嗡嗡》(钦文)。小说写张校长召开一次保甲长会议,讨论将各族祠堂的公款捐献一部分给国家,此立即遭到一部分人的反对,会议陷入僵局。此时正好敌机过来,大家忙着躲避。当敌机飞走后,大家纷纷议论敌人之可恨,此时保甲长们顺势提起刚才的提议,很快就得到了大家的同意。

15 日　在《建国月刊》(金华)第 1 期发表散文《嘉定的造纸学校》。此文回忆四川嘉定的造纸学校。据许钦文后代保留的剪报,又有《造纸专校》一文,不明刊于何处。

19 日　作散文《四四生日志感》,发表在本年 11 月 1 日《宇宙风》(乙刊)第 32 期,署名钦文。旧历六月十五日是许钦文的生日,今年是他 44 岁生日。文章写许钦文本打算在 44 岁时结婚(受陀思妥耶夫斯基影响),结果在 36 岁时和 19 岁的裘天芳结婚,比陀氏夫人小 1 岁。

20 日 在《战时中学生》第 2 卷第 7 期发表文论《抗战文学与抗战生活》。此文说,文学"是生活的表现,生活的批评和生活的指导","所以要创造指导生活的抗战文学,作者自己,必须有切切实实的抗战生活。""我们要把战争的生活写成抗战文学;从抗战文学中检讨战争的生活!"此文又提及苦闷是产生文学的原因。

在《大风》第 72 期发表散文《三岁的云儿》。此文对云儿拍照一事作了一番议论。云儿和庚儿性格不同,他很勇敢,也爱父母。

8 月

5 日 在《大风》第 72 期发表散文《我的幸福家庭》。此文记叙作者一家四口住在永安时的情形。文中谈到住房:"但从随校迁乡,到这山上来住以后,家对于我,情形又变了。千人同时来到,房屋当然不能充分使用。三间平房,都不过一丈见方的,算作我的住宅。其中一间无门窗,只好兼作膳室和客堂。烧柴多烟煤,厨房只能兼做堆积间。我的改文挤稿子的写字台,只好放在寝室里。两个孩子都已长起来了,再也不能各头睡在一行,因为脚要顶住,常常吵闹;只好给庚儿另行搭了一个铺。同在一个小小的房间里要并设两铺,本来已够拥挤;我的坐位,自然只有窗口的一角。""书架是倒挂,免得云儿爬上去。两个小孩常争吵,为此也成了夫妻吵架导火线……不过两个男孩,当地人羡慕,夫妇孩子团聚也是好多人做不到……所以想起还算幸福。"

在《时事半月刊》第3卷第18期发表文论《通俗化在文学宣传中的紧要》(钦文)。此文仍然强调文学的宣传功能,作者说:"在革命文学者中,也很有说过文学不必去为宣传的话的。可是革命有多种,本来也有较缓和更急要的分别。已经到了民族存亡关头了,我们的民族革命是非常的,我们需要非常的文学作品宣传的工具。或者以为利用作为工具,在'艺术神圣'的观念中,不免有污辱的嫌疑。实在目前,我们也顾不到这个。为着守卫国土,保护种族,连整千整万将士的生命都顾不得,哪有余暇尊重非必要的事物呢?"然后,许钦文又论及文学宣传中的通俗化问题。

11 日　在《天行周刊》发表小品文《小孤孀》。此文写福建一带有男女易养的习俗,她的丈夫是24岁,她只有10岁,不料丈夫得病死了,她便成了小孤孀。

20 日　在《时事半月刊》第3卷第19期发表小说《焚烧》(钦文)。小说塑造了一个机智、沉着且敢于同日本鬼子搏斗的裁缝王仲英。当日本鬼子调戏他的妻子时,他虽然热血沸腾,愤怒万分,想用菜刀与敌人拼个你死我活。不过,他权衡利弊后,觉得单凭自己一时之勇而与敌人硬拼,不仅对妻子无益,而且自己也会死在敌人的枪口之下,从中表现出了他的冷静、沉着。但当他怀孕的妻子不堪日本鬼子的奸污,强行从窗口跳下并当场死去时,他目击妻子惨状,悲愤交加,此时才果断地决心与敌人智斗,并最终消灭了敌人。在如何处置敌人尸体时,也表现了他的机智——一把火把房子和敌尸一起烧了。小说并未如此结束,"私仇已报,国耻未雪",这个青年最后决定投奔游击队。小说通过这个敢于斗争、善于斗争的孤胆英雄,为我们如何与敌人作斗争、应该走什么道路指明了方向。这符合许钦文提出的抗战革命文学的理论——"重在示范和激励",本文是属于积极的战斗文学。

在《战时中学生》第 2 卷第 8 期发表文论《抗战文学与〈阿 Q 正传〉》(钦文)。此文主要谈论抗战文学要向《阿 Q 正传》学些什么。首先是学习通俗,"《阿 Q 正传》可以说是大众化的程度很低,通俗化的程度却是很高的"。其次是幽默的问题。再次,关于报复的问题。最后是阿 Q 的逻辑,或称为阿 Q 哲学。

25 日　在《现代文艺》第 1 卷第 5 期发表散文《写〈彷徨〉时的鲁迅先生》(钦文)。此文回忆了鲁迅写《彷徨》时的情况,是十分珍贵的独家史料。

9 月

1 日　在《宇宙风》(乙刊)第 28 期发表散文《忆新津》。此文回忆许钦文到四川时曾三次经过新津。

2 日　在《东南日报·笔垒》发表杂文《关于抗战小品》。此文是关于戏剧与小品文在抗战时谁更被需要的争论。结论是两者都需要,戏剧是正规军,小品文是游击队,抗战时的小品文是要用来武装的,而不是用来休闲的。

5 日　在《时事半月刊》第 3 卷第 20 期发表文论《文学政治和科学》(钦文)。此文是谈文学与政治、文学与科学之间的关系。首先,谈文学与政治之间的关系。旧文学之所以吟风弄月,是为了赞美英雄美人、恭维帝王;而人事重于自然则是新文学的基本原则。政治问题是人事的中心问题,所以在新文学,不但不应该避谈政治,且要积极地把握住政治问题。更进一步,由于注重政治,文学要侧重借以获得政权、维护政权的军事问题上面去了,即所谓战争文学。作者提出"我们所需要的抗战文学,在'军事第一,胜利第一'的原则下,当然也要这个样子"。其次,谈文学与科学之间的关系。作者认为"这里的科学自然并不限于数理化的自然科学,是把经济、历史和地理等等都包括着的"。这些要懂得,并非去从事研究。文章还列举了若干实验,证明了科学与文学之间的关系。

8日 在《东南日报·笔垒》发表散文《反映》(钦文)。此文讲许钦文大儿子庚儿放假在家,但山区无玩具,他只好用家中日用家具当玩具,模仿大人打日本鬼子。

10日 在《教育杂志》第30卷第9期发表散文《世泽堂前》,收入台北心理出版股份公司2006年影印本《教育杂志》(1909—1948)。此文记叙福建永安师范学校搬到乡下后全校师生练习唱《国歌》《领袖歌》《校歌》的情景,反映了抗战时师生昂昂的精神面貌。

20日 在《时事半月刊》第3卷第21期发表小说《半夕谈》(钦文)。小说写姓唐的回来探亲,报告在日伪统治下的伪军、日军吸收法币、做顺民之难等情况。

10月

1日 在《教战导报》第1卷第18期发表散文《半棚葫芦半棚瓜》(钦文)。此文讲许钦文家门前种了南瓜、葫芦,他自己又搭棚,感受到了劳动的乐趣,又感受到人情的温暖,因为苗秧是别人送来的。

6日 在《东南日报·笔垒》发表杂文《抢菩萨》。此文写闽西北一带流行抢菩萨,这是民众用来锻炼身体的习俗,正如金华一带流行斗牛一样。

10日　在《福建青年》第1卷第1期发表文论《创造三民主义的青年文学》。此文提出青年文学可分为两大类：一类是青年自己所写的文学作品；一类是适合青年阅读的文学作品。文章又把第一类分为三种：专给青年阅读的、给一般民众读的和普通的文学作品。此文认为，我们要的"是三民主义的青年文学"。此文提出四项："一、灌注三民主义的知识；二、解释三民主义的意义；三、阐明三民主义的理论；四、发扬三民主义的精神。"

在《时事半月刊》第3卷第22期发表文论《文学和美感》（钦文）。此文指出文学重在内容，"抗战文学，思想上的美感，比技巧上的魅力，关系更来得重大"。为此，作者提出：一，抗战文学的思想重于技巧是不是应该的？二，抗战文学，要不要专以有关抗战的故事为题材？作者批评了抗战八股与"差不多"的说法。作者认为美感由于生活、执业、性别的不同，"归纳起来，可以说，美感根本在活动之中；常常跟着年龄、性别和知识程度而转变"。在抗战时期，"有关抗战的故事，是可以给人美感的"。最后作者总结："有关抗战的故事，固然特有一种美感可以使得读者满意；不过抗战文学的作者……也要注意使得具备整齐，平衡和对照等一般的美的条件，那么可以格外富于美感了。"

16日　在《宇宙风》（乙刊）第31期发表散文《在老虎尾巴的鲁迅先生》，收入《学习鲁迅先生》《许钦文散文集》。这是篇回忆鲁迅的文章，文中主要谈及鲁迅造老虎尾巴时的情况，以及负债、老虎尾巴的布置、鲁迅的生活、写作（《彷徨》）、翻译，等等。

20日　在《大风》第77期发表文论《漫语阿Q》。此文讲述了《阿Q正传》的影响，重点分析了阿Q这个人物。阿Q是具有劣根性的典型人物，他的劣根性表现在：第一是精神胜利法；第二是色情狂相；第三是畏强凌弱；第四是爱装虚架子；第五是注意无关紧要的事；第六是奴性重。作者认为"与其说是攻击阿Q，不如说暴露环境的缺点"。

在《时事半月刊》第 3 卷第 23 期发表小说《木匠阿林的战死》（钦文）。小说描写木匠阿林一家的悲惨遭遇，揭露了日本鬼子的罪行。同时，还赞扬了木匠阿林临敌不惧、英勇牺牲的精神。

在《东南日报·民风》发表散文《折桥——去浓泡记》（钦文）。此文记叙许钦文医治牙齿之事。此文又发表在 1949 年 12 月 20 日《民报·民风》。

11 月

5 日　在《时事半月刊》第 3 卷第 24 期发表文论《文学和语言》（钦文）。此文主要论述两个问题："一、怎样保持语言的优点，二、怎样加以修饰工夫使得美化。""在第一个问题中，最需注意的是个性。""为着保持语言固有的优点，表达个性以外，须注意大众语言。""第二个问题，怎样加以修饰的工夫使得美化，这首先要做到'简单明瞭'的条件。"最后对高尔基的"文学的第一要素是语言"作解释："一、文学是要语言……二、文学是由语言文字做媒介而发生功用的……三、作者的发生感想，捉住意境和剪取题材，往往是由于听了人的谈话。"作者列举了他自己的经验，有的是听了陶元庆的复述，有的是听了他妻子的话，甚至是他儿子品庚、品云的话。

7 日　在《福建民报·福建青年》发表小品文《生命的意义》（钦文）。此文从植物的生命延续，谈到动物、人类的种族延续。

10 日　在《福建青年》第 1 卷第 2 期发表小说《欢送》（钦

文）。小说写一次欢送飞行员的大会上，陈素英巨额的捐款引起她的男友不安，双方一度误会。经过解释后双方和好如初，最后男友在爱的激励下也考取军校，为报国抗日出力。

15 日　在《教战导报》发表散文《打汉奸》（钦文）。此文写大儿子庚儿把弟弟云儿当汉奸打，弄得云儿大哭。妻子责备庚儿。文后说宣传已深入人心，连小孩也痛恨汉奸。

20 日　在《时事半月刊》第 4 卷第 1 期发表散文《看了工商品展览会》（钦文）。此文提到作者参加过西湖博览会、天府之国的花会、厦门大学的展览会，然后写参观本次展览会，感到福建地大物博。

12 月

5 日　在《大风》第 80 期发表散文《一指之残》。

10 日　在《福建青年》第 1 卷第 3 期发表小说《鲜明的红十字》（钦文）。小说写陈明新发烧口渴，但无水可喝，就在此时，他的眼前出现了一个女看护，还送上了水。这位女看护即是他学校里的同学，她们上了看护课后，有了理论知识，但无实际的经验，所以凡男同学生病，必有女同学来看护。她们有了经验以后，才可以和男同学一同上前线支援战事。

16 日　在《宇宙风》（乙刊）第 35 期发表文论《阿 Q 哲学浅释》。在论文中，作者把阿 Q 哲学分成三项："一、阿 Q 思想；二、阿 Q 精神；三、阿 Q 的逻辑。""一个女人在外面走，一定想引诱野男人。'这是阿 Q 的根本思想"；"阿 Q 思想的第二项，在于认定城里人的错误而可笑。"另外，"不知自己的浅薄，从别人身上找出无关紧要的缺点来加以讥笑的，也都是阿 Q 思想的表现。""阿 Q 精神在于'精神胜利法'。"作者列举了四件事情，认为"阿

Q 的逻辑"就是他说的,"和尚动得,我动不得"?

20 日　在《时事月刊》第 4 卷第 3 期发表文论《战时的儿童文学》(钦文)。文中提出战时的儿童文学要迎合战时儿童的心理。至于爱国心的培养,民族主义的灌输,平时的儿童文学也是需要的,并非战时儿童文学的特征。又认为儿童文学虽有神话、传说、故事、寓言和童话,但"只有童话是正式的儿童文学。也只有年龄较大的能够鉴赏童话的儿童,才同战事有重要的关系;所以战时的儿童文学是侧重在童话上面的"。写童话要适合儿童的心理,还要用对小孩说话一样的语言写下来。

在《大风》第 75 期发表散文《镶牙》。此文是写许钦文到城里镶牙,顺便提及城里物价贵、农村物价低一事。

28 日　在《前线日报》发表散文《大刀阔斧下福建抑平了物价》。此文谈及物价上涨,为与敌人进行货币战,老百姓宁可养着猪不卖。

30 日　作小品文《算盘以外》。

关于永安师范学校的教学经历,学生孙匠今,在《钦文导师》一文中云:

其间,因学校人事上的变动,我们的保姆常常变更无定,惟有钦文先生始终没有离弃了我们,他不仅担任了我们两年国文功课,并且做了我们几学期的级任导师。

早就爱好文学的我,钦文先生的名字在初中时代就已经见惯了,然而看到他的颜容,还是来校以后。他有着壮硕的体格,坚实而黝黑的肌肤,粗韧而有点斑白的头发,厚嘴唇,大牙齿,和透过近视眼镜的锐利的眼光。上课时,他说到杭州的家,园子里亲手种植的瓜果葡萄蔬菜,和写文章赚钱盖的房子……

文章还写到许钦文回杭"万里寻妻",写一起搬到永安,说:"到了永安,正值春寒多雨,他同我们共住在破敝的宿舍里,尝着'屋漏偏遭连夜雨'的贫士的生活的滋味。我的床铺恰好邻接他的写字桌,每天看他早起晚睡,一字不苟的写稿,改文,得意时顾自笑笑,疲倦了按着椅子做柔操,闲空时也得做些缝补被窝衣服的工作,他的私人生活便是这么的紧张而严肃。"文章还谈到对学生的影响:"我体认了他的认真而勤恳的热情……学期结束,我们暂时和他离校隔绝了,好像初生的婴孩,离别了乳娘。在流离无依中,辗转了一年,但我们在这一年中,学会了怎样打仗,又办了一期民教,增加了书本以外的经验,为国家民族出了一点力量,——这是他常常祈祷和鼓舞我们的。"

　　又说他"提出许多更有趣的口号,来培养我们的意识,建立我们前进的思想,其中我们影响最大而有力的,就是'三杆主义'——枪杆、笔杆和锄头杆主义,大时代的青年不但要拿起枪来打仗,提起笔写文章,在后方更应努力生产"。

　　又说:"据一般说来,大时代的到临,使处在后方的老作家们,都感到了消沉的悲哀,然而,我们的导师,这位中国新文坛上的老作家,在我们面前,却从未流露过蕴藏在内心的悲戚。他深恐把这伤感的时代病,传染给纯洁的、稚真的心灵。他极力摒弃古典气派,抨击浪漫主义,尽量设法把我们武装起来,督促我们赶上时代的潮流,像位老年的牧人,赶逐他的羊群,驰向春晖盖着的草原一样。有的被他追迫得透不过气来,想要落伍了,他便恶狠狠地抽他一鞭。有许多同学不了解他,却故意背后攻击他起了许多嘲笑他的绰号,什么望远镜呀,猫头鹰呀,防毒面具呀,几乎叫遍全校了。"

　　对这些绰号,作者解释道:"望远镜象征远大与精明,我因此想到许先生新近的文学见解,文学是宣传的武器,应内容重于形式,思想胜过技巧。我又想到他分析青年的心理的本领,鲁迅先生曾说:'分析青年心理,我不如许钦文。'其次,说到猫头鹰,恰好表示了许先生的锐利、机警、和冷静,至于防毒面具,正是时代精神的妙喻,我不但因此联想到许先生注重科学生产和严谨缜密的精神;同时,更想起了呻吟在科学的氛围里,在物质的斗争中挣扎着的我们的国防。"

最后此文说:"他具有绍兴人的幽默风趣,说话简明而有力,每句话都有精粹的言语,上课时几乎没有人不注意。他又不善于讽刺,因此有许多同学对他怀着敬畏的心理。"[①]

本年 仍在永安师范学校任教。作《忆叶生》,回忆永安师范学校的两个学生,特别是叶生。据许钦文后代保留的剪报。

1941年(辛巳,民国三十年) 44岁

▲1月6日,"皖南事变"发生。

▲5月,中共中央机关报《解放日报》创刊。

▲11月16日,郭沫若五十寿辰和创作生活二十五周年庆祝会在重庆举行。

▲12月8日,日本发动"太平洋战争",国民政府对日、德、意宣战。是日,侵沪日军占领了上海公共租界,上海"孤岛"局面结束,完全处于日军控制之中。

---

① 孙匠今:《钦文导师》,《福建青年》,1940年第1卷第3期。

1 月

1 日　在《宇宙风》(乙刊)第 36 期发表散文《鲁迅先生的蜜月》(钦文)。这是回忆 1928 年 7 月 12 日鲁迅与许广平乘夜车到杭州游玩一事。许钦文在另一篇文章《鲁迅在杭州》中有更详细的描述。

在《战地》第 7 卷第 1 期发表散文《卫生衣》。此文写欢送壮丁上前线。从报导中知道,壮丁还可以拿到多种东西,其中有卫生衣,许钦文由此想到自己的卫生衣也破了,但买不起。

11 日　在《胜流》第 113 期发表散文《福建抑平物价成功》。此文写由政府出面拟定价格,各方严格执行。文中提到一名师长因买到的猪肉贵且缺斤少两,把那个卖肉的人杀了。又提到卖煤油的商人哄抬价格,被抓来枪毙,物价才平稳下来。

16 日　在《宇宙风》(乙刊)第 37 期发表散文《鲁迅先生与乌鸦炸酱面》(钦文)。此文是谈鲁迅《故事新编》中的《奔月》。

20 日　在《大风》第 83 期发表散文《福建的特产》。此文是参观福建省工商品展览会之后写的一篇文章,是专谈福建的特产的,如纸、菇、漆、茶,等等。

2 月

10 日　在《福建青年》第 1 卷第 4、5 期合刊发表散文《瓜朋豆友》(钦文)。此文是通过瓜、豆等蔬菜的自我介绍,使得我们了解到它们的身世。文章活泼有趣,极富幽默感。

16 日　在《宇宙风》(乙刊)第 39 期发表小说《跛子篾匠》(钦文)。此文写跛脚篾匠 8 岁时摔了一跤而伤了腿,自此他成了跛子。他很勤奋,一次夜间回家碰到火赤练蛇,被吓到了,从此一病不起直至死亡。

在《游艺画刊》第 2 卷第 3 期发表散文《事关真正戏德》(钦文)。此文说:"梨园所谓'戏德'就是在台下不藏奸,在台上不'阴人',都是指同行而言。"演淫戏是没有戏德的表现。

3 月

1 日　在《大陆》(上海)第 1 卷第 6 期发表散文《永安山居》。此文写永安山居的变化,如可以吃到黄花鱼。变化最大的是农民。由于学校和团体机关的投入,农村的劳动者(包括妇女)收入增加,人也变胖了。

在《游艺画刊》第 2 卷第 4 期发表散文《名闺女伶》(钦文)。此文写有原本是好人家的女儿,因为家长是戏迷,一心制造出一个"名伶",把她送到戏台上去,稍有一点名气就趾高气扬,结果遭人嘲笑。

10 日　在《福建青年》第 1 卷第 6 期发表小品文《寒假日记》。此文是日记体,从本年 1 月 16 日至 2 月 1 日逐日记录。如第二天记载女同学璮,讲她品学兼优,是他爱慕的姑娘。第三日记因家里有钱而寒假可以回家的赖如琢,但其劳动不及格,留下补劳动课。此外,有记劳动的,有记过年吃猪肉的……乃是平平之作。

11 日　在《东南日报·笔垒》发表小品文《骑牛见亲家》(钦文)。此文对骑牛见亲家作出新解,列举了两个例子:一个是一对年轻的情人,女的并不因为男的赤脚挑粪而看不起他;一个是自己背了斗斤重的东西走了三十里山路,并不因为自己是教书先生而羞人。文章最后认为骑牛见亲家是朴素而光荣的。

20 日 在《大风》第 86 期发表散文《择日而死》。此文是许钦文带着无比深厚的怀念之情写了一位邻居老太太。这位老太太是如此的热情、乐于助人，使他到了这个陌生的地方，一下子安定下来。在以后相处的日子里，他们友谊日增，她把许钦文的妻子裘女士当作自己儿媳妇一样看待，因此他们两家建立起深厚的友谊。

4 月

1 日 在《宇宙风》(乙刊)第 42 期发表散文《周鲁迅的妹子》(钦文)。此文又载于 5 月 15 日《中国商报》第 4 版。此文开始写受鲁迅之托，调查杭州一冒充鲁迅的小学教师。当时杭州不光有冒充鲁迅的人，还有冒充周作人、郁达夫、许钦文的。后面写那位假鲁迅的妹妹，假鲁迅之所以能够查到，是因为他妹妹说他在松木场。那时这位姑娘还只有十四五岁，时间已过十二三年，她可能已做了母亲了。

5 月

5 日 在《大风》第 89 期发表散文《乌鸟的幽默》。此文是写八哥供小孩玩的事，写到了八哥吃东西、洗澡，等等。小孩玩厌了八哥后就把它放了，可是它又回来了，即使被人驱赶也逃回来，且八哥学会了讲话，不过把"打倒某某帝国主义"只能说成"打倒呜呜"。

10 日 在《福建青年》第 1 卷第 7、8 期合刊发表散文《三十三年在一校》。此文写一位叫王邦珍的老师，不管是教学和为人，他都是老师们的典范。

16 日　在《宇宙风》(乙刊)第 45 期发表文论《鲁迅先生创作八大原则》(钦文)。此文对鲁迅回答《北斗》杂志社提出的八个原则作了具体解释。

20 日　在《剧教》第 5 期发表小品文《写了〈斩经堂〉》(钦文)。此文谈及作者撰文反对演《斩经堂》而遭到反对一事,作者联想到自己在台州第六中学教书时叫学生不要参加张巡赛会,因他杀妻烹士。此举遭到一些人的仇恨,还把他门房锁孔塞了竹片,使他开不了门。

6 月

1 日　在《宇宙风》(乙刊)第 46 期发表小说《无夫之累》(钦文)。小说取材于现实,写表妹因读了易卜生的《玩偶之家》,决意自立谋生。学校毕业后她去租房,可因为她是单身女人,别人的房子不租给她。她住到公寓则常被干扰,住到同乡老师那里,结果又导致老师夫妻吵架,弄得她几乎没有容身之处。

5 日　在《大风》第 91 期发表散文《述旧》。此文写在永安过的第三个年,有鱼有肉,自己种的蔬菜和邻居送来的菜也吃不完。邻居姑娘还提着茶壶,托着茶盘来敬茶,嘴里还喃喃地说祝词。教书拿的薪水是很有限的,祝词实际没什么用。不过文中提到了可多写些小品文,捞几元稿费而已。

10 日　在《福建青年》第 1 卷第 9 期发表小说《锄头舞》(钦文)。小说以周英写出他喜爱唐肖璋姑娘。肖璋能歌善舞,平时各方面表现都不错,是他心目中的优秀女人,不过他只是暗中深深地羡慕她。

7 月

1 日 在《宇宙风》(乙刊)第 47 期发表散文《鲁迅先生的说理谈情》(钦文)。此文分析鲁迅先生的《两地书》,很有深度,分析得当。内云:"《两地书》是情书,但是讲革命斗争的情书。""虽然《两地书》,第一集全是凭理知的论辩,第三集在同居将生孩子以后,第二集最富情感最紧张,各有一种特色,三集很不相同。"鲁迅与许广平的爱情,是许广平主动的,但她一开始只是想找个革命导师引路,由于鲁迅的认真,使得他们关系有了深一层发展。

16 日 在《宇宙风》(乙刊)第 48 期发表散文《瓮菜和蕨菜》。此文写作者在永安时,邻居常送瓮菜和蕨菜,于是上街买咸鲞还之。后来,自己学会腌瓮菜,还在邻居帮助下种蕨菜,从此解决了吃菜问题,而且还养了鸡而有鸡蛋,有笋煮菜干,一旦客人来,可以拿出四碗菜。

8 月

5 日 在《文林月刊》第 3 期发表散文《中学时代的陶元庆》。此文回忆画家陶元庆在浙江省第五师范学校读书时的情形。他的画那时已受到师生的好评;他的品行、他的学习,都是很优秀的,文后附上陶氏写的诗词。文献价值很高。

9 月

2 日 在《前线日报》发表文论《文学与生活》(署名高阳)。文章引用高尔基的话:"艺术的目的在于夸大好的东西,使得它显得更好;夸大有害和人类坏的东西,使人一见生厌。"作者进而提出文学应写自己所熟悉的东西。

15 日　在《世界晨报》发表散文《车站小景》。此文写作者一家五口为回杭到车站排队买票的情景。

10 月

1 日　在《宇宙风》(乙刊)第 52、53 期合刊发表散文《谈许钦文》。此文是回忆 1937 年 12 月许钦文到嵊县裘岩接家眷去福州,至永康,因交通阻隔,妻儿仍回裘岩,许钦文只身前往福州,"步行五百多里,到了龙泉,晚宿汽车站对面的旅馆"。旅店老板见到许钦文,谈起了杭州文学家许钦文,不相信眼前的背着包袱的许钦文与之是同一人。他还同其他人谈自己当年当小学教师,从报上看到有关许钦文的事,还说他女人多……许钦文只是从旁听之,一言不发。

16 日　在《宇宙风》(乙刊)第 54 期发表散文《怀秉舟》。此文是回忆作者与秉舟交往的往事。秉舟访友自带食物,还有爱国情怀。他虽是三个孩子的父亲,但他还深爱着另一个女子,但从不表白,以至这位女子成了别人的妻子。

11 月

1 日　在《宇宙风》(乙刊)第 55 期发表散文《在给鲁迅先生责骂的时候》(钦文),收入《鼻涕阿二》《学习鲁迅先生》《许钦文散文集》《在老虎尾巴的鲁迅先生——许钦文忆鲁迅全编》中。此文开头说自己经常受人责骂,特别"是北京石驸马大街红楼里的"那些年轻姑娘,"总是'快看讨厌许钦文的文章!'",那是讽刺与痛恨。又说自己也常常受鲁迅的责骂，那是善意的，是针对许钦文写作上的帮助。此外，不光在写作上，也有在生活上的，比如自己被吹落到地上的帽子，被小流氓抢走便是一例。

12 月

7 日　日本偷袭珍珠港，爆发太平洋战争，许钦文以为美国会全面反击，战争会很快结束，就想回家了。可是旅费无着落，夫妻俩商量再三，没有其他生财之道，想来想去还是养猪一法，于是请邻居帮忙。农民很热情，帮他买回小猪，又教他养猪。从此，他不仅学会了养猪，而且也学会挑选猪。其中有一只猪，半年时间竟然长到了 217 斤重。

美国并没有迅速战胜日本，许钦文一家也并没有把养猪所得的钱用作旅费回杭，杭州还被日寇所占领。而这场战事拖得很长，他养猪也养了五年。起初每年只养两头，后来养四头，养大的卖掉，用来买布做衣服，在冬季养大的，杀掉腌肉自己吃。据许钦文《忆养猪》中自述：

抗日战争时期，我在福建的山乡大湖教书。大湖是个盆地，四周无非是山，附近也处处是山，我觉得很气闷。日美在太平洋上开火，以为战事很快可以结束，动了回家的念头。可是旅费无着，我和妻再三研究，认为只有养猪一法。由于邻居家的帮助，买得了形相较好的小猪，渐渐地学会了饲养的方法，也懂得了些猪的性格。后来我只要听到猪的叫声就知道它的要求；虽然只是咕咕的叫，可是这声音，有轻、重、长、短和缓、急的分别，大概饿了，总是"咕咕"短促而重地叫，冷了，"咕咕——"长声而轻地叫，猪窝湿了也往往这样地叫，叫得尖锐，声音抖抖的，是要求迫切的表示了。

本月　作散文《文学与教育》(钦文)，发表在本月 31 日《闽政月刊》第 9 卷第 6 期。这是一篇重要的文章，对于我们了解许钦文前期创作十分有用。作者说："十六年来我只有两年没有担任教师。如今我仍然是学校里的教师……天天喊书改文，我的确是依然做着国文教员的。不过我也的确研究过文学；曾经写下的小说，已出单行本的将近二十册，抗战以后，又写下了一大堆散文……二十年来，我确乎不停笔的。早晨我比一般人起得早，晚上我比一般人睡得迟……我对于文学的确用过一番苦功，写作也相当勤劳。往常出品之多，恐非一般的国文教员可比。但我自律很严：照例的非把学生的作文批改完毕，不随便写稿子。除初到大湖连患恶性疟疾以后，教书快廿年，我不曾请过假……虽然初到杭州教书的几年，差不多每到暑假的末了，我都有两册稿子可以付印。其中一册由于随时写下，另一侧就是在暑期中草就的。可是一面教书，一面写稿，我总觉得不便当：教书是理知的生活，创作却是需要情感生活的。且不说为着上课把时间弄得零零碎碎，批改作文需花去许多时间。写作本以晚上为宜，深夜幽静，才是情的世界。可是教书，为着第二天的上课，不得不早睡。"因为这种写作与教书的矛盾，许钦文写长的小说都是在假期。

　　但是后来作者改变了看法。作者认为："十多年来，我没有凭空感到无聊的时候。一天到晚的忙碌，我都过得很起劲。对于文学与教育我也有积极的见解，我以为文学和教育应该发生密切的关系。照表面说，当以教育为目的，文学为手段。其实新文学史'教育'的，同教育的用意一样；至少可以说，文学原是教育的一种：于无形中进行，是社会教育的最重要的部分。"正因一边教书，一边写小说，作者认为："七八年前照一个南洋报的统计,国内写小说者能够自己造房屋住的不过四人,我是其中的第三个。"文中还提出:"是用了文学的方法,容易教书,接近青年学生,也容易搜集题材。"

本年 仍在永安师范学校教书。

1942年(壬午,民国三十一年) 45岁

▲1月1日,中、美、英、苏四国领衔,二十六个国家签名的《联合国家共同宣言》发表,世界反法西斯同盟正式形成。

▲4月3日,中共中央宣传部发出关于讨论毛泽东整顿"三风"报告的决定,此成为延安整风运动开始的标志。

▲5月2日,中共中央宣传部在延安召开文艺座谈会,毛泽东两次到会讲话,后以《在延安文艺座谈会上的讲话》为题发表。

▲11月,苏联红军在斯大林格勒开始对德国侵略者进行反攻。

1月

30日 在《新福建》第1卷第3、4期发表论文《战时文化动员纲要拟议》(钦文)。文章首先提出全省要一个中心刊物。许钦文指出目前存在的不良情况,非要有一个权威刊物不行。关于文化动员的纲要,许钦文提出如下几条:

一、"作品必须主题明显";

二、"要以宣传为目的";

三、"要与抗战建国有关系";

四，"要顾到影响所及的效果"；

五，"暴露内部缺点，下笔要有分寸"；

六，"攻奸要从整个的社会着想，不要像'黑幕派'的专指摘个人私事而敲竹杠"；

七，"不要用伤感悲观的情调"；

八，"要有实际的评论"；

九，"要设通讯栏"；

十，"要仔细校对，改正错字、讹字，并印刷清楚。"

本月 在《新福建》第 1 卷第 3、4 期合刊发表散文《三大民族英雄的忠勇精神》（钦文）。此文写岳飞、文天祥、史可法三位民族英雄，他们三位是怎样的忠诚，怎样的勇敢，并提出"这三位伟大的民族英雄……虽然经过的事情不同，可是忠于国家民族而勇敢有为，原是一个样子的"。

5 月

1 日 上午开会，学生宣誓终身服务于教育事业。

2 日 学生到乡下宣传。

3 日 师范教育运动结束。

本月 在《战地月刊》第 2 卷第 6 期发表散文《春假日记》（钦文）。此文逐日记载春假每天发生的事，时间从 4 月 27 日到 5 月 3 日。

8 月

10 日 在《新福建》第 2 卷第 1 期发表散文《农村之入》（钦文）。此文写福州师范学校搬到永安时的情形：物价便宜，山区多雾;居民晚起组织晨呼队,清除街道垃圾,实行笔杆、枪杆和锄头杆"三杆"主义。二年级、三年级的学生下乡做民教工作。后来学校搬迁,决定搬到乡下大湖。到了大湖,许钦文的生活更加困难,从邻人送菜到自己种菜、养猪。

25 日　在《宇宙风》第 119、120 期发表散文《小歌班》。此文写嵊县一带的小歌班里大多是穷苦的孩子,他们是在鞭打下成长的,是童工。

9 月

10 日　在《新福建》第 2 卷第 2 期发表散文《药》(钦文)。此文写自己儿子云儿生病,发高烧,五六天不大便,全家人着急。此文后又发表在 1948 年 2 月 26 日,3 月 1 日、8 日、11 日、16 日、22 日《民报》,标为小说。

10 月

10 日　在《新福建》第 2 卷第 3 期发表文论《战时的文学生活》(钦文)。此文把新文学与旧文学区别开来,旧文学是烟酒和女人,新文学是"灌注知识的工具,宣传主义的利器,已有武器之称。所谓文学的武器,武器的文学"。"新文学的作者,应该是有了什么生活,才写什么作品的",但"不是为要写什么作品,才去尝试什么生活。工作在先,写作在后。尤其是在战时,工作重于作品。"又说:"所谓文学生活并不限于作者,读者也有读者文学生活,是重在欣赏的……"文章最后谈到旧文学工作者和新文学工作者在创作中的下意识问题,认为战时因工作忙,大家可以写短小的作品。

本年 仍在永安师范学校任教。

种地、养猪以补贴生活所需,很少写作。据《文学与教育》中的自述:"可是现在,我家也在天天吃鲜嫩的蔬菜。并非从街上买得,也非由邻居送来,是我亲手从泥土里种出来的…………第一年的冬天,我开始学种芥菜;半畦十六棵,空处嵌种菜头,也是十六棵,数目不多,管理容易周到,灌水施肥都充分,成绩很好。邻人先后来赞美,也就引起了我垦种的兴趣。于是另辟新地,课余有空,就拿起锄头到菜地里去。如今不但一家四人尽够吃,而且可以利用多余的菜养起猪来。……养猪,本来以为是肮脏的事情;当初在邻家的室内看到猪,简直怕些些的……渐渐地看惯了,视若当然,由熟悉情形而发生了研究的兴趣。"在邻人的劝告下,"就决意尝试一下。半年以来,养了两只花猪,赚得五百多元,固然多吃了些猪肉,两个小孩子,也藉此添配了些衣衫……现在我所种的菜,比之一般的农家,至少花样要多一些,也往往赶先,人家还在育苗,我已可以摘得来吃,有人以为奇怪,我觉得很自然;我是用了治文学的精神来种菜的。"

1943年(癸未,民国三十二年) 46岁

▲3月,《新华日报》以"中共中央召开文艺工作者会议"为题,首次在国统区报道了毛泽东《在延安文艺座谈会上的讲话》的消息。

▲5月15日,共产国际执行委员会主席团做出《关于提议解散共产国际的决定》。5月26日,中共中央发表决定,完全同意解散共产国际。至此,共产国际走完了它二十四年的历程。

▲10 月 19 日,《解放日报》全文发表毛泽东的《在延安文艺座谈会上的讲话》。

▲11 月 22—26 日,罗斯福、丘吉尔、蒋介石三国首脑参加开罗会议,讨论对日作战及战后大计。12 月 1 日,中、美、英发表经斯大林同意的《开罗宣言》,宣称三国必战到日本无条件投降为止。

5 月

1 日　在《青年时代》第 1 卷第 4 期发表文论《文学与青年的教养》。此文提出"要用新文学来教养我们的青年",而且"必须多多的创造出宣扬三民主义的新的文学作品"。青年文学可分为:"第一类是由青年自己写出来的。第二类由成功的作家创造。"第一类可分为三种:"第一种是由青年创作给青年看的;第二种是青年创作给一般知识程度较低看的;第三种是青年创作的普通作品。"而现在很需第二种三民主义青年文学。

在《青年时代》第 1 卷第 5、6 期发表散文《写作的开始》。此文是回忆从写《故乡》开始到今天的创作情况,谈了作品,也谈了创作经验。这是研究许钦文文学创作必读的文章。

7 月

本月　在《宇宙风》第 129 期发表小品文《为先师孔子鸣不平》。家属提供的剪报已损,无法辨认字迹。

本年秋　作《佛山奇迹》(钦文),发表情况不详。此文写故乡的佛像。四川的峨眉山上则有裸身的女佛像,而大湖的"灵佛"是专供女子求子的,也是裸身的。

10 月

20 日　在《宇宙风》第 134 期发表散文《三三见七》。此文写了两件事:一件是向农民买猪肉,一件是买柴。农民私宰猪,看来是避税,但实际上卖的钱反而少。但农民还是愿意,因为纳税宰猪,地方长官要来拿猪的内脏,所以农民要偷税。卖猪肉时也便宜,三斤肉应该三元九角,而农民却说:"一三得三,三三见七",是三元七角。

本年　仍在永安师范学校教书。种地、养猪以补助生活,很少写作。

作《做官和教书》。此文认为我们不能因为孔子未做官、从事教育而看轻他。据许钦文后代保留的剪报。

作小说《纪念碑》(钦文),小说写"我"和同伴去山中游玩,途中见到一座墓,墓碑上写"教师之亡妻",由此引出一段凄惨的故事,情节充满悬念。据许钦文后代保留的剪报。

1944 年(甲申,民国三十三年)　47 岁

▲2 月,中国共产党领导的戏剧界人士在桂林举行第一届戏剧展览会,是抗战时期进步戏剧界第一次大规模的集会,历时 90 天,有 33 个戏剧团参加。

▲9 月 5 日,国民参政会三届三次会议在重庆开幕。15 日,林伯渠代表中共中央提出成立联合政府的建议。

▲11 月 10 日,汪精卫在日本名古屋病死。12 日,伪中央政治委员会召开临时紧急会议,决定由陈公博代理伪政府主席并兼行政院长。

▲11 月,中共中央派周恩来赴重庆,与国民党商讨建立民主联合政府,被蒋介石拒绝。

1 月

17 日　在《大成报小民报联合版·新语》(永安)第 120 期发表小品文《饱不容易》(钦文)。此文说云儿要求饭里不要添加蕃薯,说容易肚子饿,由此发表议论,说当时的生活比起沦陷区好得多了。

29 日　在《大成报小民报联合版·新语》第 126 期发表小品文《怀达清兄》。此文是怀念叫龚达清的同事,他在福建师范学校教书,后又到各地游走;提及师范的校歌是他创作的,此人个性强,合则留,不合则走。

31 日　在《大成报小民报联合版·新语》第 127 期发表小品文《眼巾》(钦文)。此文谈到"我"经常因晚上看书、写稿至很迟而眼睛不好,起先用棉花浸硼酸后洗眼,后来没有硼酸就用毛巾浸盐水洗眼,这就是所谓的"眼巾"。

2 月

3 日　在《大成报小民报联合版·新语》第 130 期发表小品文《过年》(钦文)。此文记叙许钦文从小就怕过年,又谈到抗战时的过年。

《福建省立师范学校国文教员教授许钦文先生来函》,收录于陈蒙照之《大同新论》(1944年2月版)。这是回答陈蒙照的信,信上日期为"十一月一日",但不明何年。

在《青年报》第226期发表散文《游十八洞》。此文写大湖有"小桂林"之称,一般认为就是因为有十八洞。

3月

2日　在《大成报小民报联合版·新语》第146期发表小品文《松花》(钦文)。此文从广州人吃菊花、"龙虎斗",到福建大湖池南瓜花,谈到家乡绍兴吃松花。

10日　在《大成报小民报联合版·新语》第154期发表小品文《大湖的鼓》(钦文)。此文从大湖的鼓谈到赛神会,小孩会出动,而这实在是迷信活动。

14日　在《大成报小民报联合版·新语》第157期发表小品文《两"三"问题》(钦文)。此文提出"女子不能买养,不准养丫头讨小老婆,因为都是违法的";在大湖,因为生活困难,一位邻妇自杀了。可是她家又藏有粮食、钞票银元,为什么会自杀?实际上因为她脑子"三从"作祟,丈夫因体弱赚不到钱,她就自杀了。

16日　在《大成报小民报联合版·新语》第159期发表小品文《许小钦文》(钦文)。此文说儿子云儿提出他的名字不好,要改名为"许小钦文",理由是都是妈妈生的,可是爸爸头发有点白,而妈妈这么年轻,怎么解释?进而许钦文向孩子解释,那是因为爸爸长得快,妈妈长得慢。

22日　在《大成报小民报联合版·新语》第152期发表小品文《作家乎》(钦文)。此文从自己种蔬菜养猪以补贴家用,想到王鲁彦、张天翼两人贫病交迫,困苦连身,"像王张两位的,其苦乐生死,总非只是个人的问题;且看社会有何表示"!

31 日 在《大成报小民报联合版·新语》第 170 期发表小品文《师范生应作出征军人论》(钦文)。此文谈及师范生不能继续读书,虽有种种原因,但根本问题是小学教师待遇太低,为此提出师范生应作出征军人论,此类问题就可以解决。

4 月

7 日 在《民主报·新语》发表小品文《儿童》(钦文)。此文从自己不要儿子到生下儿子的喜悦,谈到闽南、闽西、闽北买孩子的陋俗,最后提出"救救孩子",且改变习俗。

22 日 在《民主报·新语》发表小品文《睁着两眼》(钦文)。此文一位叫邱景升的美术老师因贫病而死,死时睁着两眼说起,引发一段议论。邱景升死时才 38 岁,葬在山城的大湖。

25 日 在《民主报·新语》发表小品文《许多安达底》(钦文)。此文是对永安方言"安达底"的解释,至少有两种"安达底",由此联想到世界语,排除语言隔膜。

5 月

5 日 在《民主报·新语》发表小品文《柚子花香》(钦文)。此文由柚子花香联想到六年前也是这个日子,一家人躲在小庙的后面,"庚儿以身掩护云儿,妻以身掩护庚儿,我以身掩着妻。"现在又闻到柚子香,"回想到东门城外冒险的一幕,更觉得日本军阀的可杀了"。

14 日 在《民主报·新语》发表小品文《跣足》(钦文)。此文讲到永安大湖发水以后,两个小孩由皮鞋改换为布鞋,后又赤脚走路,女学生也由草鞋改为赤脚,女同事也赤脚。

17 日 在《民主报·新语》发表小品文《粗制滥造》(钦文)。此文说粗制和滥造是两个不同的概念,粗制可能是不得已而为之,滥造则不应该。

27 日 在《民主报·新语》发表小品文《说口到》(钦文)。此文专讲读书"三到"中的"口到"。

6 月

2 日 在《民主报·新语》发表短论《卖膏药——艺术小论之一》(钦文)。此文从小时看卖膏药谈到如今卖膏药,现在是有钱出钱,有力出力。

7 日 在《民主报·新语》发表短论《假拔河——艺术小论之二》(钦文)。此文讲永安师范学校开第九届运动会时,晚上表演的假拔河博得全场热烈的掌声。究其原因,是由于表演者热烈的感情投入。

9 月

21 日 作散文《悼王鲁彦先生》(钦文),发表在本月 26 日《民主报·新语》。此文谈到:"虽然始终不曾见过面,也不曾通过讯,我总觉得王鲁彦先生比我好的。如果有机会,也许一见如故很谈得来,苏雪林女士曾把我们相提并论,认为有许多相同之点。这并不足怪;我们原是同一时代的产物;对于当时的旧社会是同样起着反应的。但我同王鲁彦先生的见面是永远不会有的事了。"

10 月

10 日　在《民主报·新语》发表小品文《那怕你铜墙铁壁》（钦文）。此文从《目连救母》的"那怕你铜墙铁壁"，说明"阴间"纪律之严，谈到《第四十一个》中女主人一枪打死美少年，也是出于严密的纪律。这两者有相同的地方。

本年秋　辅导学生投稿。据学生丘振庸回忆："1944 年秋，我插入永安师范普师科 11 届丙班，便认识了许钦文老师。他生活十分简朴、勤劳，经常穿一套褪色的西装，还种了一块菜地。一口绍兴方音，说话很幽默……当时永安有一家《燕江日报》，我有时也写点小东西给报社，因此，常去请教许老师。我请许老师看《窗》这一篇习作时，他很感兴趣，便帮助我分析内容。他说：'既写到铁窗，就应该深思熟虑一番。目前时局，常常颠倒黑白，受冤屈者不计其数，这一点应该很好想一想，应为被诬者诉发其愤怒、正义的思想感情。'许老师这一段话，为我点到了文章的要害处。许老师的思路，是多么的敏锐。《窗》成文后，寄到报社发表了。我心里充满快乐，同时又十分感激许老师。"①

11 月

5 日　作小品文《无月的月夜》（钦文），发表在 11 日《民主报·新语》。此文记载的是一次晚会。

---

①　丘振庸：《对许钦文老师的点滴回忆》，《三明文史资料》（第 10 辑），北京：中国文史出版社，1993 年，第 130 页。

本年 开始在读师范时期的同学董秋芳主编的《民主报》副刊《新语》上投稿。

本年 发生"永师学潮","因教官陈德恩经常侮辱迫害学生,有一次,殴打学生至晕倒,还鸣枪威胁,学生激于义愤,自发地群起反抗,逼迫陈德恩连夜逃跑,这就是轰动我省的'永安学潮'。学校把主要学潮负责人王盛开除,向由原黄震校长和此时任学校教导主任许钦文老师协助下,我终于转学他校读书。"①

1945年(乙酉,民国三十四年) 48岁

▲4月,中国共产党第七次全国代表大会在延安举行,毛泽东作《论联合政府》的报告。

▲8月15日,日本天皇发表《终战诏书》,宣布无条件投降。

▲8月28日,毛泽东、周恩来、王若飞抵重庆,与蒋介石会谈。10月10日,国共双方在"双十协定"上签字。

▲12月1日,昆明西南联合大学、云南大学等学生集会,反对内战,反对美国干涉中国内政,国民党派大批军警、特务镇压,造成"一二一"惨案。

1月

17日 在《民主报·新语》发表小品文《可法精神》(钦文)。此文讲史可法身上的四大精神。

---

① 林玉盛:《缅怀黄震校长》,《三明文史资料》(第10辑),北京:中国文史出版社,1993年,第119页。

2 月

2 日　在《民主报·新语》发表小品文《旧家庭的不肖子孙》（钦文）。此文写一个出身旧家庭的青年，因"愤恨日本军阀的蛮横，立志报仇雪耻；青年志愿从军"，不料遭到他父亲的一顿痛打。

10 日　在《公余生活》第 3 卷第 1 期发表散文《发表欲》。此文写商校的学生自己出版书、自己买，书铺老板认为这刊物好，愿意代售。

13 日　在《民主报·新语》发表小品文《女学生和男学生》（钦文）。此文写女生与男生的不同，一是报名参军，八个女的，七个报名；男的二十九个，只有一个报名。又举写作为例，提到女生重抒情，男生重应用。

18 日　在《民主报·新语》发表小品文《"元旦"乎!》（钦文）。此文谈及战时过年，看似太平，其实是不太平，特别是受暴敌侵犯的临省江西。

19 日　在《民主报·新语》发表小品文《气量和智慧》（钦文）。此文讲了两件事，一件是把藏有钱的旧袜子送给叫化子，牧师认为不必追回；另一件事是陈嘉庚为了办集美学校和厦门大学而破了产。

22 日　在《民主报·新语》发表小品文《怀静兄秋姊》（钦文）。此文谈及静兄得伤寒病而以书换药，以及夫妻爱书如命等情况。

25 日　在《民主报·新语》发表小品文《雪花膏白玉霜》（钦文）。此文从餐桌上用的雪花膏、白玉霜空瓶盛私菜写起，又谈到作者母亲、姊妹那时没有雪花膏和白玉霜，进而谈到自己到二十里外的地方读书、带菜之事。

28 日　在《民主报·新语》发表小品文《告从军女生》(钦文)。

3 月

8 日　在《民主报·新语》发表小品文《纸琴》(钦文)。

10 日　在《民主报·新语》发表小品文《军人和酒》(钦文)。此文写可以用酒联络感情,以酒助兴,振奋精神,但军人不一定要喝酒,"万恶皆酒",酒要误事。文中例子为不喝酒的岳飞。

28 日　在《东南日报·笔垒》发表杂文《怀乡》(钦文)。

7 月

17 日　在《民主报·新语》发表小品文《鲁迅先生的用字》。此文谈及鲁迅先生文章的特点,又谈及鲁迅创作时"句子短,多采用成语",而用字"还有透彻的的一点",进而总结:"细心和认真成了鲁迅先生的作风。"

8 月

10 日　在《公余生活》第 3 卷第 4、5 期合刊发表散文《我的写作历程》。此文叙述作者在北平、台州、杭州写小说的情形;后来因人事愈来愈紧,生活更是紧张,便改写小品文,"曾经于一天之中写成六篇小品文,都是拿去充塞报屁股的"。

10 月

作《国语文法讲话》①（日月潭丛书之一），日月潭出版社印行。全书分七章：

一 绪言

二 单句概说并图解

三 省略和变式

四 单句的复成分

五 词类概说

六 复句概说

七 标点符号

关于这本书，许钦文在序文中是这样说的：

开始写这个的动机，只是为着教科上的应用：抗战一开始，我就到福州乌石山来教书；如今抗战胜利，我在这学校里已经八年多了，照教育部的规定，得以"校内学术研究"，乘便凑个数目罢了。写了一部分以后，却另有了个目的，这就是"文句简单化"的提议；这可以分两方面来说：

一、文字的简单化；

二、句法的简单化。

这是因为许钦文认为文字是工具，文字简单化可以使青年

---

① 这本书最大的特点就是"采用'句本位'的方法，并用'图解'，多方的力求经济，以期容易普及。"（《国语文法讲话·序》）首先，用图解来说语法，一般语法书是不多见的，省了许多文字来表述。其次，通俗易懂，一般的高中生都可以看懂，且易记牢。关键是学好第二章，其他章节就容易了。其实，这些并非许钦文所独创，"句本位"也好，"图解"也好，都是黎锦熙所倡导的，他早在1924年就出版了《国语文法》，此奠定了现在汉语语法学的基础。当年许钦文去台州中学教书，鲁迅送他的就是这本书，他也学着用这本书，其受黎氏的影响不言而喻。

学习方便，从而省下许多时间学习知识，从事科学研究。

11 月

4 日　在《文汇报》发表散文《鲁迅先生与元庆》(钦文)。

12 月

本月　在《万众》发表散文《百叶车》。此文记叙永安普通师范科小四班的学生去龙凤堂的一次远足。这个班被称为难民班，有来自外地如浙江、湖南和福州的学生。来自浙江杭州、绍兴、义乌、余杭等地的学生，计六人。"大家高高兴兴，不分彼此……靠着艺术，流亡者也可以忘却一切有着愉快的时候。"

收到当局书面警告(据《我写小说的体会》)。抗战胜利前夕，永安发生震惊东南的文字狱。羊枣被国民党反动派杀害，董秋芳被捕入狱。董秋芳和邵荃麟、羊枣一起，在组织和宣传毛泽东同志的《在延安文艺座谈会上的讲话》，起了重要作用；董秋芳曾以"新友学友联谊"(由他组织)名义通电声援当时桂林发生"秦似出走案"，特别是他在那时继承鲁迅的战斗传统，主编《新语》(新语丝派的意思)副刊，很快为国民党反动派注目。许钦文也经常为《新语》写文章，被校外文化特务控告，第一条罪状是："都是鲁迅的学生。"据刘金著文说："曾帮助董秋芳先生编辑《民主报》副刊《新语》的周壁，于 1945 年 2 月赴浙东找新四军游击队。4 月中旬，被游击队'礼送出境'回福建。他到了浙江龙泉，因随身携带有浙东解放区的书刊等物而被捕。周壁被捕后供了许多与他有联系的人，包括董秋芳先生及《新语》的一些投稿青年。福建国民党即将事态扩大,大肆捕人。"①

　　抗战时期的永安并非世外桃源,环境复杂,斗争激烈,进步的学生悄悄地去延安,还未走出县界,就被追了回来。反动势力甚为猖獗,许钦文深明这一点,正像当年白色恐怖时期的杭州那样,他处处提高警惕,对那些并未有事而故意来攀谈者,他就打哈哈,与他们周旋,使他们无机可乘。另一方面,他与进步文化人士也极少联系,从某种意义上说,他在当时的环境中,不得不过着隐居者的生活。

　　在永安师范学校执教,到此时已有八个春秋,根据当时有关部门规定,连续在同一个学校教书八年以上,可以享受一年的假期。抗日战争胜利后,正巧许钦文有这么一年的假期,他希望趁此回到阔别八年之久的杭州,但迟迟动不了身,因为凑不足一笔回杭的路费,又加上小女儿将要出生,一时更动不了身。这时要好的朋友约他去台湾搞国语运动,为此他收到一笔去台湾的费用。但后来因家里房子抵押问题,他需要回杭,由黎烈文带来的安家费不能寄还。台湾刚从日本帝国主义者手里接收过来,还只能通信,还不能通汇,于是就寄一本书稿作抵数,这就是那年在台湾日月潭出版的《国语文法讲话》。此时校方也不放,于是许钦文继续在永安师范学校任教一年。

　　永安山区农民每年过年,都会邀请许钦文吃年夜饭。许钦文在《逃难过年追记》中有细致的回忆:"自家不过年,邻舍办年饭来邀,盛意难违,而且这已有了义务的性质。好意来请,如果不去,认为看不起;非万不得已是应该应酬的。左邻右舍,前前后后,去了这一家,不能不去那一家……吃了这种年饭,才明了

---

　　① 张恒、熊寒江:《燕江旧话〈新语〉》,见《永安文史资料》(第2辑)(内部刊物)。

说我们天天过年的意思。"

本年　仍在永安师范学校任教。

1946 年(丙戌,民国三十五年)　49 岁

▲1 月,政治协商会议在重庆开幕,国共双方正式签署《停战协定》。

▲2 月 10 日,重庆进步人士和群众于校场口集会,庆祝政治协商会议召开。大会遭到国民党特务破坏,出席会议的郭沫若、李公朴等被殴伤,此即"校场口事件"。

▲6 月 26 日,蒋介石悍然撕毁停战协定,大举进攻中原解放区。

▲7 月 15 日,著名民主战士、诗人闻一多被国民党特务在昆明杀害。

本年　上半年仍在永安师范学校教书。另据许钦文自填的履历表上记载:"在福州协和大学教文学概论。""抗战胜利时暑假期撤回原址上课,不放假。"

2 月

1 日　在《宇宙风》第 141 期发表散文《似恶人之所好》。此文写 1945 年 8 月 9 日作者送庚儿考县立中学时,听到抗战胜利的消息。

3月

20日　在《宇宙风》第 142 期发表小说《牛刀割鸡》,后又被
1948 年 2 月 26 日《民报》转载。这篇是讲述孔子的故事。孔子
远游,由子路陪同。到了他的学生子游的县地,听到老百姓唱歌
弹琴,他对子游说:"割鸡何必用牛刀呢?"整个故事带有一丝
讥讽。

4月

30日　作《山城来鸿》,发表在本年 6 月 16 日《正气半月刊》
第 1 卷第 4 期。此信回答台湾××先生两次来信,涉及许多事
情。其中关于去台湾,信中说:

还在去年秋天,曾为准备赴台花去时间在日语上,以为无论
在整个文化或个人事业,都有亲去一看必要,故春节蒙邀,趁学
校未开课,即就道,当时随带行李甚多,原拟由台转杭,中途折
回,实出意料,既已返永,为维持五口之家,只好仍旧教书,何时
可行,实难预期。如今两月,山城仍尚仅从报载知以后榕台交通
船,只改由中南旅运社经理,未明已复航否?现校中国文教员仅
四人,钟点加多,兼代为难,且杭州房屋发生问题:战前曾出抵,
并登记,现受抵人找不着,闻系不便出面之故,无契据,不能完成
收复登记手续,多方托人,迄无结果,据说房屋现值五百万至八
百万,目前却是一累,徒增困难,如至暑假仍无头绪或须亲去,一
面任教,一面寻人,或从"提存",先把债务还掉,再登报声明契据
遗失作废着手,但证件不足,亦有问题,正在研究民法,仍多方托
人。照定七月九日放假,法定可休教一年,总当偕眷离永,协和

大学早约任文学概论与现代小说习作,暑假补课,至榕候,或船(?)可借住房屋,义务任教,可节旅费,而免恐慌。去台或沪,当以交通情形与杭屋有否解决而定。①

　　许钦文后未去成台湾,如信中所提及的原因。关于提到的几本书和小说,如《国语文法教学》,后改成《国语文法讲话》,其中一部分在台湾《日月潭》杂志发表如下:

　　《国语文法讲话》,发表在 7 月 15 日《日月潭》第 16 期。该期载:第一章 绪论:1.国语文法、2.字和文字、3.词类、4.句本位的研究。

　　《国语文法讲话》,发表在 7 月 22 日《日月潭》第 17 期。该期载:5.图解。第二章 单句概说并图解、6.句子的主要成分——主语和述语、7.连带成分——实语和补足语。

　　《国语文法讲话》,发表在 7 月 29 日《日月潭》第 18 期。该期载:8.实语和补足语的区别、9.内动词所带的补足语、10.外动词所带的补足语。

　　《国语文法讲话》,发表在 8 月 5 日《日月潭》第 19 期。该期载:11.附加成分——形容附加语、12.领位。

　　《国语文法讲话》,发表在 8 月 12 日《日月潭》第 20 期。该期载:13.副词附加语、14.副位。

　　《国语文法讲话》,发表在 8 月 19 日《日月潭》第 21 期,该期载:第三章:16.例外、17.主语的省略。

---

① 信中还谈及《国语文法教学》等书;另邮寄上《国语文法教学》《借箭》及《民众故事》,其备采文法上的例子恐尚有问题……《借箭》为使独立成一篇,有删改处,文字亦更换,较通俗化;尚有《赤恋》小说,约三万字,是抗战的恋爱故事,较近青年心理,如为练习国音,注上符号,或亦可用;《三民主义的文学》约六万字,是讲理论的,未知合用不。短篇小说和小品文,如为练习声音,可重趣味。

《国语文法讲话》，发表在 8 月 26 日《日月潭》第 22 期，该期载：实体词的七位。

该书稿未载完。由《日月潭》杂志发行单行本，国内各图书馆均无藏本，唯美国加利福尼亚大学伯克利分校藏有此书，并已数字化。其他提及的书和文章今下落未知。

以下文章据许钦文后代保留的剪报，无法查明具体日期和发表报刊，据内容知其发表在 1930 年至 1946 年上半年期间。

1. 小品文《文林之文》。此文批评一些报纸副刊的黄色、低级趣味，而称赞《文林》办得生动有趣、有益。

2. 小品文《清晨的劳作》（钦文）。此文写永安师范学校的师生们三点起床，三点半吃饭，天一亮就出发，女的运米，男的背毛竹。山间陡坡，且有老虎，幸亏人多不怕。

3. 小品文《生产的灭蚊法》。此文说搬到农村住后，苍蝇、蚊子极大且多，自从家里买了两只小鸭以后，蚊子就没有了。

4. 小品文《难题》。此文讲作者的一个学生的妹妹生病，他无力照料且没有钱。作者由此想到自己进师范时，一个同学早死，自己被他妻子责难说不应拖他进师范学校，出来做小学教师。总之，小学教师收入太少。

5. 小品文《东阳火腿》。此文回忆 1938 年自己到嵊县接妻儿去福建时途经东阳，这是出产火腿之地，他买了火腿。

6. 小品文《皮鞋》。作者 1933 年买的一双皮鞋，已经破旧不堪了。抗战胜利一周后，作者要回杭州，于是去修这双破鞋，连修鞋的师傅都说，鞋子皮都破了，以后不必修了。

7. 小品文《壮士之志》。此文从班超说及如今之抗日，提出青年应投笔从戎，立大志，为国出力。

8. 小品文《两张脸孔》。

9. 小品文《学生先生》（钦文）。这里讲师范学校的一个女生做农民宣传工作。他们都称她为学生先生，短短两个月她就改变了农民的面貌。

10. 小品文《大宝》。此文回忆故乡的农民，他叫大宝。

11. 书信《答静萍》（钦文）。信中提及农村孩子和城里孩子的问题。静萍是幼师，她喜欢农村孩子。而作者认为农村孩子和城里孩子各有所长。在《中央日报》副刊发表，年月不明。

12. 小品文《三个月不知菜价》。此文说自己三个月没有上街买菜，因为自己种着各种蔬菜，光是十八株芥菜就吃不完。一片芥菜有二三斤重，可吃上一天。种菜要注意各种色彩的菜。另外，还有学生送来菜。

13. 小品文《蝶恋花——永师三老之一的略写》。写晚会上已从教三十年的林老师指挥着他读小学的女儿跳舞，令人称善。

14. 小品文《我爱儿童》（钦文）。此文谈及自己喜欢儿童，妻提出生一个女儿，但家里经济只能负担两个孩子，两个孩子的教育要区别对待。又谈及学生，称把他们看作自己的弟子。此文发表在《中央日报》副刊。

15. 小品文《邻居一得》。此文是对三月三日邻居送东西所发的议论。

16. 小品文《挑米》（钦文）。此文写在永安师范学校挑米，女同学表现出色。

17. 小品文《御妻拾零》（其二）（钦文）。此文讲到朋友家里，夫妻结婚后从未反目，朋友向他介绍御妻之术。

18. 小品文《浴牛池畔》。此文写作者抱着云儿和庚儿去看水牛浴水，水牛共十二头，两个小孩高兴得很。

19. 散文《蚁楼琐记》（钦文）。全文分：一，释题。写福建师范学校里的房间多老鼠和蚂蚁,老鼠可防,蚂蚁却无办法。二,做蚂蚁。因为杭州被日寇所炸,担心在杭的妻儿,于是不得不天天从山上到山下办公室去看报,自己成了"蚂蚁"。三,隔壁谈。住在隔壁的是青年,他担心是远在他乡的父母,而作者担心的是在杭的妻儿,他们白天见面少,但晚上谈话多。他还常把《小民报》从壁缝中塞过来。四,出特刊。写董秋芳编《新语》,常来约稿、催稿。

20. 小品文《背子税则举偶之二》(未见一)。此文写四川背子,一般在山路无法坐轿,就坐背子,不过在平地上也有背子,那是用来背东西的。

21. 散文《半游十八洞记》(钦文)。这次是和朋友一起去游永安大湖的十八洞,洞内曲折,光线黑暗。

22. 散文《忆醒园》(钦文)。这是回忆沈醒园和王孝恩两位毕业生,彼此告别是在那晚演出的舞台后。

23. 小品文《饮酖止渴》(钦文)。文章以饮鸩止渴作比喻,告诫那些贪小便宜做了汉奸的人。

24. 散文《石洞寒泉里的美》(钦文)。文章叙述学生报告石洞寒泉里有人头,于是和学生进去考察,果然有三个人头。

25. 小品文《秘书的秘书》,无署名。此文说他小学尚未毕业,考入中学,中学未毕业,考入大学,由于缴不起学费,虽课听了,但文凭未拿到。因为没有文凭,只能做人家的秘书的秘书,但始终没当过秘书。抗战后,他参了军,才当上秘书。

26. 小品文《沙滩死狗和曲蟮》。此文写有人的绰号叫沙滩,而另一个绰号叫曲蟮的人,为弄钱而不要面子。从行文看,此文是在解放后写的。

27. 小品文《草舍坟》(钦文)。此文写穷人做不起坟,往往在棺材上披上稻草,一年盖上一次,这叫草舍坟。

28.小说《走上大路》。

29.小品文《云儿和军阀》。此文从云儿拿着纸做枪来吓父亲,从而想到军阀因为手中有枪而作恶。

30.小品文《壁报和广告》(钦文)。此文认为在农村办壁报很重要,办壁报要注意文字浅显、通俗,但壁报不能变为广告。

31.《怒目主义》(出处不明)。

32.小品文《儿童和母亲》(钦文)。此文讲儿童和母亲的关系远胜与父亲的关系,但为了大多数孩子,也可以牺牲自己的孩子。出处不明。

33.小品文《话剧漫谈》(钦文)。出处不明。

34.杂文《可怕的谣传》(钦文),作于抗战初期,内容反对战争期间的谣言。

35.散文《调工》,发表在某杂志的赠阅单页。

36.散文《壮士之志》发表在《青鸟》,时间不详。此文写现在需要远征军。

37.写景散文《贡川的桥》,作于福建。

38.散文《南屏晚钟之谜》。

39.《热情救国》(钦文)。

39.小品文《从种菜中看到事业重于结婚——老不结婚也不是办法》(钦文)。

40.小品文《福州的除夕》。由福州想起过去的事。

41.散文《两幅插图》。

42.散文《嚼橄榄》(钦文)。此文讲将来要纪念卢沟桥事变,因为其惊醒了中国人。

43.小品文《敌军的能力》(钦文)。此文讽刺日军造谣的能力很强。

44.散文《打回新家去》。此文期待抗战胜利能回到杭州的家。

45.散文《半臂军衣——战区摩登女郎的印象》(钦文)。文章讽刺某些女性"武装而露臂膀"。

46.散文《××委员》,记录了某行动委员的抗战活动。

47.散文《一二旦》,文章从婴儿学话写到救亡。

48.杂文《日奸和汉奸》,文章区别了日奸与汉奸二者罪行的不同。

49.散文《摊头零语》,文章写怀念家乡。

50.《的地底和得》发表在《青鸟》第 433 期,文末标注 12 月 23 日于大湖,年份不详。

此外,关于在福建永安师范学校教书的情况,有许多他的学生回忆,据邱恒宽、贾临昌回忆:

许钦文老师教授我们的语文,曾任教务主任。鲁迅先生曾称他是"青年的导师。"解放前后写过不少分析鲁迅作品的文章,出版过很多专著。他教语文,深入浅出,使人易于领会。经常介绍优秀小说的写作艺术,指导阅读和写作,解释文字用"六书"方法,如释"祭"字,"夕"书肉,"乀"是手,手将肉放在盘里,捧上客桌供奉神灵;又如"裹"字,果子多了,用衣服包住。这种传统方法,对我们后来从事教学很有启发。他对学作文要求严格,发现错别字要批评、扣分。到他家请教,老师均细心指导,热情鼓励。同学将毕业时,各备纪念册,请老师和同学题词留念。同学的题词,由于受许老师影响,多以鲁迅的话互勉。[1]

---

[1] 发表在《三明文史资料》第 10 辑,北京:中国文史出版社,1993 年。

据张象泰的回忆：

首先是他严格认真负责的教学态度，在课堂教学方面，对课文讲解深入浅出，生动易懂，准时上下课，从未出现迟到早退。在担任级导师时，认真负责，处处以身作则。记得当时正处在抗日战争时期，物资供应缺乏，他常带领我们开荒种菜，既解决日常生活的困难，又培养我们吃苦耐劳精神。

其次批改作业一丝不苟。记得当时作文评分时突出毛笔字的写法技巧，占总分20％，我以毛笔字写得较好，常获作文90多的高分，这给我以极大的鼓舞，奠定我日后喜爱写作的良好基础。同时，除课堂作文外，还有每周必写的周记，内容包括一周时事摘要、校闻、读书心得、感想等栏，也交级任导师审阅评分。他与批改作文同样重视，除批改错别字和记述错误外，对读书心得和感想中较精彩的字句，或加红笔圈点，或作适当的评语，以甲乙丙三等评分，这对我的鼓舞也极大，养成我日后在工作岗位上和日常生活中能自觉写日记的良好习惯。

再者许老师平日生活俭朴，作风严谨，处处以身作则，言传身教，给我们今后待人处世方面树立了楷模。榜样的力量是无穷的，使我们终身受益匪浅。[1]

据熊磬陀的回忆：

许钦文先生教语文，担任过我这一班的级任导师，他教学很认真，重视作文，对同学的较佳作品，常拿到课堂上向大家介绍，分析文章的优点和不足之处。他还向同学介绍优秀小说。知道欣赏、析评名作，并且结合讲授小说写作方法。他对待书法和错别字十分严肃，简直成了他执拗的癖性。对学生作文评分时，如

---

[1] 见于《晚晴斋拾遗》，2004年自印本。

发现错别字,按字扣分,一错再错的,则加倍扣,培养同学们注意用字,写字的习惯。

此文还回忆许钦文对他写作上培养,谈及鲁迅用自己稿费给许钦文出版《故乡》,以及为什么抗战时期作品少的原因。①

据熊韩江的回忆:

就在上第一课语文,见到许老师之前,事情得到证实。高年级的同学告诉我,许钦文先生就是与鲁迅先生有交往的、名噪一时的小说家。这时,一股欣喜的暖流淌过心房,因为我也爱好一点文学,课余也学着摇摇笔杆,写上一星半点不成熟的东西,有时斗胆寄给报刊,偶尔在'报屁股'上也挤上一角。今天来到闽西山乡,有幸得遇名师,怎么不欢欣!

……

许钦文先生还给我们安排了小说作法的课程,他深入浅出地给大家讲授小说的写作,生动、形象地向同学们介绍优秀小说,辅导我们学写短篇小说和欣赏、分析名作。感谢许老师,是他培养了我用字认真的习惯,是他领着我在学写短篇这条路上学步。②

本年夏 讲学以后,拖儿带女及妻子一家五口人,从永安动身返回杭州。

---

① 熊磐陀:《忆许钦文在永安》,《永安县文史资料》第 3 辑,福建省永安县政协内部资料,1984 年。

② 熊韩江:《忆许钦文师》,《水仙花丛书·散文特写集》,福建省漳州市文化馆内部资料,1979 年。

8 月

20 日　在《国风画报》第 1 卷第 10 期发表散文《随谈：入国从俗》（钦文）。此文疑非许钦文所作。

21 日　在《世界晨报》发表小品文《公冶长》。此文写孔子要把女儿嫁给公冶长，而公冶长是坐过牢的，孔子妻子不明白原因，于是孔子作了解释，妻子、女儿也都同意。

9 月

15 日　在《世界晨报》发表小品文《车站小景》。

16 日　在《胜流》第 4 卷第 6 期发表小说《蓬头鱼》。此文写轮船上一个女客跳海自杀。她是汉奸的妻子，在船上碰到被她抛弃过的爱人，而他现在已考取军官学校，她感到很羞愧，以致精神失常，最终跳入大海，寻求解脱。

20 日　回到杭州。据《卖文六十年志感》称："家中无人看管，被洗劫一空"，"睡在地面上，好像是在山洞。门窗全被拆走，厨房是整个不见了。"到室内一看，所有的东西都被洗劫一空。三个月以后，许钦文才买了一张棕棚，两条凳子，这时一家五口人才有床睡。在《丰子恺杂忆》中则称："抗日胜利回来，家中九年无人看管，被洗劫一空。一妻两子一女共卧地板，吃饭也是席地而坐，把菜放在门槛上，连矮脚茶几也没有一张。丰子恺先生知道后，就送来了一个板桌和四个凳子，总算一家人上了桌面吃饭。当时我原有的熟人多已失却了联系，丰子恺先生住在西泠桥边，就常到他那里去谈谈。"许钦文认识丰子恺是由陶元庆介绍的，丰子恺是陶元庆的老师。陶元庆的墓碑上"元庆园"三个字是他老师丰子恺写的。

这次回来损失最大的是挂在屋梁上那个包着元庆画的包裹也不翼而飞,他为老友保存这批画所花的心血,真是一言难尽,为了造元庆纪念室所欠下的债还未还清,而这批画却不见了,其痛心程度可想而知。另,许钦文回来当晚,即去风雨茅庐,据《回忆郁达夫》所言:"一九四六年秋,我回到杭州,当晚到场官弄去察看风雨茅庐。室内冷清清,只同王映霞母亲谈了一下。"

10 月

3 日　在《世界晨报》发表小品文《杭州的兴衰》。作者离开杭州九年,回来之后感到变化大,城站变了,树木也少了。

在《宇宙风》第 143 期发表小说《颜回的死》(钦文)。

16 日　在《胜流》第 4 卷第 8 期发表小说《三潭印月》。这是一篇独白体小说,从头到尾讲因自己爱的姑娘已嫁人而给自己造成的痛苦。

23 日　在《世界晨报》发表小品文《庚儿做统计员》。许钦文妻子生女儿时,连连叫痛,许钦文叫大儿子庚儿统计阵痛相隔的时间。庚儿很认真,做了一个小小的统计员。又据许钦文后代保留的剪报有《统计员》一文,不明所载刊物,内容相同。

11 月

4 日　在《文汇报·笔会》发表散文《鲁迅先生与元庆》(钦文)。

15 日　在《宇宙风》第 1 卷第 4、5 期合刊发表散文《猪肉》。此文写许钦文和妻子上街去买猪肉,见到卖猪肉的人手上血淋漓的,很是担心。

12 月

1 日　在《青年文艺》第 1 卷第 3 期发表文论《新文学与旧文学》。此文说:"文学则兼有二者之特点。第一必须是记叙文……第二特点条件是含情调。"谈到新、旧文学的区别,作者认为"旧文学是贵族的文学,少数人的文学……新、旧文学的界限……可以自然主义为界。"区分新、旧文学,"先看它对社会不良现象是取逃避还是取克服的态度。""轻则讽刺,重则革命。"从内容上看,新文学:"一为反映生活……二为生活批评。"此外,"新文学应是战争文学……"(注:此文是许钦文暑期去协和大学讲学的演讲稿)

作散文《龟长于蛇,分大于万》,是否发表不详。"当时一万元的伪法币,抵不过原来的一分钱。只好用《庄子》书上惠施的话"'白狗黑','犬可以为羊'来'解释'。"

本年下半年　在杭州高级中学教书。据当年杭高学生回忆说:

抗战胜利的下一年,杭高迁回杭州复校之后,第一任校长房宇园又复聘了许老师……许先生的外貌并不引人注意,他戴一副玳瑁边框的近视眼镜,颧骨稍高,上嘴唇微微前拱。他的衣着从不讲究,也不见他穿新衣服,不过春、秋、冬三季他都爱穿西装,系一根领带,但他西装质地都是极普通的,没有高档货,有的还是布料的。他住在保俶路 51 号,每天一早,走着来上班,大概要走六七里路,他走进校门,我们正在操场上做早操,常常看见他拎着用包袱布包裹的一叠学生的作文簿。所以他不像那类才子型作家，而是朴素、寡言，不显山露水，碰到熟悉的人，也不过点头微笑而已。当时他的绍兴同乡孙伏熙先生（他是孙伏园的胞弟）也在杭高任国文教师。他是胖墩墩的矮子，在法国留过洋，吃过洋面包，派头就不一样，西装笔挺，拎着一只宽大的皮包，进出校门都引人注目。[①]

这一时期是他创作史上最紧张的一段时间。据《卖文六十年志感》自述：

杭州高级中学让我再去教书，但只教教书，不让我担任级任导师，就是不许我参加行政工作，因此要担任四个班的语文。我的课程表上几乎排满了上午的时间，下午还得到别的学校去兼课。……我又深陷于穷困，只好重新加紧卖文。……我在杭高担任四个班语文再到校外去兼两班语文时，平均每天要改二十多本作文。以写作为副业的语文教员，如果不把作文簿按期改好发还，在旧社会里，下学期得不到聘书的保证，怎么办？我把两个星期一次的作文时间调集在同一个星期内，每天晚上熬夜改四、五十本。三百本统统改好以后在书架上搁起，不即发给学生，免得说我改得太快，可见草率，所以到了规定的时间才准时发还。这样，我得抽出一个星期晚上的时间写作。作文改好了才可以安心写作，所以一定要早一个星期统统改好。

据他夫人告诉笔者，黄瓜是几片，是给他带到学校里的菜，她们自己则吃野菜之类。每天早餐，许钦文规定吃六分钱早饭，后来物价上涨是用几百、几千来计算了。六分钱只能买一对大饼，一根油条；为了吃饱，只好买最便宜的东西吃。从家里到学校的路上，有热气腾腾的鲜肉包子，有糖馒头和其他形形色色的

---

① 蔡一平：《回忆许钦文老师》，《新文史资料》，2007 年第 20 期。

早点,许钦文只好侧视而过。为了减少支出,他又像以前那样,在院子里的空地上,种上蔬菜瓜豆,后来子女长大出去了,就改种水果树,那是解放后的事了。在《种瓜菜》中则说:"我的两个孩子大了以后都已出门去,家里不再需要较多的瓜菜。而且我出去工作,常常要接连几个星期地出门去,灌水施肥,难以照料,也不便再种瓜菜,于是院子里改种桃、梨、枇杷等果树,也种香椿、桑树。"

本年 小女儿品琴出生。

1947 年(丁亥,民国三十六年) 50 岁

▲4 月 18 日,蒋介石宣布改组"国民政府",并任国民政府主席。

▲7 月,中国人民解放军由战略防御转入战略进攻。

▲10 月 10 日,中国人民解放军总部发表《中国人民解放军宣言》,发出"打倒蒋介石,解放全中国"的号召。中共中央公布《中国土地法大纲》,解放区掀起土改运动。

▲12 月,中共中央在陕北召开会议,讨论和通过了毛泽东关于《目前的形势和我们的任务》的报告。报告中提出了著名的十大军事原则。

1 月

1 日 在《宇宙风》146 期发表散文《陶元庆的西子湖观》。此文谈到元庆的画被盗,他的坟周围的铁栏和砖也被盗,留下五首写西湖的诗,但其所写的与西湖不同,元庆有两幅描绘西湖的

画也被盗了。他画的西湖似西湖又不似西湖。

在《胜流》第 5 卷第 1 期发表小说《不大认真的争论》(钦文)。此文写堂妹一直怀疑自己老公有外遇,因他老公送来的钱少,不常回家。于是他到丈夫工作的城市一探究竟,最后她知道了自己的怀疑没有依据。通篇以对话为主,这是许钦文写小说的特色。

25 日　在《东南日报·笔垒》发表小品文《娟盗之争》(钦文)。此文是针对盗和娟之争所发的议论。

29 日　在《东南日报·笔垒》发表小品文《也谈清华的国文参考书》(钦文)。本文是对 1 月 26 日在《笔垒》上发表的《清华的国文参考书》一文的评述。

2 月

1 日　在《青年界》新 2 卷第 5 期发表散文《跟鲁迅先生学小说的第一点》。此文讲作者回忆听鲁迅在北大讲《中国小说史略》之后,才知道"文学作品重暗示的原则","而且暗示,表面上只是客观的描写,这于满足读者的创见欲以外,还可以避免武断。"

在《学生之友》第 1 卷第 1 期发表散文《鲁迅先生与故乡》。此篇谈及鲁迅的《呐喊》《彷徨》中提及的故乡绍兴,和许钦文谈及的故乡,还有一位经常提到的陈先生。

3 月

1 日　在《胜流》第 5 卷第 5 期发表小说《论女人》(钦文)。此文写小学教师程伯民因靠教书养不起一家四口,于是想晚上写稿赚几个钱,可是拟了一个题目"论女人",东想西想,还是写不成。

在《青年界》第3卷第1期发表文论《鲁迅先生译〈苦闷的象征〉》(钦文),收入《在老虎尾巴的鲁迅——许钦文忆鲁迅全编》。此文主要讲陶元庆给鲁迅《苦闷的象征》作封面画的事。文中提及:"一个裸体的少女,伸长着舌头在舔一把钢叉的尖端。少女的裸体上贴着膏药,其强烈的表现与书中的插图恶魔派鲍特来尔的自画像相应好。"所以许钦文引用晦庵(唐弢)先生的话中,有这样一段:"封面上一个苦闷,里面一个苦闷,内外一致,简直是苦闷到骨子里去。"文中说当时鲁迅、陶元庆和许钦文也都处在苦闷中:"当时鲁迅先生在教育部里做官,北京大学的《苦闷的象征》不过一星期一小时,欠薪拿不到,固然很困难,而且受军人的政治当局压迫,常常要溜到东交民巷去避一下。元庆和我同寓在半截胡同的绍兴会馆,靠我卖文一元四角一篇一元六角一篇小说稿费来维持,颜料画具不能如意购备,严冬室外寒冷,不便写生,室内纸糊窗暗沉沉,光线又嫌不足,装不起火炉,衣服不足,也觉得冷,他只好常常躺在床上,摆着两只脚吟他的诗句。在这种时候,画起封面来恰巧书名是《苦闷的象征》,所以真是满纸苦闷的了。"该书的封面限于经费,只印单色,后来鲁迅"却把应得的版税补充作印书的本钱,这样此书再版时封面印成三色"。

8日 在《大公报》(上海版)发表小品文《"三八"谈男女分校》,又发表在《大公报》(天津版),改题为"谈男女分校"。此文是表达反对男女分校的。

在《立报》发表小品文《歌舞几时休西湖之夜》,此文认为西湖与上海不一样,何况现在战乱,更不应以歌舞来凑热闹。

15日 在《东南日报·笔垒》发表小品文《豫让和阿Q》(钦

文）。此文把阿Q和豫让作比较，认为阿Q是精神胜利法，是不主张报复的，而豫让是主张报复的。

30日 在《东南日报·笔垒》发表小品文《项羽与文天祥》。此文把项羽与文天祥作比较。

4 月

1日 在《胜流》第5卷第7期发表小说《三八的晚上》（钦文）。此篇小说写的是模范夫妻，相敬如宾，对问题的看法也非常一致，如对当前妇女存在的问题等。

在《青年界》新3卷第2期发表散文《鲁迅先生著〈故事新编〉》（钦文）。此文收录于《在老虎尾巴的鲁迅——许钦文忆鲁迅全编》。文中认为："《彷徨》同《呐喊》一向并称的，都受大家的欢迎。其实鲁迅先生的创作，短篇小说集《呐喊》和《彷徨》以外，还有册《故事新编》，大部分是在《呐喊》和《彷徨》以后产生，作法更新颖，也是很可以研究的。"许钦文指出："虽然好像在讲古代的事情，其实是批评当时的社会的。"又说："历史小说也叫'功夫小说'"；他举了《出关》，又认为《奔月》写得尤其生动，热烈地抒发了浓厚的情感。最后许钦文指出："读了这八篇，还可以学习文学的标题法。"

在《学生之友》第1卷第3期发表文论《模仿和创造》。此文说："模仿是艺术的重要条件之一"；"模仿也是形成社会的重要条件之一"；但光是模仿，"是不会进步的"。因为"社会的造成虽然有赖模仿，社会的进化却是靠创造的"，所以"青年人应该知道，只是模仿是不够的，必须还能创造"。

作《小囡周岁简记》，据许钦文后代保留的剪报。此文从小女儿出生到长到半岁、离闽回杭写起，回杭过程中沿途的经历。

直到回到杭州,家徒四壁,小囡的衣服都还是别人送来的。

5 月

1 日　在《青年界》新 3 卷第 3 期发表文论《〈彷徨〉中〈示众〉的描写方式》(钦文)。此文说:"虽然《阿 Q 正传》《狂人日记》和《孔乙己》等出名的几篇都在《呐喊》中,可是《彷徨》的写法比《呐喊》新,在技巧上是更值得研究的。《伤逝》和《在酒楼上》都是很好的断片描写的例子;尤其是《示众》,是白描的。""《示众》全篇所写只是短短的一段马路上于几分钟内所经过的事情,可是许多社会病态都赤裸裸地暴露起来了。"文中还说:"所谓断片的描写,把所写的事情经过的时间尽量缩短,地方尽量缩小。指出来了在无限的时间流中经过的一点,使人明白一般的情形。由感动注意起。"

16 日　在《胜利》第 5 卷第 10 期发表散文《帐子》(钦文),收入《许钦文散文集》。此文写福建山区一些落后的习俗,如生下女儿必送人家养,没有要的就装进畚箕挂起,任凭哭喊,冻死或饿死则把她埋了。姑娘没有结婚,是不能挂帐子的,尽管大湖是产夏布帐子的地方。

在《文艺丛刊》第 1 辑发表散文《墨鱼》。此文写墨鱼的生存之道。

24 日　由南京"五二〇惨案"引起"反饥饿、反内战、反迫害"的大示威游行,共有浙大、英大政专、财专、艺专、省立医专、杭高、杭师、浙大附中等校的学生共五千多人,集中在浙大求是广场,举行轰轰烈烈的示威游行。据《蒋介石统治下的教师生活》的回忆:"不只是一次两次,我到杭高去上课,走到校门口,但见铁门紧闭,伪军警列队把牢,枪口上着闪亮刺刀。我气愤着闯过去，又见许多架机关枪，枪口朝着师生宿舍……我们举行反饥饿的运动，'青职'的学生破坏，撤去标语，动手打人，无恶不作。抗日战争时期，国民党诱使学生从军，所谓青年军，复员后要就业的进'青职'以学校的名义，训练作特务，以学生的名义来破坏学校的正当活动，阴险恶毒，无所不用其极。"

6 月

15 日　在《宇宙风》第 151 期发表小品文《废契之用》(钦文)。此文写许钦文回杭后，家中院子杂草丛生，整个厨房都不见了。周围的不少房子被人拆卖，而许钦文房子曾被人登报买卖，幸好姓王的人保留一份契约，总算让房子保留下来。因此，正是这张废契，偶然中使房子保留下来。

7 月

1 日　在《胜流》第 6 卷第 1 期发表散文《鹅》(钦文)。此文写家里买来养着的两只鹅，文章写得生动有趣。

在《巨型》创刊号发表《〈风筝〉序》。文云：

在这些短篇上面所写，可以说都是关于牢监的；不过同《小桃源日记》和《无妻之累》中的一部分两样，那是牢监生活的实录，这里只把牢监中的情形用作背景，差不多都是另有主题的。①

---

①　文中还提到写《故乡》的时候我还是青年，往来的大多是青年；刚刚在无可奈何中离开故乡，无论所爱所恨，都有点念念不忘，所以写下的，总脱不了青年心理和乡土风味的关系。如今"年事已长"，做了囚徒，刚从牢监出来，脑海中充斥着难友们的脸面和铁窗、铁门等情形，所以写成了这个样子。虽然"青年心理"换作"囚徒心理"、"乡土风味"变为"牢监风味"，但"生活纪录"或者该说"身边琐事的描写"上，是碰到什么写什么。

6日 在《东南日报·笔垒》发表散文《高尔基的作风》(钦文)。此文说高尔基的作品形式多样,不过他写小说则十之八九采用自传体,而且举了多部作品来说明。

12日 在《东南日报·笔垒》发表小品文《诗的逻辑》(钦文)。此文是写许钦文接到钟敬文的信和照片,就回忆起老友在杭时的情形以及种种事情。

13日 作小品文《也是一个下场》,发表情况不详。此文是对枪决犯所发的议论。

15日 在《自由谈》第1卷第3期发表小品文《暗状》。此文写西湖边上碰到告状的一老一小二人,老的自言自语,诉说自己落难的经过。

16日 在《胜流》第6卷第2期发表散文《萤火虫》。此文写夜间被亮光惊醒,以为是有贼来偷东西,仔细一看,原来是萤火虫。这时夫妻二人醒来,好像回到初婚时的感觉,一直谈到天亮。

8月

2日 在《东南日报·笔垒》发表散文《柯亭与三江闸》(钦文),家属提供的剪报不全。文章是回忆儿童时去柯亭上坟,大人吓小孩,造成了自己孤僻的性格,三江闸是汤太守造闸的地方。

10日 在《宇宙风》第152期发表散文《没有儿子的媳妇》(钦文)。此文说在永安二十里地的大湖,有一种老的习俗,凡生下女儿都送给人家;孩子没人要则会饿死、冻死。而自己又从别人家抱回女儿,若自己没有儿子再生下,则成了没有儿子的媳妇,此时再把媳妇卖了。若自己生下儿子又很迟,则出现18岁姑娘,儿子还只有7岁……还会有种种意外情况发生。

27日 在《东南日报·笔垒》发表小品文《尊师日为圣师辩》(钦文)。此文讲我们不少人对孔子的言论有误解,包括他的学生,作者认为孔子提出的有教无类应该受到尊重。

31日 在《东南日报·笔垒》发表小品文《锁喉求雨》(钦文)。此文讲浙江临海一带有锁喉求雨的事,尽管法院有令,凡教唆者判三年刑,但民不畏法,还是照样求雨。

9 月

1日 在《青年界》新4卷第1期发表散文《〈鲁迅书简〉读后感》,收入《学习鲁迅先生》《在老虎尾巴的鲁迅先生——许钦文忆鲁迅全编》。此文是许钦文读《鲁迅书简》后的感受,"写作要认清对象"。在文中,许钦文首先举出《呐喊》和《彷徨》的不同写法,是因为写《彷徨》时的读者与《呐喊》时的读者不一样。接着谈到鲁迅的八百多封信,"七十多个收信人,几乎有七十多个样子"。他以鲁迅写给母亲、许广平、许羡苏等人的信件为例。

在《论语》第136期发表散文《一堆沙》。此文写了两件事,一是在梧东教书,要每个学生做一个防空计划,这难住了学生,最后许钦文用楼梯旁的一堆沙来防火的事启发大家做一篇作文,算是交了卷。另一件事是学校搬到梧东,要求每个学生开垦三畦地,每个学期交五十斤菜。学生第一天做农活下来,手上有血泡,有的学生要退学,这时他又用一堆沙启发大家,大家完成了任务,但是仅刨了表面一层的泥土,弄得指导老师大发脾气。

11日 在《东南日报·笔垒》发表散文《跺开岭》(钦文)。此文从日本侵华战争给杭州的破坏谈到奉直战争,进而论及历史上的黄巢作乱及钱缪在杭州的贡献。

16 日　在《胜流》第 6 卷第 6 期发表散文《托下巴》。此篇散文记载许钦文夫妻俩因经济原因一直拖着不镶牙，以及后来补牙的经过。

在《论语》第 137 期发表散文《受尊记》，本年 10 月 1 日《现代文丛》第 1 卷第 10 期转载。此文谈到学校尊重老师，但没有钱可慰劳老师，只在报纸上出一期特刊，请老教师写文章，出了特刊学校还开会炫耀。文后说："教师愈穷，愈穷愈饿瘦，愈显衰老。老教师，穷教师，名殊而实同。穷老下去，将再也教不动书；被迫改行，或就不懂此种受尊意义。"

18 日　在《自由谈》第 1 卷第 4、5 期合刊发表散文《食——在上海》。此文谈上海的吃的东西，其中回忆与当时在立达学园教书的元庆一起出去吃饭，也和鲁迅一起出去吃。

在《东南日报·东南风》发表小品文《苏堤秋晓》。此文是作者送庚儿上学沿西湖所见而发的议论。

10 月

1 日　在《胜流》第 6 卷第 7 期发表小说《订婚》（钦文）。小说写秉周向秀珍求婚而遭到拒绝，秉周问其原因，秀珍说伯元也爱她，伯元不准其和秉周订婚。秉周问她怎么办？她说："允许你的要求好了。"事实上这是秀珍对秉周的一种试探，并未有伯元要害秉周。

13 日　在《东南日报·笔垒》发表散文《双十忆塔》。此文写抗战时许钦文在福建永安，想念在杭州的保俶塔下能吃上饭，到了杭州后又想到四川的辛亥保路先锋阵亡的事，以及为纪念壮士建造起的纪念塔。

在《论语》第 138 期发表小品文《吃口岸—吃汇补》。此文已于 1937 年 5 月 14 日发表在《国民》第 1 卷第 2 期。

11 月

1 日　在《论语》第 140 期发表小品文《跖犬吠尧》。此文借讲盗跖的吠圣贤的故事，提出狗"一受小利，即愿效劳，东奔西波，不辞其辛苦，为人利用，作恶害群不自知，即认作忠厚老实，也不外乎奴才。奴才盛，走狗多。走狗烹，奴才不知戒，仍然做走狗"。

4 日　在《申报·春秋》发表小说《车夫》。此文通过"我"与车夫的对话，反映出当时的物价很贵。

16 日　在《论语》第 141 期发表散文《病从口出》。此文讲一个青年吃饭时讲了几句话，结果被关进监狱，生了疥疮，身体被弄坏，却最终被宣告无罪。"本来病从口入，祸从口出，我没有吃坏什么东西，只是随便说了几句话。所谓祸，就成了病，这不是病从口出吗？"

12 月

作散文《略谈〈孔乙己〉》，发表在 1948 年 1 月 1 日《青年界》新 4 卷第 5 号。此文认为"孔乙己只是个没落的士大夫阶级的典型"。文章还认为《孔乙己》是用自传体来写的，使读者明了，容易同情，写得"深刻精炼，情意浓烈，而生动有趣"。

本年　仍在杭州高级中学任教。

1948 年(戊子,民国三十七年) 51 岁

▲3 月,国民党召开伪"行宪国大",选举蒋介石为"总统"、李宗仁为"副总统"。

▲6 月,北平各大学教授数百人联名发表声明,抗议美国扶植日本,表示宁愿饿死,也拒绝领取"美援"的面粉。

▲7 月 15 日,国民党军警包围昆明云南大学等学校,并向学生开枪射击,造成死伤 150 余人的大血案。

▲9 月,辽沈战役打响,至 11 月结束,东北解放。

1 月

1 日 在《论语》第 144 期发表散文《过年》。此文谈及因家道中衰、过年艰难而对自己的影响。现在物价飞涨,过年也难,但少数人因手段高明而过着富裕的年。

在《胜流》第 7 卷第 1 期发表散文《购买欲》(钦文)。此文列举了两件事,一件事是作者在集美中学时,有两位离校的学生自己写稿,自己编杂志,自己去印刷,自己又去书店买来。此事作者在《发表欲》上已详细写过。另一件事是写邻居夫妇爱买东西。

在《东南日报·笔垒》发表杂文《大顺流》(钦文)。此文写农村两种乞丐的困境。

19 日 在《民报·西子湖》发表散文《忆蒙泉》(钦文)。此文记叙作者小时候在父亲口里听到蒙泉,到自己去五师读书,校舍就在蒙泉,还提到一个朱先生和校工。

21 日　在《民报·西子湖》发表散文《禹陵九爷——袁老师嘱笔"忆蒙泉"之二》(钦文)。

2 月

2 日　在《东南日报·东南风》发表散文《祭灶神谈灶神》。此文是讲灶神,特别回忆少时家乡道士送灶神的事。

5 日　作小品文《醃菜》。据许钦文后代保留的剪报,不明载于何种报刊。此文写一个逃难的妇女,也谈及冬天醃菜。

9 日　在《东南日报·东南风》发表散文《阿 Q 相的过年》。此文回忆小时候过年的情况。

13 日　在《东南日报·东南风》发表散文《我也中"状元"》。此文记儿童时玩的一种游戏,用回纹钱中了状元。

16 日　在《论语》第 147 期发表小说《祖父》。小说是对话体的。"我"向姓赵的姑娘表白,不是直接说出来,而是用这个姑娘、那个姑娘身上的优点来赞美赵姑娘,啰啰嗦嗦,使得赵姑娘心里很紧张,最终不耐烦了。说他像她祖父,晚上居然假冒伯堂生病的名义骗她出来,最后"以为婚姻可以欺诈成功,实在还是前两辈人的念头"。

22 日　在《东南日报·东南风》发表散文《公务员窃金》。此文谈南京公务员在青天白日之下偷金,并联系《列子》中关于窃金的故事。

24 日　在《星岛日报·星瀚》发表散文《鼠由之皮》。此文写合家打死黄鼠狼的事。

26 日　在《民报》(杭州)第 1 版"文章个展"发表散文《望海亭》(钦文)。此文是作者回忆儿时家乡望海亭的情形。

小说《药(一)》(中篇),在《民报》(杭州)第 1 版"文章个展"

开始连载,后转至该报"西子湖"专栏。刊出日期分别为:3月1日、3月8日、3月11日、3月16日、3月20日。实是散文,此文已刊登过。

作《悼季茀先生》,文章叙述季茀被害之事,并分析原因,同时回顾了往事。

29日 在《民报·艺风》第9期发表杂文《中国艺术前途》(钦文)。此文主张中西艺术融合,但不失民族性,艺术要普及,应注意通俗化。

本月 由怀正文化出版社出版短篇小说集《风筝》,收入19篇文章:《风筝》《闽变在狱中》《假囚徒》《第三种政治犯》《该死的红丸犯》《探狱》《第二次出狱》《两个朋友》《双死刑》《抄栊子》《栊啸》《淫妻》《悔过书》《无聊的哭》《白衣观音》《铁门风味》《瞎闹》《赵大生》和《小工犯》。

《风筝》是以狱中生活为题材,这在当时是非常敏感的政治问题。因为监狱是统治阶级专政工具的重要组成部分,它涉及到诸如国民党统治者、监狱的制度、犯人中的革命者、共产党人、绑票犯、抢劫犯、红丸犯,等等。作家都要表达立场,或憎或爱,是含糊不得的。同时,也要考虑到当局的新闻检查制度。因此,作家要真实地、历史地反映，并且毫不含糊地表达自己的思想感情，这是需要极大的勇气和强烈斗争精神的。

这个集子写作的时间是在1934年至1938年。从20世纪30年代初期开始，国民党进行两次围剿，一次是对红军的军事围剿，一次是对革命人士和进步人士的围剿。白色恐怖笼罩在文化界，无产阶级作家和进步文化人士遭到杀害、迫害。许钦文刚从狱中出来，组织共产党、窝藏共产党两顶"红帽子"并未摘掉。但他怀着真诚的艺术良心，运用他犀利的笔触，巧妙地对国民党统治下的监狱作了无情的揭露。《风筝》主要是揭露当局对囚犯的镇压和迫害，以及囚犯们所表现出来的反抗和斗争精神。前者如《风筝》《第三种政治犯》《该死的红丸犯》《双死刑》《假囚徒》《抄桄子》《桄啸》《淫妻》等，后者如《赵大生》《瞎闹》《无聊的哭》等；反映作家自己狱中生活的如《第三种政治犯》《第二次出狱》；反映狱中囚徒生活和矛盾的，如《小工犯》《白衣观音》；反映看守生活的，如《铁门风味》。这个小说集在艺术上有鲜明的创作个性和艺术特色。首先，出色、真切的心理描写。许钦文原本就擅长心理描写，那时描写的是青年男女恋爱时的心理状况，而现在则是囚徒的心理。由于许钦文自己也在狱中，有着亲身的体验和观察，所以有着不一般的描述，特别是表现囚徒的多疑和神经过敏。文笔不仅真切细腻，而且入木三分。其次，语言简洁、有力、朴素。这也比之前的小说有较大的进步。那时的小说使人感到语言啰嗦，句子冗长、累赘，甚至有些句子重复使用。再次，大多数作品的情节、结构简单，采用白描的手法和单纯的表现原则，再加上平实无华的语言，构成了作者朴素的风格。

总体来说，《风筝》这个集子的小说创作水平较之前有很大提高，但是由于小说发表在战乱年代，社会影响不大。正如许钦文所说:"中国人已经坐了许多年牢监,却还很少写牢监的作品。"(《风筝·序》)当时写这类题材的小说仅有陈白尘的《鬼门关》《最后的晚餐》《打靶》《父子俩》,艾芜的《强与弱》《饿死鬼》和《羊》,奚如的《第十六》,白朗的《生与死》《一个奇怪的吻》,草明的《遗嘱》,陈荒煤的《狱中杂记》,舒群的《已死的和未死的》等。王任叔(巴人)因先后坐过四次牢,一次还是坐外国人的牢狱,故他也写有此类题材的散文和小说,小说是《一个谋杀亲夫的妇人》《三个偷火柴的人》和《灵魂的受伤者》等。与上述几位作者相较,许钦文创作的作品不仅数量多,而且涉及面也广。因此,小说集《风筝》在现代文学史上应该有其特殊的地位和意义。

3 月

1 日　在《论语》第 148 期发表散文《鬼的世界》(钦文),收入《许钦文散文集》《许钦文散文选集》《鼻涕阿二》。此文是以乡下来城里的农民的眼光来看城里的现象。东西贵,本是阴间有的事。红嘴唇、披头散发像吊死鬼;满脸像刷着石灰,两条眉毛细细弯弯,这是文财神;还有直脚鬼,简直是个鬼的世界,最妙的是最后一段议论,农民指出自己穷,就是因为这些吸血鬼。此文不仅构思巧妙,而且描述极为深刻,是一篇佳作。

4 日　在《东南日报·东南风》发表小品文《滑稽的摹仿》(钦文)。此文列举周岁的小女儿还未长牙,却学大人用牙签剔牙,还像男孩一样站着小便,然后议论人类的摹仿。

8 日　在《东南日报·东南风》发表小品文《"三八"和"三从"》。此文谈到永安大湖一妇女因生活困难上吊自杀,但她的遗物中有布匹、黄豆、银元。原来她丈夫是病人,赚钱不多,生活困难,无法维持一家人吃饭。此妇女宁可上吊也不拿自己的积蓄,作者认为这是"三从"思想在作怪。

在《民报》发表散文《妇女节话杨贵妃》(钦文)。此文讲杨贵妃以色相得到唐玄宗的宠爱,让杨国忠掌了大权,国家出了问题,上演了一出悲剧。

16日 在《论语》第149期发表散文《丰子恺先生的〈赤心国〉》。此文分析丰子恺的《赤心国》,这是一个富有同情心的国家,国王最富同情心且爱护民众,六个官员认真尽责,民众是各尽所能,各取所需。有人以为此地是陶渊明笔下《桃花源记》的世外桃源,作者指出:"只是因为不满意当时的环境,想逃避,藉以麻醉,是消极的。丰子恺先生写的《赤心国》却是积极提倡'同情'的,也可以说:这是他所希望于将来的;——是一个伟大的希望。"

4月

1日 在《论语》第150期发表小品文《小钞票的历险》。此文是评介丰子恺的童话《小钞票的历险》一文,并说丰子恺先生有着"赤子之心"。

在《青年界》新5卷第3期发表文论《鲁迅遗作中表现的人物》。作者认为鲁迅《呐喊》和《彷徨》中的人物,如阿Q、孔乙己等,都是反面人物的典型;而《故事新编》和《野草》中的人物,代表了作者理想中的人物。文章举例《铸剑》《非攻》《理水》,以及《野草》中的《这样的战士》等来说明。

4日 在《东南日报·东南风》发表小品文《鸡蛋糕和大胡子——谈儿童读物》。此文记叙许钦文带小囡去拜访丰子恺的事。

在《民报·艺风》发表小品文《儿童的可爱》。此文写儿童招人爱的特点。

16 日　在《论语》第 151 期发表小品文《的其时乎》。此文说内政部通令，"对于开汽车的人，不得再叫'汽车夫'，为着尊重其职位"。于是各种称呼都被提出来，作者提议叫"开汽车的人"，按语法，人字可省，就叫"开汽车的"。

24 日　在《民报·西子湖》发表散文《萧老师——忆蒙泉之四》(钦文)。此文是作者回忆在浙江五师读书时萧老师打拳的事，以及其对许钦文后来生活上的影响。

26 日　在《民报·草原》发表散文《在门口》(钦文)。此文写作者在友人的门口碰到瞎子婆婆在乞讨，联想到家乡两位老人因儿子被拉壮丁而哭瞎了眼。

5 月

16 日　在《论语》153 期发表散文《杭州人的"那个"》(钦文)，收入《许钦文散文集》《许钦文散文选集》。此文说"那个"就是指"刨黄瓜儿"。杭州人"那个"是指有些人，他们专门"刨黄瓜儿"，不仅针对外地人，也针对本地人。但也有人，他们无法对他们"刨黄瓜儿"，比如来自杭嘉湖一带的香客。

6 月

16 日　在《论语》第 155 期发表散文《我不贪睡》(钦文)。此文谈到自己的睡眠，说："我在床上的时候每天不过五六小时，上床以后并非当即睡着，一个月中还总有接近几天要再减少一二小时。一经准备睡熟，我就呼呼的深睡。睡的时间短，可是睡得深。我要午睡，以前五六分钟就行。现在感到衰老，要延长点，也不过十分钟左右。我这习惯还是二十岁的时候养成的……午睡我不必躺在床上，闭眼静坐一下，也就可以。呼的一忽，不过几分钟。""为着午睡，常常闹笑话；要好的朋友还在给我整理床铺，随便一靠，我已经睡好了。"

7 月

19 日　在《民报·西子湖》发表散文《番茄病院》（钦文）。此文讲番茄得病，以及如何根治。

25 日　在《再造》第 1 卷第 3 期发表散文《麻子阿祥》。此文写麻子阿祥忽然从农村来找工作，因"我"没法子可帮他，便让他回去。后来他在同乡的帮助下找到挑柴的工作，有一天来要"我"帮他写信寄钱。冬天过去了，但阿祥未曾来，他是穿着夹衣过冬的，"我"很挂念他，一天到江干有事，傍晚时见到阿祥睡在桥边，问他为什么不来了？他听同乡说保长来过了，便不敢来。原来他兄弟二人，阿祥因年纪到了 20 岁，出来躲避抽壮丁。

28 日　在《民报·民艺》发表杂文《刺苋》（钦文）。作者最厌恶的是刺苋，后来发现兔子喜欢吃刺苋，才解决了这个问题。

30 日　在《申报·自由谈》发表小品文《从镶牙齿看丰子恺先生》。此文写丰子恺的三不主义也与牙齿坏有关，并以自己拔牙的事告诉丰子恺，使丰子恺下定决心拔了十七颗牙。

8 月

11 日　在《民报·民风》发表小说《蘋姐的表》（钦文）。此文又发表在 8 月 17 日《申报·自由谈》。此文介绍陈家骅的短篇小说集《童年与表》，重点谈其中一篇《童年与表》。作者十二三岁时因沉迷小说,致使神经失常,此时受一位 15 岁的蘋姐照顾,病情好了。后来蘋姐婚嫁,她离开时,送了他一块表,表达了她的爱意。

15 日　在《再造》第 1 卷第 5 期发表小说《湿米》(钦文)。小说写王龙生大儿子、二儿子被抓壮丁,家里没有人劳动,缴不了大米,保长却说他捣乱。于是王龙生用自己落锅的米来凑足。保长还是批评他,说家里的东西可卖去买米。王大龙带他们到家里,看看还有什么东西可卖。到了家里,王大龙发现妻子投河,因家里一只鸡被人追走,本想把鸡卖了可以维持几天生活,现在这一希望也没了。保长本想拿走鸡,这一想法也落空了。

在《民报·民风》发表散文《鸡鸭和兔子》(钦文)。此文写鸡鸭兔争食相斗。

16 日　在《论语》159 期发表小说《不怕老婆的害处》(钦文)。小说写两年不见的两同事已经不认识了,原来其中一人的两颊红润且胖胖的,如今却面黄肌瘦。因为那人失业了,原因是视导员说他作文批改欠详细而失去教职。他说这是因为不怕老婆的结果。视导员与他是同乡,老婆说请视导员吃饭,结果他不听,视导员就讲他的坏话。

17 日　在《民报·艺风》发表杂文《关于艺术用品社》(钦文)。此文谈及抗战后艺术用品严重缺乏,艺术是国民教育不可缺乏的,现在经俞乃大(原杭州师范学校美术老师)等人的努力,这方面已有了改观。

30 日　在《申报·自由谈》发表杂文《一三五九检字法》。此文讲中国字典查阅不便,而一三五九检字法很方便,为此对其作了介绍。

9 月

1 日 在《时代经济》第 1 卷第 3 期发表小说《二同事》（钦文）。小说写两同事因单位裁员，一人有幸留下，一个人被裁。两年后，被裁者大腹便便，用钱阔绰，问其原因，原来他妹夫是乡官，带货物无需上捐纳税，轮船车子无需盘川，所以虽资本不大，赚钱却容易。现在物价天天飞涨，只要多囤几样货物，到时肯定赚钱。他说："要多赚钱，无须有特别的眼光，也无须去探听什么特别的消息。只要看报纸，照着所要禁止的，要取缔的去做，就可以很快的赚到很多钱。"

5 日 在《申报·自由谈》发表随笔《英算与国文》。此文讲杭高招生，考生英语、算学好，而国文普遍差；反之，国文好，英语、算学差，那怕国文考第一、第二名亦未被录取。许钦文认为为青年前途计，为国家民族计，提出要注意文字通畅，这不能忽视。

15 日 在《再造》第 1 卷第 8 期发表小说《直立着睡熟的母亲》。小说写阿糖母亲是二婚，阿糖是拖油瓶，常被邻居欺侮、嘲笑。白天她母亲和邻居吵了一架，第二天阿糖肚子饿，没有吃早饭。别人请阿糖吃饭，她说母亲在门背后直立着睡熟了。小说有力地鞭挞了封建意识。

在《民报·民风》第 68 期发表杂文《绍兴话》（钦文）。此文谈及许钦文 18 岁那年去北京，特别请老北京人来，他告诉老北京人，到北京仍然要讲绍兴话，这样反而有人尊敬，你若讲不三不四的话，反而会有麻烦，还提到鲁迅母亲、季芾、紫佩等人讲绍兴话。

16 日 在《论语》第 161 期发表散文《丰子恺先生的〈猫叫一

声〉》。此文是评介丰子恺的童话《猫叫一声》的,指出它的成功和意义,但丰子恺所希望的大功告成,却是失败,"这对于现实社会却是一个有力的讽刺"。

22 日 在《民报·民风》发表杂文《小畦菜》(钦文)。此文谈及作者自己种菜的经验。

10 月

1 日 在《论语》第 162 期发表散文《鸡鸭之争》。此文写三只鸭和七只鸡小的时候相安无事,而到鸡鸭长大以后,鸡鸭之间便发生了争夺战。鸡多鸭少,鸭趋于守势,必等鸡吃饱以后才上阵。

在《青年界》(人物素描特辑)第 6 卷第 6 期发表散文《鲁迅先生》,收入《许钦文散文集》。此文说:

除非是在吃饭,或者躺在床上;鲁迅先生通夜工作,起身较迟;不常在寓所里见到,他很少闲坐着的时候;总在写作或者阅读,即使整理书籍,包扎信件,也是很起紧的,有了客人,这才休手,点起纸烟来吸。总要安放好了正在工作的器物,他才捏起纸烟;我很少见到他工作的时候吸烟,有人说他一天到晚的吸纸烟,未免误会。

又说鲁迅在神经痛时才躺在床上,会一根接一根吸纸烟。

本年秋 散文《父亲》(钦文),据许钦文后代保留的剪报。写一个族辈临死时,最关心的还是他女儿。

12 月

6 日 在《大公报》(香港版)发表散文《"幸福家庭"的背景》,

本月 15 日又发表在《大公报·文综》(重庆版)。此文是谈鲁迅写作《幸福的家庭》时是在俞芳家租来的房子内。

8 日 在《民报·民风》发表杂文《棺材》(钦文)。此文写作者在途中遇到一口棺材,由一女、三小孩送,并由此引起种种推测和议论。

15 日 在《新学生》第 6 卷第 2 期发表散文《"教授之家"和"民族戏剧"》。此文对郁达夫和王锐两人作了评价,但重点是介绍王锐的戏剧理论、戏剧创作和对戏剧艺术的贡献。

16 日 在《论语》第 167 期发表小品文《奖金》(钦文)。此文谈到"去年所交的《国语文法》和《注音符号教学法》,教育部核定,这两册书的奖金有五百万元。当时计算,可以造一间房子;邻居刚造的一间厨房,只花得四百多万元"。经过一番曲折,终于有一天送来汇票,"可是一看,就惊破了棉被棉衣之梦;原来五百万元的国币折合金圆,只剩了一元六角七分,买不到四个烧饼。一家五口,得三个人品吃两个烧饼,还缺三角三分。"到了中央银行,见到乞丐面前都高叠着钞票,一百万元可兑三角三分。

30 日 小品文《算盘以外》(钦文),据许钦文后代保留的剪报,不明载于何种报刊。这是谈及在永安买柴的事,明明谈好十元一方,卖柴的第二天送柴来时反悔了,问其原因,是因为他是利用空闲时间顺便来卖柴,只好分开来才有时间卖。

本年作《小图两岁志感》(钦文)。小图出生在永安的吴公祠里,半年之后,才回杭州家里。由于照顾不周,两次掉入后门的河里。据许钦文后代保留的剪报。

以下各文,据许钦文后代保留的剪报,不明所载日期和刊物,大致作于此时:

1.小品文《我的名字》(钦文)。此文谈自己在多种场合被人叫作"许文钦",其中报上也有几次。《税则举偶》一文,也被编辑改成"许文钦"。

2.小品文《税则举偶》(二),署名许文钦(疑似印错)。此文讲由于捐税增加,卖猪肉的人只好偷偷地卖,或者买猪肉的人到七八里外的村上去买。缺《税则举偶》(一)。

3.小品文《夏目漱石论天才》。此文讲夏目漱石把人分为三类:凡人、能才、天才。凡人是人云亦云,能才有预见之明,而天才是超时代的。

4.散文《鸡鸭和兔子》(钦文)。此文写鸡、鸭和兔子争食相斗,写得颇为生动。

5.散文《戚继光和光饼》(钦文)。此文讲戚继光和光饼之间的关系。

6.小品文《五世同堂》。此文写兔子的五世同堂。

7.小品文《两种生活》。此文写具有两种不同的生活的人,一种人是走遍天下,一种是在家享清福。又说猴子一天到晚活动,寿命长,猪是吃了睡,最后被人杀。前一种人是猴性生活,后一种是猪性生活,而后一种生活没有什么可羡慕的。

8.小品文《从男女同浴说到妇女的现代化》。此文从国外男女同浴说到我国妇女的思想,由于受封建思想影响而阻碍了现代化进程。

9.小品文《结婚三态——合法的 合俗的 合理的》(钦文)。此文对婚姻中的合法、合俗和合理进行解释。

10.小品文《法币》。此文讲了几件事,说明法币贬值。

本年　仍在杭州高级中学任教。

1949 年(己丑)　52 岁

▲1 月,毛泽东为新华社写的新年献词《将革命进行到底》发表。

▲6 月 30 日,毛泽东发表《论人民民主专政》。

▲7 月 2 日—19 日,中华全国文学艺术工作者第一次代表大会在北平举行。大会标志着中国现代文学阶段的终结,也是中国当代文学的开端。

▲9 月,中国人民政治协商会议第一届全体会议在北平举行。

▲10 月 1 日,中华人民共和国成立。

1 月

1 日　在《论语》第 168 期发表散文《过年恨》,收入《许钦文散文集》《许钦文散文选集》。此文从童年过年写到抗战时在永安过年。童年过年时言论不自由、拜干娘的岁;读书时学校阳历过年,家里是阴历过年,弄得吃不到年货;刚开始工作,过年不回家,东家请吃,西家请吃,弄得自己好像可怜虫;抗战到闽北永安,阴历过年这几天买不到菜,到了乡下大湖,左邻右舍过年送菜来,避之不得。总之,过年有许多遗憾。

在《旅行杂志》第 23 卷第 1 期发表散文《峨眉山上的海市蜃楼——万盏明灯照普贤》(钦文)。此文写峨眉山上的猴子、白天的光和晚上的佛灯。作者并对光和佛灯进行了科学的解释。本期还发表散文《回到第二故乡的西子湖畔》(钦文)。此文主要写

380

福建永安大湖的十八洞、杭州的西湖和绍兴的鉴湖。

在《民国日报》发表杂文《压惊安心望来年》(钦文)。此文是应《民国日报》要求而写,作者希望不要战争,大家安居乐业。

5 日 在《东南日报·东南风》发表小品文《出家过年》(钦文)。此文从和尚念佛过年谈到自己曾"作小说过年"。

11 日 在《民国日报》发表杂文《纪念培养民族元气的蔡子民先生》(钦文)。此文不说蔡子民的道德文章的高尚,而只说他爱护学子。一方面他爱护青年学子,另一方面他救助遭了难的学子。

在《大公报》(上海版)发表散文《蔡元培和鲁迅》,本月12日又发表在《大公报》(香港版),改题为《鲁迅和蔡子民》。此文回顾蔡元培与鲁迅的交往,他请鲁迅任教育社司第一科长并到北大授课,鲁迅为《新青年》《新潮》写稿。

16 日 在《论语》169 期发表小说《一句话的回信》(钦文)。小说是书信体,写好话连篇但全是空头支票。诸如薪水本来可以寄点给"你",现在物价飞涨,用上个月没下个月。姑妈那里有黄金,本可借些来,可以分点给"你",可惜她把黄金换成金圆券,结果七折八扣成了一二成,如今她被气得病倒,大家都讳言金子之事。又姨妈本来有很多美钞,她也可以借我一点,谁知她把美钞换成金圆券,大吃其亏,垂头丧气,我也不便向她开口。于是女的回信:"那么你是阿 Q!"小说构思巧妙,幽默风趣。

23 日 在《海涛》第 2 卷第 4 期发表散文《闲话江南铁路》(钦文)。此文闲论江南铁路的一段历史。此文疑非许钦文所撰,同名而已。

2 月

1 日　在《论语》第 170 期发表散文《逃难过年追记》（钦文），收入《许钦文散文集》《许钦文散文选集》。此文写自己到永安，不久又去离城二十里的山里生活，特别详细地写了当地农民过年的状况。当地农民对老师很尊敬，当时邻居送菜，还分地给他种。到了过年，家家户户要请他吃饭，"年菜照例是六色，同样的做法，同样的味道。说起来，名目并不错，有鸡，有鱼，有肉"。

6 日　在《海涛》第 2 卷第 4 期发表散文《张学良为什么迟迟留在台湾》（钦文）。此文讲张学良留台的原因，要么"以怨报德"，要么"以怨报怨"。此文疑非许钦文所撰，同名而已。

16 日　在《论语》第 171 期发表散文《重游玉皇山小记》（钦文），收入《许钦文散文选集》。文中说："一向苦于人事，缺少游玩自然风景机会的我，以前在杭州连住十几年，连南北高峰、龙井、天竺都没有到过。玉皇山倒曾经游过，廿五六年，李青崖①氏来杭，由郁达夫氏邀同去玩，七星缸、八卦田，还都留下着印象。"到了山上福星观，见到"放大的紫东道的照相，就想到'八一三'的前夕，我跟达夫去福州，在上海碰着这位老道士，达夫托他带回杭州一大捆的木板书，是刚上海买得的，请他吃中饭，我是同席的……"

19 日　作小品文《有难逃不得》，发表在本年 3 月 16 日《论语》第 173 期。小说以第一人称，写逃难中的人们，文章聚焦饭

---

①　李青崖，湖南湘阴人，翻译家，1886 年出生，1907 年肄业于复旦大学，1912 年毕业于比利时烈日大学。他致力于法国文学的译介，译有《莫泊桑短篇小说全集》《包法利夫人》及《三个火枪手》等。

店、车站,有逃难中失散的儿女,有当兵……写出战争给大家所带来的痛苦。此文从三个方面讲述有难逃不得。首先是没有法子逃;其次逃难怕祸害临头;再次是不安定。同期用"方之夫"笔名发表《在危楼》。

3 月

1 日　在《论语》第 174 期发表散文《看了试卷》。此文说试卷题目是"我对于时局的观感",七八百名考生自然各有不同的看法。但可分为悲观和乐观两派,悲观的人认为和谈难成;乐观的人也可分两派,一派认为长江天险可守,一派认为战事很快结束。但总的是反对内战。

在《益世报》发表小品文《小小的讽刺》(钦文)。此文讲天气寒冷,3 岁的小孩(即品琴)要妈妈讲故事。妈妈讲了天气寒冷,小孩要到外边去,脸都冻紫了还不肯回来。小囡本来高兴的脸,一下子哭了起来。

16 日　在《论语》第 173 期发表小说《在危楼》(署名方之夫)。

27 日　在《东南日报·沙发》发表小品文《金圆券与银币》。此文议论国民党时期,先是法币不值钱,之后金圆券不值钱,本来二元金圆券换一个袁大头,现在要九个多了。

31 日　作散文《石头城下看江流》(钦文),发表在本年 4 月5 日《海涛》第 2 卷第 1 期。此篇文章是报导国共双方的形势的。此文疑非许钦文所撰,同名而已。

4 月

1 日　在《论语》第 174 期发表散文《忆龟城》。此文回忆当年在成都时举家睡地板的情形,成都风景、名胜古迹,等等。

7日 在《东南日报·沙发》发表小品文《文人笔下的西湖》(钦文)。此文从"楼观沧海日,门对浙江潮"谈起,文人笔下的西湖之景与我们现实看到的西湖是不完全一样的。

15日 在《东南日报·沙发》发表小品文《西林桥边三女性》。此文从女侠秋瑾、苏小小谈到了冯小青。

4月13日 杭高全体教师向省教育厅提交请愿书,要求改善待遇,保证按时发薪,但教育厅对教师之请愿置之不理。这样,于4月15日全体教师宣布总请假,许钦文也和大家一样,走上"反饥饿"的行列。

20日 在《益世报》发表小品文《种子》。此文讲述买种子的事。

5月

1日 在《论语》第176期发表散文《西湖春景》。此文写解放前夕杭州的春景:背着黄布袋来朝山进香的湖嘉一带的桑农、来自上海洋场的阔少、城隍山一带的"流亡学生",茶摊、银元贩子成群,阻挡交通,又上门硬要求租,西浣纱路一带耶苏基督和天主传教者在马路上热心宣传。

3日 杭州解放。杭高地下党支部正式成立。从此杭高的学生运动在地下党支部的直接领导下,斗争也进入了新的阶段。

以下为建国前发表的作品,仅有家人提供的作品剪报,未标明出版日期,署名许钦文的有:

小品文《幽默和顽皮》,发表在《青鸟》第83期,应为1937年以前的作品。小品文《过桥》(据内容作于其杭州生活期间),杂文《緳緳索索》,散文《南洋客买田地》,小品文《北平的元旦》《寒假》。署名钦文的有:散文《五四的余辉》(该文在另一杂志以"还得纪念五四"为题发表);散文《大学生拉车子》(钦文),此文指厦门大学学生拉车是为了活命;杂文《社教和恐怖》(钦文),此文提出"社会教育正需要,恐怖主义要不得"。

10 月

19 日　在《大公报》(上海版)发表散文《从"东壁下"看鲁迅先生的生活方式》。

在《新民晚报》发表散文《告慰鲁迅先生》。此文引用鲁迅《狂人日记》《孔乙己》《鸭的喜剧》《示众》中所发生的悲剧,提出这一切在新中国都改变了,是足以告慰鲁迅先生的。

本年　仍在杭州高级中学任教,并至浙江省干校学习。

本年　作《小囡三周岁小记》(钦文),据许钦文后代保留的剪报。文中写小囡摹仿的改变,原先站着小便,现在学大人把洋娃娃当小囡,还有儿童化的语言,以及给孩子买玩具、钢琴等。

1950 年(庚寅)　53 岁

▲3 月,中共中央发出《严厉镇压反革命分子的指示》。

▲5 月,中共中央发出《关于在全党开展整风运动的指示》。

▲6 月 25 日,朝鲜战争爆发。

▲10 月 25 日,中国人民志愿军入朝,抗美援朝战争开始。

3 月

31 日　在《文汇报》发表散文《鲁迅先生的实事求是》(钦文),收入《在老虎尾巴的鲁迅先生——许钦文忆鲁迅全编》。此文列举了鲁迅先生与他母亲的事,谈及许钦文四妹大肚子还称小姐和×光的事。又举了人道主义、鲁迅谢辞瑞典人邀请参加诺贝尔文学奖以及不去苏联取《阿 Q 正传》的版税等。

4 月

本月　从干校学习回来,仍在由杭州高级中学改名的杭州第一中学教书。

10 月

本月　作散文《青年的鲁迅先生》(钦文),据许钦文后代保留的剪报。此文提出两点:一是现在不能随便用鲁迅早期文章中的讽刺和暴露;二是鲁迅的敢说、敢笑、敢怒、敢书是针对敌人的。

11 月

本月在《人民文学》第 11 期发表文论《进一步研究鲁迅先生的遗作》(钦文)。此文强调我们不但要注意《彷徨》和《呐喊》,更应重视《故事新编》,特别是其中的《非攻》《理水》和《铸剑》。作者认为:"现在苏联的教师强调教育青年坚强、敏捷,不怕障碍和能够克服困难,这种正确的教育方针是值得采用的。我觉得《非攻》篇中的墨子,《理水》篇中的禹,和《铸剑》篇中的眉间尺,对于读者,都可以发生这种教育作用。而且,像墨子的抗暴扶弱,不辞远道跋涉,从鲁国赶到楚国去说服公输般和楚王,又派学生禽滑釐等三百人到宋国去守御,实事求是地准备武力保卫和平。像禹的三过其门而不入,全心全意为人民,不管多数官员的竭力反对,终于打破'湮'的保守旧法,改用'导'的新法理水。又像眉间尺的坚决要向残暴的恶魔索取血债。这种精神,实在是目前我们所需要的。"

在《人民文学》第 11 期发表文论《鲁迅先生的措词》(钦文)。此文列举了鲁迅在作品中"语言注意用口语;而且符合人物的身份"。作者指出《鲁迅日记》中的用词,因为鲁迅是写给自己看,用词也不一样。又举鲁迅作品中也有特殊用法,如"挑剔风潮"等。

1951 年(辛卯) 54 岁

▲1 月 8 日,由文化部领导、全国文联协办的中央文学研究所举行开学典礼。其后改名为"文学讲习所",为现今鲁迅文学院前身。

▲5 月 20 日,《人民日报》刊登社论《应当重视电影〈武训传〉的讨论》,全国开始批评《武训传》。

▲12 月 1 日,中共中央作出《关于实行精兵简政,增产节约,反对贪污、反对浪费和反对官僚主义的决定》,"三反"运动在全国展开。

2 月

13 日 在《文汇报》发表杂文《战士和投枪》(钦文)。此文提出希望在上海鲁迅文化馆挂一幅战士的画像。

10 月

1 日　在《人民文学》第 4 卷第 6 期发表文论《读〈药〉新感》（钦文）。此文谈读《药》有两点心得体会，并联系鲁迅同许钦文讲的话和引用鲁迅其他文章进行解读。

18 日　在《大公报》（上海版）发表文论《鲁迅先生的〈铸剑〉》（钦文）。此文分析鲁迅写《铸剑》是借题发挥，刚好当时发生北师大事、"三一八"惨案，又是处于北伐的时候。又谈主题等。

19 日　在《文汇报》发表随笔《严正的谈话》，是回忆与鲁迅的三次谈话：一次是关于《阿 Q 正传》，一次是关于诺贝尔文学奖，一次是关于白莽、柔石等五位革命作家。

12 月

15 日　作小品文《三个不正确的读音》（钦文），据许钦文后代保留的剪报，不明载于何种报刊。此文是关于"醖酿""阿 Q"和"校对"三词的读法。

作《收租》，是否发表不详。

本年冬　去诸暨城南参加土地改革。1951 年、1952 年冬春之交，许钦文去嵊县中爱乡体验生活。据蔡一平回忆："我们这个分队的成员包括绘画、音乐、文学等各界的老中青队员十来人。当时年龄最大的就是许钦文老师，其实他还是杭一中（解放后杭高改名杭一中）的老师，这次还是以老作家的身份参加活动。""我们这些人，一同住在互助组腾出来的一户农户厅堂的楼上,大家一起在楼板上打地铺,雨天不出去就在楼上打堆。这次下乡集体活动在农村住了十多天,春节也是在那里度过的。离开嵊县之前,我们大家坐在地铺上,一起商量出主意,如何创作一些成果来,结果决定创作一首歌词,题目就叫《歌唱俞妙根》,你一句我一句,于是凑成一首好几段的复歌,再由音乐老师配上曲子,可以反复吟唱,并且在一本小歌本上刊载过。等我们回到杭州,三反五反运动已经有些动静了。"①

本年 在杭州第一中学教书。

本年 作散文《不许嗜血成性的豺狼乱闯》(钦文),据许钦文后代保留的剪报。此文谴责美帝国主义四处出兵侵犯他国。

作散文《美蒋放螫毒是自取灭亡》(钦文),据许钦文后代保留的剪报。此文谴责美国唆使蒋介石用炮弹攻击大陆。

作散文《一头黄牛》(钦文),发表在同年浙江省文联内刊《大家谈》。

1952 年(壬辰) 55 岁

▲1 月 26 日,中共中央发出"在城市限期开展大规模的坚决彻底的'五反'斗争的指示"。

▲3 月 15 日,苏联发表授予 1951 年文学艺术方面有卓越成绩者斯大林奖金的决定。中国作家中获奖的有:丁玲的小说《太阳照在桑乾河上》(二等奖),贺敬之、丁毅的歌剧《白毛女》(二等奖),周立波的小说《暴风骤雨》(三等奖)。

---

① 蔡一平:《回忆许钦文老师》,《新文学史料》,2007 年第 2 期。

▲5 月 23 日,全国文联召开文艺座谈会,纪念《讲话》发表十周年,郭沫若、周扬、丁玲、冯雪峰、梅兰芳等参会。

▲9 月,毛泽东发表题辞"百花齐放,推陈出新"。

11 月

1 日　在《人民文学》第 11 期发表文论《读〈非攻〉》(钦文)。此文是分析鲁迅《故事新编》中的《非攻》,指出鲁迅通过墨子的形象告诉我们:首先,保卫和平首先要像墨子那样有坚定的决心;其次,要有充分的准备,并指出墨子能批判错误的言论。

12 月

20 日　经童友三、钮增琳介绍,加入中国民主促进会。

本年　仍在杭州第一中学任教,当选区、市、省人民代表。

1953 年(癸巳)　56 岁

▲1 月 1 日,《人民文学》改为由茅盾、丁玲任正副主编,艾青、何其芳、周立波、赵树理任编辑委员。

▲3 月 24 日,全国文协常务委员会在北京召开第六次扩大会议,通过《关于改组全国文协和加强领导文学创作的工作方案》。会议决定茅盾、周扬、丁玲、柯仲平、老舍、巴金等 21 人为全国文协代表大会筹备委员会委员,茅盾为主任、丁玲为副主任。

▲7月1日,全国文协创办的《译文》杂志出版,茅盾任主编。该刊于1959年1月改名《世界文学》。

▲8月23日,中国文学艺术工作者第二次代表大会在北京怀仁堂开幕。

1 月

8 日　许钦文接到中国民主促进会杭州市分会通知:"你申请加入本会为会员,业经本会中央常务理事会批准,兹发通知书一份,请查收。"

本年春　去诸暨姚江区参加民主改革。据费淑芬回忆:"第一次见到许老,是在1953年春,那时我参加民主建政试点工作组,在诸暨安平乡。那天下午,我正和乡里的女文书在田里摘果子回来,听说杭州来了几个人,其中有一个是许钦文。呵! 他是作家,鲁迅先生的《幸福家庭》是拟他的。我放下篮子,急忙跑上楼去看。只见男同志打地铺的楼板上,多了三个铺盖卷,上面坐着三个人拿着茶缸喝开水。有一个戴深度近视的头发已花白了,见我们去,立刻站了起来,他就是许钦文同志。"又说:"那时,我们这一批人,大多二十几岁,而许钦文那时早已年逾半百了,是不折不扣的前辈作家。但他既不卖前辈的资格,也没有作家的架子,和我们一起开会,一起访问农民,一起吃乡政府里的大锅饭,他是那样和气,那样朴实,谦逊得近于木讷,却使我们感到可亲可爱。"[①]

---

① 费淑芬:《许钦文先生二三事》,《秋叶集》,天津:百花文艺出版社,1991年,第18页。

12 月

本月 由北新书局出版《鲁迅小说助读》(上册)。书内分析《呐喊》中的三篇:《孔乙己》《药》《阿Q正传》;《彷徨》中的六篇:《祝福》《在酒楼上》《幸福的家庭》《肥皂》《长明灯》《示众》;《故事新编》中的两篇:《铸剑》《非攻》。上述各篇,除《故事新编》的两篇以外,后来经过许钦文修改后,分别收入《〈呐喊〉分析》和《〈彷徨〉分析》两书中,这是后来根据中国青年出版社的建议所做的。许钦文在"小引"中提出"我们读鲁迅先生小说"要注意四点:"首先要了解:这位伟大的爱国主义者和国际主义者始终热爱人民";"其次要进一层了解他爱护人民的方式、方法。""第三要了解的是,鲁迅先生有自我批评和民族自我批评的精神。""第四要了解的是写作从生活实际出发。"①

这是一本普及鲁迅小说的小册子,通俗易懂,很适合一般的读者。具体分析,我们以后会同由中国青年出版社出版的《〈呐喊〉分析》《〈彷徨〉分析》一起谈。

---

① 许钦文还认为:"《呐喊》《彷徨》,重在反封建,《故事新编》是反帝方面的多。""《故事新编》里的《铸剑》《非攻》等篇,虽然没有像高尔基的《母亲》上那样明白地反对私有制度,可是也没有把生产资料私有认作当然。在积极表现优秀典型人物,附带鞭打残余的作法上,已经具有了社会主义现实主义的条件。拿阿·托尔斯泰的《彼得大帝》做例子,《铸剑》和《非攻》也可以认作社会主义现实主义的作品了。"这一提法是值得商榷的。

1954 年(甲午)　57 岁

▲9 月 15 日,第一届全国人民代表大会第一次会议在北京开幕。20 日通过《中华人民共和国宪法》。毛泽东当选国家主席,朱德为副主席,刘少奇为全国人大常委会委员长。大会任命周恩来为国务院总理。

▲9 月,《文史哲》发表李希凡、蓝翎《关于〈红楼梦简论〉及其他》,批评俞平伯在《红楼梦》研究中的唯心主义观点。10 月 16 日,毛泽东给中央政治局委员和其他人写了《关于"红楼梦研究"问题的一封信》。

5 月

本月　杭州市民进举行第二次代表大会,许钦文当选为第二届理事会理事。

本年上半年　仍在杭州第一中学任教。

7 月

本月　参加浙江省第一次文代会。

本年下半年　调至浙江师范学院中文系任教,他教的是文选与习作。有学生回忆说:"许钦文先生虽然给我们上课时间不长,但给我留下的印象却十分深刻,在教学现代文学作品时,每当教到鲁迅作品,他那方正的脸庞上,总禁不住流露出敬仰和怀念的神色。他在讲课时,并没有炫耀他个人与鲁迅先生的师生之谊和亲密关系,总是客观地从具体的作品出发,进行实事求是的分析,不认为地拔高作品的思想价值,对作品艺术特色的分析也恰如其分的。因此,大家听了都觉得实事求是,富有说服力。我以为,实事求是,不但贯穿他整个讲课和教学的过程,也可以说是贯穿了他为人的整个一生的。"

"许钦文先生在教学中,特别注意到学生人品和道德的培养。当时,我们这些才二十岁左右的高中毕业生,考入师范大学以后,专业思想多少有些问题,不少中文系同学存在着'要当名作家,不要当教师'的坏思想,许先生了解了大家的思想实际后,语重心长地说:'我已快六十岁了,有近二十年是当教师的,当教师的好处是天天跟生龙活虎的青年人在一起,自己也朝气蓬勃了,可以说当教师是不会感到老的,这是任何职业也做不到的。'他还拿自己在旧社会当教师的困苦生活与解放后当人民教师的安定愉快的幸福生活作对比,鼓励我们树立正确的人生观和择业观。"

"许钦文先生上课时,教态严谨,用标准的绍兴官话讲课,抑扬顿挫,节奏分明自然,在我们绍兴学生听来,倍感亲切。一次,我做了篇记故乡的散文,不料激起了他浓厚的思乡之情,就主动找我谈话,问起望江楼的喉口馒头,轩亭口的书店,又问起东昌坊口鲁迅故居的情况,并谆谆教育我说:'绍兴历代出了许多名人,青年人要学习研究他们,继承大禹的遗风,卧薪尝胆的精神。'他还常常极其仔细地给我批改作文,课后又多次给我作当面的指导,鼓励我把此文写好。我至今还清楚地记得,写文章必须用方格抄写,不可用一般的白纸,作文时一个标点点一格,开头一格不可点标点,以及作文的字必须一笔一划,工工整整写,千万不可写草体字和连体字,否则给读者和印刷厂印工,都会带来损失和麻烦,等等。这些写作基本常识,都是他亲口教育我的。此后,他又送给我《许钦文小说选》《鲁迅的幼年时代》《〈鲁迅日记〉中的我》等签名本留念。我后来对鲁迅和绍兴乡土文学产生了较大的兴趣,这是和许先生的教导培养分不开的。"①

另据学生回忆说:"还有一次是1954年,许老师从杭一中调入浙师院中文系,他讲授一年级的现代文选与写作课。我当时在浙师院读三年级,这时他在之江山上也有一间住房(不过他很少住校内)。有一回是白天,作为他的旧学生,我特意到他的房间去拜望他。我还带着一个话题去请教他,因为当时越剧《梁山伯与祝英台》已经拍成电影,正在热映,江南大大小小的越剧团也都在热演此戏。当时我们学习毛主席的《延安文艺座谈会的讲话》已经有几年了。毛主席提倡文艺作品要写工农兵,作家要表现工农兵,要为工农兵服务。我当时的问题是《梁祝》的热映大演,而梁祝都是封建旧家的子女,这跟毛泽东文艺思想是否不合拍。我向他提这个问题,这个时期许老师已经经历过几次思想改造,说话已经不像解放前那样抒发已见,所以我们的谈话中,含含混混也没有能得其要领。"②

10 月

19 日　在《浙江日报》发表文论《向鲁迅学习现实主义的精

---

① 谢德锐:《怀念老师许钦文》,《绍兴鲁迅研究》专刊,1998 年第 20 期,第 78、79 页。

② 蔡一平:《回忆许钦文老师》,《新文学史料》,2007 年第 2 期。

神》(钦文)。此文列举鲁迅那时人身不自由、写作不自由,反观现在我们都有保障,因此今天我们要学习的是鲁迅的现实主义的精神。

11 月

本月 由上海四联出版社出版《鲁迅小说助读》(中册),内中分析:《狂人日记》《明天》《一件小事》《头发的故事》《风波》《故乡》《端午节》《白光》《兔和猫》《鸭的喜剧》《社戏》等十一篇作品。至此,许钦文《助读》上、中册已分析了《呐喊》的全部、《彷徨》的大部分,本应有《助读》下册,后根据中国青年出版社的建议,分别以《〈呐喊〉分析》和《〈彷徨〉分析》名目出版,经许钦文修改加工后,于1956年7月出版了《〈呐喊〉分析》,1958年6月出版了《〈彷徨〉分析》。据吴似鸿回忆:

"解放初期,我回到浙江,工作也在浙江。于是打听许钦文的消息。浙江文联的同志告诉我,许钦文在师范学院教书……我自己介绍名字和身份,我又告诉他抗战结束后,我在重庆遇到他妹妹许羡韫,她待我很好,又关心我的孩子。

作者认为:'羡韫嫁了一个美国留学生,开香烟工厂的,我不大喜欢和做生意的人交往,所以与羡韫长期不通信了。'

我说:'羡韫已经和她的丈夫离婚了,在重庆依仁小学教书,有一个女儿归她养。

你现在可以和她通信。独身女子,自力更生,做哥哥的应当给她安慰。'

'既然这样,我以后去信联系。'"①

---

① 吴似鸿:《忆许钦文先生》,《绍兴文史资料选辑》第三辑,第86页。

本年　当选为区和省人民代表,杭州市民主促进会理事。

1955 年(乙未)　58 岁

▲1 月,中共中央批转《关于开展批判胡风思想的报告》。

▲6 月 1 日,中国科学院哲学社会科学学部成立大会在北京召开。经国务院全体会议第十次会议批准,茅盾、周扬、何其芳、冯至、郑振铎、郭沫若、阳翰笙等为哲学社会科学学部常务委员会委员。

▲10 月,中共中央举行七届六中全会,通过《关于农业合作化问题的决议》。

3 月　调任浙江省文化局副局长、浙江省政协常委兼副秘书长等职,仍兼浙江师范学院中文系教职。

据回忆,许钦文“一向自奉清淡,艰苦朴素。1955 年 3 月当了省文化局副局长以后,仍然一如既然。他徒步上下班,不坐小汽车。只有第一次去局里上班时例外。他穿着膝盖盖上有两个大药膏一样大的补丁的裤子,坐着局里开来接他的小汽车去的。以后,就提出不用车子接送了。到了办公室,他对谁也没有架子,也不摆出任何威严,和善带笑的脸孔,不大响亮的嗓门,叫人一眼看上去,他是一个慈祥的长者。他从不迟到早退。下了班,间或在庭院里劳作。四季都种上各种蔬菜和瓜果,显得那么有计划。光是霉干菜,晒起来,要吃上一年半载。园中还种上两株葡萄,早年多时可收两三百斤。他夫人是爱喝酒的,就自己酿葡萄酒。清晨,他提着篮子上街买小菜,和普通老百姓挤在一起,熙熙攘攘,谁知道这老头子是局长? 总之,许钦文在生活上,素衣淡食,艰苦朴素,在待人接物上,平易待人,慈祥和善;在工作上,十分顶真,一丝不苟。这一切,都是得到熟悉的人交口称赞的"①。

南汀也回忆说:"他的衣着也很朴素,夏天开会时穿一件洗得发黄的纺绸衬衣,回到家里有换上粗布旧衣。冬天,他穿灰布衣服,脚上的老式黑色圆头皮鞋也是旧得泛白了的。过去,他还穿补丁衣服。1956(55年)任命他省文化局副局长,上任的第一天局里派车接他去上班,他的裤脚膝盖上就有两块'大膏药'。"②

4 月

12 日 在《浙江工人报》发表文论《怎样阅读鲁迅先生的小说》。此文以《阿Q正传》为例,说明阅读鲁迅小说要了解历史背景等七点问题。

6 月

5 日 在《浙江工人报》发表散文《我写〈故乡〉》(钦文)。此文回忆自己写《故乡》时的情形,又提到自己在五师读书时,严伯亮教的写文章的方法,提出了四条:文章要把事情扼要写下、要有一个主题、注意上下文联结、做到详略得当等。

---

① 钱英才:《许钦文评传》,杭州:浙江大学出版社,1990年,第217页。
② 南汀:《忆钦文先生》,《江南》,1991年第6期。

9 月

24 日 在《浙江工人报》发表评论《工人大团结的〈激流之歌〉》(钦文)。此文是对民主德国的电影《激烈之歌》的评论。

10 月

本月 作短论《向鲁迅先生学习,坚持文艺为工农兵服务》。此文认为鲁迅的文艺路线,实际上是为工农兵服务。

12 月

月底 参加浙江省人民代表大会,并在第三次会议上发言。《许钦文代表的发言》发表在 1956 年 1 月 3 日《浙江日报》,发言讲了三点:"第一点,农业合作化和资本主义工商业的社会主义都发展得很快,我们文教界有些跟不上;尤其是我,大大地落后了。""第二点,农业、渔业的合作和资本主义工商的社会主义改造事业,发展得很快,觉得出乎意料,但这原是不去实际了解的缘故。""第三点,过去以为农民保守;一般农民兄弟实在不保守。"接着本报告论及文化局过去在农村中的工作情况、省内业余的文化活动组织和今后迎接农业发展高潮的工作计划。

作散文《神话不是迷信》(钦文),据许钦文后代保留的剪报。此文列举神话和迷信的区别。

1956 年(丙申)　59 岁

▲1 月 14 日—20 日,中共中央召开关于知识分子问题会议,周恩来作《关于知识分子问题的报告》。

▲3 月 15 日—30 日,中国作协和共青团中央联合召开了全国青年文学创作会议,讨论繁荣文艺创作等问题。

▲4 月 28 日,毛泽东在中共中央政治局扩大会议上讲话,正式提出把"百花齐放、百家争鸣"作为繁荣和发展当代中国文化、科学事业的一项基本方针。

▲10 月,北京隆重举行鲁迅逝世二十周年大会。

1 月

20 日　在《浙江日报》发表散文《犹如万马奔腾的社会主义高潮》(钦文)。

4 月

本月　出席浙江省第一届人大第五次会议。许钦文在会议上提出了"保护孤山东方风格,保护所有历史文物和请迅速在劳动路孔庙建立碑林,保护宋刻十三经碑石"的提案,并强烈要求党和政府依法严惩拆毁龙泉古塔的犯罪分子,强调办好图书馆、博物馆在向科学进军中的作用。

由作家出版社出版《许钦文小说选集》(自编),收入小说 20 篇:《第一次的离故乡》《传染病》《理想的伴侣》《口约三章》《妹子的疑虑》《疯妇》《职业病》《邻童口中的呆子》《毁弃》《父亲的花园》《一首小说的写就》《津威途中的伴侣》《模特儿》《小狗的厄运》《已往的姊妹们》《松竹院中》《石宕》《毛线袜》《鼻涕阿二》和《神经病》。

5 月

27 日　在出席全国博物馆工作会议期间,结识了埃及阿·费克里博士,因为他要到浙江。

本月　出席由中央文化部召开的全国博物馆工作会议。会议期间,碰到了山东省文化局局长王统照,王当时身体已不大好,并谈及王鲁彦、郁达夫、张天翼、艾芜都是由于"过去的反动统治时期,文人精神劳动的强度要高,物质的享受却很稀薄"的缘故。而他自己则因"种菜养猪""从小注意锻炼身体,身体还好"。同时,据许钦文回忆:"我于五四运动以后读在《小说月报》上登载的文学研究会王统照先生的作品,仅稍后于读鲁迅先生在《新青年》《新潮》上发表的小说。我对于王统照先生的《春雨之夜》和《山雨》等作品,和许地山先生《缀网劳蛛》和《春桃》等同样感到兴趣,有过深刻的印象。我的爱好小说,也就写起小说来,多少受点他们的影响。"①

6 月

17 日　接待阿·费克里博士到杭州。

---

① 　钦文:《悼王统照先生》,1957 年 12 月 5 日《文汇报》。

7 月

本月　由中国青年出版社出版《〈呐喊〉分析》，收录对鲁迅作品的分析，包括：《狂人日记》《孔乙己》《药》《明天》《一件小事》《头发的故事》《风波》《故乡》《阿Q正传》《端午节》《白光》《兔和猫》《鸭的喜剧》和《社戏》。《〈呐喊〉分析》《〈彷徨〉分析》和《语文课本中的鲁迅作品的教学》是许钦文对鲁迅作品研究中成就最高的三本书。《〈呐喊〉分析》和《〈彷徨〉分析》"全面地逐篇分析鲁迅的小说作品，在鲁迅研究史上还是第一次"①。

本月底　完成《鲁迅先生幼年时代》，这一书名原来叫"鲁迅在绍兴"，后听郑振铎的建议而改用现在的名。其中：《鲁迅先生少年时代》（钦文），发表在本年9月16日《杭州日报》；《鲁迅先生幼年时代》（钦文），发表在本年9月22日、30日和10月4日、7日、9日、11日《杭州日报》。

本月　冯雪峰来杭，与之谈及《鲁迅在绍兴》一书的写作问题。陪同其去鲁迅外婆家安桥头和皇甫庄。

本年夏　郑振铎到浙江视察文物。许钦文回忆说："一九五六年夏天，我放下粉笔开始做文化工作还不久。传来中央文化部郑振铎副部长要来浙江视察文物的消息。局里知道我认识他，就决定由我担任接待的工作。其实我和他并不怎么熟识，记得开始在北京沙滩的一个公寓里由孙伏园先生介绍认识以后，第二次在交通部后身遇见，当时他在交通大学将毕业，我在铁路职工教育讲习会学习，都是穿着破旧的竹布长衫的。直到西子

---

① 袁良俊：《当代鲁迅研究史》，西安：陕西人民教育出版社，1992年，第141页。

湖畔接待他，还只是第三次晤谈。可是谈得很亲昵；他做了我的上司，好像仍然是在'五四'时候的穷朋友。他口口声声叫我钦文，只在对别人的谈话中依照职位称呼我。自从鲁迅先生和元庆去世以后，很少有人这样亲昵地叫我，我听得很安慰。"①

8 月

15 日　在《浙江日报》发表《必须办好图书馆和博物馆》。文章强调为了科学的发展，必须办好图书馆和博物馆，特别是浙江图书馆和博物馆。

9 月

5 日　中央批准建立浙江省民进筹备委员会，许钦文等 11 人为筹备委员会成员。

11 日　在《杭州日报》发表散文《鉴湖风景如画》（钦文），收入《许钦文散文集》。此文写绍兴鉴湖之美，文笔流畅生动，不失为一篇佳作。

13 日　在《文艺报》第 17 号发表《鲁迅先生在砖塔胡同》（钦文），收入《回忆伟大的鲁迅》《学习鲁迅先生》《在老虎尾巴的鲁迅先生——许钦文忆鲁迅全编》。内中谈到鲁迅从八道湾搬出

---

①　许钦文:《天童忆西谛》,《新港》,1963 年第 3 期。他们一行先到宁波天一阁藏书楼、天封塔，然后去阿育王寺和天童寺，到奉化视察雪窦寺，寻找雪舟大师的遗作，为查看贝叶梵文到天台国清寺。在绍兴看鲁迅的故居和纪念馆，顺便到徐文长的遗址青藤书屋、陆游的遗址快阁和沈园。他又到"禹穴"和窆石亭，并从这山头到那山头，观察地形，然后对此作者认为:"我看这里既是没有真的夏禹埋在下面，总也有个帝王暗葬着，是假托夏禹的。"回到杭州后又买书。本想去劳动路孔庙查看《十三经》的碑石，但未看成。文章又回忆许钦文到北京去郑家吃饭等情况。

到砖塔胡同,是由许钦文和妹妹许羡苏向俞芳租定的,在这里住了十个月,房间数不多,屋又小,以后又借款买了西三条的房基而改造,才安停下来。鲁迅在这个十月中,"创作了《彷徨》中《祝福》《在酒楼上》《幸福的家庭》和《肥皂》四篇小说,还完成了《中国小说史略》的编印工作和《嵇康集》的校勘工作,又写了《宋民间之所谓小说及其后来》《娜拉走后怎样》和《未有天才之前》的讲演稿等。此外,还翻译了用作讲义的文艺理论。"

10 月

4 日　在《杭州日报》发表散文《和平鸽和轻气球齐飞》(钦文)。此文写国庆节放和平鸽和轻气球,这是表达我们热爱和平。

《鲁迅先生的幼年时代》,由浙江人民出版社出版。全书由三部分组成:一,鲁迅先生的故居;二,鲁迅先生的幼年时代;三,附录。关于许钦文写这本书,曾与冯雪峰、郑振铎都谈过,他说:"在陪冯雪峰同志去皇甫庄和安桥头的时候,曾经同他谈到写这篇稿子。在陪郑振铎副部长去的时候,更具体地谈到书名;他以为不如用《鲁迅先生的幼年时代》这题目,所以这样改了,把成人以后的鲁迅先生在绍兴经过的情形作为附录。"(见《鲁迅先生的幼年时代·后记》)

据许钦文自述:"第一部分写可能影响鲁迅先生的绍兴特有的各种条件",即在"稽山镜水之间"一节,这是写绍兴的地理环境。"越中先贤"这一节,谈及陆放翁、刘宗周、黄宗羲、董黯、曹娥、严子陵。在"外侮频来人民坚决斗争的时代"一节,谈及绍兴反帝反侵略的斗争。在"亲友和一些有关的人物"这一节,谈及介孚公、寿镜吾、伯宜公、祖母、玉田先生等。"第二部分写鲁迅先生不与庸俗的人合流而能亲近劳动人民的高贵品质,和他足以影响后人,教育群众,鼓舞群众的各种事迹。"①

这册书最大优点是绍兴人写绍兴人。首先,许钦文是绍兴人,鲁迅是绍兴人,因而可以写出有别于他人笔下的鲁迅。比如有关绍兴的风俗、景色,娓娓道来,引人入胜,如女吊、男吊、鬼卒。其次,除了大量引用有关文献资料,最可贵的是许钦文亲自调查得来的资料,十分珍贵。如访问过王鹤照,在三味书屋读过书的周梅庆、陶元庆的兄弟需霖等人。这些人说的都是其他书中没有的。

10日　在《浙江青年报》发表《鲁迅先生爱护青年》。此文列举了鲁迅帮助其出版《故乡》等事。

①　这部分包括《从十三岁到十八岁的鲁迅先生》附录里的《回到绍兴教书做校长时的鲁迅先生》《接家属离去故乡时的鲁迅先生》。从内容看,原先用的书名"鲁迅在绍兴"较贴切,真实地写鲁迅幼年时代仅占全书的三分之一。

11日　许钦文(上图右2)与周海婴(上图右1)、章廷谦(上图右3)、许广平(上图右4)、马少云(上图左3,海婴妻)、马鉴明(上图左1,少云父)参观绍兴鲁迅纪念馆。

17日　在《文汇报·笔会》发表《鲁迅先生的工作与休息》(钦文)。此文说鲁迅常通宵工作,"总在十六小时以上",并称鲁迅的休息是用文艺活动,爱动手、重视体力劳动。

18日　在《人民日报》发表散文《鲁迅先生和医院》(钦文)。此文讲鲁迅重病不住医院,包括别人劝他,还是不进医院,但有两次无病住院,一次是鲁迅被列入黑名单,被通缉;一次是因为侄儿住院去陪他。

19日　在《人民日报》发表散文《我和鲁迅先生铁门话别的一幕》,收入《学习鲁迅先生》。此文回忆许钦文1925年8月去台州教书,要向鲁迅告别。鲁迅当晚在女师大维持会过夜,学校军警包围,所以是在铁门外向鲁迅告别的。

本月　任浙江省纪念鲁迅逝世二十周年筹备委员会副主任,在浙江省省市各界纪念鲁迅逝世二十周年大会上作《鲁迅生平》的报告。

作《跟鲁迅先生学习写小说》(钦文),收入《学习鲁迅先生》《在老虎尾巴的鲁迅先生——许钦文忆鲁迅全编》。此文谈及向鲁迅先生学习写小说的经历,将之分作两个阶段:

"第一阶段,在我到他家里来往以前。"是在北大旁听鲁迅的课,"他正在讲《岳传》:'英雄可以分作两种:一种是社会的英雄,还有一种是非社会的英雄。'鲁迅先生这些对我的启发性很大,使我深深体会到,岳飞所以称为社会英雄,因为他能为民族争正气,这才为广大人民所敬爱……以后他讲《儒林外史》,讲马二先生游西湖,讲出象牙筷子夹鱼圆……于无形中教了我们讽判、幽默的笔法。

　　……第二阶段，一九二三年鲁迅先生从八道湾搬到砖塔胡同六十一号以后……从此鲁迅先生对我的小说，时常当面给我批评……无形中还给我许多写作方法上的帮助：首先我明白了鲁迅先生是在怎样把实际生活中的情况运用作材料的……其次是借用、便化的写作方法……"

　　作散文《鲁迅先生是这样帮助青年的》，收入《学习鲁迅先生》《在老虎尾巴的鲁迅先生——许钦文忆鲁迅全编》。此文回忆鲁迅在北京时帮助困难青年、代学生交学费等，而到了上海以后，则帮助"互济会""左翼作家联盟"等。鲁迅以自己版税给许钦文出《故乡》、请蔡元培营救他出狱，等等。

　　在《文艺月报》总第 46 期发表文论《鲁迅与古典文学》（钦文），收入《学习鲁迅先生》《在老虎尾巴的鲁迅先生——许钦文忆鲁迅全编》。文中记载鲁迅说："我以为要少——或者竟不——看中国，多看外国书。""可是，只从《鲁迅三十年集》来看，经他搜集、校正、整理的古代作品和自己写的有关古典文学的著作……这样有七种八册。"文中又举鲁迅给许世瑛的读书目有"十二种都是线装书"。对于这种矛盾观，作者这样解释："首先，我们要明白，书有得用的和不得用的甚至有害的，无论中国书和外国书都是这样的。其次，鲁迅先生劝青年多读外国书是一九二五年前后。当时的情况，鲁迅先生在给旭生的《通讯》上说，'看看报章上的论坛，反改革的空气浓厚透顶了，满车的'祖传'、'老例'、'国粹'等等，都想来推在道路上，将所有的人家完全活埋下去。'又在《忽然想到》的第六节上说，'中国的学者们也早已口口声声叫着'保古！保古！保古！……'因为这时正是中国反动统治者要使青年读'经'。"

需要说明的是,许钦文所举第一条理由是不成立的,既然中外书都有有益、有害之分,那么为什么只看外国书呢? 第二条理由也只能说对了一半,当时有一股复古风,但我们对待古代文化遗产并不是有时主张继承,有时全盘反对,关键要处理好继承与革命的关系。鲁迅如果不继承优秀传统文化,光是学外国会有现在这样高的水平吗? 绝对化的主张是不全面的,哪怕是敌对主张反驳时也不具有充分的说服力。我相信这是鲁迅一时的主张,并非他对待传统文化的真正主张。

30 日　在《文艺报》本年第 20 号发表散文《鲁迅先生与故乡》(钦文)。此文讲绍兴的许多古迹与历代文人对鲁迅的影响。

11 月

5 日　接待捷克斯洛伐克·什捷凡扎和别尔查·克利别索娃,并参观绍兴鲁迅纪念馆。

14 日　在《人民日报》发表散文《鲁迅先生与孙中山先生》(钦文)。此文认为鲁迅对辛亥革命的失败虽然失望,但对孙中山非常尊敬,认为孙中山始终是革命者。孙中山逝世,有人嘲讽,但鲁迅写了《战士与苍蝇》来痛斥:"战士战死了的时候,苍蝇们所首先发现的是他的缺点和伤痕,嘬着,营营地叫着,以为得意,以为比死了的战士更英雄……"

20 日　在《杭州日报》发表评论《婺剧〈黄金印〉》(钦文)。此文表扬扮演苏秦和周氏的两位演员,指出婺剧简单朴素的特点。

21 日　与日本完造参观绍兴鲁迅纪念馆,见下图。右 4 为内山完造,右 3 为许钦文。

22 日 在《杭州日报》发表评论《赤心真诚的〈沈清传〉》(钦文)。此文是对朝鲜国立艺术团演出《沈清传》的评论,指出演出的成功,同时强调这使我们看到了中国许多传统的东西。

散文《陶元庆的书面画》,收入《学习鲁迅先生》《在老虎尾巴的鲁迅先生——许钦文忆鲁迅全编》。此文谈及陶元庆为鲁迅作书面画有:《彷徨》《朝花夕拾》《坟》《唐宋传奇集》《苦闷的象征》和《往星中》等六种;给许钦文作书面画为:《故乡》《鼻涕阿二》等九册。文中,许钦文引用了鲁迅在《陶元庆西洋绘画展览会目录序》中的两段话,其中一段是:"他以新的形,尤其是新的色写出他自己的世界,而其中仍有中国向来的魂灵——要字面免得流于玄虚,则就是:民族性……他并非'之乎者也',因为用的新的形和新的色而又不是'Yes''No',因为他究竟是中国人。"

12 月

12 日　在《解放日报》发表《阿 Q——阿桂、阿贵和阿鼠》(钦文)，收入《学习鲁迅先生》《在老虎尾巴的鲁迅先生——许钦文忆鲁迅全编》。这是一篇给《阿 Q 正传》中阿 Q 正名的文章。作者认为："鲁迅先生在《阿 Q 正传》第一章《序》上说：'生怕注音字母还未通行，只好用了洋字，照英国流行的拼写他为阿 Quei，略作阿 Q。'"照理不会都成洋文阿 Q。作者认为："Q 是 Quei 的略写，照鲁迅先生的意思，明明是应该读作'桂'、'贵'的音的。可是现在，有好些人都读作'阿克育'了。有些事情，大家弄惯了，并且已经通行，就觉得没有硬地拉回原样的必要。可是如果不合理，就不应该将错就错下去。"许钦文还列举孙伏园是叫做阿ㄍㄨㄟ的。许钦文劝大家好好看看《阿 Q 正传》第一章的"序"，这样不会发生误会。

在《解放军文艺》第 12 期发表散文《鲁迅先生刻下一个"早"字》(钦文)，收入《学习鲁迅先生》《许钦文散文集》《在老虎尾巴的鲁迅先生——许钦文忆鲁迅全编》。此文记载鲁迅在三味书屋读书时在书桌上刻上一个"早"字。还谈及许钦文陪同许广平、海婴和他爱人去探视的情形。

15 日　民进浙江省筹备委员会成立，许钦文当选为副主任委员。

30 日　在《杭州民进》第 3 期发表散文《会给我的教育和帮助》(钦文)。

散文《在老虎尾巴》，收入《忆鲁迅》，人民文学出版社 1956 年出版。

本年 任中国作协浙江分会副主席。加入华东作家协会和中国作家协会。据《鲁迅和陶元庆》回忆："直到一九五六年,出版社给我印了《许钦文小说选集》和《呐喊分析》等书,有点版税,工资也增加了点,才得分别还了债,无须愁债了。"

作散文《水乡的生产》(钦文),据许钦文后代保留的剪报。此文讲绍兴的生产。

作散文《四明的风光》(钦文),据许钦文后代保留的剪报。此文记叙余姚四明湖风光和参观革命地梁弄。

1957年(丁酉) 60岁

▲1月25日,《诗刊》创刊。主编为臧克家,副主编为严辰、徐迟。

▲2月27日,毛泽东在最高国务会议上作《关于正确处理人民内部矛盾的问题》的报告。

▲3月6日—13日,中共中央在北京召开有关党外人士参加的全国宣传工作会议,毛泽东作重要讲话,强调贯彻"百花齐放,百家争鸣"的方针。

▲6月8日,中共中央发出关于组织力量准备反击右派分子进攻的内部指示。同日,《人民日报》发表题为"这是为什么?"的社论。此后,全国陆续开展大规模的反右派斗争。

1月

18日 作散文《怀埃及阿·费克里博士》,收入散文集《山乡变水乡》《许钦文散文选》。此文回忆与埃及古代史专家阿·费克里博士在北京会面和他来杭州相见时的情形。

24 日　在《文汇报》发表散文《悼杨骚同志》(钦文)。此文回忆许钦文在抗战时期在福州、永安和杨骚一起共事的情况。

2 月

12 日　在《人民日报》发表小品文《走弯路》(钦文)。此文从人力车夫、汽车走弯路反而较快到达目的地,谈到对传统文化剧目的上演,提出对社会主义文化的建设看起来是走弯路,实际上新的文化建设不是凭空产生的,所以这个弯路必须走,也不怕走。

19 日　在《杭州日报》发表散文《为民兴利的大诗人白居易》(钦文)。此文写白居易不仅赞美西湖好,而且更注重兴修水利,关爱民生。

3 月

23 日　在《杭州日报》发表文论《文艺批评问题》(钦文)。

本月　作散文《中捷友谊深入民间》,收入散文集《山乡变水乡》。此文记叙许钦文和他二儿子(学捷克文)与捷克专家斯丹尼夫妇之间的友谊。

本年春　接待张天翼、艾芜到杭州。见下图。第一排左 1为艾芜,右 1 为许钦文。据回忆:"春间张天翼和艾芜同志来到杭州,也因为他们身体不大好,不便请他们多讲演。他们也都是在困苦中过来的。"①

──────────

① 　钦文:《悼念王统照先生》,1957 年 12 月 5 日《文汇报》。

4 月

本月 在《解放军文艺》第 4 期发表文论《鲁迅先生的小说〈祝福〉—〈彷徨〉分析之一》,收入《鲁迅小说助读》(上册)、《〈呐喊〉分析》(中)。

5 月

本月 在《东海》第 5 期发表《今日读毛主席〈在延安文艺座谈会上讲话〉》(钦文)。

6 月

7 日 作散文《鲁迅先生帮助青年学费》,收入《学习鲁迅先生》《在老虎尾巴的鲁迅先生——许钦文忆鲁迅全编》。此文列举鲁迅帮助青年的实例，其中商契街最为突出，鲁迅从 1914 年到 1916 年共资助三百大洋，这是当时大学教授一月的薪资，有的教授还没有这个数，若雇保姆则可雇三百人（每人每月 1 元）。

12 日　在《解放军文艺》第 6 期发表文论《谈〈幸福的家庭〉》（钦文）。此文对《幸福的家庭》的背景、主题、人物和写作等方面分析非常具体，特别插入自己所熟悉的相关史料，读来更为亲切。

16 日　在《文艺报》本年第 11 号发表散文《投稿经验点滴》（钦文）。此文回忆许钦文从集美学校回来后失业，于是向二十四种刊物投稿。①"解放初期，投稿不易，直到近来又有人关心我，但也没有大的改变。"

27 日　在《杭州日报》发表散文《闲钢工人的风格》（钦文），收入《学习鲁迅先生》。此文记载许钦文参观闲林钢铁厂的情况。

30 日　作文论《祝福书》，收入《〈彷徨〉分析》《许钦文散文集》《在老虎尾巴的鲁迅先生——许钦文忆鲁迅全编》。此文回忆《祝福书》称呼的由来，以及其与 1936 年那篇文章不一样，这里是说由京华印书局的一位伙计称呼，前一篇说的是由鲁迅称呼，恐记忆上有误。文中谈到鲁迅与许钦文谈话，都是难得的回忆，如关于《伤逝》的写作，关于以后不写小说等问题。

7 月

本月　在《绍兴日报》发表散文《人杰地灵的百草园》。

---

①　笔者统计了一下，许钦文一年内向二十九家报刊杂志投稿。

9 月

1 日　在《浙江日报》发表杂文《辨是非》(钦文)。此文提出与右派辨明大是大非时,要站在无产阶级立场上。

26 日　接待挪威作家汉斯·海贝尔格夫蒂,并游西湖。见下图。右 1 为许钦文,右 2 为汉斯。

本月　作散文《鲁迅先生是忠诚于无产阶级的人——纪念鲁迅先生诞生七十六周年》,收《学习鲁迅先生》。此文认为"鲁迅先生的一生是战斗的一生"。鲁迅前期"充满着对于被剥削、被压迫的劳动人民的同情"。"鲁迅先生后期'确切地相信无产阶级社会一定要实现',在一九二七年大革命失败以后到他逝世的十年间,他对国内外的反动势力作了不屈不挠的斗争。"

10 月

5 日　在《人民日报》发表散文《有朋自远方来》,收入散文集《山乡变水乡》。此文回忆了两个印度人,一位是在北京大学留学的,中文名沈纳兰。他研究鲁迅,特地上门拜访了许钦文。另一位是印度文化代表团钱达团长,来到杭州,许钦文还给他过生日。

16 日　在《萌芽》第 20 期发表文论《鲁迅先生和民族文化遗产》,收入《山乡变水乡》。此文主要阐述鲁迅能继承民族文化的优秀传统,又在这个基础上,吸收了外国优秀文学的精华。

17 日　在《杭州日报》发表散文《闲钢工人的风格》(钦文)。此文记叙许钦文参观闲林钢铁厂的情况。

18 日　在《浙江日报》发表散文《鲁迅先生坚决反对名利观点》(钦文)。此文认为鲁迅的基本精神之一:"凡事认真、实事求是地为人民服务。"并列举许多事例。最后提出学习鲁迅"必须学习他的明辨是非,坚持真理的斗争精神,万不能存有名利观点"。

20 日　在《杭州日报》发表文论《鲁迅先生是这样重视思想改造的》(钦文),收入《山乡变水乡》。此文从两个方面谈鲁迅重视思想改造:"一、重视一般人的思想改造,所谓改变精神,改造国民的思想。二、重视自己的思想的改造,自我改造。"此文重点谈到后一点,列举了《一件小事》《写在〈坟〉后面》《二心集》《在左翼作家联盟成立大会上的讲话》以证明。

22 日　在《人民日报》发表散文《怀念兹巴纳茨基同志》,收入散文集《山乡变水乡》。此文回忆乌克兰作家尤·兹巴纳茨基来杭,许钦文陪他游览西湖的情景。

在《东海》第 10 期发表文论《鲁迅先生是我们思想改造的榜样》,收入《山乡变水乡》。此文认为鲁迅是注意认真改造思想的,他时时刻刻进行自我剖析。

此外,据吴似鸿回忆:"越年,下乡养病,又过一年,听得传说黄源从华东调回浙江来了,任浙江省文化局局长,他去请许钦文任副局长。又是一年,我去杭州。果然,许钦文在文化局办公室办公。其时,黄源和陈守川二位正副局长均戴上右派帽子,过去有事情请他们解决,这次只好找许钦文了。我告诉他:'天气寒冷,我缺棉衣,向文化局借二十元。'许钦文马上批准,将字条交给会计室,我领到了二十元,做了一件棉大衣御寒。于是我又去看许钦文,表示谢意,随即对他说:'许先生,医生说我只有十年可拖,已四年过去了,我在世不久,难得和你谈话了。'许钦文起身来,背靠门枋,高声说:'你怎么要这样想呢?医生的话不一定可靠,你应当想,你要活二百岁的。'从此,我把不久于人间的念头大小了,预计活二百岁。他这种长寿哲学,确实见效。如今三十一年过去了,我还活着。"①

11 月

24 日   在《浙江日报》发表杂文《为工农兵服务》(钦文)。此文认为把文艺看成是阶级斗争工具或政治服务,都太笼统,还是改为为工农兵服务好。

26 日   在《杭州日报》发表散文《德国艺术大师丢勒绘画观后感》(钦文)。此文是参观后的感想。这次展出绘画件数多,内容丰富,艺术水平很高。

---

① 吴似鸿:《回忆许钦文先生》,《绍兴文史资料选辑》第三辑,第86页。

12 月

5 日 在《文汇报》发表散文《悼王统照先生》（钦文），收入散文集《山乡变水乡》《许钦文散文选》。此文谈及作者早期热爱文艺，多少受王统照的影响。在全国博物馆会议上，许钦文与王统照相知相交。

本年 在省文化局工作。

1958 年（戊戌） 61 岁

▲4 月，《人民日报》发表《大规模地收集全国民歌》的社论。全国文联、作协、民间文学研究会举行民歌座谈会。

▲5 月，中央提出"鼓足干劲、力争上游、多快好省地建设社会主义"总路线。

▲6 月 1 日，《红旗》杂志创刊，第一期刊登毛泽东的《介绍一个合作社》，同期发表周扬的《新民歌开拓了诗歌的新道路》，其中介绍了毛泽东关于革命现实主义与革命浪漫主义相结合的艺术方法。

2 月

10 日 在《东海》第 2 期发表散文《鲁迅先生做过二十年的业余作家》（钦文），收入散文集《山乡变水乡》。此文中的"二十年"是指鲁迅先生从 1927 年到上海以前的这段时间，此文谈及的内容不止这二十年间的事。

本月　由浙江省政协组织去诸暨参观安华水库工程和山乡里的农业情况。

3 月

3 日　作散文《我要做个浪花上的水滴》(钦文)，发表在本年 4 月 10 日《东海》第 4 期，收入散文集《山乡变水乡》。文中主要是作者向党表决心："老当益壮,何虑老之将至;现在我已这样决定,我于 1958 年内,在党组织的领导下做好岗位工作以外,业余写下随笔二十五篇小说和评论十五篇,小杂感十五篇,哀悼和纪念文字十篇,游记和杂谈十篇,合计七十五篇,争取共写百篇。"

7 日　在《人民日报》发表散文《山乡变水乡》，收入散文集《山乡变水乡》。此文记载许钦文三次到诸暨农村去参观时所看到的村貌变化,特别是安华水库的建造,使得山乡变成水乡。

11 日　在《杭州日报》发表散文《伟大的母亲》(钦文)。此文是对杭州越剧团演出白沈、蓝流著作的《母亲》的评论。

28 日　在《杭州日报》发表散文《值得参观的苏联政治报贴画》(钦文)。此文是对苏联的版画、报贴画、书籍插图和复制画在杭州展出时所作的介绍。

4 月

7 日　作散文《上午桥头散记》，收入散文集《山乡变水乡》。此文是记叙作者回到绍兴柯岩的上午桥乡参观农民搞生产大跃进的事。

8 日　在《人民文学》第 4 期发表散文《清脆的夯声》(钦文)，收入《山乡变水乡》。此文写许钦文一行八十多人参加诸暨大生产劳动。

10 日　在《东海》第 4 期发表短论《略谈整文风》(钦文)。此文是针对当时文艺界出现的不通俗、不大众化的创作倾向所发表的议论："这是个为谁服务的根本问题，所以非常重要"，进而提出"我们的作品必须写得使广大的劳动人民能够接受"，因为"我们创作文艺作品，为的是教育人民群众，丰富他们的文化生活，提高他们的思想水平，也鼓舞他们的劳动热情，藉以促进生产而丰富他们的物质生活"。"其次整的文风是冗长、平淡"，"第三是整的文风是方言乱用。"

在《杭州日报》发表散文《奶油酥和百果糕》(钦文)，收入散文集《山乡变水乡》。此文记作者一行去嵊县检查生产，受到了招待，奶油酥香，百果糕甜。

本月　作散文《参观绍钢开炉小记》，收入散文集《山乡变水乡》。此文记叙作者参加绍兴钢铁厂的开炉典礼，看到故乡的巨大变化。

作散文《巨龙的一爪——浙钢》，收入散文集《山乡变水乡》。此文记叙许钦文参加杭州钢铁厂开炉典礼时的情景。

5 月

1 日　在《杭州日报》发表散文《五一"劳动节"》(钦文)。此文说过去的五月是沉痛的日子，现在的五月是红五月，到处是社会主义建设的热潮。

27 日　在《杭州民进》第 21 期《参观大生产检查回来》(钦文)。此文作于 1956 年秋，记叙了当时作者参观诸暨等地的生产,农村到处出现新气象。

本月　在《浙江日报》发表散文《福星高照》(钦文)。此文赞扬苏联人造卫星上天。

作散文《故乡印象的改观》,收入散文集《山乡变水乡》。此文说故乡已没有以前的迷信、封建(牌坊)和不卫生现象,代替它们的是一支支高耸的大烟囱,东浦出现千斤田,等等。

作散文《绍兴的桥》,收入散文集《山乡变水乡》《许钦文散文集》《许钦文散文选集》。此文写从绍兴的各式各样的桥,谈到杭州石塔儿头路口的石炮。还提及来往的各种手拉车上坡时,都会有人自动帮助推一把,自己有时也会这么做,大家彼此显得很愉快,于是联想《阿Q正传》的阿Q和小D为争夺舂米而打架,因此作者认为:"把阿Q和小D的敌视行为和现在江桥上推、拉一把的互助合作精神来对比着,可见改革了社会制度,对于人们的道德品质思想行为又会发生多么大的影响。"

作散文《忆养猪》,收入散文集《山乡变水乡》《许钦文散文选集》。这是一篇许钦文回忆自己抗战期间在福建永安师范学校教书时,为了度过生活困难,从自己学养猪到学会了养猪,并且积累了不少养猪的经验。比如单就喂猪饲料就有:"一、饲料不要突然完全改变,譬如本来以甜菜为主的,不要突然改用以番薯为主的饲料,要逐步地改变,否则猪就吃不多,或者竟然不吃,吃了也是不容易消化的;二、要经常菜类夹入,如果老是用米糠,容易便秘,而且猪肉皮厚而粗糙,不大好吃;三、如果偶然不按时给饲料,猪饿了,宁可少给饲料,慢慢地给吃饱,不要饿了以后一下子吃得很饱。"另外,还有不少有关养猪的经验。

作散文《"五四"话工读》,收入散文集《山乡变水乡》。此文回忆作者早年在北京时一方面到北大听课，一面在杂志社工作的情形。

6 月

1 日　作散文《祝福书》，收入《〈呐喊〉分析》《许钦文散文集》。

本月　由中国青年出版社出版《〈彷徨〉分析》。《〈呐喊〉分析》和《〈彷徨〉分析》是在《鲁迅小说助读》上、中册计 22 篇鲁迅小说分析的基础上，加以修订、增补，连同尚未完成的 11 篇，分成两册，即《〈呐喊〉分析》和《〈彷徨〉分析》。至此，许钦文逐篇分析鲁迅的小说作品，这是在当时诸多鲁迅作品研究著作中的第一次。之前有许杰的《鲁迅小说讲话》和朱彤的《鲁迅作品的分析》，但他们均是选讲性质的。最主要是许钦文这两册著作有着明显的个人特点，而且是相似的特色。具体而言：

首先，简洁明了，深入浅出，这是最重要的特点。对鲁迅的各篇小说，从时代背景、人物形象、语言结构、表现方法和思想内容，都作了介绍和分析。作者在分析时，十分注重简洁精炼、切中要害，不作空洞的议论，更不作架空的分析，既实实在在，明明白白，又有一定的理论深度，对于中等文化程度的读者来说，是最切合不过了。条理清晰，简明扼要，把一个复杂的、不容易说清楚的问题，用三言两语说明白，是不容易的事。这只有对作品反复研究，充分理解，才能做到。

其次，分析时穿插史料，帮助读者对作品的理解。由于许钦文与鲁迅有着长期的交往，不仅对鲁迅的思想、创作十分了解，而且也熟知与鲁迅作品有关的事例。或是创作的动因，或是题材的选取，或是主题思想的阐发，或是人物性格的说明，弥足珍贵。因此,在分析作品中,引证一些史料,不仅增强了行文的生动性,而且也大大加深了读者对作品的理解。此外,《头发的故事》引述了他四妹许羡苏的事,分析《孤独者》时,引用他四妹和俞芳的事,以及《幸福的家庭》与他的《理想的伴侣》中有关情况的提供,都起着同样的效果。

再次,提出一些有见地的独特的看法。作者不仅用明白的语言表达自己的见解,而且往往在分析中显示自己独特的看法和理论深度。比如狂人是怎样的一个人? 阿Q是怎样的一个典型? 这些都是学术界争论不休、众说纷纭、莫衷一是的问题。许钦文当然不能规避这些矛盾。他在论述时虽然不能提出他自己的系统而完整的看法,但在分析作品过程中,也确有些属于他的真知灼见。当然,许钦文的见解是说明性的,缺乏论辩性,因而是简要的,不是系统的分析和详细的理论阐述。

最后,许钦文还注意艺术特点的分析。无论在语言、结构还是表现方法上都作了一些说明。

从整体来看,《〈彷徨〉分析》要比《〈呐喊〉分析》为好,特别是有的篇目,如对《伤逝》的分析,就做到鞭辟入里,文情并茂。他是带着浓烈的感情色彩进行分析,不仅达到说理的效果,而且还受到情绪的感染。

综上所述,许钦文这两本是研究鲁迅小说的有特色的著作。它们在二十世纪五十年代为普及鲁迅作品起了重要的作用,在当时,对这方面进行研究的书还很少。

袁良骏在他的《当代鲁迅研究史》一书中说:"而许氏的两本分析,则成了他们读懂鲁迅作品的良师益友。"这里他们是指广大青年和一般读者。他又说:"他既不像许杰那样臃肿出过多的文艺理论常识,也不像朱彤那样生发出许多与作品本身无关的枝蔓,他的好处是紧紧扣住读者最需了解的上述几个方面,给以恰到好处、言简意赅的分析或介绍。"①许杰于 1951 年出版《鲁迅小说讲话》,这是一本最早研究鲁迅小说的书。朱彤则于 1952年、1953 年出版《鲁迅作品的分析》。袁良骏又说:"普及读物不一定是没有学术水平的读物。真正的高质量的普及读物往往是雅俗共赏、老少皆宜的。许氏的这两本分析堪称是雅俗共赏的;而这雅俗共赏又是由许多因素造成的。"②

7 月

24 日　在《杭州民进》第 23 期发表散文《从丽水参观中感觉到的》。此文记叙作者到丽水参观万斤水稻时沿途所见的景观。

29 日　短论《农业带动工业已经是事实》(钦文),据许钦文后代保留的剪报,发表刊物不详。此文驳斥促超派、观潮派、算账派的言论。

8 月

10 日　在《东海》第 8 期发表散文《割稻记》(钦文)。此文写作者参加割稻验收的事。

本月　作散文《鲁迅先生与中苏友谊》,收入散文集《山乡变

---

①　袁良骏:《当代鲁迅研究史》,西安:陕西人民出版社,1992 年,第 142 页。
②　袁良骏:《当代鲁迅研究史》,西安:陕西人民出版社,1992 年,第 142、146、147、148 页。这些因素他归纳了四条,且详细的作了阐述:"第一,这些分析大抵是比较准确的、符合鲁迅原意的。""第二,许氏的分析套话、废话较少,不装腔作势,不故作高深,纵意而谈而又点到为止,文风比较端正,给人一种清新、简洁、朴实之感。另外,每篇分析的写法也比较考究,尽量做到灵活多样。""第三,注意鲁迅作品与有关的外国作家作品的比较分析。""第四,许氏对两部作品做到了融会贯通,因而在分析过程中能够左右勾连、前后呼应。"

水乡》。此文写鲁迅对苏联文学的关心和重视，以及苏联作家对鲁迅的怀念。

本月　作《纪念徐锡麟、秋瑾诸烈士》，收入散文集《山乡变水乡》《许钦文散文选》。此文纪念徐锡麟、秋瑾两烈士英勇就义三十周年。

9 月

本月　作《悼画家齐白石先生》，收入散文集《山乡变水乡》。此文写齐白石给人留下了不可遗忘的画，其中谈及二十年前许钦文在北京画展看到齐白石的画，给他终身难忘的印象。

10 月

本月　由东海文艺出版社出版散文集《山乡变水乡》，共收25篇文章：《我要做个浪花上的水滴》《山乡变水乡》《参观绍钢开炉小记》《巨龙的一爪——绍钢》《上午桥头散记》《奶油酥和百果糕》《参观生活大检查回来》《鉴湖风景如画》《故乡印象的改观》《绍兴的桥》《清脆的夯声》《忆养猪》《"五四"话工读》《鲁迅先生和中苏友谊》《怀念兹巴纳茨基同志》《中捷友谊深入民间》《有朋自远方来》《怀埃及阿·费克里博士》《纪念徐锡麟、秋瑾诸烈士》《悼画家齐白石先生》《悼王统照先生》《略说整文风》《鲁迅先生是我们思想改造的榜样》《鲁迅先生做过二十年的业余作家》《鲁迅先生和民族文化遗产》。这部散文集主要讴歌新中国、新社会，反映社会巨大变化、中外人民的友谊并回忆鲁迅。

11 月

12 日　在《浙江日报》发表散文《看潮小记》(钦文)。

17 日　民进举行第三次全国代表大会,连任民进中央执行委员。

本年冬　去诸暨安华、同山看生产高潮。

本年　获文教方面社会主义建设先进工作者省级奖章。

作散文《剡溪小记——访越剧发源地》,据许钦文后代保留的剪报。此文谈及去嵊县检查生产,主要谈嵊县的历史、嵊县的越剧和目前的大生产及文物。

作散文《有力的轻骑队》(钦文),据许钦文后代保留的剪报。此文写浙江的曲艺工作者。

作散文《电影纪录片〈力争上游〉的灿烂光辉》(钦文)。此文叙述上海钢铁大跃进的情况。

1959 年(己亥)　62 岁

▲1 月,《人民文学》第一期发表郭沫若《就目前创作中的几个问题答〈人民文学〉编者问》,谈革命现实主义与革命浪漫主义相结合的创作方法。

▲4 月至 7 月,周扬、林默涵、钱俊瑞、邵荃麟、刘白羽、陈荒煤、何其芳、张光年等在北戴河召开会议,提出改进文艺工作中的十个问题(即"文艺十条")。

▲4 月,郭沫若、周扬编选的《红旗歌谣》出版。

▲5月4日,北京举行"五四运动"四十周年纪念大会。

1月

25 日　在《杭州日报》发表散文《群众的智慧使钢铁的花朵盛开》(钦文)。此文介绍本省机械钢铁业的情况。

3月

本月　在《文汇报》发表散文《光荣和快活》。此文回忆解放之后自己所受到的荣誉。

4月

5 日　在《杭州日报》发表散文《菠菜大蒜满车拉》(钦文),收入《学习鲁迅先生》。此文是记述许钦文参观笕桥人民公社的情况,该社生产的蔬菜是供应杭州市民的。

26 日　在《文艺报》第 8 期发表散文《"五四"时期的学生生活》(钦文),收入《学习鲁迅先生》。此文许钦文回忆在北京工读时期大学生活的见闻,特别是自己在北大做"旁听生"时的情况。一边到北大听课,一边在杂志社做校对、发行等工作。文中还提到鲁迅在北大开的课程《中国小说史略》受欢迎的情况。到北大第二院,听过爱罗先珂讲俄罗斯文学,听过李大钊的一次讲演,那是在第三院。在第三院还看过用俄语演出的列夫·托尔斯泰的《黑暗的势力》。不过听课总以沙滩第一院为主。那时大家衣着很朴素,而许钦文呢? 他说:"我是连这种朴素都说不上的,从南方穿过去的竹布长衫,旧了,颜色也淡了;破了,自己缝几针,歪歪斜斜的。人是瘦得猴头鸟颈的样子。夹在一般的大学生中间,我总觉得自己穷酸的;可是我并不因此遭到同学们的白眼。"还提及一次鲁迅下课,请他们几个人吃点心的事。

5 月

1 日 在《东海》第 9 期发表散文《送妹子上北京》(钦文),收入《学习鲁迅先生》。文章题目是"送妹子上北京",而很大部分内容是谈自己以往的事情,如为什么要去读师范、在师范读书、四角小洋要维持三个月等。四妹许羡苏决心去北京,是受五四运动的影响,她冒险去北京的原因:"她从小就受了不少强烈的刺激:刚伯母早年守寡,抑郁多年,忽在一个晚上,鲜血从鼻孔直喷,披头散发,白着两眼,满脸是血,样子真难看。我家赶去营救,妹子是参加的。胖胖的二姊,受媒人欺骗,嫁了个肺病多年的丈夫,不过一年工夫就焦急而死。二伯母、小姨母和许多堂姊妹,或者被丈夫遗弃,或者遭受公婆的虐待,一个个地都落在悲境中。好比本来是在陷阱旁边挣扎的,望见了光明大道,自然要尽力奔赴。"文中谈及四妹剪了头发,受到一些人的歧视,并因此不能考取杭州女子高等师范学校,只好赶到北京,这显然是受五四运动的影响。但文中把练操打拳、制作植物标本、利用暑假测绘乡土地图等也算作是受五四运动后的影响,是记忆之误。这些事情都发生在五四运动以前,那是许钦文还在第五师范学校读书时所作的事。许钦文在《暑假生活的一页》一文中已提及。

4 日 在《文汇报》发表散文《忆沙滩》(钦文),收入《学习鲁迅先生》《许钦文散文集》《许钦文散文选集》《在老虎尾巴的鲁迅先生——许钦文忆鲁迅全编》。这是一篇许钦文回忆北大旁听时的文章。

5 日 在《杭州日报》发表散文《忆春光社》(钦文),收入《学习鲁迅先生》《许钦文散文选集》《在老虎尾巴的鲁迅先生——许钦文忆鲁迅全编》。春光社是董秋芳发动组织起来的，聘了北大四位导师，其中一位是鲁迅，其他三位是在《鲁迅日记》中提及的"下午同耀辰风举及二弟赴学生所及之学会。"

在《新港》五月号发表散文《忆"五四"话爱罗先珂》，收入《学习鲁迅先生》。这是一篇回忆和介绍爱罗先珂的文章，并论及苏联《苏中友好》杂志总编辑罗果夫介绍爱罗先珂在日本以及其他情况。爱罗先珂全名是"瓦西里·雅科夫列维奇·耶罗先珂"。

在《文学知识》五月号发表散文《鲁迅先生青年时候怎样加强文学修养》，收入《学习鲁迅先生》。此文介绍鲁迅从小阅读各种文学书，从开始读《鉴略》到读《水浒》《封神演义》《三国演义》《聊斋志异》，也看《夜谭随录》《绿野仙踪》《娱园诗存》《韩五泉诗》《唐诗叩弹集》，以及《鉴湖竹枝词》《容斋随笔》《酉阳杂俎》《辍耕录》《池北偶谈》《二酉堂丛书》《金石存》《徐霞客游记》等。18 岁开始写文艺作品，19 岁开始读翻译作品，后来自己还翻译《月界旅行》。到了 26 岁，他决意从事文艺工作，为的是改造国民精神。文章最后提出要向鲁迅学习其努力学习的精神。

作散文《震动宇宙的创举》，收入《学习鲁迅先生》。此文写作者收听到苏联成功发射第三颗人造卫星这一振奋人心的消息时的感受。而当时的美国还只能是发射小型的火箭，并且失败了。

作散文《五四运动中的浙江潮》，收入《学习鲁迅先生》一书。文中谈到自己受五四新思潮影响有两点：一是《新青年》《每周评论》的影响，"当时我在母校五师附小教书，阅读的新书刊……因为受了新思想的激荡和鼓舞，我这才挣扎到北京去工读。"二是浙江第一师范学校出版的《浙江新潮》的影响。该刊提出"非孝"，使他和妹子有勇气提出解除婚姻的想法。

19 日 在《杭州日报》发表散文《江边见闻》（钦文），收入《学习鲁迅先生》。此文记叙作者在笕桥和九堡等三个人民公社的所见所闻，此地和解放以前相比，完全是两个天地。

20 日 在《人民日报》发表散文《怀印度高士同志》（钦文）。此文提到高士是印度作家和矿物学家，他来到杭州游览时，由许钦文陪同，还谈及中印友谊，以在杭州也可以看到文物来证明。

本月 作散文《访温州江心寺》，收入《学习鲁迅先生》《许钦文散文集》《许钦文散文选集》。此文记叙了温州江心寺的景和物，有塔、博物馆、文天祥祠、孟浩然楼、谢公亭（诗人谢灵运在永嘉做过官，常来玩）。

作散文《五堡十日小记》，收入《学习鲁迅先生》。此文记许钦文和其他民进人员六人，下乡参加劳动，与社员同起居、同吃喝，半天参观、半天劳动。

作散文《人民的西湖》，收入《学习鲁迅先生》《许钦文散文集》《许钦文散文选集》。此文说解放以前的西湖，是为剥削阶级享受的。解放后，西湖归人民，并列举西湖的变化，指出西湖比从前更美了。

7 月

本月 在《杭州日报》发表散文《峙山闸》（钦文），收入《学习鲁迅先生》。这是许钦文参观肖山峙山闸的文章。

在《文学知识》七月号发表文论《鲁迅怎样把生活素材变成文学作品》（钦文）。此文是论述鲁迅是怎样塑造典型人物的，列举了鲁迅许多作品。

本年夏　上莫干山避暑。

8 月

26 日　在《杭州日报》发表散文《盖老的艺术》（钦文）。这是对盖叫天演《一箭仇》所作的评述。

9 月

本月　作散文《辛勤工作的伟大榜样——鲁迅先生》（钦文），据许钦文后代保留的剪报。此文为鲁迅诞生七十八周年而作。

10 月

19 日　在《浙江工人报》发表散文《鲁迅先生对青年学习的指导》。此文说鲁迅当年要青年多读外国书，要注意科学的书。

本月　在《西湖》发表《西子的健美》（钦文）。本文写解放之后西湖变得更美了。

12 月

本月　在《新港》发表散文《关于〈藤野先生〉》。此文不仅分析了鲁迅《藤野先生》一文，而且穿插自己与鲁迅相交往的事。

在《文艺报》本年第 24 期发表文论《〈野草〉初探》（钦文）。文章详尽地论述了《野草》中的战斗意气，反对那种把鲁迅说成有两面性，即"一面是面向世界，观察并分析外界的现实；一面是面向内心，探讨自己内心存在的问题"，此文显然表现了一种"贤者讳"的倾向，认为《野草》在思想内容上没有什么消极悲观色彩。

在《绍兴日报》发表散文《故乡大变化》(钦文)。

在《杭州日报》发表散文《步步高登九天》(钦文)。

由上海文艺出版社出版散文集《学习鲁迅先生》,共收散文43篇,其中回忆鲁迅的文章有27篇,回忆自己往事的有5篇,其他的有11篇。除7篇是解放前所写以外,其余均是解放后所作。回忆鲁迅的文章大致可分三类:一是回忆鲁迅对青年,特别是对许钦文的培养、教育以及他们之间的友情;二是回忆鲁迅的生活、思想和创作情况;三是研究鲁迅的文章。回忆许钦文自己的往事,主要是回忆自己在"五四"时的思想、工作、学习和创作情况。这两部分,对研究鲁迅和许钦文都是有重要价值的第一手史料。其余的文章,有些是应景的,写得平平,当然也有一些优美的散文。

《毁弃》小说集,由香港中流出版社出版,收10篇文章:《理想的伴侣》《口约三章》《疯妇》《职业病》《毁弃》《父亲的花园》《模特儿》《小狗的厄运》《石宕》和《鼻涕阿二》。

1960年(庚子)　63岁

▲1月,《文艺报》《文学评论》等报刊开始对巴人、钱谷融等关于"人道主义""人性论"的批判。

▲7月22日—8月13日,第三次全国文学艺术界代表大会在北京举行。周扬作《我国社会主义文学艺术的道路》的报告。

▲9月30日,《关于有九六一年国民经济计划控制数字的报告》提出"调整、巩固、充实、提高"八字方针。

2 月

29 日　在《杭州民建》发表散文《从良渚的变化看人民公社的优越性》。

本年春　召开全省图书馆长座谈会,并参观杭州留下地区。

6 月

30 日　在温州平阳县参加图书馆现场会议。

本月　在《浙江日报》发表散文《我们的朋友遍天下》。

在《文学知识》六月号发表文论《关于〈这样的战士〉》(钦文)。此文先讲《这样的战士》的写作背景,接着讲这样的战士是鲁迅眼中的理想人物,他能认清敌我、认清敌人的阴谋诡计,惟理是争、意志坚定,然后说这样的战士是从现实中来,以及写作本文的目的和我们应该怎样学习这样的战士。

7 月

本月 22 日至 8 月 12 日　参加第三次全国文学艺术界代表大会。

8 月

26 日　在北京民族饭店接受访问。谈了三点:一是关于鲁迅在日本留学时,投稿不成,办《新生》不成,他感到苦闷。在北京时,抄古碑达七八年之久;二是谈自己写《野草》文章两篇;三谈关于鲁迅在上海接受党的领导的事。①

10 月

7 日　作文论《从〈好的故事〉看〈野草〉》，发表在 10 月《新港》第 10 号。此文认为《好的故事》中所写的并非梦幻，而是从现实概括而来，是以此理想来激励人的。《野草》中不少篇目也可以以此来理解。

本年冬　完成《语文课本中鲁迅作品的教学》，计 23 篇，即《孔乙己》《药》《一件小事》《风波》《故乡》《社戏》《呐喊自序》《祝福》《论雷峰塔的倒掉》《好的故事》《论"费厄泼赖"应该缓行》《记念刘和珍君》《从百草园到三味书屋》《藤野先生》《铸剑》《对于左翼作家联盟的意见》《丧家的"资本家之走狗"》《中国无产阶级革命文学和先驱者的血》《"友邦惊诧"论》《答北斗杂志社问》《我们不再受骗了》《为了忘却的纪念》《中国人失掉了自信力了吗?》。此书是应上海教育出版社之约稿而写。

与陈礼节(杭州市副市长)等人参观蚂蚁岛人民公社。

据学生谢德铣回忆："原浙江省文化局副局长史行同志说：'许钦文先生是我所接触到的知识分子中要求自己最严峻又极朴素、认真的人。他不仅尊重党的领导，同志关系处理也很好，同志们都很敬重他。'1960 年左右，许钦文和另外两位局领导，前往黄宾虹先生家里慰问，黄老太太十分感动，临别时就送三位局领导每人一幅黄宾虹先生的亲笔画。这原是价值连城的艺术珍

---

　　①　《访问许钦文先生记录》，《三十年文艺》，浙江师范学院中文系 1978 年内部资料。

品,一般人是求之不得的。但许先生却坦诚地说:'黄先生的画我很喜欢,但我们这次拜访他的家属是代表组织去的。我分管文物工作,不是个人之间的往来关系,所以她送的画是送给组织上的,我不应该收受这贵重的礼物。'回局以后,大家都把这些名画上交给浙江博物馆珍藏。他以身作则,严以律己,民进开会他总准时到会,风霜雨雪,从不误时。他讲话诚恳慎重,又非常乐观谦逊。省民进计克敏同志在一篇文章中说,我们同他交往30余年,从未见他发过脾气。有一次,他与杭州大学吕漠野教授交谈,他俩都长期做过大、中学语文教师,现在又都在省民进担任领导工作,当吕先生问起许先生的健康状况,并对许老创作精神十分钦佩时,许老诙谐地说:'许多外宾和国内的研究者想见我,其实我也没有特别可说的东西。但有一点自己是深感到不安的:小作家本来应该大起来,成为大作家的,我却大不起来,由小作家变成老作家了!'说罢,两人都开怀大笑起来。"①

本年 曾去绍兴联系修理周恩来的故居百岁堂。

作散文《党敬爱的母亲》(钦文),据许钦文后代保留的剪报。此文表达十一年来党对自己关怀的敬意和感谢。

1961年(辛丑) 64岁

▲1月,中共中央召开八届九中全会。

▲7月,中共中央政治局召开"北戴河会议"。

▲10月16日,应苏共中央邀请,周恩来率代表团到莫斯科

---

① 谢德铣:《许钦文先生事略》,《浙江文史资料选辑》第50辑,杭州:浙江人民出版社,1993年。

参加苏共第二十二次代表大会。

1 月

14 日　在《浙江民进》发表散文《重游蚂蚁岛志感》。

3 月

21 日　在《人民日报》发表散文《两篇散文 两种心情》。此文回忆作者 1926 年回老家写下《石宕》时的心境和 1956 年回老家写下《鉴湖风景如画》的心境。

4 月

16 日　在《东海》第 4 期发表散文《种瓜菜》。此文记叙晚年在园子里种瓜菜的情况,写得生动有趣,且又是种瓜菜的经验之谈。自己种瓜菜,不仅每天可以吃到蔬菜,而且对孩子们来说也是一种乐趣和锻炼,对自己来说,"动动四肢,出些微汗,还可以免患中风"。许钦文种瓜菜很有计划,"长远打算的部分种竹,种蕉藕和洋姜等;近时打算的部分是种马铃薯,种四季豆,种四季青菜。"而番茄、大甜椒等,则见缝插针种几颗。总之,种瓜菜使全家充满乐趣。

在《新港》四月号发表散文《东海明珠》。此文写蚂蚁岛解放后发生的巨大变化。

在《图书》发表散文《鲁迅先生与图书馆》。此文讲鲁迅爱书,鲁迅从在教育部担任社会教育司的第一科科长开始,一直与图书馆有关。

8 月

本月　在《人民文学》第 7、8 合刊发表散文《鲁迅与陶元庆》（钦文）。此文记叙鲁迅与陶元庆之间的交往，并用鲁迅的话对陶元庆的画作进行评价。

本月　在《新港》八月号发表散文《金华半月新零》。此文是记录作者去金华了解文物的情况，文中提到金华的古窑址、金华牛，又适逢暴雨，山洪暴发，当地人用渔船帮助其渡江，最后到了建德的新安江，参观水电站和水库。

9 月

24 日　在《人民日报》发表散文《秋游鲁迅故乡——绍兴》（钦文）。此文写进入新社会绍兴发生的巨大变化，鲁迅笔下的人物已一去不复返了；文章还特别指出绍兴的文物保护工作做得很好。

25 日　在《杭州日报》发表散文《鲁迅先生的战斗精神》（钦文）。此文列举鲁迅的行动和文章，特别是其杂文，具有战斗精神。

本月　在《东海》第 9 期发表散文《天童三日记》，同期还刊发有《学习鲁迅先生实事求是精神》一文。《天童三日记》收入《许钦文散文选集》。

10 月

19 日　在《光明日报》发表散文《活无常和吊死鬼》，收入《许钦文散文选集》。此文讲述绍兴一带戏中的女吊、男吊和活无常。

20 日 参观七里泷发电站。同日游严子陵钓台,同游者为朱子光、陈大悲等人。见下图,左 1 为许钦文。

11 月

本月 在《中国新闻》发表散文《游严子陵钓台》。此文写陪辛亥革命老人游严子陵钓台一事。

12 月

本月 在《中国新闻》发表散文《我的幸福家庭》。

《语文课中鲁迅作品的教学》由上海教育出版社出版。此书出版后,收到广泛的欢迎,特别是得到中学语文教师的好评,曾先后再版十三次,再版次数之多,实属罕见。

作者和鲁迅有过亲密的交往,又曾长期从事中学语文教学工作，因而能写出一部颇切合中学语文教学中鲁迅作品教学的参考书，并成为广大中学语文教师案头必备的书。此书在当时对推动中学语文课中鲁迅作品的教学，起了积极的作用。全书分析鲁迅小说、杂文和散文 23 篇，包括了当时初高中语文课本中所有的鲁迅作品。该书最为明显的特点是：

首先，切合中学语文教学特点。这可以从两方面来说，一方面指文章的体例与中学语文教学过程大致一致。作者根据中学生的认识规律，从易到难、从少到多的原则来确定写作顺序。这就是："首先应当把词句的意义弄明白；也注意字音，以便朗读，免得读错，这在语文课是相当重要的。其次，了解故事的梗概，进一步考查时代背景，然后探索主题思想，再研究表现方法。"从形式到内容，即从语言文字的了解到思想内容的探索，再从思想内容到表现方法的了解。

另一方面，是指文句浅显通俗，分析简明扼要，适合中学生的文化实际水平。艰涩难懂的文句固然没有，就是抽象的议论，架空的分析，也难以见到。作者在行文处处顾及教学的对象，紧扣原文，通俗明白，要而不繁。可以说，每篇分析文章，都可看作是一份完整的语文教案。

其次，用鲁迅的有关事实或其他作品来理解鲁迅的作品。这也是一个重要的特点。如分析《藤野先生》，引用鲁迅《关于太炎先生二三事》一文中的话，也引用鲁迅对寿镜吾先生很敬重的事实。这种旁征博引，既有助于对作品的理解，又能扩大学生的知识面，也有助于对学生进行思想教育。

再次，在分析作品的行文中，穿插自己和作品有关的经历，读来使人感到新鲜亲切，增加文章的可读性。如分析《论"费厄泼赖"应该缓行》一文时，穿插了鲁迅和林语堂之间的关系，特别在 1928 年 8 月间,他亲眼目睹的事例。分析《记念刘和珍君》时,插入自己见到刘和珍的事,以印证鲁迅的文章。分析《在左翼作家大会上的讲话》时,就联系鲁迅在北大讲《中国小说史略》课程时,就注意培养反封建战士,说明鲁迅的思想是一贯的。

而王尔龄除了指出该书的优点外,也指出它的不足:"其一是注疏和引文较多,分析还不够具体,有时也不够深入;而且,书名谈作品教学的,其实谈教学不多。其二,是有些理解还可以商榷,如对《祝福》《社戏》中'我'虽也不说不就是鲁迅,但不少地方仍当作鲁迅看,比如说鲁迅不看中国戏十年之久,并不合事实,因为鲁迅并不在写回忆。又如说《社戏》指出中国戏不适于剧场,也有点绝对化。"[①]

1962 年(壬寅)　65 岁

▲5 月 23 日,毛泽东《在延安文艺座谈会上的讲话》发表二十周年,各地举行纪念会、报告会或座谈会,全国各主要报刊都发表社论。

▲8 月 2 日—16 日,中国作协在大连召开农村题材短篇小说创作座谈会(又称"大连会议"),由邵荃麟主持,茅盾、周扬、邵荃麟、赵树理等参加。邵荃麟在会上发表"矛盾往往集中在中间人物身上"的讲话。

▲9 月,毛泽东在中共八届十中全会上提出"千万不要忘记阶级斗争"的号召。

---

① 王尔龄:《一本学习鲁迅作品的参考书》,1962 年 3 月 29 日《人民日报》。

3 月

本月　在《中国新闻》发表散文《杭州春到》。此文围绕西湖谈春到杭州的事。

5 月

10 日　在《东海》第 5 期发表文论《文艺界的指南针》。本文为纪念《在延安文艺座谈会上的讲话》发表二十周年而作,从五个方面对讲话内容进行分析,得出讲话是指南针的结论。

本月　参加浙江省第二届人民代表大会第三次会议,作了《知识分子的今天和明天》的发言,反响热烈。

6 月

本月　去革命圣地井冈山和红都瑞金参观。

7 月

本月　散文《敬悼姜丹书先生》在《东海》第 7 期发表。此文是悼念中国美术家协会副主席姜丹书先生于 6 月 9 日下午逝世的文章。

本年夏　在莫干山疗养。

8 月

本月　在《东海》第 8 期发表散文《蒋介石统治下的教师生活》(钦文)。此文回忆作者在解放前坐牢、失业、漂泊等在外的十来年,失业、物价飞涨,早餐连吃一个大饼也难……解放之后,发生了翻天覆地的变化,简直成了两重天。

10 月

10 日　在《东海》第 10 期发表散文《四明湖》(钦文)。此文是写作者参观四明山的水库。四明山是浙东革命根据地,所以文章后半部分是写革命战士的对敌斗争。

在《文艺报》第 10 期发表文论《〈野草〉再探》。此文重申 1959 年在《文艺报》第 24 期的观点,并作了一些补充。

11 月

本月　在《东海》第 11 期发表文论《略说短篇小说》(钦文)。此文重点谈短篇小说的两个重要特点,即单纯化和片断描写。还谈及短篇与长篇、速写之间的相同与不同,以及日记体、书信体等。

12 月

本月　在《新港》第 12 期发表散文《井冈山三日小记》(1962 年夏作)。此文记叙当年毛主席上井冈山时的情形。

1963 年(癸卯)　66 岁

▲2 月 8 日,文艺界举行元宵节联欢会,周恩来讲话,阐述"百花齐放,推陈出新"等问题。

▲4月,全国文联在北京召开第三届全国委员会第二次扩大会议,周扬作《加强文艺战线,反对修正主义》的报告。

▲12月12日,毛泽东在中宣部文艺处编印的关于上海举行故事会活动的材料上作出批示。

1月

本月 作散文《天童忆西谛》,发表在5月1日《新港》第5期,收入《许钦文散文集》《许钦文散文选集》。此文回忆作者与郑西谛从北京沙滩相识,到解放后郑西谛来杭,作者在西子湖畔接待他三次。最后一次陪郑先后考察天一阁藏书楼、天童寺和鲁迅故居。

本月 作散文《绍兴光复琐记》,发表在2月10日《东海》第2期。此文追忆作者进徐锡麟创办的热诚学堂读书并记叙徐锡麟烈士入祠的情景,是极为珍贵的史料。

4月

本月 在《浙江学刊》第4期发表文论《关于阿Q正传》(钦文)。此文分析《阿Q正传》的背景,然后分析阿Q这个人物,指出他的优点和缺点,通俗易懂,娓娓道来,一气呵成。

7月

本月 作散文《抱孙乐于抱子》,发表在10月1日《中国新闻》。此文从自己抱九个月大的大孙儿,勾起对往事的回忆,对比几代人,感到孙辈的幸福。

9 月

7 日　温州越剧一团来杭,与史行等观看演出并合照。

10 月

5 日　在《人民日报》发表散文《梦想变现实》。作者回忆1937 年写的《二十五年后的西湖》,这些梦想在解放后基本上都实现了。

19 日　在《光明日报》发表散文《鲁迅和陶元庆在上海》(钦文)。此文是回忆鲁迅与陶元庆的交往的。陶元庆在上海的时间不多,大约一年多,去鲁迅处有 15 次。

25 日—29 日　参加我国金石篆刻著名学术团体——西泠印社庆祝建社六十周年大会,被选为副社长。社长张宗祥,另外副社长为潘天寿、傅抱石、王个簃、孙晓泉等人。与沈尹默、潘天寿、马一浮、张宗祥等合影。下图第一排左 1 为许钦文。

11 月

本月　由人民文学出版社重版《故乡》。

本年　民进浙江省第一次代表大会在杭州举行，会上选举产生民进浙江省第一届委员会，被选为副主任委员。任浙江省人大常务委员会委员，浙江省政协常委。

1964 年（甲辰）　67 岁

▲3 月 31 日，文化部在北京举行 1963 年以后优秀话剧创作及演出授奖大会。周恩来、陈毅慰问获奖的全体剧作者和演出团的代表。

▲6 月 5 日至 7 月 31 日，全国京剧现代戏观摩演出大会在北京举行。

▲6 月 27 日，毛泽东在《中央宣传部关于全国文联和所属各协会整风情况报告》的草稿上作出批示。

2 月

本月　在《东海》第 2 期发表散文《看昆曲〈红灯传〉有感》。此文谈到昆曲原先因大多数人看不懂，自 1956 年演《十五贯》以后观众大增。从 1958 年开始试演现代戏，由《血泪荡》而到《红灯传》，这条路走对了。

6 月

本月 参加在杭召开的华东区农村电影普及工作会议。

12 月

20 日 在《浙江民进》第 79 期发表杂文《改造西湖——改造思想》(钦文)。

1965 年(乙巳) 68 岁

▲1 月 5 日,全国人民代表大会第三届首次会议胜利闭幕。

▲1 月 14 日,中共中央发表《农村社会主义教育运动中目前提出的一些问题》(即"二十二条")。

▲11 月 10 日,姚文元的《评新编历史剧〈海瑞罢官〉》在《文汇报》发表。

本年 先去诸暨蹲点,年底去慈溪蹲点。

1966 年(丙午) 69 岁

▲2 月 12 日,中共中央转发以彭真为组长的文化革命五人小组提出的《关于当前学术讨论的汇报提纲》。

▲5 月 4 日—26 日,中共中央政治局扩大会议在北京召开。

16 日会议通过由毛泽东主持制定的"五一六通知"。

▲8 月，中共八届十一中全会在北京举行，通过了《关于无产阶级文化大革命的决定》。

本年　两次去慈溪蹲点，前后一个月，"文化大革命"开始后回杭。

1967 年(丁未)　70 岁

▲1 月，姚文元在《红旗》发表《评反革命两面派周扬》。

▲5 月 23 日，现代京剧《智取威虎山》等八个"样板戏"同时在北京上演，历时 37 天，演出 218 场。

▲5 月 29 日，《林彪同志委托江青同志召开的部队文艺工作座谈会纪要》在《人民日报》公开发表。

许钦文晚年住院中，笔者与他聊了许多这一时期的经历。关于当时经历的谈话，笔者当时没有作记录，不过在《许钦文评传》中记录了部分，而且经许钦文本人审定，现转录如下：

如所周知的原因，许钦文和其他作家一样，在十年动乱中不能动笔了。不过，在许许多多不幸人之中，他还算有幸的人了。他一没有批判挂牌游街；二没有抄家，打入劳监队。在他本单位——省文化局，没有人贴他一张大字报。只有他管辖下的浙江图书馆、西泠印社贴过他寥寥可数的几张大字报。他虽然被戴上两顶帽子，在当时来说，是很平常的。这两顶帽子是：一是三十年代的老朽，二是资产阶级知识分子。所以许钦文极其幽默地对笔者说："我不仅是三十年代的,而且还是二十年代的,他们把我少算了十年。那顶资产阶级知识分子的帽子,还是我自己戴上的。"

许钦文受到这样的"待遇",恐怕是属于不多见的。因为就其地位来说,他是省一级局长,就其职业来说,是作家。不管从地位或职业来看,他都可称为"炮轰""火烧"或"打倒"的对象。但事实并没有如此。原因何在?

有人说,因为他平易近人,艰苦朴素。许钦文一向自奉清淡,艰苦朴素。1955年下半年当了省文化局副局长后,仍然一如既往。他徒步上下班,不坐小汽车。只有第一次去局里上班时例外,他穿着膝盖上有两个大膏药一样大的补丁的裤子,坐着局里开来接他的小汽车去的。以后,提出不用车子接送了。到了办公室,他对谁也没有官架子,也不摆出任何威严,和善带笑的脸孔,不大响亮的嗓子,叫人一眼看上去,他是一个慈祥的长者。他从不迟到早退。下了班,间或在庭院里劳作。四季都种上各种蔬菜和瓜果,显得那么井井有条、有计划。光是霉干菜,晒起来,要吃上一年半载。园中还种上两株葡萄,早年多时可收两三百斤。他夫人是爱吃酒的,就自己酿葡萄酒。清晨,他提着篮子上街买小菜,和普通老百姓挤着在一起,熙熙攘攘,谁知道这老头子是局长。

总之,许钦文在生活上,素衣淡食,艰苦朴素,在待人接物上,平易待人,慈祥和善;在工作上,顶真、一丝不苟。这一切,都是得到熟悉他的人交口称赞的。

1968 年(戊申)　71 岁

▲3 月 23 日,于会泳在《文汇报》发表《让文艺舞台永远成为毛泽东思想的阵地》,提出"三突出"口号:在所有人物中突出正面人物来,在正面人物中突出主要英雄人物来,在主要英雄人物中突出最主要的中心人物来。

▲12 月 22 日,《人民日报》发表毛泽东关于"知识青年到农村去,接受贫下中农的再教育"的指示,全国掀起了知识青年上山下乡运动。

本年　未写作,在单位无具体工作,看大字报。

1969 年(己酉)　72 岁

▲4 月 1 日—24 日,中国共产党第九次代表大会在北京召开。

▲9 月 30 日,《红旗》杂志第 10 期发表文章,提出"学习革命样板戏,保卫革命样板戏"口号。

本年　未写作,在单位无具体工作,看大字报。

1970 年(庚戌)　73 岁

▲4 月 24 日,我国成功发射第一颗人造地球卫星。

本年　未写作,在单位无具体工作,看大字报。

1971 年(辛亥)　74 岁

▲9 月 13 日,林彪等驾机出逃,坠机于蒙古温都尔汗地区。

本年秋末冬初　二儿子死于云南①,即乘飞机去参加入殓。据《补自传》回忆:"次儿为着支边脑溢血死在云南,如今一提到他,妻还是要哭,我觉得这是难怪她的。"

1972 年(壬子)　75 岁

▲2 月 28 日,中美双方发表联合公报。

▲4 月,浩然长篇小说《金光大道》第一部由人民文学出版社出版。

▲7 月,毛泽东作关于调整文艺政策的谈话:"样板戏太少,

---

①　许品云毕业于云南大学中文系。

而且稍微有点差错就挨批。百花齐放都没有了。别人不能提意见,不好。"

本年 未写作,在单位无具体工作,看大字报。

1973 年(癸丑) 76 岁

▲5 月,《朝霞》丛刊在上海创刊。

▲8 月 24 日—28 日,中国共产党第十次全国代表大会,在北京召开。

本年春 去西安参加西北大学召开的鲁迅著作讨论会。

由陕西人民出版社出版《鲁迅杂文选释》,计 10 篇:《论雷峰塔的倒掉》《论"费厄泼赖"应该缓行》《记念刘和珍君》《对左翼作家联盟的意见》《丧家的"资本家乏走狗"》《中国无产阶级革命文学和前驱的血》《"友邦惊诧"论》《答北斗杂志社问》《为了忘却的纪念》《中国人失掉自信力了吗?》。这十篇文章选自《中学语文课本中鲁迅作品的教学》一书,只对个别地方作了改动。

本年秋 去安徽开会,据自述:"记得一九七三年秋,我到安徽去交流鲁迅作品研究的心得。"①

作《鲁迅先生与青年》,收录于《鲁迅回忆录》《鲁迅先生二三事——前期弟子忆鲁迅》《在老虎尾巴的鲁迅先生——许钦文忆鲁迅全编》《许钦文散文选集》。此文谈及自己初上北京时的窘

---

① 钦文:《关于〈社戏〉》,《浙江教育》,1980 年第 3 期。

态,在北大旁听鲁迅讲课。学习写作最初是从鲁迅那儿学得"暗似"的原则,文艺作品要使读者动脑筋,写人物要注意脸孔,尤其是眼睛,又学习了鲁迅讽刺的笔法。这些都是鲁迅讲《中国小说史略》时讲到的,鲁迅关心未名社、韦素园的身体。又谈到自己在《晨报副刊》发表作品引起鲁迅的注意,特别详细地谈到鲁迅写《幸福的家庭》,以及其在北大的反响,分析了鲁迅在上海发表《幸福的家庭》以后,自己在上海发表文章的情况。作者详细地回忆鲁迅用自己的稿费给他出版《故乡》的事,及鲁迅与陶元庆的交往,画封面画、看画展、为元庆买冢地等;进而言及《石宕》以及其收入《中国新文学大系·小说二集》,并引用该序中一段话。谈到去四川,回来与鲁迅谈"二刘大战"以及狱中写成《神经病》,经鲁迅去发表,取名蜀宾。在1928年鲁迅请作者三弟吃饭,还经常寄刊物给他五妹(参加革命);最后谈到鲁迅托蔡元培出面保释许钦文出狱。因为许钦文与鲁迅交往过程中的几件重大事情都已谈到,故而这是一篇了解许钦文与鲁迅之间关系的十分重要的文章。

10 月

本月 给周芾棠的信:"'璿卿',是秋瑾烈士的字,《鲁迅日记》上当初误作陶元庆的字,后来更正作璿卿了。鲁迅先生早就熟悉秋瑾烈士,容易这样弄错,或者是我介绍时没有说清楚地缘故。但'璿'和'璇'音和义都同,'又字璿卿'不合理。"(笔者按:我在给许钦文先生审核的原稿中,曾写作"陶元庆,字璇卿,又字璿卿")并于信中说:"元庆是给鲁迅先生画肖像时还只会见过约三(?)次。"

12 月

7 日　许钦文与安徽师范大学教师座谈,谈及鲁迅对章太炎的评介,以及与鲁迅有关的作品。[①]

本年　据南汀回忆说:"1973 年前后,报上常有人借学习和研究鲁迅为名,写迎合当时所谓路线斗争需要的文章,他(引按:指许钦文)却没有这么做。"[②]

另据吴似鸿回忆,许钦文此时已经回到单位,行动自由。

1974 年(甲寅)　77 岁

▲1 月,全国掀起"批林批孔"运动。

▲4 月,人民文学出版社陆续再版 20 卷本《鲁迅全集》。

本年春　据吴似鸿回忆:"一九七四年春,我又到杭州去了。多年不见到《东海》编辑部的老同志,这次顺便去走走。当我正合一位编辑同志谈话的时候,许钦文从间壁办公室跑进来了。我是坐着的,他立着。他那高大的身材,只怕我不听见而俯身问我:'你知道羡蒙(他的妹妹)在绍兴女师的时候,是不是共青团员。'我回答:'听同学们说,羡蒙是共青团员。'他又说:'《鲁迅日

---

① 详见《许钦文教授座谈鲁迅作品记略》,《王明居文集》第 6 卷,北京:文化艺术出版社,2015 年。

② 南汀:《忆钦文先生》,《江南》,1991 年第 1 期。

记》中写道'许小姊',我推测吗,许小姊就是羡蒙。她到鲁迅家里去过。'"①

本年 作《〈鲁迅批孔小说选释〉前言》(钦文),发表在《鲁迅研究年刊》创刊号。

1975 年(乙卯) 78 岁

▲1 月 8 日—10 日,中国共产党第十届中央委员会第二次会议在北京举行。

▲1 月 13 日—17 日,第四届全国人民代表大会第一次会议在北京举行。

▲8 月,全国开始"评《水浒》"运动。

本年冬 去安徽劳动大学中文系讲学,讲述自己与鲁迅的交往,以及如何受鲁迅的培养和爱护。报告会共有四次,第一次是面向全校教职员和中文系师生,以后三次面向中文系师生。第一次讲鲁迅"批孔",第二、第三次讲鲁迅作品的民族特色与地方特色。此外,还安排三个下午的座谈会,主要讲述关于鲁迅研究的问题。②

---

① 吴似鸿:《忆许钦文先生》,《东海》,1987 年第 12 期。
② 牛维鼎:《怀念许钦文先生》,《阜阳师范学院学报》,1985 年第 1 期。

1976 年(丙辰)　79 岁

▲1 月 8 日,周恩来在北京逝世,终年 78 岁。

▲1 月,《诗刊》《人民文学》复刊。

▲9 月 9 日,毛泽东在北京逝世,终年 83 岁。

▲10 月 18 日,中共中央发出《关于王洪文、张春桥、江青、姚文元反党集团事件的通知》,标志"文化大革命"结束。

5 月　参加《杭州文艺》的赛诗会。

本年　作《鲁迅的愿望实现了》(钦文),据许钦文后代保留的剪报。此文是从《杭州文艺》5 月举行的赛诗会联想到鲁迅关于新诗而作的一些议论。

1977 年(丁巳)　80 岁

▲4 月 15 日,《毛泽东选集》第五卷正式出版发行。

▲7 月 16 日—21 日,中共十届三中全会在北京举行。会议通过了关于恢复邓小平职务的决议。

▲8 月 12 日—18 日,中共十一大在北京举行。

▲11 月,刘心武在《人民文学》第 11 期发表短篇小说《班主任》。

5月 在《浙江文艺》发表《〈鲁迅日记〉中的我》,收入《〈鲁迅日记〉中的我》《在老虎尾巴的鲁迅先生——许钦文忆鲁迅全编》《鲁迅前期弟子》。

本年春 据陈子善回忆:"笔者曾有幸聆听许老的教诲。那是 1977 年的春天,笔者参加《鲁迅全集》书信卷的注释工作,到杭州拜访一些与鲁迅先生有过交往的文坛前辈,受到许老热情的接待。他那时已经是 80 岁的耄耋老翁了,而且视力大为减退,却仍然精神矍铄,谈锋甚健。在西湖边上那幢别致的小屋里,许老与我们交谈了整整一个下午……"[①]

1978年(戊午) 81岁

▲3 月,全国科学大会在北京开幕。

▲5 月 11 日,《光明日报》发表评论员文章《实践是检验真理的唯一标准》,引发了关于真理标准问题的大讨论。

▲12 月 18 日—22 日,中国共产党第十一届中央委员会第三次会议在北京举行。

1月

本月 在《新文学史料》第 1 期发表散文《砖塔胡同》,收入《〈鲁迅日记〉中的我》《许钦文散文选集》《在老虎尾巴的鲁迅先生——许钦文忆鲁迅全编》。此文有两点值得注意,第一点是可

---

① 陈子善:《悼念许钦文先生》,《文汇报》1984 年 11 月 30 日。

以了解许钦文 1920 年到北京时的困境,当时他为找工作到处碰壁。他求助于在北京做议员的同村人、在县里做事的堂叔、铁路职工学校的主任,他们都没有好脸色,幸亏孙伏园在编《晨报副刊》,叫许钦文投稿,解决了他的燃眉之急。第二点,鲁迅对他写作的帮助,特别是鲁迅把刚写好的《幸福的家庭》的原稿拿给他看,使他"进一步领会了写实的意义,对于怎样运用环境的现实写作小说里背景深感兴趣"。而且为了扩大许钦文的影响,鲁迅还用了小标题作"拟许钦文"和"附记"。当小说登出以后,北大反响热烈,那是许钦文在北大亲耳听到并看到的。因为鲁迅的这篇小说在上海《妇女》杂志上发表,从此许钦文不但在北京小有名气,在上海也打开了新天地。此文对研究许钦文在北京这段时间的生活是重要史料,同时也是鲁迅帮助青年作家成长的重要佐证。

3 月

24 日 在《成都日报》发表散文《跟着华主席,迈步新长征(华主席在湖南)美术作展览后》(钦文)。此文是看完展览会后所作的观感和评介。

4 月

本月 在《语文学习》发表散文《鲁迅著作注释琐谈》(钦文)。

9 月

12 日 在《浙江日报》发表散文《谈谈短篇小说的写作》。此文谈到短篇小说的结构、形象与内容。

本月 在《鲁迅研究》第3期发表文论《漫谈鲁迅小说创作》（钦文）。此文属于漫谈，涉及的方面很多，从鲁迅小说的体裁一直谈到注释等内容。

12 月

本月 在《东海》第12期发表散文《我写小说的体会》（钦文）。此文讲自己如何被生活所逼而硬写文章，谈到写小说的体会，讲了题材、写作方法等方面的内容。

1979 年（巳未） 82 岁

▲3 月 30 日，邓小平在党的理论工作务虚会上作题为"坚持四项基本原则"的讲话。

▲3 月 26 日，1978 年全国优秀短篇小说颁奖大会在北京举行。

▲10 月 30 日—11 月 16 日，中国文学艺术工作者第四次全国代表大会在北京举行。邓小平代表中共中央、国务院致祝词。

▲12 月 14 日，中国作家协会主席团举行第二次会议，选举出第三届理事会理事 142 名。主席为茅盾，第一副主席为巴金，副主席有丁玲、冯至、冯牧、艾青、刘白羽、沙汀、李季、张光年、陈荒煤、欧阳山、贺敬之、铁衣甫江。

1 月

本月 在《中国现代文学研究丛刊》创刊号发表散文《老虎

尾巴》,收入《在老虎尾巴的鲁迅先生——许钦文忆鲁迅全编》。许钦文回忆鲁迅在老虎尾巴共写过三篇文章,最早一篇写于1940年,1956年又写了一篇《在老虎尾巴》,《老虎尾巴》是第三篇。三篇都是回忆鲁迅借钱买地、造房、写作和生活,三文放在一起内容更为充实,不过有些内容不免给人重复之感,且也有互相矛盾的情况。如谈及1940年时鲁迅造房,"由在教育部里的职员帮忙,钱是东借一百元西借一百的凑起来的。"这位教育部里的职员大约是许寿裳。1956年写的一文则说:"正当教育部薪俸拖得久,学校里薪水也是发不出;连地租屋,花的只是从许寿裳先生等处借来的八百元……"1979年的文章则说:"钱是从许寿裳那里借得四百元,又东借一点,西借一点凑起来的。"彼此之间的说法有出入。

本月 作文论《语文教学琐谈》(钦文),发表在本年2月《教学研究》第2期。这篇文章涉及面很广,重点是谈粉碎"四人帮"以后高中语文课本的编写,特别是对顾问的入选题目提出看法。

2月

本月 在《新文学史料》第2期发表散文《祝福书》(钦文),收入《〈鲁迅日记〉中的我》《许钦文散文集》《在老虎尾巴的鲁迅先生——许钦文忆鲁迅全编》《许钦文散文选集》。许钦文一共写有三篇《祝福书》,第一篇写于1936年,第二篇写于1957年,这是第三篇,也是写得最为详细的一篇。1957年那篇最为简短。三篇文章都是回忆鲁迅出版《彷徨》一事。鲁迅请许钦文帮忙,主要跑印刷厂、送校样和接洽排版等事情。但三篇文章内容各有侧重,这篇侧重回忆与《彷徨》相关的事情。如叙述许钦文曾写过一本回忆鲁迅的书叫《祝福书》,于上海沦陷前夕被烧毁了。许寿裳说:"《彷徨》的全部以及其他许多译著,皆成于此。"这是回忆有错,《彷徨》前面四篇写于砖塔胡同;又指出《彷徨》与鲁迅其他文集有两点不同的地方,不过前一点看不出什么特别的地方,说前七篇花的时间长,后四篇花的时间短;再如指出景宋在《鲁迅手迹和藏书的经过》上说:"一九二四年六月从八道湾搬到西三条胡同。"这句话有两点错误:一,定居是五月二十五日的事情,并非"六月";二,不是"从八道湾搬到西三条胡同",而是从砖塔胡同搬过去。又如谈及对吕纬甫、魏连殳和子君的评价,指出现今的注释有偏颇。许钦文的分析值得重视之处在于,他是联系鲁迅当时的状况和对他讲的话来分析人物,强调分析作品不能脱离社会背景。

在《新文学史料》第 2 期发表散文《鲁迅与陶元庆》(钦文),收入《〈鲁迅日记〉中的我》《在老虎尾巴的鲁迅先生——许钦文忆鲁迅全编》。此文从陶元庆第一次到鲁迅家吃饭写起,谈到《大红袍》、元庆个人展览会、鲁迅给元庆作《展览会目录序》、两次参观展览会、给鲁迅作肖像画、鲁迅对元庆画的评价等;进而写元庆到上海立达学园教书,与鲁迅往来更为密切,等等。1929年元庆逝世,向鲁迅报告元庆生病逝世情况以及办理后事、选坟、建元庆纪念堂以及谈及抗战期间元庆画的遗失,而当时,许钦文去了福建永安师范学校教书。

审阅谢德铣的《鲁迅作品中的绍兴方言注释》。谢德铣回忆说:"1979 年,我的一本小册子《鲁迅作品中的绍兴方言注释》,由浙江人民出版社出版。出版前,他亲自逐条仔细审阅了我的样稿,一一指出误差,并指出他的见解。他还写信给我,要我在书的《后记》上不要列上他的名字,因为'审稿指误乃是义不容辞的责任。'"①

3 月

本月 在《滇池》第 3 期发表散文《鲁迅先生和我的〈神经病〉》（钦文），收入《中国现代作家作品选》（中册）、《在老虎尾巴的鲁迅先生——许钦文忆鲁迅全编》。这是一篇长文，回忆许钦文从四川回来路过上海去拜见鲁迅，谈及四川旅行和二刘大战的情况，并把写《神经病》的计划告诉鲁迅，征得鲁迅的意见，得到鲁迅的赞同。《神经病》是在狱中写成的，由看守带出，后由鲁迅寄至《文学》，并给许钦文起了一个笔名"蜀宾"。其他内容在《砖塔胡同》《祝福书》中均有谈及。

4 月

10 日 致张炳隅等同志信。这封信对研究许钦文较为重要，故而选录。信的前半部谈及《石宕》和《幸福的家庭》的创作与鲁迅的关系，下半部谈及《神经病》的出版：

目前接到上海文艺出版社（出版的）《中国现代短篇小说》上册，选用了我的《神经病》。这使我忽然察觉，我写了不少篇"短篇小说"，只有《神经病》这一篇，比较地具备小说应有的条件，篇幅也比较地大些。因我工读，当初卖稿为生，只在《晨报副刊》（上）发表，篇幅有限，字数一多难以登载。我为保存陶元庆的遗作图画，造了点房子——元庆纪念室。"一二八"的沪战爆发，有熟人从火线逃来避难，造成命案。我负屋主之责，上诉期间，为避小记者们的多事，四妹邀我到成都去暂住。不料"二刘大战"，

---

① 谢德铣：《鲁迅作品中的绍兴方言注释》，《绍兴鲁迅研究》专刊，第 20 期。

在大墙后于杨家后院连躺地板一星期，门外"快中快"和迫击炮齐鸣，要不是蓉城居民防弹有丰富经验，墙上钉起"铺盖"（被条），我头顶中弹，早已葬身西蜀。上诉发回，我穿过火线东返，途径上海，先看鲁迅先生，想以一教师为主角，因饱受惊慌，神经过敏，失常，硬说其爱人患了神经病，其实是他自己患了神经病，借以反映内战的惨重。鲁迅先生听我讲了以后说："好的，你去写罢！"但我一到杭州，原案宣告无罪，另生枝节，戴上"红帽子"，双手上铐，关进军人监狱。我父亲去世，由于内心苦闷，我左目冒出肉钉，伪军医官并不素识，设法使我日间离开桄子，工场，无须劳动，阅读或书写任便，我就草成了《神经病》，暗寄鲁迅先生，给我代起"蜀宾"笔名，发表后寄给了我稿费。我并不主张再选用这一篇，对上述二篇也无意见。

18日 致张炳隅信。信内云："我虽未退休，年八十多，已不搞工（具）体工作，今天去了解情况，说因房屋不够用，招待所已取消。舍间无帮忙人员，仅六十九岁老伴和一九岁外孙女，也难招待宾客，均请接洽。春间游人、香客俱多，加以会议，旅社也难预订，未知省教育局和杭大招待所怎样，沪杭相距不远，虽可当天往返，仍以为如（？）可函示，不必专人来往。"

在《安徽大学学报》发表文论《鲁迅和形象思维》。此文的特点一方面广泛引用与鲁迅有关的论述，另一方面又掺入自己和鲁迅交往的事例，使文章显得通俗易懂。

本月 接到《药》的电影剧本的征求意见。肖尹宪回忆："我们离开绍兴到达杭州，通过浙江电影制片厂的朋友房子把剧本送给鲁迅先生的朋友许钦文斧正。……回到长春，我收到了许钦文先生写来的信。他肯定了剧本的改编，特地提出了夏瑜究竟是男还是女的问题，认为不必拘泥，但他是主张把夏瑜写成女的,因为在那个年代尚没有'她'这个字,所以先生都是用的'他',写到女性时大多用'伊',不过那是后来的。"①

5 月

4 日　作《中国现代作家作品选序》(钦文)。这篇序文很长,有几点特别引人注意。一是作者和被选作品(上册)的四位作家鲁迅、郭沫若、瞿秋白、老舍的交往,其提供了独家珍贵史料。二是,关于鲁迅的世界观的转变,作者不同意瞿氏所谓 1927 年的说法,而提出 1928 年底或之后二三年的时间段。这也是有见地的说法。

20 日　作《绍剧〈阿 Q 正传〉代序》(钦文),发表在 1981 年 12 月《戏文》第 4 期。本文主要分析阿 Q 这个人物,最后谈剧本演出的意义。

本月　在《战地》增刊第 5 期发表散文《鲁迅与副刊》(钦文),收入《在老虎尾巴的鲁迅先生——许钦文忆鲁迅全编》。此文谈及鲁迅与《晨报副刊》、《京报》副刊、《莽原周刊》、《国民新报》副刊、《申报》的《自由谈》等之间的关系,这对研究鲁迅很重要。

在《北方文学》第 5 期发表散文《鲁迅和五四运动》(钦文)。此文是围绕鲁迅作品中的反封建特质而论的,从五四运动前谈到五四运动后,又穿插自己相关的经历。

在《人民文学》第 5 期发表散文《鲁迅在五四时期》(钦文)。此文说鲁迅在五四运动后动笔写了《呐喊》《彷徨》《野草》《朝花

---

①　肖尹宪:《创作回顾:电影〈药〉》,《长春电影文化研究基地系列丛书:岁月有痕》,长春:吉林人民出版社,2016 年,第 35 页。

夕拾》和《故事新编》五个创作集,以此证明鲁迅是"在轰轰烈烈的五四运动中,是强有力的领导人之一"。又谈及受五四运动影响,作者北上北京,在北大旁听的情况。

在《新文学史料》第3期发表散文《来今雨轩》。文中提到鲁迅约许钦文到中央公园来今雨轩品茗,许钦文谈自己初次投稿失败而不灰心,并分析失败的原因。然后谈到两篇文章由鲁迅推荐到上海商务印书馆,其中一篇退了回来,以此安慰他。又谈到《幸福的家庭》,许钦文问鲁迅为什么要加上"拟许钦文"的标题? 鲁迅说:"首先是拟你的轻松的讽刺笔调。"鲁迅又气愤地说:"为了那个小标题……说是我那个小标题,是给你做广告的。'广告'就'广告',这算不得什么。可是不久又起来了一种'同乡'论,这就很是无聊的了。"文末回应了有人说许钦文《理想的伴侣》是闭门造车,以及有人说"拟许钦文"这个小标题是讽刺许钦文的。

7 月

5 日　致张炳隅信。内云:"北京语言学院的《中国文学家辞典》已有我的,可参考。惟请注意,我在省政协挂名的是'副秘书长',并非秘书长,务请更正。……我跟鲁迅先生学习,以批判的现实主义为主,多从青年生活中采取题材,用讽刺的笔调写出,初期的作品,鲁迅先生在《中国新文学大系·小说二集》上有对我的评语。"①

本月　张炳隅、冯钧国准备编许钦文小说集、散文集。致信

---

① 此信是对张炳隅的《鲁迅与乡土文学家许钦文》一文审阅意见,发表在1989年南京师范学院编《文教资料》第1期。

张炳隅,内云:

十三日来信已收到。所嘱今天才整理了出来,计 30 种,编了号,缺第 1 号《许钦文短篇小说三篇》和第十二号《一坛酒》,实计 28 种……常有人来问:《许钦文短篇小说三篇》,二五年在北京自费印行,只由几个大专院校的传达室寄售,南方的图书馆里大概不会有。……抗日战争时期我在福建九年,可结集一册《听涛室随笔》,还有不少发表了的单篇,一时无从搜集。待印的有《鲁迅和青年》《鲁迅的〈故事新编〉》和《推陈出新》和《〈野草〉初探》等。也打算出个《钦文散文选》。近今忙于写写鲁迅回忆录。望能挨过此寒冬,明夏可以松点起来。

《〈鲁迅日记〉中的我》,迫于时间,没有做到最后一次修改;出版时左眼开刀,不能亲自校对。现发现印错之处很多,在第 6 页上有必须修改处,请留意(已做了记号)。

8 月

本月 在《新文学史料》第 4 期发表散文《鲁迅书信中的我》(钦文),收入《在老虎尾巴的鲁迅先生——许钦文忆鲁迅全编》。这是回忆许钦文与鲁迅书信往来的文字。这里记载的不多,因为他们的信件在抗战中遗失了。

由浙江人民出版社出版《〈鲁迅日记〉中的我》,共收十篇,即《〈鲁迅日记〉中的我》《砖塔胡同》《来今雨轩》《老虎尾巴》《铁门告别》《祝福书》《鲁迅与陶元庆》《假鲁迅》《伴游杭州》《最后的晤谈》。这是继《学习鲁迅先生》一书之后,又一本回忆鲁迅的著作。全书十篇文章中有七篇是回忆作者在北京所受到的鲁迅的教育和帮助。最后三篇是回忆 1928 年受鲁迅委托调查在杭州发生假鲁迅之事和当年鲁迅与许广平从上海来杭游玩的情况以及与鲁迅临终前的两次晤谈。这十篇中,《〈鲁迅日记〉中的我》和《来今雨轩》是新写的,另外七篇有些内容似曾相识,但实际上他以前的文章大都不是专门写这方面的内容,故只是撮其大意,不如此次来得完整、详尽,且这次写的偏重于鲁迅教育下的"我"。结合写回忆,文章针对鲁迅研究中的问题,发表了不少精辟且一语中的的议论。特别是调查假鲁迅,只有他和章川岛知道事情的始末,而鲁迅病重期间,他对许钦文临终嘱托,这是独家回忆。因此,这本散文集是作者的一本最完整、最系统地回忆鲁迅的著作;同时也是一本了解许钦文早期思想、生平和创作的著作。此书收入《鲁迅先生二三事——前期弟子忆鲁迅》《在老虎尾巴的鲁迅先生——许钦文忆鲁迅全编》。

许钦文写这本书时已 83 岁,要回忆年轻时的情况,不免记忆上会出现一些错误。笔者在《许钦文评传》一书中作过简要的订正,现转录如下,供研究者参考:

1.关于《幸福的家庭》写作时间问题。作者说:"一九二三年,鲁迅先生从八道湾搬到砖塔胡同以后,我才和他坐着当面谈话。他的平易近人的态度,使我深感安慰。他给我看了刚写好的《幸福的家庭》的原稿……"这是该书第 6 页写的文字,而同书第 25 页上则说:"一九二四年初春的一天,我独自一个到砖塔胡同去看鲁迅先生……他就把刚写好的《幸福的家庭》的原稿拿给我看。"两处说法不一。《幸福的家庭》写成于 1924 年 2 月 18 日,发表在该年 3 月 1 日《妇女杂志》第 10 卷第 3 号上。因此,以后一说法为准。

2.关于许钦文在《晨报副镌》上的第一篇稿子问题。该书说:"我受到启发和鼓励,似乎已经僵了的心又跳动起来,就写了一篇杂谈之类的稿子送到晨报馆里去,三天后就登了出来。"所谓"一篇杂谈之类的稿子"，据作者在《许钦文小说选》的《后记》中说："《这一次的离故乡》的编入，只是因为这是我第一篇在报上发表的作品。"这里第一篇是指《这一次的离故乡》。可是在《钦文自传》中说："我听他(指孙伏园——引者)的话，当即动笔，就写得《传染病》。"那么到底是哪一篇呢？查北京《晨报副刊》，1922 年 11 月 16 日在《论坛》栏内有《参观女高师第十四周纪念游艺会记》一文，同时 27 日至 29 日发表在《杂感·浪漫谈》栏内有《传染病》一文，同年的 12 月 9 日同栏上还有《小杂感》一文。这一年，在《晨报副镌》上共发表了三篇文章，而《这一次的离故乡》要到 1923 年 1 月 26 日至 27 日在《杂谈》栏内发表。因此，许钦文在《晨报副镌》上发表的第一篇文章，既不是《传染病》，更不是《这一次的离故乡》，而且也不是"杂谈"之类稿子，而是一篇记叙文：《参加女高师第十四周纪念游艺会记》。

3. 关于许羡苏进女高师是否由鲁迅作保的问题。作者说："因我的四妹是鲁迅先生三弟的学生，早在八道湾走动，剪了头发，女高师不让她进去，经鲁迅先生的担保，才得在那里读书。"许钦文在《〈呐喊〉分析》中也有同样的说法，其还引用了鲁迅1921 年 10 月的日记作为证据。但这里有很明显的矛盾。首先是时间上的。许羡苏上北京考取女高师是在 1920 年秋，而《鲁迅日记》中记载的是 1921 年 10 月，相差一年。其次，学校不同。许羡苏当时进的是女高师，而《鲁迅日记》中记的是"男高师"。关于许羡苏进女高师和男高师的情况，我们已在第二章中谈及。[①] 许钦文显然把这两件事混在一起。

4. 关于在《石宕》之前，是否给《莽原》和《语丝》写过稿子的

[①] 1921 年，许羡苏对学习生物感兴趣，想转到有生物系的男高师，就请鲁迅作介绍人和保证人。

问题。作者认为："在写《石宕》以前,我从来没有给《莽原》写过稿子,也从没有叫我为这两个刊物写过稿子。"《石宕》发表在1926年7月《莽原》第1卷第13期上,那么在这以前他是否给《莽原》或《语丝》写过稿子呢? 查1926年7月19日《语丝》第88期,有小说《嫁资》一篇,与《石宕》发表在同月上,不过比《石宕》稍迟几天。而查《莽原》,则在1926年3月25日第6期上有小说《表弟的花园》一篇。可见,在《石宕》之前,他已给《莽原》写过稿子。据此,我怀疑《鲁迅日记》1926年2月26日"得钦文的信并稿",这稿是《表弟的花园》,而不是许钦文回忆的《石宕》,而《表弟的花园》恰好在时间上比较吻合,因而可能性最大。①

本月　任浙江省文化艺术界联合会筹备会副主任。

9 月

14 日　拿出最近出版的书《〈鲁迅日记〉中的我》,让同事给他再校对一遍。

18 日　在书房兼卧室的"陶元庆纪念堂"里看书。医生不许他看书写字,但仍每天写两千字,终于写成了《做小说——鲁迅先生教导回忆录》,托人把《做小说——鲁迅先生教导回忆录》书稿校对一遍。

19 日　为了"曲院风荷"与"曲院荷风"字样,凌晨翻了一晚上书,找出陶元庆的诗中为"曲院荷风"。

---

① 　钱英才:《许钦文评传》,杭州:浙江大学出版社,1990年,第235至237页。

26 日 在省电影公司看电影。①

本年秋 作散文《水仙花》(钦文),发表在 1980 年《水仙花》第 1 期,收入《许钦文散文集》《许钦文散文选集》。此文题目虽叫"水仙花",但对水仙花并未着墨,却更多的是回忆自己到福建集美学校时被当局视为"赤化分子",教了二年书后回杭卖文,后文章也没有地方可投,蒙郁达夫的介绍,去了福建师范学校教书,结识了产水仙的漳州人杨骚,彼此常往来,后来一起参加福州组织文化界救国会,宣传反帝抗日,还与其他十多人都上了黑名单。

10 月

7 日 去北京参加民进中央委员会会议。

22 日 被选为民进中央委员。

本月 参加全国第四次文代会。

11 月

4 日 《杭州日报》记者发表《访老作家黄源、许钦文、陈学昭》的报道。致张炳隅信,内云:"住北京西城区文兴东街一号国务院第一招待所 508 号房间,约本月十五日结束,十八日后始可回舍。"

本月 在北京出席"鲁迅研究学会"(名誉会长宋庆龄,会长

---

① 关于许钦文的晚年生活,一位与他同一办公室的同事奕林,曾有日记记载。参阅奕林:《有关许钦文先生的日记》,《水之缘》,天津:百花文艺出版社,1991 年,第 117 页。

茅盾），被聘为顾问。

参加西泠印社成立七十五周年纪念大会，被推选为副社长。

本年冬 作散文《又到了老虎尾巴》（钦文），发表在 1980 年 2 月《收获》第 2 期。此文写许钦文借北京开会之际，又到了鲁迅的北京故居参观老虎尾巴，今昔对比，又谈及在上海时的鲁迅。

1980 年（庚申） 83 岁

▲1 月 16 日，邓小平在中共中央召集的干部会议上作《目前的形势和任务》的讲话。

▲8 月 10 日，《诗刊》发表章明《令人气闷的朦胧》，由此引发关于"朦胧诗"问题的讨论。

▲9 月 29 日，中共中央发出批转公安部、最高人民检察院、最高人民法院党组的《关于"胡风反革命集团"案件的复查报告》，决定为"胡风反革命集团"一案平反，为被定为"胡风反革命分子"的人恢复名誉。

1 月

8 日 因心绞痛住进浙江医院。拙作《许钦文年谱简编》将此事记录在本年下半年，今翻阅许钦文先生的女儿品琴女士的信件，知此时间有误，其信件如下：

钱同志：

来信及大作均已收到，并已交给我爸爸。我爸爸是一月八日因心绞痛严重送浙江医院的，先住 310 房间（在里面的三楼三病区）。

我爸爸说你信中提及的一些东西，一时想不起来，因为我爸爸写作五十多年，发表的文章太多记不清。现在我爸爸身体不好，遵医嘱不做任何事情，所以我代为爸爸写信给先生。①

在《西北大学学报》发表散文《鲁迅与戏剧》，收录于《在老虎尾巴的鲁迅先生——许钦文忆鲁迅全编》。此文回忆 1924 年鲁迅、孙伏园和许钦文去戏剧专门学校看演出，以及其他几次鲁迅看戏的记录，文章指出鲁迅喜欢新剧。

本月 在《新文学史料》本年第 1 期发表散文《由于左联的感受》（钦文）。

本年初 作散文《鲁迅笔名印集小引》，发表在《钱刻鲁迅笔名印集》（钱君匋篆刻），湖南美术出版社 1981 年 8 月出版。该文又于 1981 年 12 月 17 日刊于《文学报》第 38 期，题目改为《钱君匋为鲁迅治印》。此文回忆钱君匋为鲁迅的笔名刻印谱一事，最后说鲁迅用一百三十多个笔名是因斗争需要，绝不是玩玩的。

2 月

27 日 致张炳隅信中提及因心绞痛住进医院。内云："福建出版社已有稿费七十二元和《中国现代作家作品选》中册两本寄来，请接洽。前函所示，因我于元月八日进医院前已觉手无握笔

---

① 笔者按：信中提及的"大作"就是《许钦文年谱简编》，是请许钦文提意见的。许钦文后来在此稿纸上作了修改，可惜，三十多年过去了，此稿件已不见了。

之力，进医院一检查，知心绞痛、胃病、肺炎和贫血得很严重。……来信仍寄保俶路五十一号，浙江医院信件要到传达室去拿，我还无此力。香港方面也未去信。"

本月　香港文教出版社重印《许钦文小说选集》，此书被列为中国现代文学丛书之一。

3 月

本月　在《浙江教育》3 月号发表文论《关于〈社戏〉》（钦文）。此文先是把《社戏》与《从百草园到三味书屋》两篇文章作比较，然后重点分析《社戏》，中间穿插一些作者所熟稔的事，文后对作品中的一些词句进行注释，写得通俗易懂，亲切自然。

在《群众论丛》第 3 期发表文论《论鲁迅笔名之多》。文中提到鲁迅有一百三十多个笔名，作者举例说明之，指出鲁迅"用过笔名，不仅数量很大，而且各个笔名的性质不同、用意不同，社会的效果不同"。

在《湖南师范学院学报》第 3 期发表《许钦文同志给作者的信》。此信是写给丁仕原的，回答了一些与鲁迅有关的问题。

4 月

本月　在《百花洲》总第 5 期发表散文《"三百两周"的圣迹》（钦文）。此文记叙百草园、百花洲和百岁堂（周恩来故居）、周树人幼年、周恩来与绍兴的关系。

在《散文》发表散文《西湖十景今昔》。此文写西湖十景今昔的重大变化。

在《浙江教育》4 月号发表文论《关于〈祝福〉》（钦文）。此文分析了《祝福》的写作时间、写作的环境、作品的背景、作品内容以及对几个具体问题的理解。

5 月

8 日　致张炳隅信。信内云："《中国现代作家作品选·序》刚挂号邮上，奉读五日手书，并蒙指明错，还款期的错误，记得查时是对的，书写时才弄错。拙稿《鲁迅先生和我的〈神经病〉》，中间偏后小部分错……'艺术院'是杭州西湖艺术院的简称，寒假刘生（按：指刘梦莹）在上海，陶妹（按：指陶元庆妹妹陶思瑾）是在绍兴家里的。两人并非同从火线中逃来，已把'她们'改作'刘生'……"（此信谈及稿件中的错误之处，从略）

本月　在《浙江教育》5 月号发表文论《关于〈拿来主义〉》（钦文）。此文从鲁迅的《论"旧形式的采用"》入手，谈到拿来主义，认为"如果把《论"旧形式的采用"》算作是着重于洋为中用的了。但这样为中用，和以前的所谓"中学为体，西学为用"是不同的。文章中提到有人反对文艺上的"拿来主义"，作者认为只要内容是民族的，形式上用外国的也是可以的，并举《狂人日记》和象征主义为例。

6 月

本月　在《浙江教育》6 月号发表文论《关于〈一件小事〉》（钦文）。此文对有人认为鲁迅写《一件小事》是受十月革命和五四运动的影响提出不同意见，作者认为鲁迅写这篇小说是受俄罗斯文学的影响。文章分析了这篇小说的背景，并对小说中的"我"和"伊"作了具体解释。

在《东海》第 6 期发表散文《刺猬石》(钦文),收入《许钦文散文集》。此文标题是"刺猬石",但真正写关于刺猬石的用途的文字不多,而其他的文字很多,这也可看作是许钦文散文的一个特点。

作散文《祝贺绍兴师范专科学校成立的祝辞》,次年 1 月发表于《绍兴师专学报》。此文中说:"我是一九一七年五师时期的毕业生。母校曾以教师生活辛苦,如坐针峰,容易滑下改行,教我牢守岗位。我从小学到大专,教书三十二年;一九五五年始奉调(省)文化局。藕断丝连,业余写了《国语文法》《文学概论》和《语文课中鲁迅作品的教学》,连文艺书《故乡》《〈鲁迅日记〉中的我》等,已共出版三十种。虽文艺创作多由鲁迅指导,但记叙文、尤其是单记,是母校给我打好了基础的。饮水思源,衷心感激。闻母校升级,谨献祝贺词:稽山苍苍,鉴水泱泱;母校学风,山高水长。一九八○年。"①

参加浙江省文联第二次文代会。

7 月

本月　在《浙江教育》7 月号发表文论《关于〈孔乙己〉》(钦文)。此文说鲁迅很喜欢《孔乙己》这篇小说,文章对孔乙己这个人物作了分析,并提到小说的写作细节等。

参加浙江省民进第二次代表大会,当选为第一副主任委员。

---

① 　许钦文:《著名老作家许钦文(绳尧)同志的祝辞》,《绍兴师专学报》,1981 年第 1 期。

8 月

本月　在《燕江文艺》创刊号发表散文《三杆主义》。许钦文曾有八年半时间在福建永安学校教书。该校的校长提倡"三杆主义"，即笔杆、枪杆、锄头杆。此文可以帮助我们了解当时的状况，搬校、运米、垦荒，等等。总之，这是一篇许钦文写永安学校状况的长文。

9 月

本月　作《鲁迅的〈故事新编〉和推陈出新》（未发表）。

作文论《鲁迅论小品文》（钦文），发表在《文化娱乐》第 9 期。此文把杂文和小品文加以界定，说："鲁迅先生的杂文针对性强，斗争性强，政治性强，是用作革命斗争的武器的。小品文一般作为精神粮食，但也应该有其健康的思想内容。"并回顾鲁迅对小品文的主张和创作状况。

本年秋　作《龙山杂忆》，发表在《绍兴师专学报》（社会科学版）1981 年第 1 期。此文副标题是"回忆我在绍兴第五师范学习的时候"，文中记载了当时的老师、要好的同学（董秋芳、陶元庆）以及学习的情况。

11 月

30 日　致笔者信，内云："拙作《故乡》，鲁迅叫'乡土文艺'，日本人叫做'学生文艺'，大概语多天真幼稚，也多采用方言；缺少政治，却比较现实的。究竟怎样。我尚未详细研究。我已八十有三足岁,有些事务,已经力不从心;因未退休,随时要防通知到来,出席会议,自己不能掌握时间。顾问之事[①],闻有此说,但未作具体安排……"

12月

6日 致张炳隅信,内云:"我觉得我们应当注意研究学习鲁迅先生和胡烈士等的遗著,我不够格的。所示感愧俱深。拙作解放前出版的有《故乡》和《鼻涕阿二》等十九种;解放后已出版的有《学习鲁迅先生》《语文课中鲁迅作品的教学》《鲁迅杂文选释》《鲁迅先生的幼年时代》《山乡变水乡》《〈呐喊〉分析》《〈彷徨〉分析》《鲁迅小说助读》《许钦文小说选集》和《〈鲁迅日记〉中的我》等十一种。待印的有《鲁迅和青年》《鲁迅的〈故事新编〉和'推陈出新'》《钦文散文选》等。"

16日 致笔者信。此信有助于我们对许钦文相关史料的辨识,故而转录。内容如下:

十四(日)手书已收到。我在北京工读时期,从1922年到27年,写了《故乡》《毛线袜》《回家》《鼻涕阿二》《赵先生底烦恼》和《短篇小说三篇》六种。从1927年到杭州后写了《幻象的残象》《一坛酒》《胡蝶》《文学概论》《创作三步法》《钦文自传》,以后又写了《风筝》《两条裙子》《无妻之累》和《国语文法讲话》。解放后已出版的有《鲁迅小说助读》(上、中)《许钦文小说选集》《〈呐喊〉分析》《〈彷徨〉分析》《鲁迅先生的幼年时代》《学习鲁迅先生》《山乡变水乡》《语文课中鲁迅作品的教学》《鲁迅杂文选释》和《〈鲁迅日记〉中的我》。

---

① 笔者按:信中提及的"顾问"一职,即浙江文学学会、浙江鲁迅研究学会顾问。

《许钦文创作选》是别人盗印的。《国语文法讲话》，约 1946 年在台湾日月潭出版；抗日战争时期，我在福建——永安师范教书九年，胜利后许多同事去台湾，有人介绍我去台湾宣传国音、国语，托便人带来了旅费和安家费。我因元庆纪念室的房屋押在别人处，急需办理登记手续，决定不能去以后，那带钱来的便人已再去台湾。当时台湾和大陆间信件已通，汇兑，无论邮局、银行都没有恢复，只好把文稿寄去抵账，所以我人没到台湾，书倒在那里出版了一本。抗战时期，舍间九年无人看管，回来时早已被劫一空。《一坛酒》和《短篇小说三篇》约 1925 年在北京自费印行。37 年我的确有《祝福书》交给北新书局，遗失了，内容是悼念鲁迅先生。《〈鲁迅日记〉中的我》第六页第十二行到十四行"他给我看了刚写好的……表示有点不高兴"应该删去。这确实是我弄错的；因为不是在舍间写成，临走匆匆，《日记》上日期抄得不对头。出版时，我左眼开刀，又不能亲自核对，蒙指正，至感。我幼年在父亲的私塾里，学名世棱。进学校后改名绳尧。父亲教我以认方块字为主，每天（认）六十四个。读的书记得有一本是《幼学琼林》。已往的姐妹们写时（字）比较早，七妹的确叫姮姮。《解除我们的婚约》，在《妇女杂志》上发表，约在 1921 年。（钱按：《我们解除婚约》，发表在 1922 年 5 月《妇女杂志》第 8 卷第 5 号。）"蜀宾"是鲁迅先生代起的笔名，当时我被关在军人监狱里，不能用原笔名钦文。还有些别的拙稿，由人代起笔名；出狱后我匆匆去集美教书，不曾探问清楚，标题也不曾记得，无从说起了。关于《仿佛如此》，不是我序文上写错，就是书局弄错。我于 1927 年春从北京到杭州，"四一二"应书局约，反映西湖边上的白色恐怖，《幻象的残象》《若有其事》《仿佛如此》和《西湖之月》成一系统，都是当时新写的。从 1927 年到 1929 年 7

月,平均约半年出一本,《仿佛如此》如果1927年除夕,那么1927年的半年多(一)点中,不能连出三本书的。从这点看,是书局弄错的。《胡(蝴)蝶》很短。附带奉告,明年是鲁迅先生百岁纪念,我忙于赶写纪念文,因约稿的多。我们研究学习鲁迅先生要紧。我还根本谈不上什么,且"年谱"已有些人在进行。我照例劝阻,未知他们怎样决定。再,我的工作单位是文联,但"顾问"的名义,不由于省文联。诸请接洽。祝

笔健!

许钦文　12.16

此信后尚有附言:

1902年我五足岁。

铁道学校的确因闹风潮停办。原因在沪杭铁路收归国有,无出路,又因校当局办事不善。

我在台州六中教书,从1925年暑假到次年暑假。

我读小学在村中徐锡麟烈士创办的热诚学堂。

《故乡》出版于1926年。

《胡蝶》的最后一篇和《后赘》均作于一九二八年七月一日;当时出书快,同年十月出版很(有)可能。26年秋到1927年我仍在北大旁听并写稿。商校三次改名,杭高到1932年春。

在抗战中也写了点,可整理出《听涛室随笔》。

许钦文　12.16

29日　致笔者信,内云:"《许钦文短篇小说三篇》二五年在北京自费出版,只在几个大专院校传达室寄售,南方的图书馆里恐怕不会有。《国语文法讲话》,四七①年台湾日月潭出版社出

---

①　此处有误,当为1946年。

478

版。抗日战争时期我在福建教书，胜利后好些同事去台湾工作，要我去做国语宣传工作，托便人带给我旅费和安家费。我因房屋抵押给人，急须回来办理登记手续，不能去。但汇兑未通，只好把稿子寄去抵账。内容是用图解说明句本位的语法的。《文学概论》一九三六年北新书局出版。《无妻之累》三七年宇宙风社出版。'龟城'就是成都。'草鞋渡'在四川乐山和峨眉山之间。这些和《我的父亲》《考凳》等单篇在哪里发表都已记不起来，有些篇连标题也没有一点的印象。"

30 日 致姜德明信，内容如下："从 1925 年秋到 1926 年夏我在浙江台州六中，返京不久，鲁迅先生就南行……惟《鲁迅日记》，1924 年 10 月 13 日载：'午吴（胡）萍霞女士来。'同月 16 日，'午得胡萍霞信并文稿，午后复，又代……'同月 19 日，'上午得胡萍霞信'。同月 26 日，'上午得胡萍霞信'。又 28 日，'下午复胡萍霞信'。又 31 日，'上午得胡萍霞信'。同年 11 月 6 日，又 8 日，又 29 日都有信件来往。同年 12 月 18 日，'往南千张胡同医院看胡萍霞之病'。第三天又'访胡萍霞，其病似少瘥'。我觉得'评梅女士'可能胡萍霞女士的另一笔名。我不知道她是否真地（的）姓胡，或照来函姓名。当时一般读者，尤其是女性，不惯于署真姓名。我有的现代作家自传、字典三种，都查不到这两个名字。只是猜想，联（聊）供参考。"①

本年 任浙江省文联副主席、浙江省文学学会顾问、浙江省鲁迅研究会顾问。

---

① 姜德明：《作家百简》，河北：河北教育出版社，2003 年。

1981年(辛酉)　84岁

▲3月27日,作家沈雁冰(茅盾)在北京逝世,终年85岁。

▲4月20日,中国作家协会主席团扩大会议讨论通过,决定筹建中国现代文学馆。

▲6月,中共中央召开十一届六中全会,讨论通过《关于建国以来党的若干历史问题的决议》。

▲8月3日—8日,全国思想战线问题座谈会在北京召开。

1月

8日　因咳嗽气急,胸前区发作性疼痛,入住浙江医院。医生诊断为慢性支气管炎伴有感染,高血压、心脏病、缺铁性贫血、胃窦炎等。

27日　致张炳隅信,内云:

福建出版社已寄来样书和稿费壹佰元,收据也寄去,我觉得我应该把所了解的鲁迅先生对于青年有益的言行事迹尽快写作回忆录,自己是什么也说不上的。因抗日战争时期整整九年,舍间无人看管,被劫一空。连门窗都没有了。旧作随时搜集了些,并不完全。拙作《故乡》出版不久即售完,主要由于鲁迅先生编作《乌合丛书之二》,而且《大红袍》封面引人注意。但《大红袍》并非为《故乡》而作,而是为保存《大红袍》而提前印《故乡》而作,请先把附件于事实有点出入的改正一下……

已出版书:

在京工读时期印的《短篇小说三篇》《故乡》《毛线袜(及其

他)》《回家》《赵先生的烦恼》和《鼻涕阿二》。

到杭州后至解放前夕印的,《幻象的残象》《若有其事》《仿佛如此》《西湖之月》《一坛酒》《蝴蝶》《钦文自传》《创作三步法》《国语文法(讲话)》《两条裙子》《无妻之累》《文学概论》和《风筝》。

解放后印的,《鲁迅小说助读》(上、中)《许钦文小说选集》《鲁迅先生幼年时代》《山乡变水乡》《学习鲁迅先生》《〈呐喊〉分析》《〈彷徨〉分析》《语文课中鲁迅作品的教学》《鲁迅杂文选释》和《〈鲁迅日记〉中的我》。

从“一二八”后,我被小记者、恶讼棍帮助军阀吃穷了,说起来一言难尽,负着重债失业,如今活着,自觉颇出意料。当时写作,无非为谋生和讽刺,如今已无什么研究价值。解放后,十一本书和尚未付印的,十之八九是注释鲁迅作品的,尚嫌粗糙,当再努力,以后或有可谈之处。觉得你所说,已□不及而是过奖之处多了些。未知你还有什么再要我们的? 我去夏左目开刀后,到从北京回杭才固定,开始配眼镜,还只配就看远的,看近的要再过半个月或可拿到。现阅读写作都要用放大镜,工作进度很缓慢,以后右目也要开刀。稿债欠得很多,未退休,事务多,随时应付罢了。祝

　编安!

　　　　　　　　　　　　　　　　　　　　许钦文
　　　　　　　　　　　　　　　　　　　　1 月 27 日

本月　在《山海经》创刊号发表散文《鲁迅与〈山海经〉》。此文说鲁迅从小爱画,特别是长妈的《山海经》是他最心爱的读物,而且对他后来的影响也很大。文章中列举了鲁迅爱美术的事迹以及 1925 年编入《坟》中的《春末闲谈》引用陶渊明的诗等。

3 月

21 日　病情好转出院。

4 月

16 日　因心绞痛去看病，又住进浙江医院。挂丹参后，当晚好转，从 5 月 4 日开始第二疗程治疗。

5 月

27 日　致笔者信①中言及"以前上海有个报的副刊叫'青光'，并非青春。有个文艺团体叫青春社"。

4 月—5 月　作文论《鲁迅的故乡与〈故乡〉》(钦文)，收入《鲁迅研究论文集》(1983 年 7 月浙江文艺出版社)。此文是许钦文为纪念鲁迅诞辰一百周年抱病而作。文章重点有二：一是讲鲁迅与故乡的关系，二是讲鲁迅的《故乡》，二者均讲得十分详尽，特别是对《故乡》中几个人物的分析，对作品的理解很有益处。此文还穿插了许钦文本人的经历。

7 月

19 日　致张炳隅信，信中谈到："我的确在《星岛》等刊物投过稿，在负着重债失业中。题头和内容都已记不得。也有过□笔名；在狱中写的稿子，别人代起笔名，我根本不知道，蜀宾是《鲁迅日记》出版(后)，才知道。有些标题本有簿子登记，这簿子

---

①　笔者按：此信的日期在信封上为 5 月 21 日。

放在哪里,我已想不起来。"

本月　在《百花洲》第3期发表散文《鲁迅爱画》(钦文)。此文引用周建人、周遐寿(作人)、许寿裳等人的回忆文章,特别是对许寿裳提到的四点作了详细的解释,又回忆自己所知道的鲁迅爱画的事情。特别提到鲁迅对陶元庆作品的重视。

8 月

13 日　致张炳隅信,信中谈到:"钦文本是我的笔名,'五四'(时)废姓,我在稿子上从不署'许钦文',编者加上我的姓,也就听之。因聘书上写许钦文,为资历,就在有行政关系的文件上也用了许钦文;早年是用许绳尧(为)原名的。记得在北京工读时,曾有一次在《小白兔》上署名'革老官'(绍兴方言'这个人'的意思)。'小白兔'已于廿年前六十岁时死去,《小白兔》稿子也已找不到。1934年上半年,我还被关进杭州军人监狱里,写了不少稿子,暗中运出发表,只鲁迅先生代起的蜀宾笔名用在《神经病》上,从《鲁迅日记》在知道外,其余怎样署名,在哪里发表,内容和标题怎样,都无从查考。约在1926年我在北京看到一篇文章是我写的,署名青光,好像我也有'青光'的笔名。其实我那篇文章是上海出版的报纸的副刊《青光》①上发表的,而《青光》并不是我编辑的。我本不多用笔名。当初署一个生名不易发表作品,后来我教书了,仍与出版社得联系,为防接不到聘书时重行卖文为生,出版界拉我写稿,为着'老作家凑热闹',是不便另署笔名的。'一二八'战争发生,我受'无妻之累',这只好另起笔名,可也忘

---

①　《青光》是《时事新报》的副刊,副刊上登载许氏文章也用青光。

了。1924年①夏出狱后，浙江不让我教书了，飘流到闽南集美中学教书。过了一年多，伪同安专员黄元秀来查校，说我是赤化分子，要集美当即使我离校，集美靠校主陈嘉庚牌子，不照办，只答应不再续聘。这时我已有了老婆，也已生了儿子，靠我吃饭。我除卖文已无生路，于是尽力写稿，半年多后已有廿四个刊物（按：应为二十九家刊物），稿子容易发表，报酬也比较多，因此香港、南洋都有我的作品发表。可惜剪报已在抗日战争中遗失。抗战时期我在福建永安教书九年，有《听涛室随笔》还可以找到一小部分。所说登记标题等的小本子，即使找到，也不齐全。从32年秋到33年夏我在四川，除《创作三步法》也还有点稿子，都不登记上。我的《〈鲁迅日记〉中的我》出版后，首先发表好评的是香港的张向天同志（北京人），我有剪报，大概可以找到……我从1927年春离开北京到杭州后，由川岛编《浙江民国日报》副刊起，接着改名《东南日报》，除入川和在闽，一直有作品发表。详细情况记不得。四六秋起也被在杭州的《民主报》拉去些稿子。三六年秋到三七年八一三前常为上海《立报》写短文，鼓吹抗战和反映民不聊生，每月三、四篇。王任叔说月写十篇②，也在《太白》《中流》上投投稿。"

9 月

4 日　20世纪30年代为保存陶元庆画而建的房屋（元庆纪念堂）被拆。

9 日　在杭州保俶路的剩余住房被拆完。

---

① 应为1934年。
② 应为每月25篇。

20 日　在《浙江民进》第 6 期发表散文《让每一个学生在学校里抬起头来走路》(钦文)。

在《中国青年报》发表散文《鲁迅先生热爱青年,但不溺爱》。此文说鲁迅热爱青年,以作者自己为例;但鲁迅不溺爱青年,有了错误就批评,即使如好友许寿裳听了章太炎的话而提倡佛教救中国,鲁迅知道后就批评他。

24 日　接受新华社记者周祖佑采访,采访稿发表在《浙江日报》。

25 日　在《民进通讯》第 8 期发表散文《纪念鲁迅先生研究其革命斗争经验》(钦文)。此文开头提到毛泽东引用鲁迅的两句诗:"横眉冷对千夫指,俯首甘为孺子牛",要"一切共产党员、一切干部,都要以他为学习的榜样"。又提到日本友人长尾景和的话,"鲁迅先生避难花园庄时常和他作长夜谈的,在悼念鲁迅先生的此文说过:鲁迅先生知识的丰富,比其他国内五个博士知识的总和还要多。鲁迅先生还有丰富的革命斗争经验。他不但是伟大的文学家,而且是伟大的思想家和伟大的革命家,决不是偶然的"。此文认为鲁迅的"思想和作品,可大致分为前期的、后期的两类。前期的以反帝反封建为主,后期的是以无产阶级革命为主的了,可是仍然反帝反封建,因为他生前,我国始终是半殖民地半封建的社会"。此文认为现在不少人存在封建思想,"我以为要解决这个问题,认真研究鲁迅先生的作品,是个很好的办法"[1]。

---

[1]　原文注:本文作者是民进中委浙江省委会副主席。

10 月

4 日 在《浙江日报》发表散文《写在〈阿 Q 正传〉上演的时候》。此文主要分析阿 Q 这个人物,文后点明了今天演出的意义。

19 日 抱病出席浙江省鲁迅研究学会召开的纪念鲁迅诞辰一百周年学术讨论会。

25 日 致笔者信。

本月 作文论《鲁迅不是象征主义者》(钦文),发表在《文艺研究》1982 年第 1 期。此文批驳有人把鲁迅看作象征主义者。许钦文认为鲁迅不是象征主义者,他在《野草》中仅运用了象征的手法而已。

12 月

本月 在《戏文》第 4 期发表《绍剧〈阿 Q 正传〉代序》(钦文)。

本年 填写《中国作家协会浙江分会会员八一年创作情况调查表》,所填内容为:《鲁迅〈理水〉中的禹太太》(约六千字,湖南人民出版社),《龙山杂记》(《绍兴师院校刊》),《鲁迅的〈故事新编〉和〈推陈出新〉序》(约六千字,鲁研室),《鲁迅热爱青年但不溺爱》(《中国青年报》),《鲁迅爱画》(《百花洲》),《鲁迅的故乡和〈故乡〉》(湖南人民出版社),《鲁迅和〈山海经〉》(《山海经》)。①

同时填写《八二年创作计划调查表》,内容包括:《鲁迅作品和语文教学》《鲁迅作品〈孤独者〉中的孤独》《关于鲁迅先生的回忆录》《重读〈三闲集〉序》。

---

① 篇目和报刊的书名号为笔者所加。

1982 年(壬戌)　85 岁

▲1 月 30 日,中共中央发出《关于检查一次知识分子工作的通知》,要求进一步消除对知识分子的偏见。

▲2 月 20 日,中共中央作出《关于建立老干部退休制度的决定》。

▲9 月 12 日—13 日,中国共产党第十二届中央委员会举行第一次全体会议,会议选举胡耀邦为中央委员会总书记。

▲11 月 26 日—12 月 10 日,五届全国人大五次会议在北京举行。会议审议并通过彭真所作的宪法修改草案的报告,并通过新修改的《中华人民共和国宪法》。

1 月

30 日　致笔者信,内容涉及不少建国以后的事,主要内容如下:

1.“文革”期间,我(笔者按:疑似脱落“这”)里没有(笔者按:疑似脱落“人”)访问我和鲁迅先生关系的单位。

2.71 年去云南是秋末冬初的事。

3.61 年去井冈山大概是秋天的事,由统战部长余纪一同志带队。

4.56 年张天翼、艾芜来杭养病,我没有接触。57 年反右时,我代表省文联招待过他们。冯雪峰、郑振铎来杭大概在夏天。

旧日记簿不在身边,搬房子,不知道堆在哪里,现在无从查对。“年谱”、“年表”以年为主,含混点也是可以的罢。我陪冯雪峰去了鲁迅先生的外婆家皇甫庄和安桥头。陪郑振铎到了阿育王寺、天童寺和雪窦寺查看文物。

　　本月　在《绍兴师专学报》（社会科学版）第 1 期发表散文《补自传》（钦文）。许钦文于 1934 年写过《钦文自传》，那时他年仅 37 岁，而此时，他说："现在我八十五岁了，已相隔四十八年了。所以，实际上我大半生的事迹那《自传》中都没有可能写进去。《卖文六十年志感》也只偏重在'卖文'方面，讲了些六十年间卖文为生的事，其他的事不免挂一漏万。《〈鲁迅日记〉中的我》等，也只另（零）星附带地提及个人的事。《中国现代作家传略》中的自传，那更是简短的了。所以从'自传'角度来说，在我似乎也确实很有补充的必要。但我一向不想写自传也并不希望人家给我做传记的，因为我至今确实是一事无成，并没有什么值得传记的地方。无论口头或书面，凡是说要研究我的事迹的，我照例一再奉劝他们改变计划，最好去研究有了成就的作家，多研究鲁迅先生的作品，以及研究鲁迅作品的作品。那么，我现在为什么终于写《补自传》了呢？这是因为很多读者确实没有看过《钦文自传》的缘故。"除此原因外，作者认为自己写《补自传》，还因为，"实际上还含着更改和修正的意思"。此文重点叙述祖父、父亲、母亲以及自己小时候和兄弟姊妹相处的事情。①

----

　　①　许钦文确实不希望写他、研究他，当我告诉他要编他的年谱和为他写评传时，他一口拒绝。他说："你应该研究鲁迅，我没有什么可写。"我说："鲁迅我也研究，但鲁迅周围的作家群也得研究，这同样有助于鲁迅研究。我们浙东有一群作家，可称浙东乡土文学作家群，他们一开始是乡土文学起家，而且又是受鲁迅的影响，可以说众星拱月。他们之中除了您，还有巴人、许杰和王鲁彦。这些人我要写。"他听后大概觉得有道理，就不再拒绝了。可惜我至今只写了《巴人的生平与创作》，编了《巴人全集》，而许杰、王鲁彦的评传至今未写成。

4月

19日　《浙江日报》登载浙江人民出版社部分鲁迅研究书刊到美国展览的新闻，《〈鲁迅日记〉中的我》排第一位，展览后留在美国旧金山州立大学。

22日　在《东海》第4期发表散文《卖文六十年志感》（钦文），收入《许钦文散文选集》《在老虎尾巴的鲁迅先生——许钦文忆鲁迅全编》。此文重点叙述自己六十年的写作历程，也是带有自传体性质。这也是研究许钦文的必读之文。

本月　作文论《鲁迅的杂文》（尚未发表）。此文是当时提交全国鲁迅研究学术讨论会的论文，从两位教授说"鲁迅的杂文算不得文学作品的"开头，谈了鲁迅"'杂文'究竟是什么"？从最初的随感录到杂感，直到《二心集》的序言起才"不再称杂感，改称杂文了。杂文的范围比较广，包括着杂感，也包括着像在《太白》上发表的'小品文'"。接着讲鲁迅杂文形式的多样化。然后又讲鲁迅杂文的特点，如具象化、讽刺、韧性的战斗精神。最后用大量篇幅谈鲁迅为何从事杂文创作。

5月

4日　在《文汇报》发表散文《我学习写小说的时候》。此文回忆自己是怎样在孙伏园、鲁迅的帮助下走上文坛。当时许钦文的大部分作品发表在《晨报副刊》上，小说几乎占了三分之一。

6月

13日　致笔者信，信中说："你少年英俊，字写得快，墨色淡，又小而草，不知我们老人视力的不足。余俟面晤。"

23日　致笔者信，信中称："我结婚的确早在三〇年，而无'无妻'之累，的确晚在三二年。这不是笑话，却实在是个笑话。你要问，大概因为没有看过拙作《无妻之累》，或者没有看清楚。那'无妻'是有引号的，当时结婚，没有在派出所登记的办法。如要举行仪式，就得请党棍做证婚人，我们不愿意。当时在北京，许多友人都是这样的。三二年我们已经生了儿子，可以证明。《鼻涕阿二》确如来信所说，做惯了奴隶的人，一有机会，也就要奴役别的人了。"

在《东海》第6期发表散文《鲁迅卖金牌》，收入《许钦文散文选集》。此文从鲁迅到南京读书时写起，因为他家道已落入困顿，他冬天还穿着夹裤，以吃辣椒御寒，一直到北京还保持着吃辣椒的习惯。在南京读书时，因为成绩特别，鲁迅获得了全校唯一的金牌。鲁迅把金牌卖了，不是买棉衣棉裤，而是买了一大批的书。余下的零钱买点心请同学们一起吃。最后引用俞芳的《我记忆中的鲁迅先生》一书中关于鲁迅母亲问鲁迅把金牌卖了的事。鲁迅认为金牌可用钱买，它只证明他当时的成绩，不能证明他将来的成绩，放着奖牌，会增加他的虚荣心，滋长其傲气，而书可以得到知识。

7月

3日　作散文《丰子恺先生杂记》（原稿题为《丰子恺的不争骨头主义》）（钦文），发表在10月《东海》第10期，收入《许钦文散文集》《许钦文散文选集》。此文内容写的是许钦文认识丰子恺是因陶元庆的介绍，而陶元庆是丰子恺的学生，"元庆园"三个字是丰子恺写的。抗战胜利后，许钦文家被洗劫一空，是丰子恺送来板桌和四条凳子。他奉行三不主义（不演讲、不赴宴和不教书）和不争骨头吃主义，还谈及他翻译日本厨川白村的《苦闷的象征》与鲁迅翻译此书一事，曾互相逊让之事是一种误传。

14日　浙江省文联在华侨饭店举行，许钦文85周岁生日祝贺茶话会，30余人参加。省文化局张英田，省政协赵秘书长讲话，李本昆出席。《浙江日报》17日对此活动有报道。

本月　在《新港》第7期发表散文《鲁迅在天津》，收入《许钦文散文选集》。此文写鲁迅在1912年5月5日去天津，仅逗留了四小时。过了一个月另五天，鲁迅又一次去天津，那是去考察新剧。

在《浙江青年》第7期发表散文《读俞芳〈我记忆中的鲁迅先生〉》（钦文）。俞芳的《我记忆中的鲁迅先生》是1981年出版的。许钦文拿来读后，立即写了这篇推荐文章。许钦文早在五十年代时，他就对俞芳说："大先生（指鲁迅）的事情，现在知道的人不多了，他住你们那里，你是了解的，你应该写文章。"原来鲁迅从八道湾搬到砖塔胡同俞芳家里，是由许钦文、许羡苏去租定的。那时俞芳和姐姐俞芬都是十多岁小孩，所以许钦文鼓励她写回忆文章，后来她写了一篇《鲁迅先生和我们的两个孩子》，文章由许钦文推荐给《解放军文艺》，不久以后登了出来。有了这一次尝试，俞芳就写了这本书。俞芳的成就是和许钦文的鼓励分不开的。

8月

本月　在《河南教育》发表文论《鲁讯作品和语文教学》（钦文）。此文讲自己是怎样讲鲁迅的作品，如讲作品的时代背景、思想内容和艺术特点等。

9 月

14 日晚　出席浙江省文学艺术联合会在杭州举行的茶话会,主题为祝贺许钦文从事创作活动六十周年。参加茶话会的有浙江省政协、省文化局、省文联、省作协的负责同志、作家、诗人,以及文艺界各方面的代表三十余人。

25 日　在《民进通讯》(中国民主促进会中央委员会编印,内部刊物)发表文论《纪念鲁迅先生研究其革命斗争经验》(钦文),许钦文认为新中国成立三十二年来,但仍需研究鲁迅前期的思想,即他的反帝反封建思想。而我们头脑中仍有封建思想,它影响人们对政策的执行。在一般人中,包括工人(大多由农民转过来)都有封建思想,因此必须学习鲁迅,向封建势力作斗争,这样在党和政府领导之下,同心同德,努力实现四个现代化建设。

10 月

2 日　致张炳隅信,信中说:"解放前投稿刊物,实难详记,且经搬动,什么放在哪里,我已弄不清楚,概由小女经手。"

9 日　在《南京日报·周末》发表散文《杂忆南京》。

19 日　上午抱病出席由中国鲁迅研究学会和浙江鲁迅研究学会分会在杭州新新饭店召开的全国鲁迅研究学会学术讨论会开幕式①。许钦文是全国鲁迅研究学会的顾问,也是浙江省鲁迅研究学会的顾问,省学会要求每个会员就鲁迅与精神文明、鲁迅

---

①　那天上午,我看到许钦文和上次出席省里鲁迅学术讨论会一样,也由两个人扶着来,整整坐了一个上午。在会上,他看到了老朋友李何林、李霁野、楼适夷等人,十分高兴。

杂文这两方面的选题撰写论文。许钦文是第一个向大会秘书处交稿的,因为他在四五月份就写好了,而且写了两篇,即《鲁迅的故乡与〈故乡〉》和《鲁迅的杂文》,受到大会的表扬。《鲁迅的故乡与〈故乡〉》《鲁迅的杂文》前已介绍。

11 月

2 日 钟敬文、秋子夫妇到医院探望。钟敬文作《重晤许钦文同志》:"少壮人成八五翁,西湖今日喜重逢。劫波已逐江流去,世运方如秋叶红。"①

8 日 致笔者信,内中说:"我又向老深化了一大步,精神衰退,目力更差了。乐观地说,如由夏入秋,日后或可恢复一点。大作②如尚可缓,稍候再说。否则只请你细略说明,择要粗谈。"

11 日 在《文学报》发表文论《现在我们怎样研究鲁迅》(钦文)。此文谈及对鲁迅所受影响的说法不一,主张联合起来研究鲁迅,又谈及鲁迅的"转变"有三种说法,作者认为主要是在 1928年底。③

本月 作散文《悼念郁达夫的死》。此文回忆他和郁达夫

---

① 杨哲:《钟敬文生平、思想及著作》,河北:河北教育出版社,1991 年,第 135 页。

② 笔者按:信中提及的所谓"大作",是我刚写好的《许钦文评传》,我去信希望他也像以前订正《许钦文年谱》那样能通读一遍,并作修改。这时他身体已逐渐变差,无法像以前那样,且已停笔了。为此,我和他商量结果是:到他病房里去边读边改。除了总体说明以外,我几乎每天去,他在病中静静地听我读,此情此景叫我感动得热泪盈眶,却不知道如何表达自己的感激之情。他当时已是 87 岁的老人,且是在病中,听完我那二十多万字的书稿,要花去他多大的精力啊。那时的我还年轻,未能真切了解病中老人的感受,以为他同意了并且也听进去了,就只顾自己读下去。如今,我也已近这个年纪,才知道当时是多愚蠢。

③ 许钦文的原文较长,经编者删节发表。

1927 年在上海因鲁迅的关系而相识,到 1937 年郁达夫邀请他到福建去教书。许钦文和郁达夫在杭州、福建相处的时间很长,所以要写的事情很多。当时有位编辑向他约稿,笔者也在场,他当时身体不好,坐久了胸口发痛,我以为此稿大约完成不了。大约过了十来天,笔者去看他,说此文写好了,一万多字。此文重点写达夫邀他去福建工作的经过,中间穿插董秋芳被国民党通缉和他自己的一些事情。此文后来收入陈子善等编的《回忆郁达夫》一书,题目改作《回忆郁达夫》,又收在《许钦文散文集》《许钦文散文选集》。

本年 作散文《做小说——鲁迅先生教导回忆录》(钦文),发表在《红旗飘》第 24 期,据许钦文后代保留的剪报,日期不明。另有一文(已不全)是纪念茅盾逝世的文章,定创作于本年。全文分三部分,第一部分是回忆浦镇听孙伏园讲鲁迅的小说,如《药》《阿 Q 正传》。作者认为《药》中夏瑜是来影射秋瑾的,夏瑜是女的,也影射徐锡麟。第二部分回忆在北大听鲁迅讲《中国小说史略》。第三部分谈及《故乡》。

作文论《鲁迅〈理水〉中的禹太太》(钦文),据许钦文后代保留的剪报,不明所载刊物和发表的具体日期。此文认为《理水》"无论政治思想的内容,和写作的艺术手段,都已达到了高峰",是"用新浪漫主义转向革命现实主义的创作方法"。文章重点谈虚拟的禹太太,她的出现,"充实了政治思想的内容"。

1983 年(癸亥)　86 岁

▲3 月 13 日,中共中央在北京举行万人大会,隆重纪念马克思逝世一百周年。胡耀邦在会上作了题为《马克思主义伟大真理的光芒照耀我们前进》的讲话。

▲7 月 1 日,《邓小平文选》(1975—1982)向全国发行。

▲10 月 11 日—12 日,中国共产党十二届二中全会在北京举行。会议一致通过了《中共中央关于整党的决定》。

1 月

30 日　上海学者张炳隅、冯钧国到医院看望,商议年底出版选集(小说、散文、杂文)以及年谱等事宜。

31 日　张炳隅、冯钧国取走《蝴蝶》《山乡变水乡》《学习鲁迅》等书。

2 月

5 日　交给冯钧国十本书:《毛线袜》《回家》《赵先生底烦恼》《鼻涕阿二》《幻象的残象》《仿佛如此》《若有其事》《西湖之月》《无妻之累》《风筝》。

本年夏　作散文《祝集美七十年校庆》,发表在 10 月《集美校友》第 14 期。此文回忆他到集美学校教书,与校长同事相处友好,又谈到陈嘉庚办学以及他的爱国情怀。

7 月

18 日 拿到保俶路新住宅的钥匙。

9 月

10 日 出院,回到新住宅。

19 日 致张炳隅信,提及"拙作选集有否订立合同? 情况如何? 编余(完)拙稿,如已用毕,务请妥为带下"。

29 日 去浙江医院看西医内科、眼科。

10 月

8 日 去新新饭店参加省政协五届三次会议。

16 日 印度籍沈纳华夫妇与外文出版社编辑室副主任李云溪,孟加拉文组长、省出版总社行政科科长马某等共 5 人来访。

22 日 致张炳隅信,提及:"补上旧作目录,有好些重复了,像《磁力》,初误作浙江刊物,实系《文汇报》副刊等。"

11 月

10 日 上午去省政协开会。

21 日 住浙江医院 8 病区。

25 日 早上梦见自己飞回了家,留恋家里原来的房间。

本年秋 作《忆南京》(手稿),此文比 1982 年 10 月 9 日发表在《南京日报·周末》的那篇详细。①

本年下半年　长期住院，现在关于许钦文晚年在医院的情况，只有《许钦文评传》有一些记录②，现转录一部分如下：

对许钦文来说，时间已成为最为宝贵的东西了。他告诉笔者说，鲁迅，还有许多回忆文章要写，老同学、老朋友陶元庆、董秋芳，也有回忆文章要写，特别是董秋芳，几乎一篇也没有写过。此外，郁达夫也有十年的交往，还有丰子恺……可是，他毕竟是暮年的老人的晚年，先后两次住院，一次是1980年下半年，另一次是1981年，从4月16日进医院至1984年病故（83年中途出院过）。

他的视力很不好，右眼几乎失明，左眼裸视力只有0.2。写作时，戴上从店里配的自己设计的眼镜（他配了八副这种眼镜），一块比普通砧板大的木板，搁在沙发扶手上，当作写字桌，脸几乎贴近板面一个格子一个字爬过去。像《卖文六十年志感》这样的长文，整整要花十来天，这需要多大的毅力啊！

许钦文写作很重视文章的构思，要经过反复的思考，方肯落笔。有时他坐在病房的沙发上发呆，医生就走近轻轻地问他："许老，您在想什么？"他回答说："构思文章。"由于写作之前认真思考，几乎一字不易，一气呵成。文章像奔动的河流，显得短促有力。稿子是清清楚楚的，每个字写得方方正正，几乎使人不大

---

①　笔者按：1982年发表的一文疑是这份手稿修改或删节后的，而与此文所注时间却差一年，估计是作者将写手稿的时间弄错了。

②　笔者按：从1980年起，在许钦文最后的四五年中，我因为撰写《许钦文年谱》和《许钦文评传》，与许钦文有过非常亲密的接触，不仅是在写作方面，其他方方面面也已是无话不谈，当时笔者都有记录，可惜至今却找不到记事本了，其中包括有关许钦文四妹许羡苏的，笔者曾写过一篇长文，是写许羡苏与鲁迅之间的关系，现在都找不到了。许钦文逝世后，我先后两次去看望许夫人，也都作了记录，亦不见了。

相信这是写成的初稿。医生看了很佩服,他则谦虚地说:"我是写了六十年,熟能生巧嘛!"表示没有什么可奇怪的。按理像他这样的情况,完全可以自己口述,请别人记录整理。可是他拒绝别人的建议。有一次,他告诉笔者,他说:"写文章,不是买青菜萝卜,几分钱可以随口报出;写文章是要构思的。"

许钦文晚年主要写有关鲁迅的文章。他对宣扬和研究鲁迅是不遗余力的。……只要这方面有什么新书,杂志上有什么新发表的文章,他都设法拿来研读。像1982年全国鲁迅研究学术讨论会,代表们提交的论文四十多篇,他拿起放大镜,一篇一篇地认真阅读。俞芳写了一本《我记忆中的鲁迅先生》,他拿来读后,立即写了推荐文章。《许寿裳与鲁迅》一书,刚刚从出版社寄来,还散发着油墨香,他就翻阅起来。

许钦文不仅自己学习研究鲁迅,而且还鼓励别人也如此。早在五十年代,他就对俞芳说:"大先生(指鲁迅)的事情,现在知道的人不多了,他住在你们那里,你是了解的,你应该写文章。"原来鲁迅从八道湾搬到砖塔胡同,就在俞芳家里,是由许钦文、许羡苏去租定的。俞芳和她的姐姐俞芬,当时都是只有十多岁的小女孩,但鲁迅同她们姊妹关系极好,鲁迅教过她们体操,还常常同她们开玩笑,给她们取绰号,一个叫"野猪",一个叫"野猫"。他们也给鲁迅取了一个"野蛇"的绰号。这些许钦文是清楚的,所以叫她写回忆文章。俞芳觉得此文写不好,许钦文就加以鼓励。……俞芳不负许钦文的期望,1981年她有出版了一本《我记忆中的鲁迅先生》。这就和许钦文的鼓励是分不开的。

许钦文对鲁迅的宣传,是极为认真和严肃的。他时常听有人把鲁迅的《阿Q正传》中的阿Q念成阿寇,不念阿桂,表示不满。他碰到俞芳就问:"大先生的《阿Q正传》的阿Q,他是怎么念的?"俞芳告诉他:"大先生是念阿桂的。"他听了表示高兴,并认真地嘱咐俞芳道:"你要记住,是念阿桂的。"当他第二次碰到俞芳,又极认真地嘱咐一番。他自己也为此专门写了一篇《阿Q、阿桂和阿鼠》的文章。从中可以看出他的严肃。

记得 1982 年 11 月,他的身体比往常更不好,走路两脚发颤,摇摇晃晃,心绞痛很厉害,医生劝他不要在房内走动,躺在床上,以免发生意外。这时恰巧有位编辑来约稿,要他写篇回忆郁达夫的文章。许钦文和郁达夫从 1927 年 10 月经鲁迅介绍认识以后,后来在杭州、福建相处有一段很长的时间,不消说,他是有许多话可说的。但当时从他病情来看,他是不能动笔的。那天,他坐在沙发上,稍微时间久了些,谈话兴奋了些,胸口就痛,他就站起来。当这位编辑走后,他这样向我解释说:"大家都劝我病好些再动笔,可我留下的时间不多,我得抓紧时间。"大约过了十来天,是十二月初,笔者又去看他,他快慰地告诉说:"《悼念郁达夫的死》文章已经写好了。"笔者惊异地说:"这么快。多少字?"他答道:"一万余字。"许钦文就是用这种只争朝夕的精神进行写作。从 1978 年以来,虽然他的大部分时间在医院度过,但短短的四五年时间里,已写了二十多万字的文章。

许钦文住院期间和笔者谈话挺多,上面只是概略地作一介绍。比如,他原来住的房子后来被征用拆迁,他提出要四套房子,儿子一套,女儿一套,孙子一套,他和老伴一套。他说:"他们说我钉子户。"他家当时在保俶路 51 号,大门朝西,前面右边是昭庆寺,现在是少年宫,东面是河,开了一个小门。进入大门,有一排坐北朝南的房子,至少三间。住房前面是一座考究的洋房,是书房和藏陶元庆的画。整个园子很大,大约一亩多,可以种菜、种葡萄,多的时候,葡萄可采两三百斤。这么多房子和土地,其实要四套房子,应该是合理的。而在当时,钉子户是难听的称呼。他去世以后,我两次去看许夫人,她都向我哭穷,因为没有工作。

本年 作《艺术大师李叔同》,写作时间不明,收入 1983 年《浙江文史资料选集》。许钦文在绍兴东浦热诚小学读书时就知道李叔同的名望,并叙述李叔同出家做和尚以及到福建泉州养病的情况。

作《关于讲授"帝国主义是腐朽的资本主义"中的几个问题》(钦文),发表在《教育月刊》创刊号。

《新文学史料》第 4 期刊登《钦文自传》(一)。

1984 年(甲子) 87 岁

▲2 月 24 日,邓小平就办好经济特区和增加对外开放城市的问题同中央几位负责同志谈话。

▲7 月 31 日,中共中央发出《关于清理"三种人"若干问题的补充通知》。

▲11 月 2 日,《人民日报》报道:从公安部获悉,全国给最后一批 7.9 万名"地、富、反、坏分子"摘帽子的工作已顺利结束。

1 月

27 日 浙江省政协的李斌与方某、胡某、省民进吴某、邱某到医院看望。

本年春 复杨义信。据杨义回忆:"我和他迟到今年初才有交往。当时我正在撰写现代小说史,有些问题需要向他请教。在一个春天的早晨,他的复信到了,打开了一看,行文用语比他的《〈呐喊〉分析》《〈彷徨〉分析》更为亲切。他一一回答了我的问题。"①

2 月

15 日 寄挂号信给上海社科院,关于选编"中国现代文学家历史小说选"一事,选择许钦文的作品是《牛头山》(1928 年作)。

5 月

4 日 《新文学史料》刊登《钦文自传》(二)。

13 日 浙江省文联的袁一凡到医院看望。

14 日 浙江省政协主席王家扬等到医院看望。

8 月

20 日 发高烧至 40℃,抢救一夜。

21 日 上午浙江省文联高光、袁一凡、徐团习等人来医院看望;中午,省政协主席王家扬等来看望,下午毛齐华及省委宣传部周永祥等人来看望。

9 月

本月 由浙江文艺出版社出版《许钦文小说集》,收入小说

---

① 杨义:《忘年之交:悼念许钦文先生》,发表在 1984 年 12 月 15 日《光明日报》。

47 篇:《〈卖文六十年志感〉代序》《传染病》《这一次的离故乡》《博物先生》《大水》《理想的伴侣》《口约三章》《妹子的疑虑》《职业病》《疯妇》《邻童口中的呆子》《毁弃》《父亲的花园》《一首小诗的写就》《津威途中的伴侣》《琲郎》《老泪》《模特儿》《小狗的厄运》《已往的姊妹们》《"我看海棠花"》《重做一回》《吃锅贴》《美妻》《松竹院中》《毛线袜》《石宕》《鼻涕阿二》《承发吏》《木槿花》《夕阳》《昏庭里的独幕剧》《早晨》《红和白》《神经病》《风筝》《枞啸》《假囚徒》《"闽变"在狱中》《该死的红丸犯》《淫妻》《难兄难弟》《无聊的哭》《步上老》《铁门风味》《赵大生》《浮屿角的一夜》和《防空洞》。

10 月

本月 致张炳隅、钧国信。此信较重要,内容如下:

张炳隅同志、钧国同志:

两信先后奉读,拙作《许钦文小说集》样本已送来,印得相当考究,想必你们也有了。如未收到,可速去催寄,附印的作品年谱可以解决点问题。我去年出院后因足疾重新进院。月前食物中毒,高烧旬余,幻象丛生,几乎看不见了。近虽好转,仍难执笔。

我幼时学名确叫世棱,"世梭"是印错的。《邻人口中的呆子》写在司法部后身,即(现在)人民大会堂的一小部分,是虚构的,故署名 C.W.。我的父亲名嶽钟,字渔舟,爱种花,喜石刻,在文艺上有点才华。我的母亲姓田,名藕,他们和祖父的事情记得已在《补自传》上写点。(《补自传》发表在约两年前的《绍兴(师范)专(科)学报》),杨为同志可能也有。松林、松龄都是我的乳名,但别人也有(把我)用(别的)笔名的。我的大姊已 94 足岁。

四妹美苏(淑卿)84 岁,在病中。妻裘天芳,杭州女子职业中学学生。我们一九三〇年结婚。我第二次出狱时,儿子已会走路,所谓无妻只是不愿向封建陋习低头,《无妻之累》和《万里寻妻记》两书上均有引号"妻"。裘天芳 1949 年解放后做居民区重要工作三十多年,一直是先进工作者。有些五、六十年前的事,一时记不清,如能将原来文章寄给我,或将文章大意写给我看,或者可以回忆起来。《小白兔》署名革老官是对的。祝

秋安!

许钦文 10 月

（后半段由女儿品琴代笔）

18 日至 21 日　参加浙江省民进第三次代表大会,连任第一副主任委员。

25 日　梁永来访。据梁永回忆:"他(引按:指许钦文)从 1922 年起开始发表作品,其作过小说 500 多篇左右,现在这本《许钦文小说集》收 47 篇(27 万字),约占全部小说的十分之一。这本小说集后面附录有冯国钧、张炳隅两人辑录的《许钦文小说年表》,其中只录有小说 200 多篇,其余 300 来篇哪里去了? 许先生说,解放前他的生活困苦,没日没夜地写,写出后寄给杂志和报纸副刊去发表,有很多没有下文,有的则因编者不愿同一位作家在他的报刊上出现太频繁,就随便改一个笔名刊出,连许先生自己也不知道。①

本年　病情加重,特别是 9 月其曾食物中毒,持续高烧,几乎丧命。

---

① 梁永:《我所见到的晚年许钦文先生》,《咏苏斋书话》,西安:陕西师范大学出版社,1998 年,第 35 页。

11 月

10 日　0 时 35 分因病医治无效，在杭州浙江医院逝世。上午 10 时 30 分，浙江省委副书记陈法文，统战部五位正副部长，省委宣传部、省人大、省政协、省民进、省科协等单位的同志到医院送别遗体。下午 3 时 40 分遗体送往殡仪馆。

治丧领导小组发布《讣告》，全文如下：

政协浙江省第四届委员常务委员、中国民主促进会中央委员、中国民主促进会浙江省委副主任委员、浙江省文联副主席、全国鲁迅研究学会理事许钦文同志因长期患病，经多方医治无效，于一九八四年十一月十日凌晨零时三十五分在杭州浙江医院逝世，终年八十七岁。

许钦文同志追悼会定于一九八四年十一月十七日三时在杭州龙驹坞殡仪馆举行。需发唁电和送花圈的单位及个人请于十一月十六日前与浙江省文联许钦文同志治丧领导小组联系。电话：26951 转省文联办公室。

15 日　逝世消息在《浙江日报》头版登载。

17 日　下午 3 时召开追悼会，有 500 人参加，浙江省委宣传部副部长吴尧民主持，中国作家协会浙江分会副主席黄源致悼词；98 个单位或个人发唁电，收到 248 个花圈。

18 日　《杭州日报》登载《许钦文同志追悼会在杭州举行》一文，全文如下：

政协浙江省第四届委员常务委员、中国民主促进会中央委员、中国民主促进会浙江省委副主任委员、浙江省文联副主席、中国鲁迅研究学会第三届理事会顾问许钦文同志追悼会于十一月十七日在杭州举行。

中共浙江省委、省人大常委会、省人民政府、省政协、中国民主促进会浙江省委，以及省级各部、委、办、厅、局和中共绍兴市委、市人民政府等单位送了花圈。

中国民主促进会中央委员会、国务院文化部、中国文联、中国作家协会，以及北京鲁迅博物馆等也送了花圈。

中共浙江省委宣传部副部长吴尧民主持追悼会，省文联副主席黄源致悼词。

悼词说，许钦文同志为浙江绍兴人，一九一七年毕业于浙江省立第五师范学校。长期从事文学及教育工作。解放后，他在杭州高级中学、浙江师范学院任教，一九五五年三月起历任浙江省文化局副局长，浙江省文联副主席。

悼词说，许钦文同志一九五二年十二月在杭州加入中国民主促进会，历任民进中央执行委员、中央委员、民进浙江省委副主委、省三届人大代表、政协浙江省第五届常委会委员。

悼词说，许钦文同志青年是曾跟随鲁迅先生学习文学，受到进步思想的影响。他第一部短篇小说集《故乡》，是鲁迅先生亲自为他选编的，自此以短篇小说作家著名，为二十年代以来有影响的小说作家。他的一生在文学和鲁迅研究方面很有贡献，并终生保持对鲁迅先生的深厚友情。几十年来，许钦文同志一直致力于教育事业和文学工作，在文艺界、教育界享有较高的威望。他热爱社会主义祖国，热爱中国共产党。团结，联系各界民主人士，为社会主义的改造和建设，为繁荣社会主义文艺、促进社会主义教育事业的发展作了大量的工作。他是我党统一战线忠实的朋友。在"文化大革命"中，他始终坚信党、坚信社会主义，坚持同"四人帮"进行斗争。粉碎"四人帮"后，特别是党的十一届三中全会以来，他坚决拥护和贯彻党的路线、方针、政策，不顾体弱高龄，坚持写作。热情培养扶植文艺新人，关心党的文艺事业。

悼词说，许钦文同志是文艺界、教育界令人尊敬的老先生、老前辈，他作风正派，工作认真，谦逊谨慎，生活简朴，平易近人；他刻苦治学，锲而不舍，热爱工作；他以鲁迅先生自勉，严于律己，为人师表。许钦文同志的逝世是教育界、文艺界的一大损失，使我们失去了一位忠诚的朋友。

参加追悼会的有陈法文、王家扬等省党政领导和有关部分的负责同志，许钦文同志的亲属，生前好友和机关干部。

逝世后　1984 年 12 月 21 日《〈鲁迅日记〉中的我》获浙江省哲学社会科学成果奖二等奖。1987 年 2 月 11 日，许钦文骨灰安放于杭州南山公墓老干部区。

后世影响

一、概论

　　许钦文至今没有作品全集出版，也没有相关的研究会，其生前出版的著作，在各大图书馆均可以找到，唯《国语文法讲话》一书国内没有，仅在美国加州大学伯克利分校的图书馆才有。许钦文逝世后，他生前的领导、同事、亲朋好友、学生等，纷纷著文怀念。其中有黄源、钟敬文、史莽、杨义、沈虎根、陈子善、吴似鸿、黄淑芬、谢德铣等多人。在涉及到相关事件时，《许钦文年谱》正文中已随文注释。他们一致赞扬许钦文的高贵品质和一生笔耕不辍的精神，特别是作家沈虎根说他："生命不息，握笔不止。他如此高年，重病住院，每天总要写上几百字，即使病危时经灌氧气抢救过来，一旦精神得到恢复，竟又会神奇地写了起来。他视力极度不济，手脚也很不利索，一笔一划都是摸索着、抖索着写下来的,真堪称是作家中的劳动模范。"①

二、去世后著作出版情况

1. 1984 年 11 月,浙江文艺出版社出版《许钦文散文集》。

2. 1986 年 5 月,人民文学出版社重印《钦文自传》(该书中许钦文像弄错)。

3. 1999 年 1 月,北京华夏出版社出版《许钦文代表作》。

4. 2000 年 12 月,河北教育出版社出版《鲁迅先生二三事——前期弟子忆鲁迅》。

5. 2004 年 9 月,百花文艺出版社出版《许钦文散文选集》。

6. 2007 年 1 月,上海文化出版社出版《在老虎尾巴的鲁迅先生——许钦文忆鲁迅全编》。

7. 2010 年 1 月,北京华夏出版社出版《许钦文代表作:鼻涕阿二》。

8. 2010 年 5 月,北京华夏出版社出版《许钦文文集》。

三、重要研究成果

1. 钱英才:《许钦文评传》,浙江大学出版社 1990 年版。此

---

① 沈虎根:《一个实实在在、可亲可敬的人——悼许钦文老》,《东海》,1985 年第 1 期。据笔者观察,许钦文晚年视力极差,有一眼几乎失明,写作时坐在沙发上,用一块小木板搁在沙发扶手上,两眼几乎贴近板面,一字一字摸着写过去。这是住院重病时的情况,像他这样认真的作家,极为少见。

书是经许钦文审阅过的,确切地说,是许钦文重病住在浙江医院期间,由作者每天去医院读给他听的。他那时候体力已不支,且双眼视力不好,已无法阅读。

2.鲁雪莉:《许钦文传论》,中国社会科学出版社 2011 年版。这本著作和上述著作不同,本书采用史与论分开的叙述方法,先叙述许钦文的生平,后论述他的著作。对许钦文的成长,特别是历史背景和环境的分析,本书的论述较为详尽。书后附有钱英才编《许钦文年谱简编》。

3.杨义:《中国现代小说史》,人民文学出版社 2005 年版。该书第 459 至 469 页专题论述了许钦文的小说创作。

4.丁帆:《中国乡土小说史论》,江苏文艺出版社 1992 年版。该书第二章第二节"乡土小说流派"中,提到许钦文的内容有 400 余字。

5.袁良骏:《当代鲁迅研究史》,陕西人民出版社 1992 年版。该书第二章第二节提及许钦文对鲁迅《呐喊》和《彷徨》中一些作品的分析,认为许钦文这两本书的分析"堪称雅俗共赏的"。

6.尹雪曼:《五四时代的小说作家和作品》,台湾成文出版社 1980 版。该书第 79 至 86 页专题论述了许钦文的文学创作。

7.高旭东:《中国现代文学史上》,北京师范大学出版社 2017 年版。该书第 154 至 160 页将许钦文纳入语丝社进行论述。

8.孔范今:《中国现代文学史》,人民教育出版社 2012 年版。该书第 162 至 169 页将许钦文与相关乡土作家一起论述。

9.王福和、黄亚清:《世界文学与浙江小说创作》,浙江大学出版社 2012 年版。该书第 29 至 57 页对许钦文与世界文学的关系进行论述。

10.韩洪举:《浙江近现代小说史》,杭州出版社 2011 年版。

该书第 253 至 255 页专题论述了许钦文。

11. 傅祖栋:《浙东乡土小说的民间建构》,浙江工商大学出版社 2015 年版。该书的各章节中共有 7 次论述到许钦文。

12. 王哲甫:《中国新文学运动史》,上海书店 1986 年版。该书中有四次提到许钦文。

13. 王吉鹏:《驰骋伟大艺术的天地 鲁迅小说研究史》,吉林人民出版社 2002 年版。该书第 147 至 149 页分析了许钦文的鲁迅研究及其特色。

14. 贺玉波:《现代文学评论集 下 现代中国作家论》,湖南文艺出版社 2017 年版。该书分两个专题论述了许钦文的小说创作。

15. 张铁荣:《寄意寒星荃不察——比较文化研究中的鲁迅》,南开大学出版社 2017 年版。该书第 44 至 49 页中,将鲁迅与许钦文的小说放在一起进行比较研究。

16. 何宝民:《鸣溪谷书话》,大象出版社 2009 年版。该书第 114 至 119 页专门分析了许钦文所作的鲁迅研究。

17. 杨剑龙:《放逐与回归 中国现代乡土文学论》,上海书店 1995 年版。该书第 85 至 94 页详细分析了许钦文的小说创作。

此外,不少文学史、小说史都会论及许钦文,其中最有代表的是《中国现代文学三十年》,但其论述相对简略,此处不再一一列入。此处所列之著作,对许钦文的分析或有新意,或较为详细。从 1949 年至 2020 年 6 月,可以查到的许钦文研究论文共计 105 篇,大致可分为三类:其一,考证生平事迹;其二,分析其小说创作;其三,分析其所作的鲁迅研究。其中较为重要的论文已列入本书参考文献,此处不再详列。

主要参考文献

一、论文

1. 陈根生：《文苑美谈 教坛佳侣：鲁迅与青年许钦文》，《语文教学》，1983 年第 8、9 期。

2. 陈继光：《许钦文先生》，《人民日报》，1985 年 2 月 12 日。

3. 陈子善：《悼念许钦文先生》，《生命的记忆》，上海：上海教育出版社，1998 年。

4. 旦华：《许钦文被封厦门幽默老祖师》，《上海报》，1935 年 8 月 5 日。

5. 丁仕原：《魏连殳"当疑问"是"投降""堕落"吗?》，《湖南师范学院学报》，1982 年第 3 期。

6. 董校昌、高松年：《满目青山夕照明——访老作家许钦文》，《书林》，1981 年第 2 期。

7. 董校昌：《许钦文的鲁迅精神》，《文学报》，1983 年 3 月 24 日。

8.《访问许钦文先生记录》,收入《三十年代文艺》,浙江师范学院(后杭州大学)中文系编内部资料,1978 年。

9. 费淑芬:《许钦文先生二三事》,《秋叶集》,天津:百花文艺出版社,1991 年。

10. 冯国钧:《许钦文著作书目》,《文教资料》,1989 年第1 期。

11. 谷兴云:《深深地怀着感激的心情——记许钦文先生的指导和教诲》,《阜阳师范学院学报》,1985 年第 1 期。

12. 韩卫娟:《许钦文与 1949 年后鲁迅作品的教学》,《广播电视大学学报》(哲学社会科学版),2018 年第 2 期。

13. 胡炳光:《关于〈呐喊〉〈彷徨〉和〈野草〉和许钦文先生商榷》,《文艺报》,1962 年第 10 期。

14. 胡从经:《稽山镜水是吾家——〈故乡〉》,《柘园草》,长沙:湖南人民出版社,1982 年。

15. 华嘉:《许钦文:鲁迅先生的学生和知友》,《民主》,2011 年第 5 期。

16. 华西里:《评许钦文的〈毛线袜〉》,《文艺战线》,1933 年第 2 卷第 24 期。

17. 黄源:《怀念许钦文同志》,《江南》,1985 年第 1 期。

18. 回味:《许钦文先生》,《人间世》,1936 年 9 月 28 日,第 36 期。

19. 姜德明:《许钦文的第一本小说集》,《燕城杂记》,杭州:浙江文艺出版社,2012 年。

20. 蒋化鲲:《作家剪影:——许钦文》,《万象》,1941 年第 1 卷第 6 期。

21. 焦菊隐:《短篇小说三篇——许钦文作》,《京报》,1925 年

5 月 9 日。

22.李长之:《许钦文论》,《青年界》,1936 年第 9 卷第 3 期。

23.李烈钧:《"朝执笔,夕死可也":访老作家许钦文》,《文汇报》,1982 年 6 月 18 日。

24.梁永:《我所见到的晚年的许钦文先生》,《咏苏斋羽语》,西安:陕西师范大学出版社,1998 年。

25.梁永:《我所见到的晚年许钦文先生》,《咏苏斋书话》,西安:陕西师范大学出版社,1998 年。

26.刘恋:《"五四"式苦闷:许钦文文学理论的个性化书写》,《长江大学学报》(社会科学版),2017 年第 1 期。

27.刘潇雨:《门生与后生:鲁迅读者的"生产性激活"——以许钦文为个案的讨论》,《鲁迅研究月刊》,2020 年第 5 期。

28.刘一新:《许钦文小说的特色》,《杭州大学学报》,1982 年第 4 期。

29.龙渊、高松年:《许钦文及其散文创作》,《湖州师专学报》,1993 年第 3 期。

30.鲁雪莉:《坚硬"土性":越文化植被下的精神传承——许钦文乡土小说的文化底蕴与精神意义》,《浙江师范大学学报》(社会科学版),2008 年第 6 期。

31.鲁雪莉:《论许钦文散文的越文化底蕴》,《丽水学院学报》,2008 年第 6 期。

32.鲁雪莉:《许钦文思想与艺术的越文化渊源》,《绍兴文理学院学报》(哲学社会科学版),2008 年第 6 期。

33.鲁雪莉:《越文化视阈下的乡土言说——许钦文师承鲁迅的乡土小说独创性意义》,《江西社会科学》,2013 年第 2 期。

34.马蹄疾:《鲁迅与许钦文》,《西湖》,1982 年第 12 期。

35.茅盾:《读〈倪焕之〉》,《文学周报》,1939 年第 8 卷第 20 期。

36.南汀:《忆钦文先生》,《江南》,1991 年第 6 期。

37.《1977 年 9 月许钦文先生的一次谈话》,《杭州大学学报》,1979 年 1、2 期合刊。

38.钱英才:《鲁迅与许钦文——"鲁迅与浙江乡土文学"研究之一》,《杭州师范学院学报》(社会科学版),1981 年第 1 期。

39.钱英才:《论许钦文小说的创作特色》,《杭州师范学院学报》(社会科学版),1989 年第 4 期。

40.钱英才:《许钦文年谱简编》(初稿),《杭州师范学院学报》(社会科学版),1985 年第 3、4 期。

41.钱英才:《许钦文、陶元庆与杭州》,《杭州师范学院学报》(社会科学版),1987 年第 3 期。

42.沈虎根:《一个实实在在的、可亲可爱的人——悼念许老》,《东海》,1985 年第 1 期。

43.沈欣:《鲁迅与许钦文》,《杭州日报》,1983 年 7 月 13 日。

44.史莽:《悼念许钦文同志》,《鲁迅研究》,1987 年第 11 期。

45.苏雪林:《王鲁彦与许钦文》,《现代》,1934 年第 5 卷第 5 期。

46.愫人:《许钦文著〈文学概论〉》,《青年界》,1936 年第 11 卷第 5 期。

47.孙匠今:《钦文导师》,《福建青年》,1940 年第 1 卷第 3 期。

48.唐文一:《许钦文的处女作小说集〈短篇说三篇〉》,《书海拾珍——中国现代作家处女作出版本录》,上海:复旦大学出版社,2016 年。

49.《陶元庆与许钦文——死者与活者之惮访》,《文艺新闻》,1937 年 8 月 17 日。

50.田雪菲:《鲁迅与私淑弟子许钦文交往考》,《重庆第二师范学院学报》,2018 年第 4 期。

51.王德林:《鲁迅的"拟许钦文"》,《东海》,1987 年第 2 期。

52.王德林:《"希望你以后出书,要比这一本更加厚实!"——鲁迅与许钦文的小说集〈故乡〉》,《绍兴师专学报》(社会科学版),1985 年第 1 期。

53.王尔龄:《一本学习鲁迅作品的参考书》,《人民日报》,1962 年 3 月 29 日。

54.王家伦:《漫评许钦文的散文》,《济宁师范专科学校学报》,2002 年第 2 期。

55.王琨:《许钦文与〈槟榔周刊〉》,《新文学史料》,2016 年第 2 期。

56.王寿松:《关于许钦文致鲁迅的信和〈陶元庆氏遗作展览会目录〉》,《纪念与研究》,1983 年增刊。

57.王晓暖:《福建省立师范学校文献档案中的许钦文》,《绍兴文理学院学报》(哲学社会科学版),2010 年第 6 期。

58.吴似鸿:《回忆许钦文先生》,《东海》,1987 年第 12 期。

59.吴孝桢:《燕溪畔忆许钦文》,《福建文坛回忆录》,福州:海潮摄影艺术出版社,1993 年。

60.谢德铣:《许钦文和他的小说》,《齐鲁学刊》,1986 年第 5 期。

61.熊韩江:《忆许钦文师》,《水仙花丛书·散文特写集》,福建省漳州市文化馆内部资料,1979 年。

62.熊磬陀:《忆许钦文在永安》,《永安县文史资料》第 3 辑,福建省永安县政协内部资料,1984年。

63.熊融:《关于许钦文的"二次入狱"——一九八一年版〈鲁迅全集〉补注》,《社会科学》,1985年第6期。

64.许钦文:《作家自述:许钦文》,《中国现代文学研究丛刊》,1979年第1期。

65.杨剑龙:《论鲁迅对许钦文创作的影响》,《上海师范大学学报》(哲学社会科学版),1995年第3期。

66.杨剑龙:《论许钦文的散文创作》,《扬州师院学报》(社会科学版),1987年第1期。

67.杨剑龙:《论许钦文的乡土小说》,《中国现代文学研究丛刊》,1991年第1期。

68.杨剑龙:《寓悲愤于幽默,集风采于质朴》,《语文月刊》,1987年第10期。

69.杨义:《忘年之交:悼念许钦文先生》,《光明日报》,1984年12月15日。

70.艺文情报:《许钦文被累入狱》,《现代》,1932年第1卷第1期。

71.弈林:《有关许钦文先生的日记》,《水之缘》,天津:百花文艺出版社,1991年。

72.尹建民、王福和、吴家荣:《刘献彪学术行年简编》,《刘献彪与新时期比较文学》,合肥:安徽大学出版社,2012年。

73.张炳隅:《许钦文和他的〈故乡〉》,《语文学习》,1982年第9期。

74.张铁荣:《从许钦文的〈理想的伴侣〉到鲁迅的〈幸福的家庭〉》,《文科教学》,1981年第4期。

75.张象泰:《怀念许钦文》,《晚晴斋拾遗》,2004年自印本。

76.张泽贤:《现代作家手迹经眼录·许钦文》,上海:上海远东出版社,2007年。

77.张稚庐:《许钦文与"刘陶惨案"》,《春秋》,1994年第1期。

78.章克标:《回忆和幻想中的陶元庆》,《一般》第9卷第2号,1925年10月5日。

79.赵景宗:《浙东乡土作家许钦文》,《自由谈》,1947年第1卷第1期。

80.钟敬文:《重晤许钦文同志》,《钟敬文生平思想及著作》,河北:河北教育出版社,1991年。

81.周祖佑:《像鲁迅一样战斗——访老作家黄源、许钦文》,《浙江日报》,1981年9月24日。

82.朱国才:《许钦文在逆境中求索》,《学海泛舟·浙江名家成才佳话》,杭州:浙江人民出版社,1988年。

83.朱维鼎:《怀念许钦文先生》,《临清集》,安徽:黄山书社,1990年。

二、专著

1.丁帆:《中国乡土小说史论》,江苏文艺出版社,1992年。

2.傅祖栋:《浙东乡土小说的民间建构》,浙江工商大学出版社,2015年。

3.高旭东:《中国现代文学史 上》,北京师范大学出版社,2017年。

4.韩洪举:《浙江近现代小说史》,杭州出版社,2011年。

5.何宝民:《鸣溪谷书话》,大象出版社,2009年。

6.贺玉波:《现代文学评论集 下 现代中国作家论》,湖南文艺出版社,2017年。

7.孔范今:《中国现代文学史》,人民教育出版社,2012年。

8.鲁雪莉:《许钦文传论》,中国社会科学出版社,2011年。

9.鲁迅:《鲁迅全集》,人民文学出版社,2015年。

10.钱英才:《许钦文评传》,浙江大学出版社,1990年。

11.王福和、黄亚清:《世界文学与浙江小说创作》,浙江大学出版社,2012年。

12.王吉鹏:《驰骋伟大艺术的天地——鲁迅小说研究史》,吉林人民出版社,2002年。

13.王哲甫:《中国新文学运动史》,上海书店,1933年。

14.许钦文:《许钦文文集》,华夏出版社,2000年。

15.杨剑龙:《放逐与回归——中国现代乡土文学论》,上海书店,1995年。

16.杨义:《中国现代小说史》,人民文学出版社,2005年。

17.尹雪曼:《五四时代的小说作家和作品》,台湾成文出版社,1980年。

18.袁良骏:《当代鲁迅研究史》,陕西人民出版社,1992年。

19.张铁荣:《寄意寒星荃不察——比较文化研究中的鲁迅》,南开大学出版社,2017年。

后　记

　　大约整整忙了一年吧，现在总算有了成果。我总觉得编写年谱比写一本书难，难在资料的搜集上。我这一年大部分时间是花在跑图书馆的路上。虽然，许钦文出了三十部著作，但还有很大部分文章散见于报刊杂志，且这些文章大都发表于解放以前，搜集起来相当困难，因为你不清楚还有哪些文章，刊登于何种报刊杂志。二十世纪八十年代初，我编过《许钦文年谱简编》，且由许先生亲自过目、订正，但那时他已重病、躺在浙江医院里，他不可能一一回忆自己所写文章的出处，且那时本人也忙于教学，没有过多的时间，所以那本"年谱"是不完整的。这次总算有充裕的时间，也不受限于经济，但可惜年代太久，报刊缺失；当年找到的篇目，现在已不见了。但不管怎样，这部"年谱"比上次的要全面些，这是编写年谱的基本要求。

　　年谱要求完整性外，还要科学性和学术性。所谓科学性也就是真实性、客观性；而学术性，也是值得注意的。一部年谱，不能做成著作的索引、著作年表，而应该多有所评论。基于此，我也加上自己和别人的议论，当然还有生平事迹。

　　我在读大学时，记得夏承焘老师说，编年谱是最难的。我一直没有这种体会,直到前几年,我出了一本《陈汉章年谱》,对此才有所体会。中国国学中有所谓谱牒学,此可以追溯到秦汉时期,也有人说起源于周代,而作为其中的年谱,则迟至宋代出现。流传至今的如吕大防《杜甫年谱》、《韩吏部文公集年谱》等,我没有拜读过。近现代的年谱看过几本,当我自己来编写时,对此总觉得不满意。我的最低要求是:尽可能为研究者提供方便,少走弯路,省些时间。

"年谱"虽挂我的名,其实我要感谢众人的帮忙。我一个人要在这么短的时间内完成是不可能的。这里我要感谢在复旦大学读研究生的侄孙女钱羽,还有伴我到香港中央图书馆一起查资料的儿子钱伟、儿媳妇李媛,感谢帮我查资料的还有浙江大学图书馆胡葛福老师和该馆杜志远主任。杜主任在美国哈佛大学期间,为我拷贝到《国语文法讲话》电子版。《国语文法讲话》是许钦文在台湾出的书,但在大陆却没有,我托人去台湾找也没找到,最后查到在美国加利福尼亚大学伯克利分校有,于是托朋友去找,但因该馆实行会员制,无法登陆该馆网站翻阅此书,最后是杜志远主任帮忙才得到电子版。这里再次表示感谢。福建师范大学龙丹老师容许我翻阅解放前的报刊,这是现在一般图书馆不允许的。福建省图书馆缩微部的几位老师,不仅帮我查资料,而且更令人感动的是在我返杭回校后,因尚有部分文章漏查,去信要求她们帮我补查,结果她们在短时间内就查妥,并邮寄给我。这是我生平第一次碰到这么热心地为读者服务的单位。这是值得点赞的。

我还要感谢四个人,一是我的夫人潘爱云,她在这段时间挑起家务重担,使我一心一意编写此书。她还和我一起到福建去查资料。另一个是远在陕西咸阳、不曾谋面的小伙子许建兄,他是老师,为人热情,做事认真,在百忙中为我找资料,不少篇目是他给我找到的,使我省去不少时间。他在百忙的教学工作中为我做这一工作,使我十分感动,这里再次表示感谢。最后要感谢的是许钦文先生的女儿许品琴女士,她也是高龄的老人,但她每天拍下剪报传送过来,有时为了拍得清楚些,要反复拍五六次,"年谱"中凡作说明的剪报,都是她传过来的,还有不少照片,使我非常感动,再次表示深切的谢意。第四位要感谢是刘拓老师,我原来书稿比较长,是他帮我压缩,并修改、补充,这里也谢了。

初稿虽已写好,但心里却高兴不起来,这是因为不少篇目已知下落却无法找到,除了上面提到的缺失原因外,还因为客观条件所限。我们知道许钦文前后有十一年在福建工作,这是一个很重要的时间段。许钦文所发表文章的刊物大致上在北京、上海、杭州和福建等地,而福建这一块,我们虽查到一些,但有些报刊还未查到,特别是厦门的一些报刊杂志。除此,许钦文还有些文章也无法查到。据许钦文回忆,他二十世纪三十年代出狱后,无法找到工作,以投稿谋生,向二十多家报刊投稿,我们现在查到的刊物比这个数量多,约二十九家,但文章却不多。特别是许钦文狱中写的文章,查到的也不多,还有他远至南洋时期的文章查到的也不多,这是令人遗憾的!

钱英才

2019 年 4 月 20 日于杭州